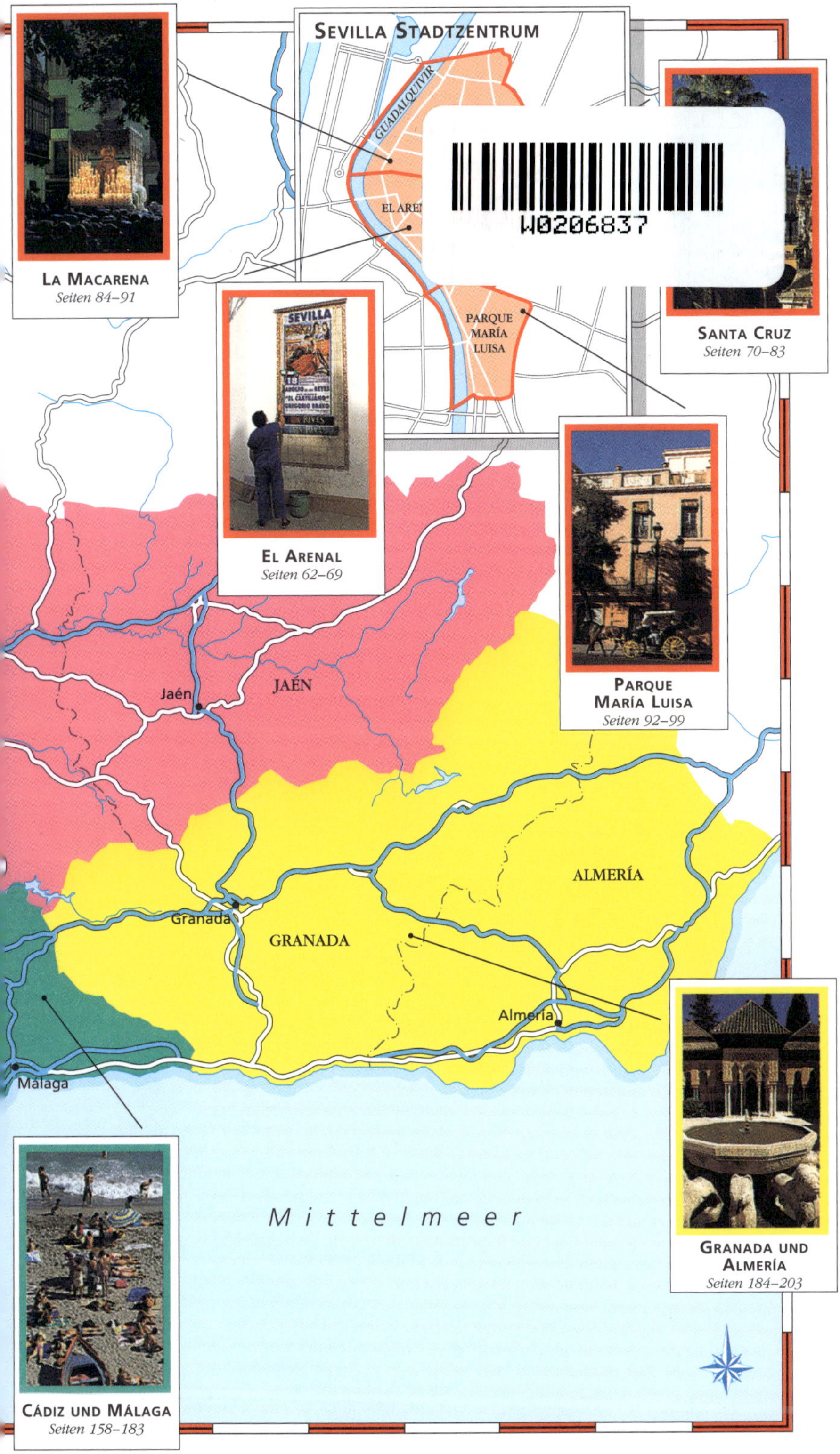

Sevilla Stadtzentrum
Guadalquivir
El Arenal
Parque María Luisa
La Macarena
Seiten 84–91
Santa Cruz
Seiten 70–83
El Arenal
Seiten 62–69
Parque María Luisa
Seiten 92–99
Jaén
Jaén
Almería
Granada
Granada
Almería
Málaga
Mittelmeer
Granada und Almería
Seiten 184–203
Cádiz und Málaga
Seiten 158–183

VIS à VIS

Sevilla & Andalusien

Autoren: David Baird, Martin Symington, Nigel Tisdall

DK

DORLING KINDERSLEY
LONDON • NEW YORK • MÜNCHEN
MELBOURNE • DELHI
www.dk.com

EIN DORLING KINDERSLEY BUCH

www.travel.dk.com

TEXTE
David Baird, Martin Symington, Nigel Tisdall

FOTOGRAFIEN
Neil Lukas, John Miller, Linda Whitwam

ILLUSTRATIONEN
Richard Draper, Isidoro González-Adalid Cabezas (Acanto Arquitectura y Urbanismo SL.), Steven Gyapay, Claire Littlejohn, Maltings Partnership, Chris Orr, John Woodcock

KARTOGRAFIE
Gary Bowes, Anna Nilsson, Richard Toomey (ERA-Maptec Ltd, Dublin), Jennifer Skelley (Lovell Johns Ltd, Oxford)

REDAKTION UND GESTALTUNG
Dorling Kindersley London: Anna Streiffert, Robert Purnell, Marcus Hardy, Jane Oliver, Malcolm Parchment, Katie Peacock, Samantha Borland, Sarah Martin, Gillian Allen, Douglas Amrine

•

Titel der englischen Originalausgabe:
Eyewitness Travel Guide *Seville & Andalusia*
Zuerst erschienen 1996 in Großbritannien
bei Dorling Kindersley Ltd.
A Penguin Company

•

Für die deutsche Ausgabe:

Aktualisierte Neuauflage 2010 / 2011

PROGRAMMLEITUNG Dr. Jörg Theilacker, Dorling Kindersley Verlag
PROJEKTLEITUNG Stefanie Franz, Dorling Kindersley Verlag
ÜBERSETZUNG Alwine Heidi Schuler und Theresia Übelhör
REDAKTION Matthias Liesendahl, Berlin
SCHLUSSREDAKTION Philip Anton, Köln
SATZ UND PRODUKTION Dorling Kindersley Verlag
LITHOGRAFIE Colourscan, Singapur
DRUCK L. Rex Printing Co., China

ISBN 978-3-8310-1544-3
11 12 13 12 11 10 09

Dieser Reiseführer wird regelmäßig aktualisiert. Angaben wie Telefonnummern, Öffnungszeiten, Adressen, Preise und Fahrpläne können sich jedoch ändern. Der Verlag kann für fehlerhafte oder veraltete Angaben nicht haftbar gemacht werden. Für Hinweise, Verbesserungsvorschläge und Korrekturen ist der Verlag dankbar. Bitte richten Sie Ihr Schreiben an:

Dorling Kindersley Verlag GmbH
Redaktion Reiseführer
Arnulfstraße 124 • 80636 München

◁ **Torre del Oro bei Nacht, Sevilla** ***(siehe S. 69)***

◁◁ **Umschlag: Torre del Oro bei Tag, Sevilla** ***(siehe S. 69)***

INHALT

Bibelillustration im maurischen Stil (10. Jh.)

Kutsche auf der Plaza de España im Parque María Luisa ***(siehe S. 98f)***

Zahara de la Sierra, eines der traditionellen *pueblos blancos* (weiße Dörfer) in Andalusien *(siehe S. 174)*

Kunstvoll bemalte Fliesen an der Plaza de San Francisco in Estepona *(siehe S. 183)*

Grüne Oliven

Generalife in Granada *(siehe S. 196)*

BENUTZERHINWEISE

Dieser Reiseführer soll Ihren Besuch in Sevilla und Andalusien zu einem Erlebnis machen, das durch keinerlei praktischen Probleme getrübt wird. Der Abschnitt *Sevilla und Andalusien stellen sich vor* beschreibt das Land und stellt historische Zusammenhänge dar. Die Kapitel *Sevilla* und *Die Regionen Andalusiens* erläutern Sehenswürdigkeiten in Text und Bild. Hotels, Restaurants, Läden und Unterhaltungsmöglichkeiten werden im Kapitel *Zu Gast in Andalusien* vorgestellt. Die *Grundinformationen* helfen Ihnen beim Zurechtfinden während Ihrer Reise.

SEVILLA

Das Zentrum von Sevilla ist in vier Stadtteilen dargestellt. *Jenseits des Flusses* ist ein fünfter Abschnitt. Jeder Abschnitt beginnt mit einem Kurzporträt, das den Charakter und die Geschichte eines Viertels anreißt und alle Sehenswürdigkeiten auflistet. Deren Nummern finden Sie auf der Stadtteil- und auf der Detailkarte sowie in den folgenden Erläuterungen wieder.

Alle Seiten über Sevilla haben eine rote Farbcodierung.

Eine Orientierungskarte zeigt die Lage des Stadtteils, in dem Sie sich befinden.

1 Stadtteilkarte
Die im jeweiligen Kapitel besprochenen Sehenswürdigkeiten sind auf der Karte durchnummeriert und im **Stadtplan** (Seiten 108–117) *eingetragen.*

Sehenswürdigkeiten auf einen Blick führt das Wichtigste auf: Kirchen, Museen und Sammlungen, historische Gebäude, Straßen und Plätze usw.

2 Detailkarte
Der farblich hervorgehobene Kern der Stadtteilkarte wird hier aus der Vogelperspektive gezeigt.

Die Routenempfehlung ist in Rot gekennzeichnet.

Sterne markieren herausragende Sehenswürdigkeiten.

3 Detaillierte Informationen
Alle Sehenswürdigkeiten in Sevilla werden einzeln beschrieben, mit Adresse und weiteren Informationen. Die Legende der verwendeten Symbole finden Sie auf der hinteren Umschlagklappe.

1 Einführung
Landschaft, Geschichte und Charakter jeder Region werden hier beschrieben. Die Einführung zeigt, wie sich das Gebiet über die Jahrhunderte entwickelt hat und heute präsentiert.

Die Regionen Andalusiens

Andalusien ist in diesem Buch in vier Regionen unterteilt, denen jeweils ein Kapitel gewidmet ist. Die interessantesten Sehenswürdigkeiten sind auf den **Regionalkarten** dargestellt.

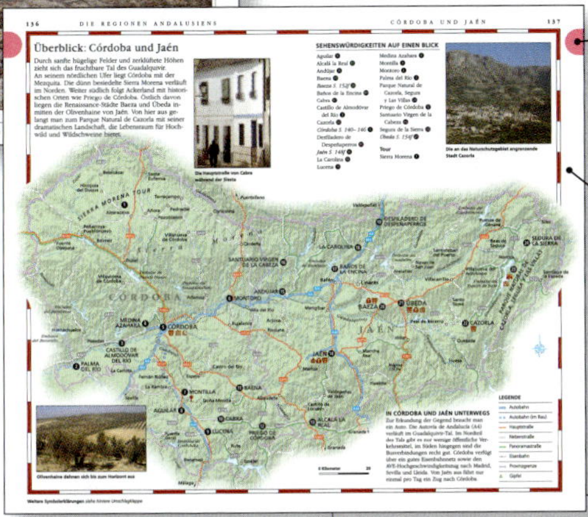

Jede Region Andalusiens kann anhand der Farbcodierung auf der Umschlaginnenseite leicht gefunden werden.

2 Regionalkarte
Diese Karte zeigt das Straßennetz und eine illustrierte Übersicht der Region. Alle Sehenswürdigkeiten sind nummeriert. Die Regionalkarte gibt auch Tipps für das Erkunden des Gebiets mit Auto, Bus oder Bahn.

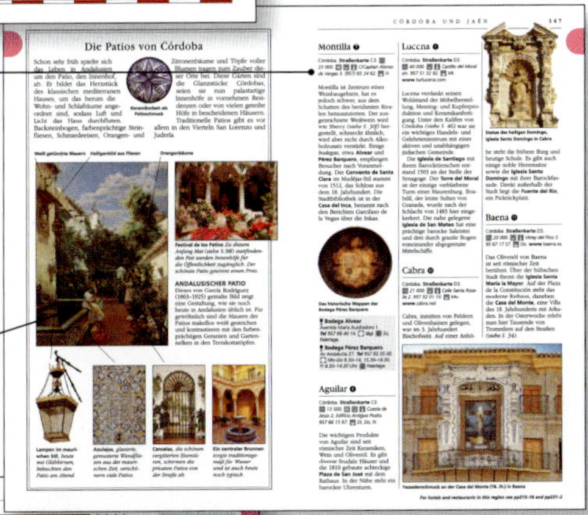

3 Detaillierte Informationen
Die Reihenfolge der Sehenswürdigkeiten entspricht der Nummerierung auf der **Regionalkarte**. *Zu jedem Ort gibt es detaillierte Informationen über die wichtigen Sehenswürdigkeiten.*

Kästen beleuchten Wissenswertes zu den Sehenswürdigkeiten.

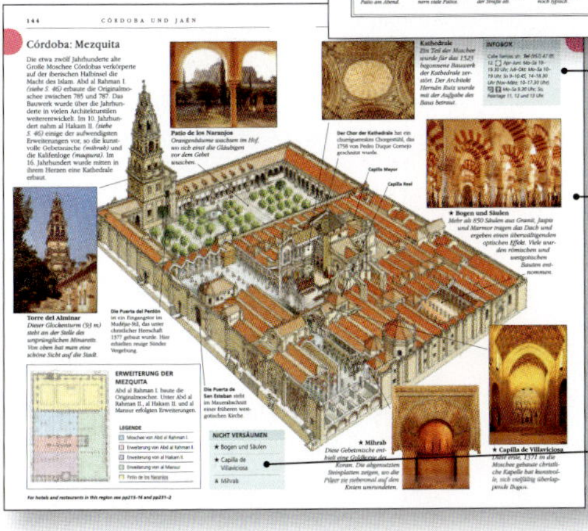

Die Infobox enthält praktische Informationen, die für einen Besuch hilfreich sind.

4 Hauptsehenswürdigkeiten
Den Highlights der Region werden eine oder mehrere Seiten gewidmet. Historische Gebäude werden perspektivisch gezeigt, Museen und Sammlungen haben farbcodierte Grundrisse.

Sterne kennzeichnen Herausragendes oder Kunstwerke, die Sie nicht versäumen sollten.

Sevilla und Andalusien stellen sich vor

Sevilla und Andalusien entdecken

Andalusien ist eine der größten und abwechslungsreichsten Regionen Spaniens. Zwischen Atlantik und Mittelmeer findet man Sumpfgebiete mit üppiger Fauna und Flora, endlose Olivenhaine, karge Ebenen, schattige Wälder und schneebedeckte Gipfel. Die meisten Urlauber zieht es an die Strände oder in drei prächtige, mit Kunst und Architektur gesegnete Städte: Sevilla, Córdoba und Granada. Abseits der Hauptrouten harren Kleinodien ihrer Entdeckung. Bei einer der vielen Fiestas in der Region lassen sich die Lebensfreude und Gastlichkeit der Andalusier hautnah erleben.

Heiligenschrein, Cádiz

Prächtiger Patio de las Doncellas im Real Alcázar, Sevilla *(siehe S. 82f)*

Sevilla

- **Maurischer Real Alcázar**
- **Kathedrale und La Giralda**
- **Bars und Stierkampf**
- **Semana Santa: Prächtige Umzüge und Feste**

In Andalusiens vitaler Hauptstadt am Guadalquivir verbinden sich maurisches und christliches Spanien aufs Herrlichste: Unübersehbar sind das zum Glockenturm umfunktionierte Minarett La Giralda neben der Kathedrale *(siehe S. 78f)* und der Königspalast **Real Alcázar** *(siehe S. 82f)* in seiner verschwenderischen Pracht. Besucher bummeln im Viertel **Santa Cruz** *(siehe S. 72f)* durch die malerischen Gassen mit ihren weiß getünchten Mauern. Hier findet man unzählige Bars. Mischen Sie sich an Stierkampftagen unter die Einheimischen in der **Plaza de Toros de la Maestranza** *(siehe S. 68)*, der berühmten Arena. Abgesehen von Museen und Denkmälern sind Sevillas pompöse Festlichkeiten eine Reise wert: Im Frühling kommen während der **Karwoche** (Semana Santa, *siehe S. 38)* Tausende Besucher, nicht weniger bunt und ausgelassen ist die **Feria de Abril** *(siehe S. 38)*.

Huelva und Sevilla

- **Itálica: römische Ruinen**
- **Die maurische Festung von Carmona**
- **Nationalpark Doñana**
- **Auf den Spuren von Kolumbus**

Von Sevilla aus kann man die gleichnamige Provinz und das benachbarte Huelva gut erkunden. An einem halben Tag lassen sich jeweils die Ruinen der römischen Siedlung **Itálica** *(siehe S. 132)* und **Carmona** *(siehe S. 132f)* besichtigen. Letztere wurde von den Mauren auf römischen Grundmauern errichtet.

Die größte Attraktion im Westen Andalusiens ist der **Nationalpark Doñana** *(siehe S. 130f)*, ein höchst fragiles Feuchtgebiet mit einzigartiger Fauna und Flora. Die Parkverwaltung bietet Rundfahrten in Geländewagen an. Reservierung wird empfohlen.

Die Provinz Huelva grenzt im Westen an Portugal. Sie wird vor allem mit Christoph Kolumbus in Verbindung gebracht, der von hier zu seiner Suche nach der Neuen Welt aufbrach. Im **Monasterio de la Rábida** *(siehe S. 127)* wird an den großen Entdecker erinnert.

Die **Sierra de Aracena** *(siehe S. 126)* ist die ideale Kulisse für eine Wanderung oder einen Pferdeausritt. Hier wird zudem einer der besten Schinken Spaniens produziert.

Wildpferd im Nationalpark Doñana im westlichen Andalusien

◁ Das Gemälde von Joaquín Domínguez Bécquer (1817–1879) zeigt die Feria de Abril in Sevilla

Palacio de Jabalquinto in der Renaissance-Stadt Baeza

CÓRDOBA UND JAÉN

- Einzigartig: Córdobas Große Moschee
- Jüdisches Leben in Córdoba
- Renaissance-Städte
- Prächtige Kirchen und Paläste des Barock

Córdoba *(siehe S. 140–146)* ist zweifellos eine eigene Reise wert. Allein um die Pracht und die Ausmaße der **Mezquita** *(siehe S. 144f)*, der einzigartigen, zwischen dem 8. und 11. Jahrhundert errichteten Moschee, zu erfassen, benötigt man einige Zeit. Ihr Innenraum wird von Hunderten Säulen und Bogen beherrscht. Unweit der Mezquita liegt das einstige jüdische Viertel der Stadt mit seinen engen Gassen und stillen Patios.

Die weite Landschaft der Provinzen Córdoba und Jaén ist geprägt von Olivenbäumen in endlosen Reihen. Das Olivenöl der Region ist ausgezeichnet.

Hier lassen sich viele kleine Städte entdecken. **Priego de Córdoba** *(siehe S. 150)* präsentiert sich mit herrlicher Barock-Architektur und verfügt zudem über ein schönes mittelalterliches Viertel. Viele der Kirchen, Schlösser und Villen von **Jaén** sind reinste Renaissance. Auf zwei benachbarten Hügeln thronen die Renaissance-Stadt Úbeda *(siehe S. 154f)* und das etwas kleinere **Baeza** *(siehe S. 152f)*.

CÁDIZ UND MÁLAGA

- Spektakuläre Lage: Ronda
- Das Sherry-Dreieck
- Beliebte Strände der Costa del Sol
- Orientalisch: Tanger

Die berühmten *pueblos blancos* (weißen Dörfer) zwischen Atlantik und Mittelmeer sind so etwas wie ein Markenzeichen Südspaniens. Meist sind es überaus idyllische Häuserensembles, die sich um eine alte Burg gruppieren. Einzigartig ist **Ronda** *(siehe S. 176f)*: Der Ort thront waghalsig auf einem Felsen und wird von einer tiefen Schlucht durchschnitten.

Weinliebhabern sei die Region um **Jerez de la Frontera** *(siehe S. 162)* empfohlen, wo Sherry und andere verstärkte Weinsorten produziert werden. Von hier ist es nicht weit nach **Cádiz** *(siehe S. 164–167)* am Atlantik. Die angeblich älteste Stadt auf der Iberischen Halbinsel bietet hübsche Gassen und eine schöne Aussicht über den Hafen.

An der **Costa del Sol** *(siehe S. 182)*, vor allem zwischen Málaga und Estepona, finden Sie die besten Strände und Discos der Region. Marbella ist der bevorzugte Ferienort der Reichen und Schönen.

Nur 45 Minuten dauert die Überfahrt von Tarifa nach **Tanger** *(siehe S. 170f)*. In der Stadt an der nordafrikanischen Küste verbinden sich afrikanische, europäische und marokkanisch-arabische Einflüsse zu einer einzigartigen Atmosphäre.

Puerto Banús, der exklusive Yachthafen von Marbella

GRANADA UND ALMERÍA

- Faszinierende Alhambra
- Sagenhafte Alpujarras
- Wüstenlandschaften

Keinesfalls versäumen sollten Sie die ornamentale **Alhambra** *(siehe S. 194f)*, die majestätisch auf einem Hügel über Granada thront. Südlich von Granada, jenseits der **Sierra Nevada** *(siehe S. 197)* mit dem südlichsten Skigebiet Europas, gelangen Sie zur pittoresken Bergkette der **Alpujarras** *(siehe S. 198f)*, wo Sie reizende, stille Dörfer und idyllische Täler entdecken können.

In die karge Provinz Almería zieht es deutlich weniger Besucher als in andere Teile Andalusiens. Sie versäumen die spektakulären Klippen und Landzungen des Naturparks von **Cabo de Gata** *(siehe S. 202)*. Der Ort Tabernas liegt mittten in der einzigen Wüste Europas und diente oft als Kulisse für Western und andere Filme.

Wunderbare Palastanlage der Alhambra in Granada

Sevilla und Andalusien auf der Karte

Andalusien ist die südlichste Region Spaniens, nach Norden hin von den Regionen Extremadura und Kastilien-La Mancha begrenzt, nach Nordosten hin von der Region Murcia. Im Westen grenzt Andalusien an den Atlantik, im Süden und Osten an das Mittelmeer. Andalusien mit der Provinzhauptstadt Sevilla ist die zweitgrößte Region Spaniens (87 268 km² Fläche, 8,3 Millionen Einwohner).

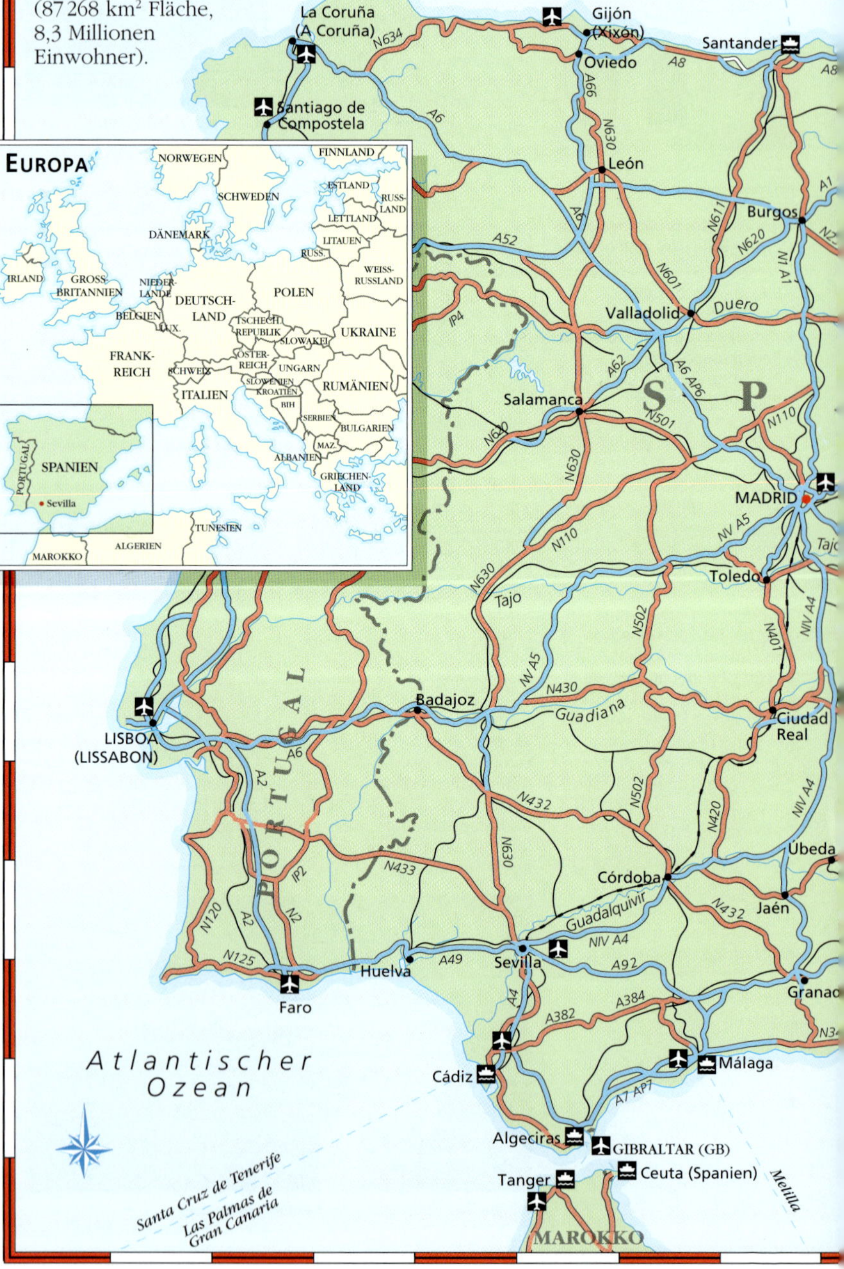

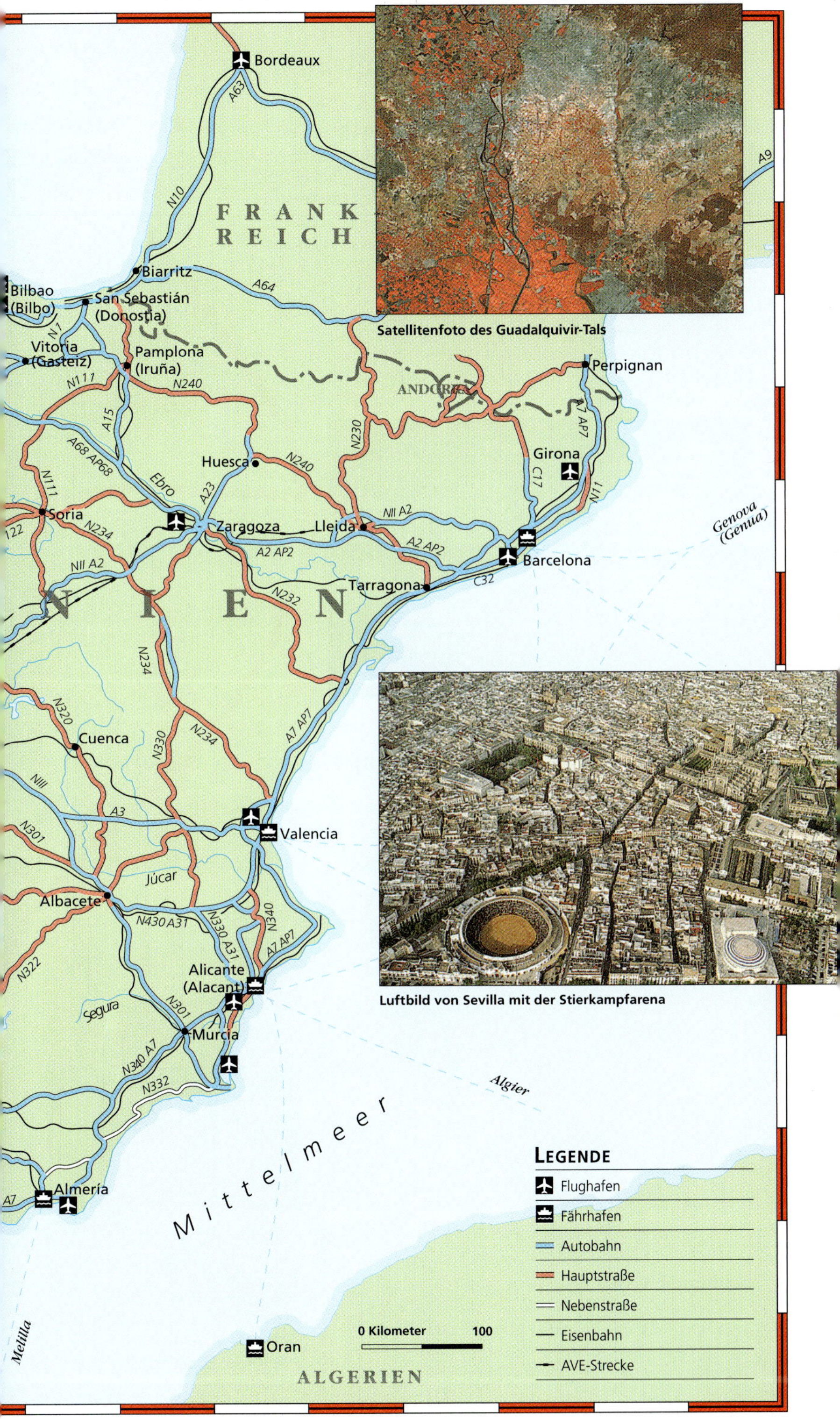

Satellitenfoto des Guadalquivir-Tals

Luftbild von Sevilla mit der Stierkampfarena

Sevilla: Zentrum und Großraum

Das Stadtzentrum von Sevilla ist ein dichtes Gewirr alter, enger Gassen. Die meisten Sehenswürdigkeiten lassen sich gut zu Fuß erreichen. Das Zentrum wird durch einige breite, verkehrsreiche Straßen in Viertel unterteilt. Dieses Buch konzentriert sich auf die zentralen Bereiche, beginnend mit der Altstadt zu beiden Seiten der Avenida de la Constitución. Im Westen, am Flussufer, liegt El Arenal mit der Plaza de Toros. Im Osten erstreckt sich das alte jüdische Viertel Santa Cruz, das von der mächtigen Kathedrale und dem Real Alcázar beherrscht wird. Im Norden liegt La Macarena mit vielen Kirchen. Der Parque María Luisa erstreckt sich jenseits der Universität südlich des historischen Zentrums.

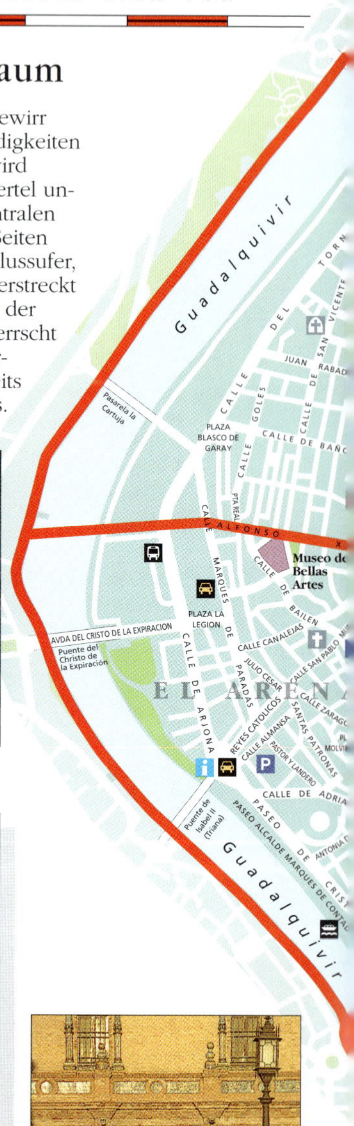

El Arenal: Teatro de la Maestranza und Torre del Oro

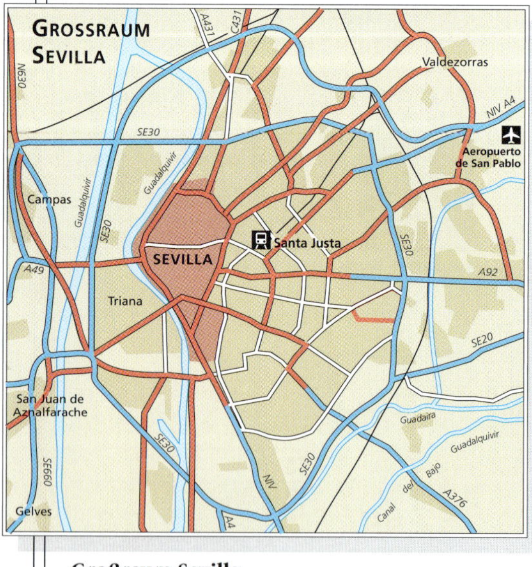

Großraum Sevilla

Westlich des Guadalquivir liegen das Gelände der Expo '92 und das malerische Viertel Triana. Wachsende Industriezonen und moderne Wohnviertel umgeben das Stadtzentrum.

Parque María Luisa: Plaza de España, angelegt für die Ausstellung von 1929

La Macarena: typische sevillanische Fassaden in der Calle Santa Clara

Santa Cruz: Pferdekutschen auf der Plaza del Triunfo vor der Kathedrale

LEGENDE

- Hauptsehenswürdigkeit
- Sevilla Zentrum
- Sevilla Stadtgebiet
- Großraum Sevilla
- Flughafen
- Bahnhof
- Bus
- Busbahnhof
- Metrocentro-Tramhaltestelle
- Metro-Station (z. T. im Bau)
- Bootsanlegestelle
- Taxi
- Parken
- Information
- Krankenhaus m. Notaufnahme
- Polizei
- Kirche
- Kloster
- Post
- Autobahn
- Hauptstraße
- Nebenstraße
- Eisenbahn

PICADORES

Ein Porträt Andalusiens

Auf Andalusien scheinen alle Klischees bezüglich Spaniens zu passen: Stierkämpfer, Flamenco-Tänzer, weiße Dörfer und raue Sierras gibt es hier im Überfluss. Aber sie bilden nur einen Teil des komplexen Gefüges. Unter der Oberfläche erwarten Sie viele Widersprüche. Vor allem wenn Sie abseits der überlaufenen Küste unterwegs sind, werden Sie auf Unerwartetes stoßen – sei es eine Fiesta oder eine atemberaubende Aussicht.

Ein Korb frisch gepflückter Oliven

Von der Mitte des 19. Jahrhunderts, als der englische Reisende Richard Ford es als »für Altertumsforscher konserviertes Land« beschrieb, bis in die 1950er Jahre hatte sich Andalusien kaum verändert – eine fast noch feudalistische Gesellschaft mit entsprechend starren sozialen Schichten.

Heute haben vierspurige Autobahnen die unbefestigten Wege abgelöst. Kinder spielen an Computern, Jugendliche planen ihre Universitätslaufbahn. Die Landwirtschaft ist noch immer wichtig, aber es gibt auch Automobil- und Luftfahrtindustrie. Das Dienstleistungsgewerbe und der Fremdenverkehr spielen eine wichtige Rolle: 2005 wurden damit 68 Prozent des Bruttosozialprodukts der Region erwirtschaftet, Landwirtschaft und Fischindustrie trugen dagegen nur 8,7 Prozent bei. Doch die mehr als acht Millionen Einwohner Andalusiens haben sich ihre Vorliebe für Folklore und ihre Gastfreundschaft bewahrt.

Maurisches Erbe

Der andalusische Charakter ist aufgrund der wechselhaften Geschichte komplex. Immer neue Invasoren, darunter Phönizier, Römer, Westgoten und Mauren, haben ihre Spu-

Musiker, Sänger und Tänzer setzen die Flamenco-Tradition aus dem 18. Jahrhundert fort ***(siehe S. 28f)***

◁ **Stierkämpfer** ***(siehe S. 26f)*** **in traditionellen Kostümen bereiten sich auf die** ***corrida*** **vor**

ren hinterlassen. Zwar verjagten die christlichen Herrscher Spaniens sowohl Juden als auch Mauren, doch sie konnten deren Einfluss auf das Land nicht verhindern. Jahrhunderte der Besatzung durch die Mauren *(siehe S. 46f)* und die Vermischung der einzelnen Volksgruppen haben eine in Europa wohl einzigartige Kultur hervorgebracht.

Sevillanos genießen einen Aperitif und ein paar Tapas *(siehe S. 224f)*

Bei einer Reise durch diese Region werden Sie jede Menge sichtbarer Zeugnisse des maurischen Erbes entdecken: in der Pracht der Alhambra *(siehe S. 194f)* in Granada und der Mezquita *(siehe S. 144f)* in Córdoba, in Festungsruinen und kunstvollen Fliesen. Überall in der Region werden in Werkstätten noch maurische Techniken eingesetzt. Viele noch heute genutzte Bewässerungssysteme gehen auf die Mauren zurück, wie auch die Begriffe *noria* (Wasserrad), *aljibe* (Regenauffangbecken), *alberca* (Zisterne) und *acequia* (Bewässerungskanal).

Ihr sprachliches Erbe hinterließen die Mauren auch bei Nahrungsmitteln – z. B. *naranja* (Orange) und *aceituna* (Olive).

Vielleicht lässt sich auch die Liebe der Andalusier für die Dichtung auf maurischen Einfluss zurückführen. Viele der bedeutendsten Dichter Spaniens stammen aus dieser Region.

Menschen und Kultur

Maurische Stuckarbeit

Die *sevillanos* arbeiten hart an ihrem Ruf, extravagant und genussvoll zu leben. Ein maurischer Berichterstatter des 13. Jahrhunderts hielt fest, dass sie »höchst frivol sind und sich gern zum Narren machen«. Diesem Bild gerecht zu werden ist eine Ganztagsbeschäftigung, aber der Besucher sollte sich von der überschwänglichen Fassade nicht täuschen lassen. Eine erstaunliche Tatsache ist, dass man großen Wert auf die Privatsphäre legt, auch wenn die Gesellschaft offen und extrovertiert erscheinen mag.

Die Einstellung zur Zeit kann ebenfalls verwirren. So mancher moderne Geschäftsmann versucht, sich den strengen Vorgaben Europas anzupassen, doch allgemein wird die Zeitbesessenheit der Nordeuropäer milde belächelt. Man muss den Augenblick genießen; was morgen kommt, wird sich zeigen.

Büßer tragen eine Monstranz, Semana Santa *(siehe S. 38)*

Kahle, abgeschiedene Landstriche, eines der vielen Gesichter der andalusischen Landschaft *(siehe S. 20f)*

Zentrum Familie

Die südspanische Tradition des *machismo* hat in Andalusien bis weit ins 20. Jahrhundert die Gleichstellung der Frauen behindert. Nur zögerlich wandten sich die Männer von überholten Vorstellungen ab. Heute sind die meisten Frauen berufstätig, allenfalls in ländlichen Regionen geben sie nach der Heirat ihre Arbeit auf, um sich Kindern und Haushalt zu widmen.

Die Mutter ist in Andalusien, wo der Familienzusammenhalt noch heute ein hoher Wert ist, eine geradezu heilige Figur. Zwar hat auch hier der wachsende Wohlstand und die stetige Abwanderung in die Städte alte Werte untergraben, doch noch ist Andalusien eine traditionell ländliche Gesellschaft.

Sevillanerin im traditionellen Kostüm für die *feria (siehe S. 38)*

Dekorative Fliesen im Palacio de Viana *(siehe S. 143)*

Religion

Der Katholizismus ist Spaniens Hauptreligion, die Verehrung der Jungfrau Maria eines seiner Hauptmerkmale.

Man begegnet ihr nicht nur mit Ehrfurcht, sie ist zudem Objekt großer Bewunderung durch die Männer. Auch ein Mann, der nie zur Messe geht, kann von Maria völlig entzückt sein. Wenn Sie sich die wunderbar gekleidete Figur als heidnische Erdmutter und Fruchtbarkeitsgöttin vorstellen, ist dieses Phänomen leichter zu verstehen.

In Andalusien scheut man sich nicht, seine Gefühle offen und intensiv auszuleben. Es ist keine Schande, eine *saeta* zu singen, den »Pfeil« des Lobgesangs, der der Jungfrau in der Semana Santa (Karwoche) entgegengeschleudert wird. Auch stellt man den Wunsch des Matadors, seinen Gegner, den Stier, zu töten, nicht infrage. Inbegriff all dessen ist die Kunst des Flamenco. Der Schmerz und die Leidenschaft der Flamenco-Lieder spiegeln auch die Seele Andalusiens wider.

Nonne mit Marmeladengläsern

Landschaft

Der Feigenkaktus stammt ursprünglich aus Mittelamerika

In die Hochhausferienorte an der andalusischen Mittelmeerküste werden jedes Jahr mehrere Millionen Besucher gelockt. Daneben gibt es jedoch auch die weite, windgepeitschte Atlantikküste und ausgedehnte Feuchtgebiete. Im Landesinneren erheben sich zerklüftete Bergketten mit Kiefern-, Korkeichen- oder Olivenwäldern. Ebenfalls typisch für die Landschaft sind sanfte Hügel, bedeckt mit Reben, Getreide oder Olivenbäumen. Von der Gesamtfläche Andalusiens sind etwa 17 Prozent Nationalparks oder Naturschutzgebiete.

Die fruchtbaren Ebenen *des Guadalquivir-Tales werden durch den Fluss bewässert und sind seit maurischer Zeit die Kornkammer Andalusiens. Getreidefelder wechseln mit Reihen von Zitrusfruchtbäumen ab.*

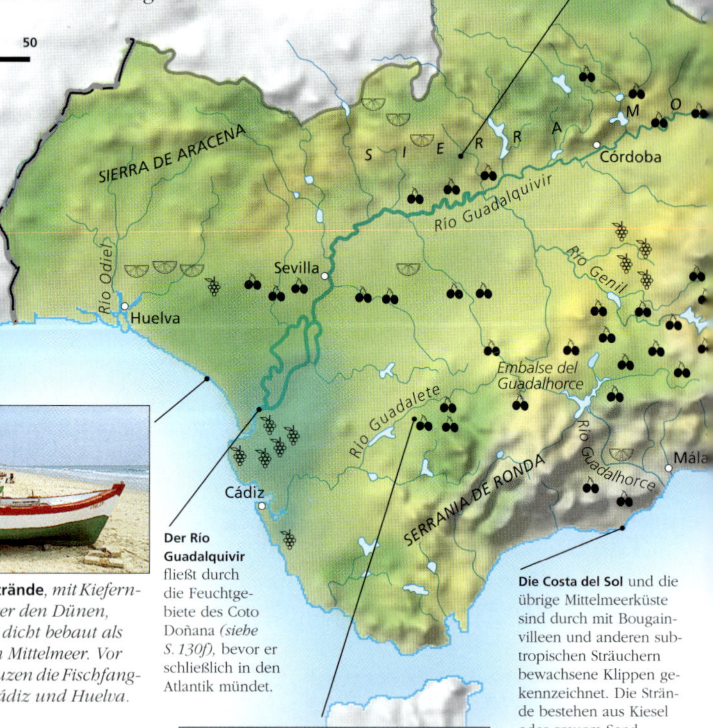

Die Atlantikstrände, *mit Kiefernwäldern hinter den Dünen, sind weniger dicht bebaut als die* costas *am Mittelmeer. Vor der Küste kreuzen die Fischfangflotten von Cádiz und Huelva.*

Der Río Guadalquivir fließt durch die Feuchtgebiete des Coto Doñana *(siehe S. 130f)*, bevor er schließlich in den Atlantik mündet.

Die Costa del Sol und die übrige Mittelmeerküste sind durch mit Bougainvilleen und anderen subtropischen Sträuchern bewachsene Klippen gekennzeichnet. Die Strände bestehen aus Kiesel oder grauem Sand.

Legende

- Wüste
- Marschland
- Wald
- Kulturland
- Olivenhaine
- Weinberge
- Zitrusfruchtanbau

Schroffe Berge *um Ronda umgeben das Naturschutzgebiet der Sierra de Grazalema. Die heimische, vielseitige Tier- und Pflanzenwelt umfasst Weißkopfgeier, drei Adlerarten und ein Areal der seltenen Spanischen Tanne.*

Endlose Olivenhaine *zeichnen Muster in die Landschaft der Provinzen Córdoba und vor allem Jaén. Diese langlebigen Bäume sind für die hiesige Wirtschaft von großer Bedeutung, sowohl wegen ihres Öls* (siehe S. 148) *als auch wegen ihres Holzes.*

Riesige Wälder, vor allem aus korsischen Kiefern, bedecken die schroffen Sierras von Cazorla, Segura und Las Villas *(siehe S. 156)* in einem der größten Naturschutzgebiete Spaniens.

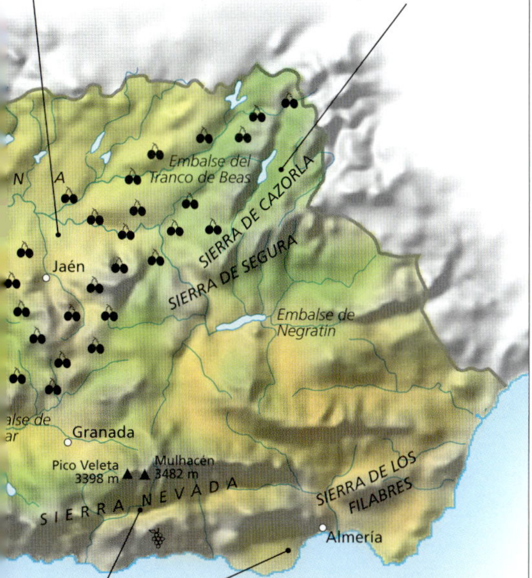

Subtropisches Obst und Gemüse gedeiht das ganze Jahr über in Gewächshäusern, die um El Ejido viele Hektar bedecken. Ansonsten ist die Erde um Almería ziemlich unfruchtbar.

Die Sierra Nevada, *Spaniens höchstes Gebirge, erreicht mit dem Gipfel des Mulhacén 3482 Meter. Nur 40 Kilometer von den Mittelmeerstränden entfernt, sind manche Berge ganzjährig mit Schnee bedeckt. Die Skisaison dauert von Dezember bis ins Frühjahr. Im Sommer ist die Gegend ideal zum Wandern und Klettern.*

Flora und Fauna

Südspanien ist mit einer überaus vielfältigen Tier- und Pflanzenwelt gesegnet, darunter mit einigen Arten, die nur in dieser Region vorkommen. Die günstigste Zeit, um diese zu erleben, ist das Frühjahr, wenn die Wildblumen blühen und Zugvögel hier Rast machen.

Korkeichen *wachsen vorwiegend um Cádiz. Ihre Rinde wird nur alle zehn Jahre geerntet.*

Das Cazorla-Veilchen *findet man nur in der Sierra de Cazorla* (siehe S. 157)*; es blüht im Mai.*

Der Mufflon, *ein Wildschaf, wurde in den 1970er Jahren in den Bergregionen angesiedelt.*

Flamingos *versammeln sich in den Feuchtgebieten des Coto Doñana und im Delta des Río Odiel.*

Maurische Architektur

Die erste bedeutende Epoche der maurischen Architektur begann mit dem Kalifat von Córdoba. Die Mezquita wurde umfangreich erweitert und trägt alle Merkmale des maurischen Stils: Bogen, Stuckwerk und ornamentaler Gebrauch der Kalligrafie. Später führten die Almohaden einen reineren islamischen Stil ein, z. B. La Giralda *(siehe S. 78f)*. Die Nasriden erbauten die wundervolle Alhambra in Granada, während die *mudéjares (siehe S. 24)* ihr Geschick beim Bau von Gebäuden im maurischen Stil wie z. B. dem Palacio Pedro I *(siehe S. 48f)* unter Beweis stellten.

Wasserspiegelungen, *kombiniert mit Lichteffekten, waren ein wesentliches Element der maurischen Architektur.*

Maurische Kuppeln *waren von außen oft unverziert. Im Inneren stützte jedoch ein kunstvolles Gitter aus Steinstreben das Gewicht der Kuppel. Wie diese in der Mezquita* (siehe S. 144f) *waren sie mit bunten Mosaiken verziert, die Blumen- oder Tiermotive darstellten.*

Verteidigungswälle

Maurische Gärten wurden oft um sanft plätschernde Wasserbecken und -läufe angelegt.

Zeitskala: Maurische Architektur

700	800	900	1000	1100	1200	1300	1400
Früharabische Ära 711–929			**Ära des Kalifats 929–1031**	**Ära der Almoraviden und Almohaden 1091–1248**		**Nasriden-Ära 1238–1492**	
		1031–91 *Taifa-*Periode *(siehe S. 46)*					**Um 1350** Bau der Alhambra

700	800	900	1000	1100	1200	1300	1400
	785 Baubeginn der Mezquita in Córdoba			**1184** Baubeginn von La Giralda in Sevilla		**Um 1350** Palacio Pedro I	
			936 Baubeginn der Medina Azahara bei Córdoba			**Mudéjar-Ära, ab ca. 1215**	

Azulejos (siehe S. 76) *mit geometrischen Mustern dienten als Wandschmuck. Im Bild Fliesen aus dem Palacio Pedro I* (siehe S. 82).

Maurische Bogen

Der maurische Bogen entwickelte sich aus dem Hufeisenbogen, den die Westgoten beim Bau ihrer Kirchen verwendeten. Die Mauren veränderten ihn und setzten ihn als Hauptmerkmal großartiger Bauwerke, wie z. B. der Mezquita, ein. Die späteren Bogen zeigen kunstvollere Verzierungen und eine Abwandlung der Hufeisenform.

Bogen der Kalifat-Ära, Medina Azahara *(siehe S. 138f)*

Almohad-Bogen, Patio del Yeso *(siehe S. 83)*

Mudéjar-Bogen, Salón de Embajadores *(siehe S. 83)*

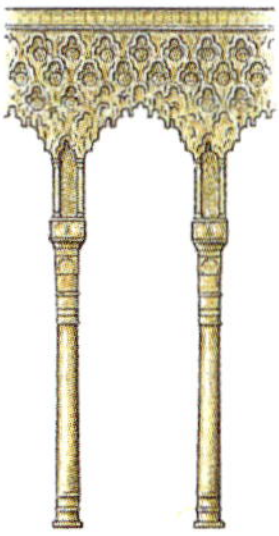

Nasrid-Bogen, Alhambra *(siehe S. 194f)*

Maurischer Palast

Maurische Paläste spiegeln das elegante Leben, Kultur und Wissen wider. Dieser imaginäre Palast zeigt, wie Raum, Licht, Wasser und Verzierungen zu einem harmonischen Gesamtbild beitrugen.

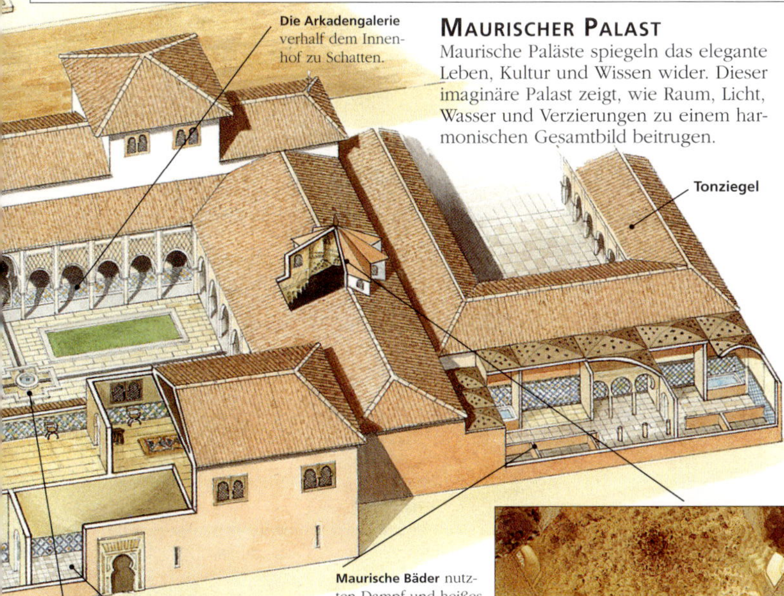

Wasser *kühlte die eleganten Höfe der Mauren, die Brunnen waren Orte der Besinnung. Wie hier im Patio de los Leones* (siehe S. 195) *stammte das Wasser oft aus einer tief liegenden Quelle.*

Kunstvolle Stuckarbeiten *sind typisch für den Nasriden-Stil. Die Sala de los Abencerrajes* (siehe S. 195) *in der Alhambra wurde nur unter Verwendung der einfachsten Materialien erbaut und wird dennoch als eines der klassischen Bauwerke aus der Zeit der maurischen Besatzung betrachtet.*

Post-maurische Architektur

Nach der Rückeroberung durch die Christen entstanden neue Kirchen und Paläste, die vorwiegend von *mudéjares (siehe S. 48)* erbaut wurden. Aus Nordeuropa kamen später gotische Stilrichtungen, doch die Mudéjar-Einflüsse hielten sich bis ins 18. Jahrhundert. Im 16. Jahrhundert war Andalusien Zentrum der spanischen Renaissance. Das 18. Jahrhundert brachte eine einzigartige Interpretation des Barock hervor.

Mudéjar-Turm, Iglesia de Santa Ana ***(siehe S. 192)***

RÜCKEROBERUNG (MITTE 13. BIS ENDE 15. JH.)

Arabische Handwerker schufen eine christlich-islamische Stilmischung, bekannt als Mudéjar. Mitte des 13. Jahrhunderts zeigten viele Kirchen, z. B. in Sevilla und Córdoba, einen starken maurischen Einfluss, der Palacio Pedro I im Real Alcázar *(siehe S. 82f)* ist sogar fast ausschließlich im maurischen Stil gehalten. Bis zum 15. Jahrhundert hatten sich rein gotische Stilrichtungen verbreitet, z. B. die Kathedrale von Sevilla *(siehe S. 78f)*. Nach dem Fall von Granada 1492 *(siehe S. 48f)* entwickelte sich ein spätgotischer Stil, der *Gótico isabelino*.

Glockentürme wurden häufig erst später hinzugefügt – hier ist ein barocker Anbau.

Fenster sind von Marmorsäulen im islamischen Stil eingefasst.

Fensteröffnungen werden nach unten hin immer schmaler.

Verzierungen im islamischen Stil am Hauptportal sind für viele Mudéjar-Kirchen charakteristisch.

Die Iglesia de San Marcos (siehe S. 90) *ist ein typisches Beispiel einer christlichen Kirche, die zur Zeit der Rückeroberung erbaut wurde. Zu den Merkmalen des Mudéjar gehören das Portal und der minarettartige Turm.*

Mudéjar-Portal von Nuestra Señora de la O ***(siehe S. 162)***

Klassische Bogen, ein Motiv des isabellinischen Übergangsstils, lassen bereits die Renaissance erahnen.

Stark herausgearbeitete Steinreliefs als Fassadendekoration von Gebäuden hatten ihre Wurzeln in der Gotik.

Der Palacio Jabalquinto (siehe S. 152) *besitzt eine kunstvoll verzierte Fassade. Die Wappen und heraldischen Symbole, typisch für den isabellinischen Stil, belegen den Wunsch nach einem Nationalstil.*

Gotisches Kathedralenfenster

Renaissance (16. Jh.)

Die frühe Renaissance-Architektur wurde Platereske genannt, weil ihre feinen Details an kunstvolle Silberarbeiten erinnerten *(platero* = Silberschmied). Die Fassade des Ayuntamiento *(siehe S. 74f)* ist das beste Beispiel des Plateresken in Andalusien. Typisch für die Hochrenaissance ist der Palacio Carlos V. Ende des 16. Jahrhunderts begann der Aufstieg des nüchternen Herrera-Stils, der nach Juan de Herrera benannt ist, der die ursprünglichen Pläne des Archivo de Indias entwarf *(siehe S. 80)*.

Platereskes Detail an Sevillas Ayuntamiento

Im Herrera-Stil gehaltener Innenhof im Archivo de Indias

Runde Schmuckplatten aus Stein dienten der Dekoration; jene in der Mitte tragen die Wappen des Kaisers.

Klassische Ziergiebel schmücken die Fenster.

Der Palacio Carlos V, *1526 begonnen, steht im Zentrum der Alhambra* (siehe S. 195). *Sein großartiger Stil spiegelt die Macht von Karl V. als Kaiser des Hl. Römischen Reiches wider.*

Bossenwerk verleiht den unteren Etagen ein gedrungenes Aussehen.

Barock (17. und 18. Jh.)

Das frühe spanische Barock war recht nüchtern. Im 18. Jahrhundert kam es jedoch zum Aufstieg des churrigueresken Stils (nach der Architektenfamilie Churriguera). Zwar war der Stil recht zurückhaltend, doch gab es viele bombastische Imitationen. Priego de Córdoba *(siehe S. 150)* ist ein Paradebeispiel. La Cartuja *(S. 191)* in Granada besitzt eine barocke Sakristei.

Großartige Barocksakristei von La Cartuja in Granada

Palacio del Marqués de la Gomera in Osuna *(S. 133)*

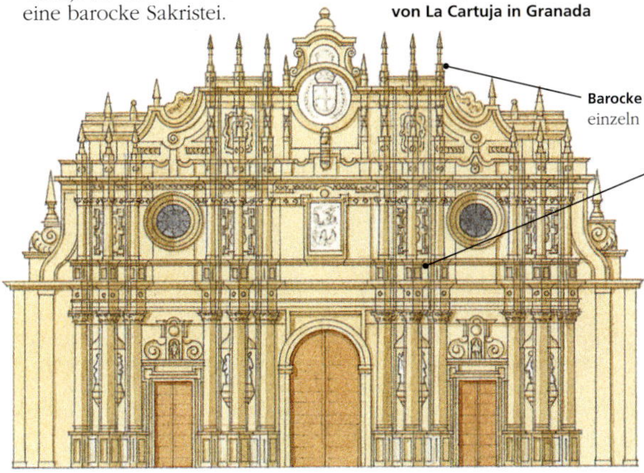

Barocke Spitztürme wurden einzeln aus Stein gemeißelt.

Wiederholte Gurtgesimse kennzeichnen die Stockwerke der Kirche und sind Teil der kunstvollen Fassadendekoration.

Die Kathedrale von Guadix (siehe S. 198) *ist ein Renaissance-Bau mit Barockfassade. Kombinationen verschiedener Stile findet man recht häufig.*

Die Kunst des Stierkampfes

Stierkampf-plakat

Der Stierkampf ist für seine Anhänger ein Opferritual, bei dem Männer (und auch einige wenige Frauen) ihre Kraft mit einem Tier messen, das eigens für den Kampf gezüchtet wurde. Bei diesem »authentischen religiösen Drama«, wie der Autor García Lorca es beschrieb, erlebt der Zuschauer die Angst und Erregung des Matadors hautnah mit.

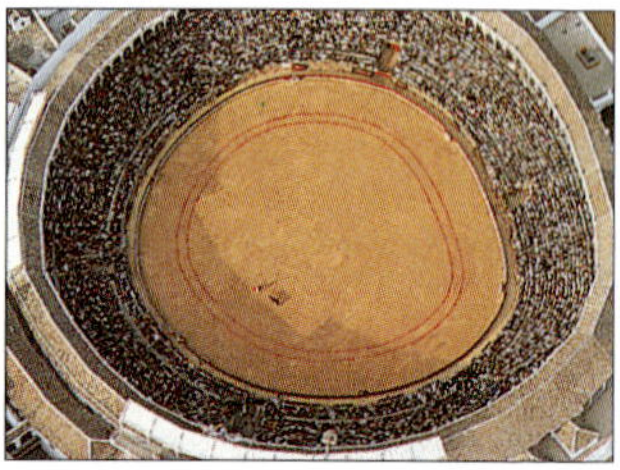

Maestranza-Arena in Sevilla
Diese gilt wie Las Ventas in Madrid als einer der Hauptschauplätze des Stierkampfes.

Stierzucht
Der toro bravo *(Kampfstier) wird speziell auf Kampfeslust und Mut gezüchtet.*

Fiesta!

Stierkämpfe sind ein wesentlicher Teil der vielen *fiestas* in Spanien. Ein begeistertes und fachkundiges Publikum, oft in traditioneller Kleidung, füllt die Arenen in der Saison von Anfang April bis Oktober *(siehe S. 38f)*.

Festkleidung

Stierkampf

Die *corrida* besteht aus drei Phasen *(tercios)*. In der ersten, der *tercio de varas*, werden der Matador und die *picadores* (Lanzenreiter) von *peones* (Helfern) unterstützt. In der *tercio de banderillas* stoßen die *banderilleros* Lanzenpaare in den Rücken des Stieres. In der *tercio de muleta* reizt der Matador den Stier mit einer *muleta* (rotes Tuch). Dann setzt er mit der *estocada*, einem Degen, den Todesstoß.

Der Matador *reizt den Stier in der* tercio de varas *mit einer* capa, *um seine Kampfkraft zu testen.* Peones *treiben den Stier dann auf die* picadores *zu.*

Picadores *stacheln den Stier mit Lanzen, die mit Stahlspitzen versehen sind, auf und testen seinen Mut beim Angriff auf ihre Pferde.*

Stierkampfarena

Die Zuschauer beobachten die *corrida* von *tendidos* (Sperrsitzen) oder *palcos* (Balkonen) aus, wo sich auch die *presidencia* (Präsidentenloge) befindet. Durch die *puerta de cuadrillas* betreten der Torero und seine Helfer die Arena, die Stiere kommen durch das *arrastre de toros*. Vor dem Kampf warten die Matadoren im Gang *(callejón)* hinter den *barreras* und *burladeros* (Barrieren). Pferde warten im *patio de caballos*, Stiere in *corrales*.

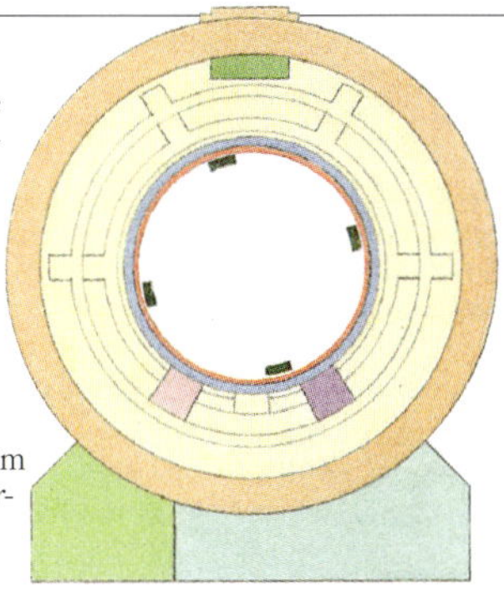

Grundriss einer Stierkampfarena

Legende

- Tendidos
- Palcos
- Presidencia
- Puerta de cuadrillas
- Arrastre de toros
- Callejón
- Barreras
- Burladeros
- Patio de caballos
- Corrales

Banderillas, mit Widerhaken versehene Pfeile, werden in die schon geschwächten Rückenmuskeln des Stieres gestoßen.

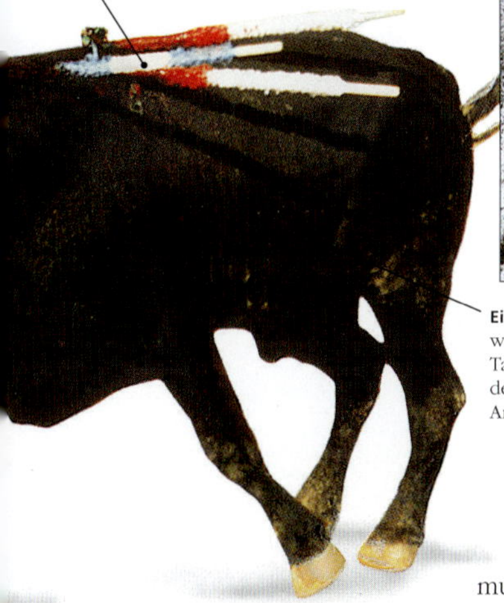

Ein mutiger Stier kann vom Tode verschont werden – die Zuschauer schwenken weiße Taschentücher und bitten damit den Präsidenten der *corrida*, dass der Stier die Arena lebend verlassen darf.

Manolete
Einer der größten Matadore aller Zeiten, Manolete, wurde 1947 in Linares, Jaén, von dem Stier Islero getötet.

Julian López (El Juli)
El Juli debütierte im Alter von 16 Jahren. Er ist bekannt für seinen Mut. Die capa *und die* muleta *führt er überaus elegant.*

Banderilleros *treten in der* tercio de banderillas *auf und testen die Reaktion des Tieres auf Schmerzen, indem sie ihm* banderillas *in den Rücken stoßen.*

Der Stier wiegt etwa 500 Kilogramm

Der Matador *reizt den Stier in der* tercio de muleta *mit der* muleta, *dann hält er sie tief. Wenn der Stier den Kopf senkt, setzt er mit dem Degen den Todesstoß.*

Die *estocada recibiendo* *ist ein schwieriger und seltener Todesstoß. Der Matador wartet auf den Angriff des Stieres, anstatt auf ihn zuzugehen.*

Flamenco, die Seele Andalusiens

Poster der *feria* von 1953

Der Flamenco ist mehr als nur ein Tanz: Er ist der künstlerische Ausdruck von Lebensfreude und -leid. Zwar gibt es überall Flamenco-Tänzer, doch es handelt sich um eine typisch andalusische Kunstform, die traditionell von Zigeunern vorgeführt wird. Es gibt viele Stilrichtungen des *cante* (Gesanges) aus verschiedenen Regionen Andalusiens, aber keine strenge Choreografie – die Tänzer improvisieren die Grundschritte. In den 1960er und 1970er Jahren war der Flamenco fast in Vergessenheit geraten, doch in den letzten Jahren kam es zur Wiederbelebung traditioneller Stile und zur Entwicklung interessanter neuer Formen.

Sevillanas *ist ein Volkstanz, der stark vom Flamenco beeinflusst ist und in Bars und zu Hause getanzt wird* (siehe S. 244).

Die Ursprünge des Flamenco *sind schwer festzulegen. Wahrscheinlich waren Zigeuner die Hauptschöpfer dieser Kunst, wobei sie ihre indisch beeinflusste Kultur mit der maurischen und andalusischen Folklore mischten und mit jüdischer und christlicher Musik unterlegten. Im 18. Jahrhundert begann sich der Flamenco in seiner heutigen Form zu entwickeln.*

In einem *tablao* (Flamenco-Club) sind mindestens vier Personen auf der Bühne; eine von ihnen klatscht den Takt.

Die spanische Gitarre

Klassische Gitarre

Die Gitarre spielt beim Flamenco eine wichtige Rolle. Die Flamenco-Gitarre wurde aus der modernen klassischen Gitarre entwickelt, die in Spanien im 19. Jahrhundert aufkam. Flamenco-Gitarren sind leichter und flacher konstruiert und haben eine verstärkte Decke unterhalb des Schalllochs, auf der der Rhythmus geklopft wird. Heute spielen Flamenco-Gitarristen auch oft solo. Einer der besten, Paco de Lucía, begann als Begleiter von Sängern und Tänzern und debütierte 1968 als Solist. Sein flotter, origineller Stil, der das traditionelle Spiel mit südländischen Weisen, Jazz und Rock kombiniert, hat viele Musiker über den Flamenco hinaus beeinflusst.

Paco de Lucía, ein Meister an der Flamenco-Gitarre

Der Gesang *ist ein wesentlicher Teil des Flamenco, der Sänger singt oft solo. Camarón de la Isla (1952–1992) gehörte zu den berühmtesten zeitgenössischen* cantaores *(Flamenco-Sänger). Er begann mit ausdrucksvollem* cante jondo *(wörtlich: »inbrünstiger Gesang«) und entwickelte daraus seinen eigenen, zum Teil rockigen Stil.*

Flamenco in Andalusien

Flamenco-Festivals *S. 34–39, S. 244*
Flamenco-Gitarre *S. 34–37, S. 244*
Flamenco in Sacromonte *S. 193*
Flamenco-Gesang *S. 34–37, S. 244*
Flamenco-Tablaos *S. 244*
Flamenco-Kleider *S. 239*

Eva Yerbabuena *ist eine* bailaora *(Tänzerin) von einzigartiger Intensität und mit erstaunlicher Fußtechnik. Auch Sara Baras wird für ihren individuellen Stil bewundert. Beide Tänzerinnen leiten ihr eigenes Flamenco-Ensemble.*

Die stolze und doch anmutige Pose der *bailaora* scheint unterdrückte Leidenschaft darzustellen.

Eine raue, tremolierende Stimme ist typisch für den Sänger.

Traditionelles gepunktetes Kleid

Der *bailaor* *(Tänzer) spielt eine weniger wichtige Rolle als die* bailaora. *Dennoch haben viele Ruhm erlangt, so auch Antonio Canales. Er führte durch seine originellen Schrittfolgen einen neuen Takt ein.*

Tablao

Heutzutage kommt es selten zu einem spontanen Tanz in einem *tablao*, aber wenn die Tänzer und Sänger in Stimmung sind, erlebt man eine eindrucksvolle Show. Künstler, die mit *duende* (Magie) auftreten, erhalten anerkennende Olé-Rufe.

Der Flamenco-Rhythmus

Der unverkennbare Rhythmus des Flamenco wird von der Gitarre vorgegeben. Ebenso wichtig ist jedoch der Takt, der durch das Klatschen und das Aufstampfen der Tänzer mit ihren hochhackigen Schuhen geschlagen wird. Die *bailaoras* geben den Rhythmus mitunter auch mit Kastagnetten vor. Lucero Tena (geb. 1939) wurde durch ihre Soloeinlagen mit Kastagnetten berühmt. Anmutige Handbewegungen unterstreichen die jeweilige Gefühlslage der Tänzerin – sei es Schmerz, Leid oder Glück.

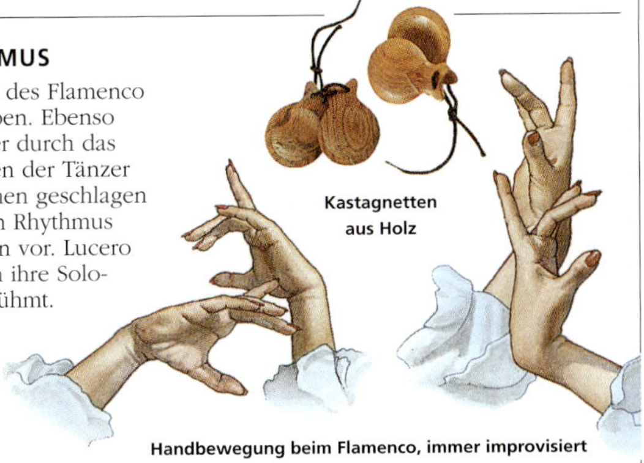

Kastagnetten aus Holz

Handbewegung beim Flamenco, immer improvisiert

Land des Sherrys

González-Byass-Logo

Die Phönizier brachten vor 3000 Jahren den Weinbau in die Region von Jerez. Später exportierten die Griechen, dann die Römer Wein aus diesem Hügelland am Atlantik. Doch die Grundlage der modernen Sherry-Produktion wurde von englischen Geschäftsleuten geschaffen, die sich hier nach der Rückeroberung *(siehe S. 48f)* ansiedelten. Sie stellten fest, dass der kalkhaltige Boden, das Klima und die hiesigen Weinstöcke Spitzenweine hervorbrachten, vor allem wenn man diese mit Weingeist versetzte.

Die Erde wird bearbeitet, damit sie den Winterregen aufnehmen kann

Weinstöcke gedeihen gut in der kalkhaltigen Erde

Sherry-Regionen

Sherry wird in den *bodegas*, den Weinkellereien in den Städten Jerez de la Frontera, Sanlúcar de Barrameda und El Puerto de Santa María, hergestellt, aber auch in kleineren Zentren wie Rota und Chiclana de la Frontera.

Legende

- Sanlúcar de Barrameda
- Jerez de la Frontera
- El Puerto de Santa María
- Grenze der Sherry produzierenden Region

Verschiedene Sherry-Arten

Drei Monate nach dem Pressen und vor dem Zusatz von Alkohol wird jeder Sherry einer der fünf Grundarten zugeordnet.

Fino *wird in Andalusien allen anderen Arten vorgezogen. Er ist trocken, frisch, leicht und klar, ausgezeichnet als Aperitif oder zu Tapas.*

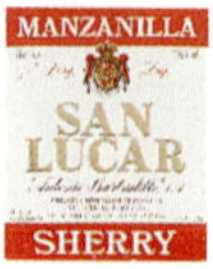

Manzanilla, *ähnlich dem* fino, *kommt exklusiv aus Sanlúcar. Er ist leicht, trocken und köstlich und hat einen charakteristisch salzigen Geschmack.*

Amontillado *ist ein im Fass gereifter* fino. *Das absterbende Flor (eine Art Ferment) gibt ihm einen stark erdigen Geschmack.*

Oloroso *(spanisch für »duftend«) ist ein kräftiger rötlicher Sherry mit einem runden, nussartigen Aroma. Er ist manchmal gesüßt.*

Cream-*Sherry ist eine dunkle, kräftige und runde Mischung des* oloroso *mit Pedro-Ximénez-Weintrauben. Dies ist die süßeste Sorte.*

Sherry-Herstellung

Sherry wird aus zwei Weinsorten gemischt: Palomino, die einen trockeneren, feineren Sherry hervorbringt, und Pedro Ximénez, aus der ein kräftigerer, süßerer Sherry entsteht.

Das Trocknen der Trauben *ist bei Pedro-Ximénez-Trauben erforderlich. Sie werden vor dem Pressen auf* Espanto-*Matten ausgelegt. Das Dörren erhöht den Zuckergehalt.*

Die Weinlese *findet in den ersten drei Septemberwochen statt. Die Palomino-Trauben werden auf dem schnellsten Weg zum Pressen gebracht.*

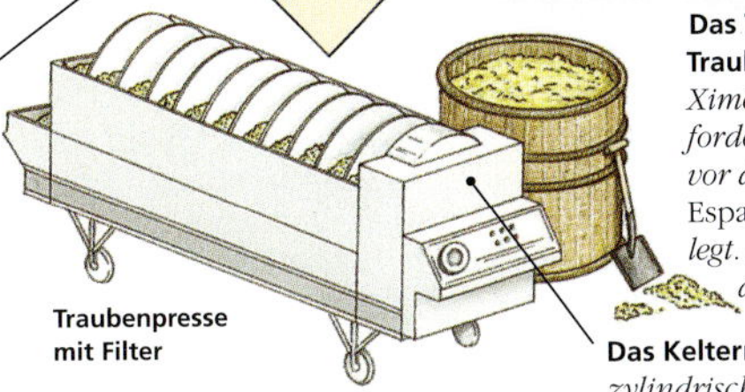

Traubenpresse mit Filter

Das Keltern *in rostfreien zylindrischen Stahltrommeln wird meist nachts erledigt, um nicht in der sengenden andalusischen Sonne arbeiten zu müssen.*

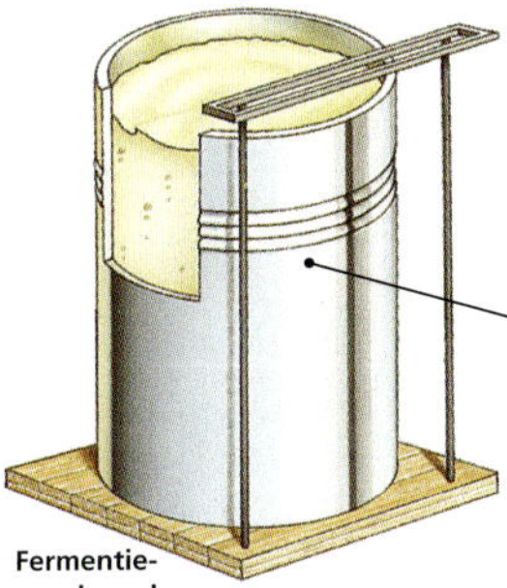

Fermentierungskessel

Flor, *ein Ferment, kann sich auf der Oberfläche des jungen Weines im Fermentierungskessel bilden; dann wird der Sherry ein* fino.

Die Verstärkung *ist das Hinzufügen von reinem Weingeist, der den Alkoholgehalt von rund 11 Prozent auf etwa 18 Prozent beim* oloroso *und etwa 15,5 Prozent beim* fino *erhöht.*

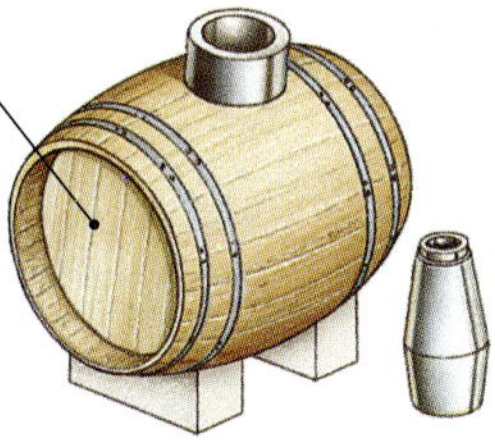

Das Solera-System *stellt sicher, dass die Qualität eines Sherrys immer gleich ist. Der Wein der jüngsten* solera *wird mit dem der älteren darunter vermischt und übernimmt dadurch dessen Charakter.*

Das Solera-System

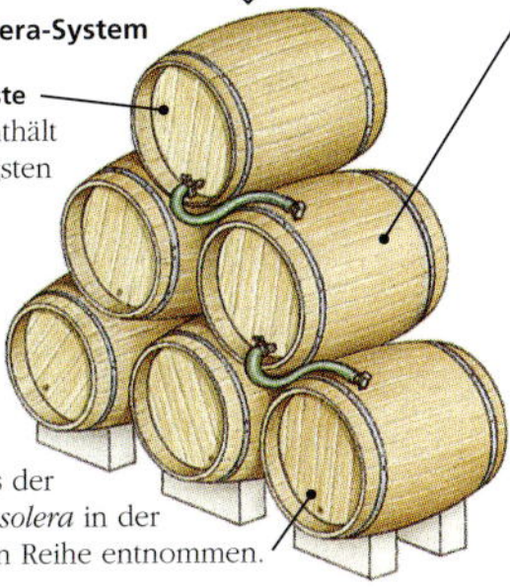

Die jüngste ***solera*** enthält den jüngsten Wein.

Sherry wird aus der ältesten *solera* in der untersten Reihe entnommen.

Das fertige Produkt

Strand- und Freizeitvergnügen

Bemaltes Fischerboot, Costa del Sol

Dank ihres subtropischen Klimas mit 300 Sonnentagen im Jahr hat sich die Küste Andalusiens – vor allem die Costa del Sol – zum Tummelplatz all jener entwickelt, die Erholung und Unterhaltung suchen. Noch in den 1950er Jahren gab es hier nur wenige Fischerdörfer *(siehe S. 183)*. Heute lockt die Gegend jährlich Millionen an, deren Versorgung durch ein riesiges Angebot an Hotels und Apartments sichergestellt wird. Das Meer eignet sich für alle Wassersportarten *(siehe S. 249)*. Im Landesinneren sind Golfanlagen zu einem Hauptmerkmal der Landschaft geworden *(siehe S. 249)*. Einige der beliebtesten Golfplätze sind auf der Karte eingezeichnet, daneben eine Auswahl an empfehlenswerten Stränden.

Sonnenanbeter an einem der Strände von Marbella

Costa de la Luz, *ein Küstenabschnitt im Westen Andalusiens mit zumeist sauberen Stränden, ist frei von Menschenmassen und Hochhäusern. Atlantische Winde machen sie zu einem Paradies für Surfer.*

0 Kilometer 50

Die Costa Tropical *besitzt viele hübsche Buchten, ideal zum Sporttauchen. Das Wasser ist wärmer und klarer als an der Costa de la Luz, doch der Sand ist grob und steinig.*

Die schönsten Strände Andalusiens

Caños de Meca ①
Zauberhafter weißer Sandstrand, von Klippen und Sanddünen geschützt.

Bolonia ②
Malerischer Strand, ganz in der Nähe römische Ruinen.

Tarifa ③
Langer weißer Sandstrand mit Wind und Wellen, die für geübte Surfer ideal sind.

Costa Natura ④
Beliebter FKK-Strand, direkt außerhalb von Estepona.

Babaloo Beach ⑤
Strand bei Puerto Banús. Gymnastik und Jetski.

Victor's Beach ⑥
Ein typischer Marbella-Strand, schicke Grillpartys.

Don Carlos ⑦
Vielleicht der schönste Strand von Marbella.

Cabopino/Las Dunas ⑧
FKK-Strand und Sanddünen unweit eines modernen Yachthafens. Man kann ihn gar nicht verfehlen.

Rincón de la Victoria ⑨
Schöner Familienstrand direkt östlich von Málaga.

La Herradura ⑩
Eine felsige Bucht westlich von Almuñécar.

Playa de los Genoveses ⑪
Einer der saubersten Strände zwischen Cabo de Gata und dem Dorf San José.

Playa Agua Amarga ⑫
Sandstrand bei einem Fischerdörfchen, das zum Ferienort umgebaut wurde.

Die Costa de Almería *ist für ihre malerischen Fischerdörfer und schroffen Felsen bekannt, die bei atemberaubenden Sonnenuntergängen zur Geltung kommen. Die meisten Strände wurden von starker Bebauung verschont, besonders jene im Naturschutzgebiet Cabo de Gata, wie z.B. hier in San José.*

Costa del Sol

Neben den Urlaubermassen haben eine halbe Million Ausländer die Costa del Sol zu ihrem Dauerwohnsitz erwählt. Der Luxus und das Ambiente von Marbella werden durch eine Vielzahl beliebter Strände und mehr als 30 der schönsten Golfanlagen Europas ergänzt, dazu gehört auch der Club de Golf Valderrama, 1997 Austragungsort des Ryder Cup.

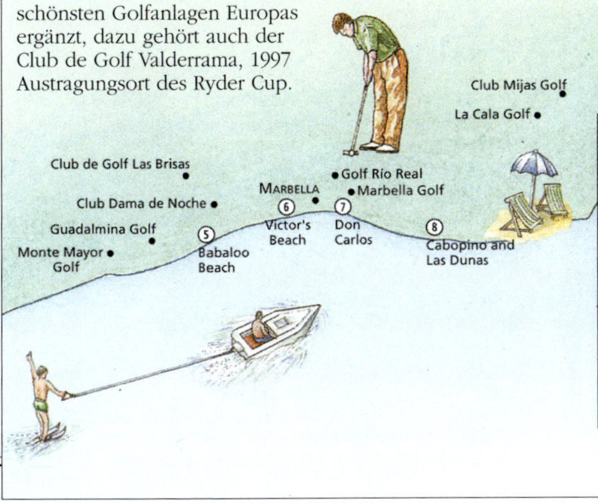

Golfer auf dem Grün der Marbella-Golfanlage

Das Jahr in Andalusien

Viele Festivals und kulturelle Ereignisse füllen den andalusischen Kalender. Jede Stadt, jedes Dorf hat eine jährlich stattfindende *feria* (Jahrmarkt), meist zwischen April und Oktober. Es gibt auch viele ausgelassene *fiestas*, bei denen sich Frömmigkeit mit *joie de vivre* vermischt. Das Frühjahr ist eine ideale Zeit für einen Besuch. Dann ist die Landschaft am schönsten, das Klima ist mild, und mit *ferias* und *fiestas* wird das Ende des Winters gefeiert. Der Sommer bringt im Landesinneren große Hitze und den *costas* Touristenmassen. Der Herbst stellt den Beginn der Konzert- und Theatersaison dar. Besonders in den Städten ist das kulturelle Angebot groß. Mit dem ersten Schnee in der Sierra Nevada beginnt die Wintersportsaison. Beachten Sie, dass sich Termine ändern können. Fragen Sie beim Fremdenverkehrsamt nach *(siehe S. 255)*.

Poster für die *feria* von Sevilla, 1903

Blühende Mandelbäume an den üppigen andalusischen Hügeln

Frühling

Wenige Gegenden der Welt können mit der Schönheit des Frühlings in Andalusien konkurrieren. Nach den Winterniederschlägen ist das Land üppig grün. Es wachsen Wildblumen, Mandelblüten bedecken die Hügel, Erdbeeren werden geerntet. Die vielen Festivals in dieser Jahreszeit sind meist religiösen Ursprungs, doch oft noch mit vorchristlichen Zeremonien verbunden.

März

Cristo de la Expiración *(Freitag, neun Tage vor Palmsonntag)*, Orgiva *(siehe S. 198)*. Eine der lautesten *fiestas*; es werden Raketen und Knallkörper abgefeuert.
Semana Santa *(Palmsonntag–Karfreitag)*. Sevilla begeht dieses Ereignis auf spektakuläre Weise *(siehe S. 38)*. Am Gründonnerstag wird in Málaga *(siehe S. 180f)* ein Gefangener aus der Haft entlassen, der sich aus Dankbarkeit einer Prozession anschließt – eine Tradition aus dem 18. Jahrhundert, als Gefangene, die eine Pestepidemie überlebt hatten, ein Heiligenbild durch die Stadt trugen. In Baena *(siehe S. 147)* vibrieren die Straßen unter dem Rhythmus zahlloser Trommeln.

April

Fiesta de San Marcos *(25.Apr)*, Ohanes, Sierra Nevada. Acht Stiere werden dazu gebracht, vor dem Bild des hl. Markus niederzuknien.
Feria de Abril *(zwei Wochen nach Ostern)*, Sevilla *(siehe S.38)*.
Romería de Nuestra Señora de la Cabeza *(letzter Sonntag im Apr)*, Andújar *(siehe S. 39)*. Große Wallfahrt.

Mai

Día de la Cruz *(erste Maiwoche)*, Granada *(siehe S. 190–196)* und Córdoba *(siehe S. 38)*.
Feria del Caballo *(erste Maiwoche)*, Jerez de la Frontera *(siehe S. 162)*. Pferdemarkt.
Festival Internacional de Teatro y Danza *(den ganzen Mai)*, Sevilla. Schauspieltruppen treten im Teatro de la Maestranza auf *(siehe S. 68f)*.
Festival de los Patios *(zweite Maiwoche)*, Córdoba *(siehe S. 38f)*. Die Innenhöfe werden gezeigt und prämiert.
Romería de San Isidoro *(15. Mai)*. In vielen Städten werden *romerías* für den hl. Isidor abgehalten.
Concurso Nacional de Flamenco *(2. Maiwoche, alle drei Jahre: 2010, 2013)*, Córdoba. Flamenco-Wettkampf.
Feria del Mayo *(letzte Maiwoche)*, Córdoba *(siehe S. 39)*.
Romería del Rocío *(Ende Mai, Anfang Juni)*, El Rocío *(siehe S. 38)*.

Die Feria del Caballo findet im Mai in Jerez de la Frontera statt

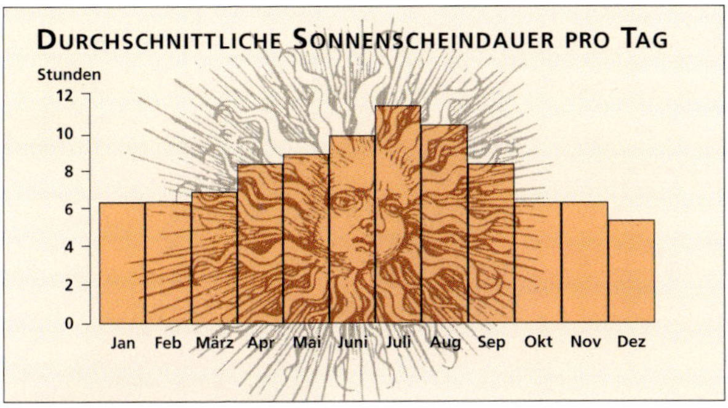

Sonnenschein
Selbst im Winter gibt es in Andalusien nur wenige Tage ganz ohne Sonnenschein. Vom Frühjahr an nimmt die Sonnenscheindauer stetig zu, dann und vor allem im Hochsommer kann es gefährlich sein, sich ohne Hautschutz im Freien aufzuhalten.

Stierlauf bei der *fiesta* Lunes de Toro in Grazalema

SOMMER

Während der Sommermonate ist die *siesta* (Mittagsruhe) besonders wichtig. Die Arbeit ruht, die meisten Veranstaltungen finden in den Abendstunden statt. Zu den Besuchern, die an die Küsten strömen, kommen Tausende Spanier hinzu. In den Küstenstädten finden große Freiluftkonzerte statt.

JUNI

Fronleichnam *(Ende Mai oder Anfang Juni)* wird in Granada gefeiert *(siehe S. 39)*. In Sevilla tanzen die *seises,* kleine Jungen, vor dem Altar der Kathedrale. In Zahara, bei Ronda *(siehe S. 174)*, werden Häuser und Straßen mit Blumen geschmückt.
Día de San Juan *(23./24. Juni)* Am 23. Juni wird an den Stränden zu Ehren Johannes' des Täufers um Freudenfeuer getanzt. Lanjarón *(siehe S. 189)* feiert dieses Fest in den Morgenstunden des 24. Juni mit einer Wasserschlacht.
Romería de los Gitanos *(dritter Junisonntag)*, Cabra *(siehe S. 147)*. Eine Prozession von Zigeunern führt zu einer Kapelle.
Festival Internacional de Música y Danza *(Mitte Juni–Anfang Juli)*, Granada *(siehe S. 190–196)*. Die Teilnehmer kommen aus aller Welt. Viele Aufführungen überall in der Stadt *(siehe S. 194f)*.

JULI

Festival de la Guitarra *(erste zwei Juliwochen)*, Córdoba *(siehe S. 140–146)*. Gitarrenfestival aller Stilarten, von Klassikgitarre bis Flamenco.
Fiesta de la Virgen del Carmen *(um den 15. Juli)*. Diese Madonna wird in vielen Küstengemeinden mit Regatten oder anderen Sportveranstaltungen geehrt. Am Abend wird das Madonnenbild auf ein Fischerboot gebracht, das, begleitet von lautem Feuerwerk, über das Meer fährt.
Lunes de Toro *(um den 17. Juli)*, Grazalema *(siehe S. 174)*. Täglich Stierlauf.

AUGUST

Fiestas Colombinas *(um den 3. August)*, Huelva *(siehe S. 127)*. Tanz- und Musikfestival zum Gedenken an Kolumbus – jedes Jahr einem anderen südamerikanischen Land gewidmet.
Fiestas Patronales de Santa María de la Palma *(15. Aug)*, Algeciras. Ein Heiligenbild wird aus dem Meer geborgen, gesäubert und in einer Bootsprozession an Land gebracht. Später wird es wieder im Meer versenkt.
Fiestas de la Exaltación del Río Guadalquivir *(dritte Augustwoche)*, Sanlúcar de Barrameda *(siehe S. 162)*. Pferderennen am Strand.
Feria de Málaga *(letzte zwei Augustwochen, siehe S. 39)*.
Feria de Almería *(letzte Augustwoche, siehe S. 39)*.

Costa del Sol – sowohl bei Urlaubern als auch bei Spaniern beliebt

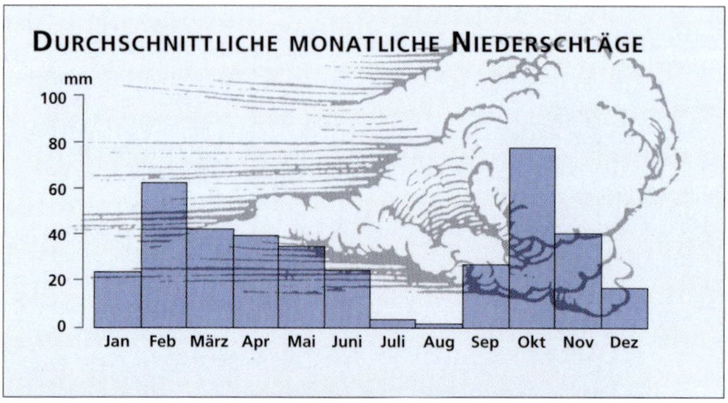

Niederschläge
Im Frühjahr regnet es mitunter stark, aber der Sommer ist weitgehend niederschlagsfrei. Die Feuchtigkeit nimmt von September bis Oktober zu, dann kann es heftig regnen. In den letzten Jahren erlebte die Region eine große Dürre.

Chirimoya*-Ernte an der Küste bei Almuñécar *(siehe S. 189)

HERBST

Eine sehr schöne Zeit für eine Reise nach Andalusien. Das Wetter ist beständig, doch ohne sengende Sommerhitze und Urlaubermassen. Die Traubenlese ist im Gange und wird in Städten und Dörfern gefeiert. Die Theater eröffnen ihre Schauspiel- und Konzertsaison. Entlang der Küste werden Süßkartoffeln und *chirimoyas* geerntet. Im Landesinneren stehen Pilze auf den Speisekarten.

SEPTEMBER

Feria de Pedro Romero *(erste zwei Septemberwochen)*, Ronda *(siehe S. 176f)*. *Fiesta* zu Ehren des Begründers des modernen Stierkampfes *(siehe S. 177)*. Alle Teilnehmer der *corrida Goyesca*, dem Höhepunkt, tragen Kostüme, die von Goya, einem großen Freund des Stierkampfes, entworfen wurden.

Fiestas Patronales de la Virgen de la Piedad *(6. Sep)*, Baza *(siehe S. 198f)*. Eine bizarre *fiesta*, bei der ein als Cascamorras bekannter Mann aus dem benachbarten Guadix kommt und die Madonnenstatue zu stehlen versucht. Mit Öl eingeriebene junge Männer jagen ihn aus der Stadt. Mit leeren Händen kehrt er nach Guadix zurück, wo er für sein Versagen symbolisch bestraft wird.

Fiesta Moros y Cristianos, Válor *(siehe S. 199)*

Moros y Cristianos *(15. Sep)*, Válor *(siehe S. 199)*. Bei dieser *fiesta* werden Schlachten der Reconquista nachgestellt.

Fiesta de la Vendimia *(zweite oder dritte Woche im Sep)*, La Palma del Condado *(siehe S. 129)*. Eine bunte *fiesta* zur Begrüßung des neuen Weins.

Romería de San Miguel *(letzter So im Sep)*, Torremolinos *(siehe S. 182)*. Eine der größten *romerías* des Landes.

Bienal de Arte Flamenco *(letzte zwei Wochen im Sep, bei gerader Jahreszahl)*, Sevilla. Flamenco-Künstler von Weltruf sind zu sehen.

Sevilla en Otoño *(Sep–Nov)*, Sevilla. Eine Vielzahl an kulturellen Veranstaltungen.

OKTOBER

Fiesta del Vino *(5.–9. Okt)*, Cadiar *(siehe S. 199)*. Eine Besonderheit dieser *fiesta* in den Alpujarras ist der Brunnen, aus dem Wein sprudelt.

Festival Iberoamericano de Teatro *(letzte zwei Wochen im Okt)*, Cádiz *(siehe S. 164f)*. Lateinamerikanisches Theaterfestival.

NOVEMBER

Festival Internacional de Jazz *(Anfang Nov)*, Granada *(siehe S. 190–196)* und Sevilla.

Festival de Cine Iberoamericano *(letzte zwei Wochen im Nov)*, Huelva *(siehe S. 127)*. Wichtiges lateinamerikanisches Filmfestival.

Ölverschmierte Jugendliche jagen Cascamorras in Baza

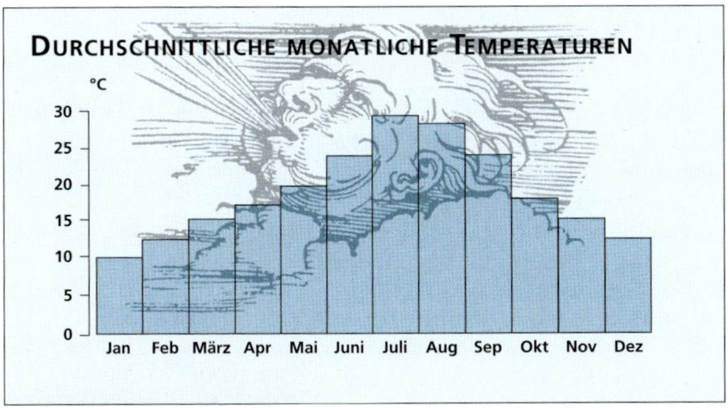

Temperaturen
Andalusien genießt ganzjährig das warme Mittelmeerklima. Die Temperaturen steigen ab Januar kontinuierlich an, im Landesinneren können die Durchschnittstemperaturen der Region zum Teil weit überschritten werden.

Mittelalterliche Musik bei der Fiesta de los Verdiales in Málaga

Winter

Die reifen Oliven werden jetzt geerntet. Die Restaurants bieten Wildschwein- und Rebhuhngerichte an, da dies die Jagdsaison ist. Skifahrer strömen zur Sierra Nevada. Obwohl es im Winter häufig regnet und nachts kalt ist, gibt es viele Tage mit Sonnenschein. Im Februar beginnen die Mandelbäume und Erdbeeren zu blühen.

Dezember

La Inmaculada Concepción *(8. Dez),* Sevilla. Die *tuna,* Gruppen von Ministranten, gehen durch die Straßen um die Plaza del Triunfo und Santa Cruz *(siehe S. 72f).*
Fiesta de los Verdiales *(28. Dez),* Málaga *(siehe S. 180f).* Am *Día de los Santos Inocentes* versammeln sich Tausende bei der Venta del Túnel, am Stadtrand von Málaga. Sie kommen anlässlich des Wettstreits der *pandas* (Musikbands) in der Aufführung von *verdiales* (Musik aus maurischer Zeit, die auf Originalinstrumenten gespielt wird).

Januar

Día de la Toma *(2. Jan),* Granada *(siehe S. 190–196).* Die *fiesta* erinnert an die Vertreibung der Mauren 1492 *(siehe S. 48).* Die Krone von Königin Isabella und das Schwert König Ferdinands werden durch die Straßen getragen.
Día de los Reyes *(6. Jan).* Am Vorabend dieses gesetzlichen Feiertages kommen überall in Andalusien die Hl. Drei Könige in wunderschönen Gewändern und ziehen durch die Innenstädte. Sie fahren in kleinen Wagen, die entweder von Traktoren oder Pferden gezogen werden, und werfen den begeisterten Kindern Süßigkeiten zu.
Certamen Internacional de Guitarra Clásica Andrés Segovia *(erste Januarwoche),* Almuñécar *(siehe S. 189).* Wettbewerb klassischer Gitarren zu Ehren des Meisters.

Februar

Los Carnavales *(zweite oder dritte Februarwoche).* Der Karneval wird groß gefeiert, besonders im westlichen Andalusien und am spektakulärsten in Cádiz *(siehe S. 39).* Der Küstenort Isla Cristina *(siehe S. 126)* ist für seine ausgelassenen Feiern berühmt.
Festival de Música Antigua *(Feb und März),* Sevilla. Auf historischen Instrumenten wird alte Musik gespielt.

Feiertage

Año Nuevo Neujahr *(1. Jan)*
Día de los Reyes Hl. Drei Könige *(6. Jan)*
Día de Andalucía *(28. Feb)*
Jueves Santo Gründonnerstag und **Viernes Santo** Karfreitag *(variabel)*
Día del Trabajo Tag der Arbeit *(1. Mai)*
Asunción Himmelfahrt *(15. Aug)*
Día de la Hispanidad Nationalfeiertag *(12. Okt)*
Todos los Santos Allerheiligen *(1. Nov)*
Día de la Constitución Verfassungstag *(6. Dez)*
Inmaculada Concepción Fest der Unbefleckten Empfängnis *(8. Dez)*
Navidad Weihnachten *(25. Dez)*

Skilift an den Hängen der Sierra Nevada *(siehe S.197)*

Fiestas in Andalusien

Kostüm, Semana Santa, Córdoba

Es gibt nichts, was mit einer spanischen *fiesta* oder *feria* vergleichbar wäre, und die in Andalusien zählen zu den farbenfrohesten. Manche erinnern an historische Ereignisse oder den jahreszeitlichen Wechsel. Anlass ist jedoch meist eine religiöse Feierlichkeit. Die Semana Santa (Karwoche) wird in ganz Andalusien begangen. Wesentlicher Bestandteil jeder *fiesta* ist das Feiern, Tanzen, Singen und Trinken. *Ferias* finden oft auf einem Marktplatz statt. Die Teilnehmer tragen Flamenco-Kostüme, bunte Umzüge finden statt. Überall in Andalusien können Sie auch *romerías* miterleben, bei denen Heiligenbilder zu einer Kapelle getragen werden.

Reiter und Reiterinnen in vollem Glanz bei der Feria de Abril in Sevilla

Sevilla

Die Semana Santa, die Karwoche, wird in Sevilla pompös gefeiert. Mehr als hundert *pasos* (religiöse Prozessionsfiguren) werden durch die Straßen getragen, begleitet von *nazarenos*, Mitgliedern von etwa 50 Bruderschaften, die lange Gewänder und spitze Kapuzen tragen. Während die Prozessionen durch die Straßen ziehen, stimmen spezielle Sänger *saetas* (Gesänge zum Lobpreis der Heiligen Jungfrau) an. In den frühen Morgenstunden des Karfreitags erreicht die Begeisterung ihren Höhepunkt, wenn die Virgen de la Macarena herumgetragen wird *(siehe S. 89)*.

Während der Feria de Abril, der etwa zwei Wochen nach Ostern stattfindenden Frühjahrsfeier, machen die *sevillanos* eine Woche lang »einen drauf«. Ab etwa 13 Uhr paradieren täglich stolze Reiter und Frauen in bunten Flamenco-Kleidern beim *paseo de caballos*. Abends erzittern die *casetas* (Festzelte) unter den Klängen der *sevillanas*, eines beliebten Tanzes, der vom Flamenco beeinflusst ist. Spaniens beste Matadore bestreiten Stierkämpfe in der Arena Maestranza *(siehe S. 68)*.

Huelva und Sevilla

Eine der beliebtesten *fiestas* Spaniens, die Romería del Rocío, findet an Pfingsten statt. Mehr als 70 Bruderschaften pilgern zur Wallfahrtskapelle El Rocío *(siehe S. 129)* inmitten von Las Marismas, den Sümpfen an der Mündung des Guadalquivir. Ihnen schließen sich Wallfahrer zu Pferde, zu Fuß oder mit dem Auto an. Alle huldigen der Virgen del Rocío, auch »Weiße Taube« oder »Königin der Sümpfe« genannt. Mehrere Tage und Nächte wird getrunken und getanzt, bis am Montagmorgen die Madonna aus der Kapelle geholt wird. Junge Männer aus der nahe gelegenen Stadt Almonte tragen sie zwölf Stunden lang durch die Menge.

Córdoba und Jaén

In Córdoba ist der ganze Mai eine Fiesta *(siehe S. 140–146)*. Der Día de la Cruz – Tag des Kreuzes – findet an den ersten drei Maitagen statt. Bruderschaften und Stadtbewohner konkurrieren, wer die schönsten blumengeschmückten Kreuze gestaltet. Ihm folgt das Festival de los Patios (5.–15. Mai), bei dem die Innenhöfe der alten Stadtviertel für die Besucher geöffnet werden. Menschenmassen gehen

Pilger auf der Romería del Rocío in der Umgebung von Huelva

von Hof zu Hof und beginnen in jedem einen Flamenco-Tanz oder -Gesang.

Im Lauf der letzten Maiwoche findet Córdobas *feria* statt. Sie ist ebenso farbenfroh wie die Feria de Abril in Sevilla, aber offener für Fremde. Dieses Festival, das aus römischer Zeit stammt, begrüßt den Frühling.

Die Romería de Nuestra Señora de la Cabeza findet am letzten Aprilsonntag beim Santuario de la Virgen de la Cabeza statt *(siehe S. 151),* einer Wallfahrtskapelle in der Sierra Nevada. Über 250 000 Menschen nehmen daran teil, manche pilgern zu Fuß oder zu Pferde. Dort brennt Tag und Nacht ein Feuer. Dann wird die Jungfrau, bekannt als La Morenita, unter den Rufen *¡Guapa, guapa! (Du Schöne, du Schöne!)* durch die Menge getragen.

Kostümierte Teilnehmer beim Karneval (Los Carnavales) in Cádiz

Büßer bei der Romería de Nuestra Señora de la Cabeza im April

Cádiz und Málaga

Im Februar wird in Cádiz *(siehe S. 164–167)* zwei Wochen lang Los Carnavales (Karneval) mit mehr Begeisterung und Hingabe gefeiert als sonst wo in Andalusien. Manche sagen, er könnte mit dem Karneval in Rio konkurrieren. Gesangsgruppen üben Monate im Voraus und komponieren satirische Lieder, die alles aufs Korn nehmen, von der neuen Mode bis zu Prominenten, vor allem Politiker. Oft tragen sie ihre Lieder prächtig gekleidet im Falla-Theater im Rahmen eines mehrere Tage dauernden Wettstreits vor. Danach nehmen sie an einem Umzug teil. Die ganze Stadt trägt fantasievolle Kostüme, und die Narren drängen sich in den Gassen der Altstadt.

Die Feria de Málaga Mitte August feiert die Eroberung der Stadt von den Mauren durch die Katholischen Könige *(siehe S. 48).* Im Bemühen, Sevilla zu übertrumpfen, organisiert Málaga ein Riesenspektakel *(siehe S. 180f).* Die Stadtbewohner, bekannt für ihr Talent, schöne Feste zu organisieren, legen traditionelle Kostüme an und ziehen mit aufwendig geschmückten Wagen und Pferden durch das Stadtzentrum zum Festplatz. Die Feria dauert eine ganze Woche, und die besten Stierkämpfer treten in der Arena der Stadt, in La Malagueta, auf.

Granada und Almería

Das Fronleichnamsfest ist eines der Großereignisse von Granada *(siehe S. 190–196).* Am Vortag zieht eine Prozession von Großköpfen (kostümierten Karikaturen mit überdimensionalen Köpfen) und Riesen durch die Stadt, angeführt von der *tarasca,* einer Frau auf einem riesigen Drachen. Am nächsten Tag wird die *custodia,* die Monstranz, von der Kathedrale durch die Straßen getragen. Die ganze Woche danach gibt es Stierkämpfe und Flamenco.

Die *feria* in Almería *(siehe S. 200f)* Ende August findet zu Ehren der Virgen del Mar statt. Es gibt Jahrmarkt, Prozessionen, Sportveranstaltungen und Stierkämpfe. Die Madonna stammt von 1502, als ein Wächter auf der Suche nach Berberpiraten ein ans Ufer gespültes Madonnenbild fand.

Die Feria de Málaga begeht die Rückeroberung der Stadt von den Mauren

Jurisdiccion
REAL FOR
ALHA

Die Geschichte Andalusiens

Die Frühgeschichte Andalusiens ist die Geschichte antiker Städte – Cádiz *(siehe S. 164–167)*, 1100 v. Chr. gegründet, gilt als älteste Stadt Europas – und von vielen Völkerwanderungen, die neues Denken und neue Gebräuche brachten.

Zur Eisenzeit hatte sich eine reiche Kultur herausgebildet. Es entwickelten sich Kultur- und Handelsbeziehungen mit den Phöniziern, mit Griechen und Karthagern. Diese Beziehungen und der Überfluss an Rohstoffen wie Eisen, Gold und Kupfer machten das Land zu einer der reichsten Regionen des Mittelmeerraums.

Darstellung eines iberischen Kriegers

Solche Reichtümer lockten die Römer an. 206 v. Chr. unternahmen sie erste Eroberungszüge in Südspanien. Sie herrschten fast 700 Jahre lang. Als das Weströmische Reich im 5. Jahrhundert zusammenbrach, nahmen die Westgoten ihren Platz ein. Die nachfolgenden Mauren nahmen zuerst Córdoba, dann Sevilla ein. Gegen Ende ihrer fast 800-jährigen Herrschaft gründeten sie das Königreich Nasrid in Granada.

Mit dem Fall Granadas im Jahr 1492 endete die Epoche der maurischen Herrschaft in Spanien. Die Eroberung der Neuen Welt machte Sevilla zu einer der reichsten Städte Europas, aber ein Großteil dieses Reichtums wurde für Kriege gegen die Habsburger vergeudet. Zu Beginn des 18. Jahrhunderts hatte in Spanien allerorts der Niedergang begonnen. Im 19. und frühen 20. Jahrhundert führte Armut zu Unruhen und letztlich zum Bürgerkrieg.

Die wirtschaftliche Lage blieb auch danach angespannt, nur der in den 1960er Jahren einsetzende Massentourismus brachte etwas Geld ins Land. Mit dem Tod Francos und Spaniens Eintritt in die EU 1986 begannen für die Spanier bessere Zeiten. Andalusien hinkte jedoch hinterher. Die Expo '92 war Teil der staatlichen Politik, um das Wachstum anzuregen. Die Wirtschaftskraft wächst seitdem langsam, aber kontinuierlich.

Darstellung von Sevilla mit Flusshafen im 16. Jahrhundert

◁ Lithografie der Puerta de la Justicia in der Alhambra aus dem 18. Jahrhundert *(siehe S. 194f)*

Frühgeschichte

Schädel eines Neandertalers

Um 50 000 v. Chr. lebten Neandertaler in der Gegend um Gibraltar. Der *Homo sapiens* kam 25 000 Jahre später, ab etwa 7000 v. Chr. siedelten sich jungsteinzeitliche Volksstämme aus Afrika in Spanien an. Als die Phönizier kamen, um mit Edelmetallen zu handeln, fanden sie eine hoch entwickelte Kultur vor. Später knüpften sie Handelsbeziehungen mit dem iberischen Königreich Tartessos. Die Griechen, die sich bereits in Nordspanien angesiedelt hatten, begannen ab etwa 600 v. Chr. den Süden zu kolonisieren. Inzwischen hatten sich Kelten mit Iberern vermischt. Die Karthager kamen um etwa 500 v. Chr. und – so die Legende – zerstörten Tartessos.

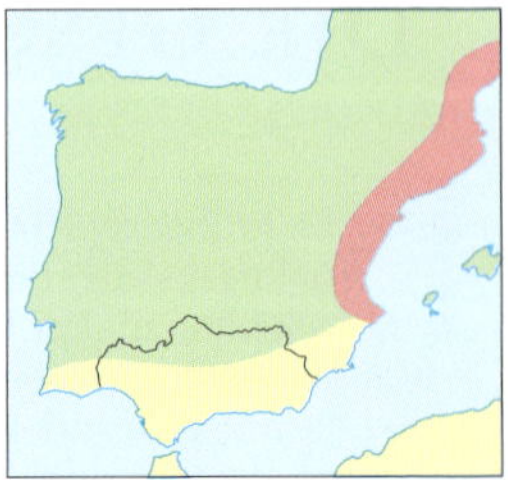

SIEDLUNGSGEBIETE

- *Griechen*
- *Phönizier*

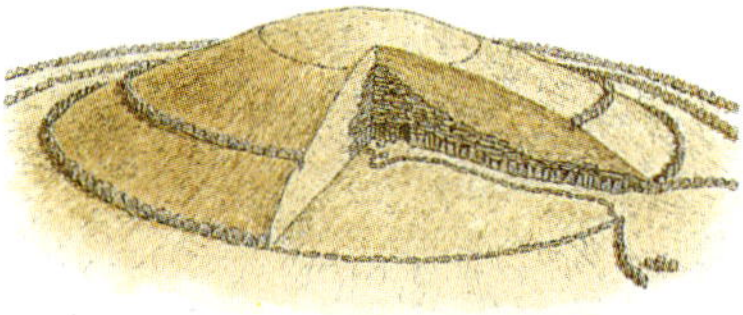

Grabhügel bei Los Millares

In Los Millares (siehe S. 201) *war um etwa 2300 v. Chr. eine frühe Metall bearbeitende Zivilisation angesiedelt. Bis zu 100 Tote wurden in einer einzigen Grabanlage bestattet. Die Grabkammern bildeten sanfte Hügel.*

Kurzes Schwert und Schild verweisen auf einen iberischen Krieger.

Die Arme dieser Figur sind in Gebetshaltung ausgestreckt.

IBERISCHE BRONZEFIGUREN

Diese Bronzefigurinen aus dem 5.–4. Jahrhundert v. Chr. sind Opfergaben an die Götter. Sie wurden in einer Grabstätte bei Despeñaperros in der Provinz Jaén gefunden. Die Römer schätzten die Iberer für ihr kunsthandwerkliches Geschick außerordentlich.

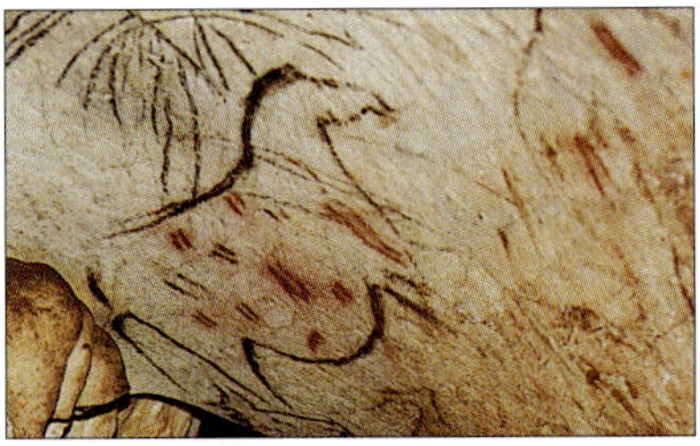

Höhlenmalerei

Ab etwa 25 000 v. Chr. bemalten Menschen die Höhlen. Die Darstellungen von Fischen, Landtieren, Menschen, Waffen und anderen Dingen sind überaus realistisch.

ZEITSKALA

1 000 000–750 000 v. Chr. Bearbeitete Steine in Puerto de Santa María, Cádiz

Faustkeil

50 000 v. Chr. Neandertaler bewohnen Gibraltar

25 000–18 000 v. Chr. Höhlenmalereien und Felsenbilder des Homo sapiens

7000 v. Chr. Jungsteinzeitliche Siedler kommen vermutlich aus Nordafrika

4500 v. Chr. Bauern beginnen, Getreide anzupflanzen und Vieh zu halten

4000 v. Chr. Jungsteinzeitliche Reste in Grabstätten in der Cueva de los Murciélagos; Sandalen, Opfergaben und andere Gegenstände

1 000 000 v. Chr.	50 000 v. Chr.	10 000 v. Chr.	8000 v. Chr.	6000 v. Chr.	4000 v.

Jungsteinzeitlicher Ockertopf

Göttin Astarte
Die Phönizier gründeten Cádiz etwa um 1100 v. Chr. Sie brachten ihre eigene Göttin (Astarte) mit, die in ganz Andalusien verehrt wurde, als die Region die östlichen Einflüsse aufnahm.

Griechische Urne
Die alten Griechen brachten viele Kunstgegenstände mit. Ihr Dekorationsstil hatte großen Einfluss auf die iberische Kunst.

Die Kopfbedeckung deutet an, dass dies eine hrem Gott ergebene üngerin st.

Die Hand der Priesterin ist zum Segen erhoben.

FRÜHGESCHICHTE

Höhlenmalerei kann man in der Cueva de la Pileta bei Ronda la Vieja *(siehe S. 175)* und in den Cuevas de Nerja *(S. 180)* sehen. Bei Antequera *(S. 179)* stehen Dolmen aus der Bronzezeit (um 2500 v. Chr.). Bei Los Millares *(S. 201)* wurden Grabkammern freigelegt. Die Kopien des Carambolo-Schatzes aus Tartessos werden im Museo Arqueológico in Sevilla *(S. 97)*, Steinskulpturen aus Porcuna in Jaén *(S. 149)* ausgestellt.

Der Toro de Porcuna *(500–450 v. Chr.) wurde in Porcuna bei Jaén gefunden.*

Dama de Baza
Diese von etwa 500–400 v. Chr. stammende weibliche Figur stellt möglicherweise eine iberische Göttin dar. Sie ist eine von mehreren Figuren, die in Südspanien gefunden wurden.

Schatz von Carambolo
Der im Stil phönizische Schatz stammt aus Tartessos. Den genauen Ort dieses Königreichs hat man trotz vieler Funde noch immer nicht entdeckt.

300 v. Chr. Beginn der ›ronzezeit; in Los Milla›s finden Bestattungen › Dolmengräbern statt *›iehe S. 201)*

800–700 v. Chr. Königreich Tartessos auf dem Höhepunkt, beeinflusst von den Phöniziern

Armreif aus Tartessos

241 v. Chr. Ende des 1. Punischen Kriegs zwischen Karthago und Rom

2000 v. Chr.	1000 v. Chr.	800 v. Chr.	600 v. Chr.	400 v. Chr.

1100 v. Chr. Gründung von Cádiz durch die Phönizier

800 v. Chr. Die Kelten wandern aus Nordeuropa südwärts

600 v. Chr. Griechische Siedler lassen sich an der andalusischen Küste nieder

500 v. Chr. Karthago kolonisiert Südspanien

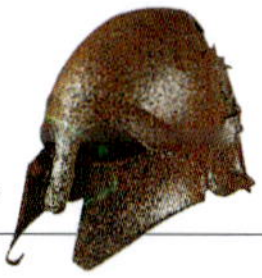

Griechischer Helm

219 v. Chr. Karthager erobern Sagunto in Ostspanien

Römer und Westgoten

Westgotisches Kapitell

Die Römer kamen 206 v. Chr. während eines Krieges gegen Karthago nach Spanien. Angezogen von dem Reichtum des Landes, blieben sie 700 Jahre lang. Innerhalb von 200 Jahren eroberten sie ganz Spanien und unterteilten es in Provinzen: Baetica, mit Corduba (Córdoba) als Hauptstadt, entsprach in etwa dem heutigen Andalusien. Städte wurden gebaut, Feudalherren schufen Latifundien und exportierten Olivenöl und Weizen nach Rom. Baetica wurde zu einer der wohlhabendsten Provinzen. 711 kamen die Mauren.

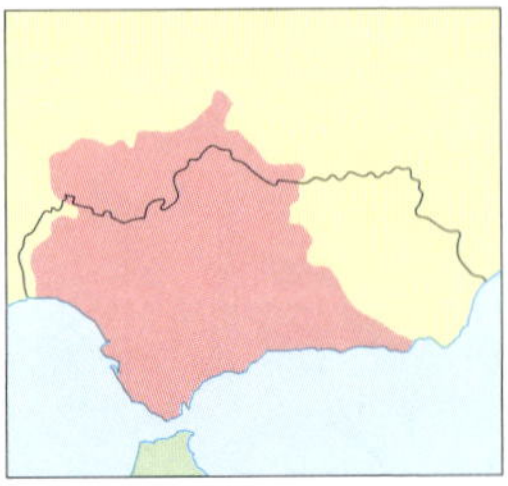

Römer um 100 v. Chr.

Römisches Baetica

Andere römische Provinzen

Hadrian

Die Kaiser Hadrian und Trajan wurden in Baetica geboren. Viele Politiker, Dichter und Philosophen aus Baetica zogen ebenfalls nach Rom, wo einige zu Ruhm und Ansehen kamen.

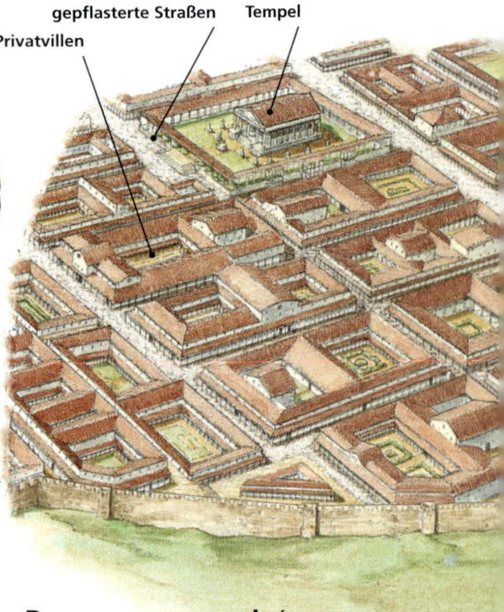

Rekonstruiertes Itálica

Scipio Africanus gründete Itálica *(siehe S. 132)* 206 v. Chr. nach seinem Sieg über die Karthager. Die Stadt erreichte ihre Blüte im 2. und 3. Jahrhundert und war die Geburtsstadt der Kaiser Hadrian und Trajan. Im Gegensatz zu Cádiz wurde Itálica später nicht überbaut, sodass es heute ein gutes Beispiel römischer Architektur ist.

Römische Mosaike in Andalusien

Privathäuser, Tempel und öffentliche Gebäude hatten Mosaikfußböden. Alles, von Göttern bis zu Jagdszenen, wurde dargestellt.

Zeitskala

200 v. Chr. | 100 v. Chr. | 0 | 100 n. Chr. | 200

206 v. Chr. Scipio Africanus erringt bei Alcalá del Río den Sieg über die Karthager; Itálica wird gegründet

200 v. Chr. Die Römer erobern Südspanien und erreichen Cádiz

61 v. Chr. Julius Cäsar ist Gouverneur von Hispania Ulterior (Spanien)

55 v. Chr. Geburt von Seneca dem Älteren in Córdoba

27 Andalusien wird Baetica genannt

Julius Cäsar

Selbstmord Senecas

65 Selbstmord von Seneca dem Jüngeren nach seiner Verschwörung gegen Nero

69–79 Kaiser Vespasian verleiht Städten i Hispania das römische Stadtrecht

98–117 Trajan aus Itálica ist Kaiser. Spanische Senatoren gewinnen in Rom an Einfluss

117 Hadrian wird zum Kaiser gekrönt

Olivenernte
In einen römischen Sarkophag ist diese Szene einer Olivenernte gemeißelt. Im Tal des Guadalquivir wurden intensiv Oliven angebaut. Tausende Amphoren voller Olivenöl wurden nach Rom verschifft.

Das Amphitheater war fester Bestandteil jeder römischen Stadt. Jenes in Itálica soll das drittgrößte des Römischen Reiches gewesen sein.

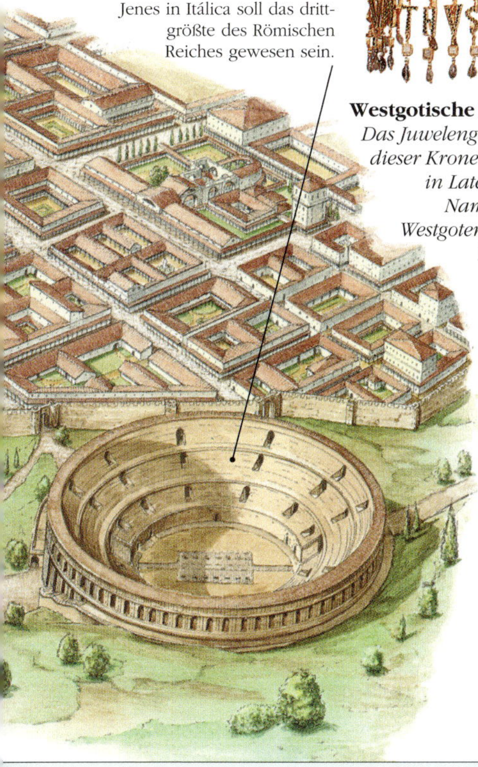

Westgotische Krone
Das Juwelengehänge dieser Krone bildete in Latein den Namen des Westgotenkönigs Recceswinth.

Römer und Westgoten

Römische Überreste kann man in den Sehenswürdigkeiten von Itálica *(siehe S. 132)*, Carmona *(S. 132f)* und Ronda la Vieja *(S. 175)* sehen. In Málaga gibt es ein Amphitheater, römische Säulen stehen an der Alameda de Hércules in Sevilla *(S. 88)*. Die Museos Arqueológicos in Sevilla *(S. 97)*, Córdoba *(S. 143)* und Cádiz *(S. 164f)* stellen römische Kunstwerke aus. Westgotische Säulen und Kapitelle sind in der Mezquita in Córdoba *(S. 144f)* zu besichtigen.

Die römischen Ruinen *in Itálica* (siehe S. 132) *liegen fünf Kilometer nördlich von Sevilla.*

San Isidoro und San Leandro
San Isidoro (560–635) von Sevilla bekehrte wie auch sein Bruder Leandro die Westgoten zum Christentum; er schrieb die Etimologias.

415 Westgoten kommen aus Nordeuropa nach Spanien

446 Tarraconensis ist noch römisch; Rom versucht, den Rest Spaniens zurückzuerobern

Beleuchtetes Deckblatt der Etimologias *des San Isidoro*

632 Tod des Propheten Mohammed

300 n. Chr. | **400 n. Chr.** | **500 n. Chr.** | **600**

Theodosius

409 Vandalen überfallen Tarraconensis (Tarragona)

476 Westgoten kontrollieren ganz Spanien

589 Drittes Konzil von Toledo in Zentralspanien. Der Westgotenkönig Reccared tritt vom Arianismus zum Katholizismus über

635 Tod von Isidoro von Sevilla

Eroberung durch die Mauren

Elfenbeinkästchen (10. Jh.)

Die Mauren, zunächst gerufen, um einen Streit zwischen Westgoten zu schlichten, kamen erstmals 710. Ein Jahr später erschienen sie, um Spanien innerhalb von zehn Jahren zu erobern. Nur der Norden blieb unter christlicher Herrschaft. Die Mauren nannten ihr Reich Al Andalus. 929 richteten sie hier ein Kalifat ein. Dessen Hauptstadt Córdoba war ein Zentrum der Kunst und der Wissenschaft. Im 11. Jahrhundert zerfiel das Kalifat in 30 *taifas* (Kleinreiche). Die Almoraviden aus Nordafrika fielen 1086 in die Region ein. Im 12. Jahrhundert vertrieben Almohaden aus Marokko die Almoraviden und machten Sevilla zu ihrer Hauptstadt.

MAURENGEBIET UM 800

Al Andalus

Apokalypse
Ein Bericht (11. Jh.) über einen Text des 8. Jahrhunderts, die Kommentare über die Apokalypse *von Beato de Liébana, stellt kampfbereite Christen dar.*

Abd al Rahman III. empfängt den Gesandten von Byzanz.

Bronzetier
Diese Figur (10. Jh.) im Kalifenstil stammt aus Medina Azahara.

DER HOF VON ABD AL RAHMAN III.

Abd al Rahman III. begann 936 mit dem Bau seines Palastes Medina Azahara *(siehe S. 138f)*. Das Gemälde aus dem 19. Jahrhundert von Dionisio Baixeras zeigt einen byzantinischen Gesandten, der den Kalifen mit den Werken des griechischen Wissenschaftlers Dioscorides beschenkt. Die Medina wurde 1010 von Berbersöldnern geplündert.

ZEITSKALA

Westgotischer König und maurischer Führer

936 Baubeginn der Medina Azahara

756 Abd al Rahman I. kommt nach Spanien, macht sich zum Herrscher und erklärt ein Gebiet um Córdoba zum unabhängigen Emirat

929 Abd al Rahman III. errichtet in Córdoba ein Kalifat

700 | **800** | **900**

711 Invasion unter Tariq ben Ziyad

710 Erste maurische Intervention in Spanien

785 Baubeginn der Mezquita *(siehe S. 144f)* in Córdoba

822–52 Herrschaft Abd al Rahmans II.

912–61 Herrschaft Abd al Rahmans III.

Münze aus der Herrschaftszeit Abd al Rahmans III.

961–76 Al Hakam II. baut die Bibliothek in Medina Azahara und erweitert die Mezquita

Averroes von Córdoba *(1126–1188)*
Averroes war Arzt und Philosoph. Er übersetzte die Werke von Aristoteles für die westlichen und islamischen Gelehrten.

Mozarabische Bibel
In der maurischen Gesellschaft lebten auch Juden und Mozaraber (nach islamischen Gebräuchen lebende Christen). Darstellungen wie diese in einer Bibel (10. Jh.) sind im maurischen Stil gehalten.

Hufeisenbogen waren ein Hauptmerkmal des Baustils, hier wie auch in der Mezquita *(siehe S. 144f)* in Córdoba.

Geistliche bereiten das Manuskript vor, um es Abd al Rahman III. zu überreichen.

Maurisches Andalusien

Die Mezquita in Córdoba *(siehe S. 144f)* und die Ruinen in Medina Azahara *(S. 138f)* sind die schönsten Bauwerke aus der Zeit des maurischen Kalifats. Kunstgegenstände aus Medina Azahara kann man im Museo Arqueológico in Córdoba *(siehe S. 143)* sehen. Die Alcazaba in Almería *(siehe S. 200)* stammt aus dem 10. Jahrhundert, die Alcazaba in Málaga *(siehe S. 181)* aus der folgenden *taifa*-Periode. Der Torre del Oro *(siehe S. 69)* und La Giralda *(siehe S. 78)* in Sevilla stammen aus der Almohadenzeit.

Die Alcazaba *in Almería* (siehe S. 200) *(10. Jh.) überblickt die Altstadt.*

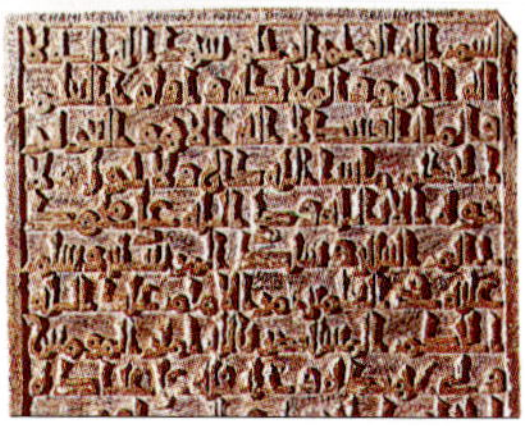

Kufische Schrift
Islamische Künstler, denen die Darstellung von Menschen nicht erlaubt war, nutzten vor allem die Kalligrafie zur Dekoration.

Bewässerung in Al Andalus
Das Wasserrad diente der Bewässerung, mit deren Einsatz die Mauren Reis und Orangen anpflanzten.

Al Mansur

1012 Das Kalifat zerfällt in *taifas,* maurische Splitterstaaten

1031 Ende des Kalifats

1086 Almoraviden fallen ein

1120 Almoraviden-Macht schwindet

1126 Geburt des Philosophen Averroes

1147 Almohaden in Sevilla; Bau von Giralda und Torre del Oro

1000 | **1100** | **1200**

976–1002 Der Militärdiktator Al Mansur kommt an die Macht

1010 Medina Azahara von Berbern geplündert

1085 Fall von Toledo an die Christen, was zum Verlust der maurischen Kontrolle über Zentralspanien führt

Maimónides

1135 Maimónides, jüdischer Gelehrter, in Córdoba geboren

1175–1200 Höhepunkt der almohadischen Macht. Zuvor an Christen verlorenes Terrain wird zurückerobert

Rückeroberung (Reconquista)

Christlicher Reiter

Der Krieg zwischen Mauren und Christen, der in Nordspanien ausbrach, griff 1212 mit dem Sieg der Christen bei Las Navas de Tolosa auf Andalusien über. Sevilla und Córdoba fielen kurz darauf. Bis Ende des 13. Jahrhunderts war nur noch das Nasriden-Königreich von Granada unter maurischer Kontrolle. Christliche Könige wie Alfons X. und Pedro I. stellen Mudéjar-Handwerker *(siehe S. 24)* ein, um in den zurückeroberten Gebieten Kirchen und Paläste zu bauen – Mudéjar bedeutet »jene, die Bleiberecht haben«. Granada fiel 1492 an Ferdinand und Isabella von Aragón und Kastilien, die man die Katholischen Könige nennt.

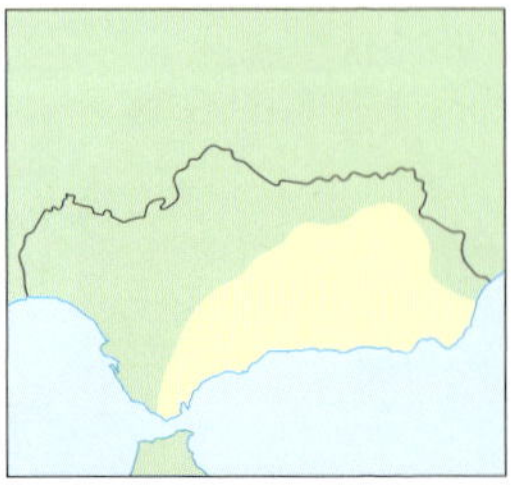

MAURENGEBIET UM 1350

Königreich Nasrid

Cantigas von Alfons X.
Alfons, der einen Großteil Andalusiens von den Mauren zurückeroberte, war ein aufgeklärter christlicher König. Seine Cantigas *sind Darstellungen des Lebens in Spanien während der Rückeroberung.*

Die Katholischen Könige ziehen in Granada ein – Ferdinand und Isabella wurden mit diesem Titel für ihren Einsatz für das Christentum geehrt.

Boabdil

FALL VON GRANADA

Das Relief von Felipe de Vigarney (1480–ca. 1542) in der Capilla Real in Granada zeigt Boabdil, den letzten maurischen Herrscher, bei der Aufgabe der Stadt 1492. Im Versuch, ein christliches Reich zu schaffen, zwangen die Katholischen Könige die Mauren zum Übertritt zum Katholizismus und vertrieben die Juden.

Almohaden-Banner
Dies soll das Banner sein, das die Christen bei der Schlacht von Las Navas de Tolosa von den Mauren eroberten.

ZEITSKALA

1220 | 1260 | 1300 | 1340

1212 Die Macht der Almohaden *(siehe S. 46)* wird durch den Sieg der Christen bei Las Navas de Tolosa gebrochen

1226 Ferdinand III. nimmt Baeza ein

1236 Ferdinand III. erobert Córdoba

1238 Die Nasriden-Dynastie fasst in Granada Fuß. Baubeginn der Alhambra *(siehe S. 194f)*

1248 Ferdinand III. erobert Sevilla

1252–84 Alfons X. erobert einen Großteil Andalusiens. Die Übersetzerschule von Toledo überträgt weiterhin bedeutende Werke der maurischen Literatur

Alfons X.

Pedro I. von Kastilien

1333 Mauren bauen Turm an Festung von Gibraltar

1350–69 Regierungszeit von Pedro I. von Kastilien, der den Alcázar von Sevilla im Mudéjar-Stil wiedererbaut. Sein Mangel an Patriotismus führt zum Bürgerkrieg gegen Heinrich II. von Trastámara

Rittertum
Diese Turnierszene befindet sich in der Sala de los Reyes in der Alhambra (siehe S. 195).

Krone
Die Krone im Mudéjar-Stil mit den Wappen von Kastilien und Léon ist aus Silber, Elfenbein und Korallen gefertigt.

Astrolabium
Das Navigationsinstrument (15. Jh.) beweist den technischen Sachverstand der Mauren.

Boabdils Aufgabe
Laut Legende weinte Boabdil, als er Granada verließ. Er lebte bis 1493 in Laujar de Andarax, dann in Afrika.

ANDALUSIEN ZUR ZEIT DER RÜCKEROBERUNG

Viele Gebäude im Andalusien dieser Zeit sind im einzigartigen Mudéjar-Stil *(siehe S. 24)* erbaut. Die bemerkenswertesten sind der Palacio Pedro I innerhalb des Real Alcázar *(S. 83)* und Teile der Casa de Pilatos *(S. 77)*, beide in Sevilla. Die in Andalusien im 13., 14. und 15. Jahrhundert erbauten christlichen Kirchen sind ebenfalls im Mudéjar-Stil oder haben Mudéjar-Merkmale wie einen minarettartigen Glockenturm, so z. B. die Iglesia de San Marcos *(S. 90)* in Sevilla. In dieser Zeit bauten die Nasriden von Granada das herausragendste Beispiel maurischer Architektur in Spanien, die Alhambra *(S. 194f)* mit dem Generalife *(S. 196)*. Die Kathedrale von Sevilla *(S. 78f)* wurde im 15. Jahrhundert im gotischen Stil erbaut.

Der Palacio Pedro I (siehe S. 83) *in Sevilla gilt als eindrucksvollstes Beispiel der Mudéjar-Architektur in Spanien.*

1369 Heinrich II. von Trastámara tötet Pedro I. und legt den Grundstein für die Vormachtstellung Kastiliens

La Pinta, *eines der Schiffe von Kolumbus*

1492 Fall von Granada an die Katholischen Könige

1380 | **1420** | **1460**

Zwangstaufe der Mauren

1469 Hochzeit von Ferdinand von Aragón mit Isabella von Kastilien

1474 Isabella wird in Segovia Königin

1479 Ferdinand wird König von Aragón; Kastilien und Aragón vereint

1492 Kolumbus segelt nach Amerika

Sevillas Goldenes Zeitalter

Mexikanischer Indianer

Im 16. Jahrhundert gelang unter der Regierung der Katholischen Könige die Bildung eines mächtigen spanischen Staates. Ketzer wurden verfolgt und die Mauren ungerecht behandelt. 1503 erhielt Sevilla das Handelsmonopol mit der Neuen Welt. Spanien wurde vom Papst beauftragt, die Indianer zu »bekehren«. 1516 bestieg der Habsburger Karl I. den Thron, von 1519 an war er Kaiser des Heiligen Römischen Reiches. Spanien wurde der mächtigste Staat Europas. Doch die Kriegsführung fraß den Reichtum auf. Um 1680 war der Guadalquivir verschlammt, der Handel wurde von Cádiz aus betrieben – Sevillas Stern war erloschen.

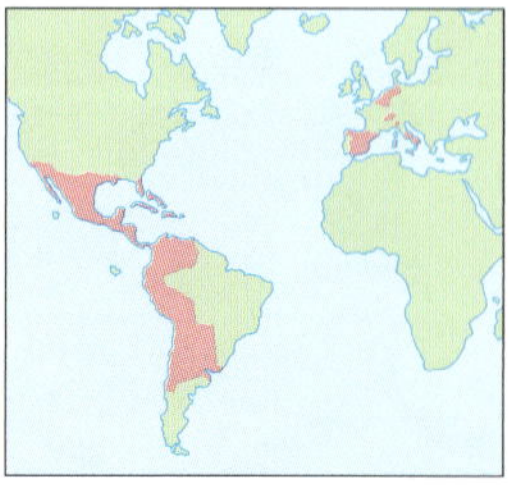

Spanisches Reich um 1700

Spanisches Territorium

La Giralda *(siehe S. 78)*, einst ein Minarett, ist heute der Glockenturm der Kathedrale.

Karl I. *(1516–56)*
Karl I. von Spanien wurde 1519 als Karl V. Kaiser des Heiligen Römischen Reiches. Mit seiner Wahl erhielt das Reich Zugang zu den Reichtümern, die Spanien, insbesondere Sevilla, damals anhäufte.

Sevilla im 16. Jahrhundert
Das Gemälde von Alonso Sánchez Coello (1531–1588) zeigt Sevilla zu seiner Glanzzeit. Mit der Rückkehr der mit Schätzen aus der Neuen Welt beladenen Schiffe gelangte sagenhafter Reichtum in die Stadt. Die Bevölkerung wuchs, zahlreiche Gotteshäuser wurden errichtet, das künstlerische Leben fand neuen Auftrieb. Trotzdem gab es viel Armut und Verbrechen.

Karte von Mittelamerika
Schon 30 Jahre nach der ersten Reise von Kolumbus war Mittelamerika für die spanischen Seefahrer zu bekanntem Terrain geworden.

Zeitskala

1502 Aufstand der Mauren in den Alpujarras *(siehe S. 198f)*; sie werden getauft oder vertrieben

1506 Tod von Königin Isabella

1516 Tod Ferdinands

1516–56 Regierungszeit von Karl I.

1519 Hernán Cortés erobert Mexiko

1519 Magellan legt von Sanlúcar de Barrameda zu seiner Weltumsegelung ab

1532 Pizarro erobert Peru

Inquisitionsbanner von Sevilla

1556–98 Regierung Philipps II.

1558 Zweiter Aufstand der Mauren in den Alpujarras

1559 Protestanten werden in Sevilla verfolgt

1580 Sevilla wird zur größten Stadt Spaniens

1587 Drake plündert Cádiz

1588 Spanische Armada von England vernichtet

1500 | 1525 | 1550 | 1575

Ferdinand Magellan (1480–1521)

Inquisition
Die Furcht vor Ketzerei legte den Grundstein für die spanische Inquisition (15. Jh.). Im 16. Jahrhundert wurden in Sevilla auf der Plaza de San Francisco Autodafés (Glaubenstribunale; (siehe S. 74) *abgehalten.*

as Be- und Entladen ler Schiffe fand uchstäblich im tadtzentrum statt.

Velázquez
Der 1599 in Sevilla geborene Diego Velázquez malte seine ersten Werke in Sevilla und wurde später Hofmaler in Madrid. Dieses Kruzifix ist ein Ausschnitt eines Gemäldes, das er für Philipp IV. malte.

Schiffe aus anderen Teilen Europas brachten Waren in die Stadt. Mit diesen Gütern wurde dann in der Neuen Welt gehandelt.

Die letzten Mauren
Die Vertreibung der letzten Mauren im Jahr 1609 brachte die südspanische Landwirtschaft zum Erliegen.

Goldenes Zeitalter

Den isabellinischen Stil *(siehe S. 24)*, das Erbe des nationalistischen Eifers des 16. Jahrhunderts, kann man in der Capilla Real *(S. 190)* in Granada und dem Palacio de Jabalquinto in Baeza *(S. 152f)* sehr gut studieren. Baeza und Úbeda *(S. 154f)* blühten während der Renaissance und bewahren bis heute einige der schönsten Bauwerke dieser Epoche. Die platereske *(S. 25)* Fassade des Ayuntamiento *(S. 74f)*, des Rathauses in Sevilla, ist ein Meisterwerk dieses Stils. Der Palacio Carlos V *(S. 191)* in Granada gilt als bestes Beispiel der Renaissance-Architektur in Spanien. Das Archivo de Indias *(S. 80f)* wurde im Herrera-Stil *(S. 25)* erbaut. Das Hospital de la Caridad *(S. 69)* ist ein schöner Barockbau des 17. Jahrhunderts.

Die Capilla Real (siehe S. 190) *in Granada wurde als Grabkapelle der Könige Ferdinand und Isabella erbaut.*

1598–1621 Regierung Philipps III.

1608 Cervantes wirkt in Madrid und Sevilla, veröffentlicht *Don Quichotte*

1609 Vertreibung der Mauren durch Philipp III.

Originalausgabe von Don Quichotte

1649 Die Pest rafft ein Drittel der Bevölkerung Sevillas dahin

1600 — **1625** — **1650** — **1675**

1596 Cádiz wird von den Engländern geplündert

1599 Velázquez wird in Sevilla geboren

1617 Murillo wird in Sevilla geboren

1630 Madrid wird die größte Stadt Spaniens. Zurbarán kommt nach Sevilla

Junger Bettler *von Murillo (1617–1682)*

1665–1700 Karl II., der letzte spanische Habsburger

Bourbonenkönige

Joseph Bonaparte

Nach dem 13-jährigen Erbfolgekrieg bestiegen die Bourbonen den Thron, und mit dem Vertrag von Utrecht verlor Spanien Gibraltar an die Briten *(siehe S. 172f)*. Später wurde Spanien in die napoleonischen Kriege verwickelt. Nach der Schlacht von Trafalgar dankte der spanische König Karl IV. ab, und Napoléon Bonaparte setzte seinen Bruder Joseph als König ein. Mithilfe der Briten wurden die Franzosen schließlich aus Spanien verjagt. Nach der Rückkehr der Bourbonen auf den Thron verlor Spanien seine Kolonien, Andalusien wurde zu einer der ärmsten Regionen des Landes.

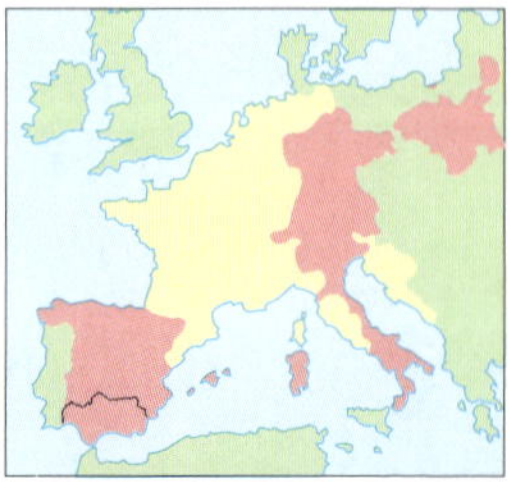

Spanien in Europa (1812)

Napoleonische Protektorate

Napoleonische Herrschaft

Romantisches Andalusien
Andalusiens maurisches Erbe trug dazu bei, dass es den Ruf als Land der Schönheit und Mythen erhielt und zu einem beliebten Reiseziel wurde.

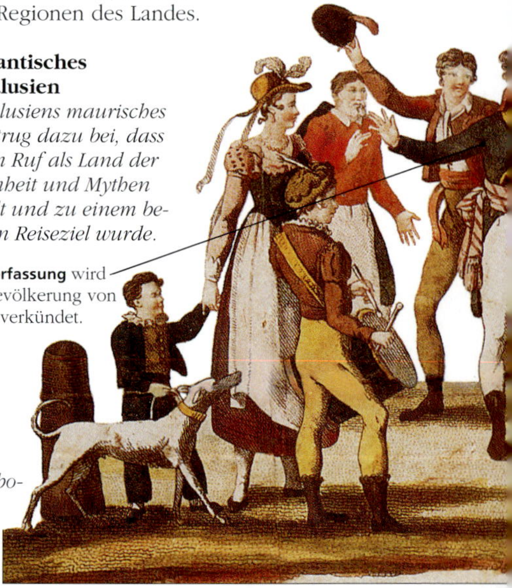

Die Verfassung wird der Bevölkerung von Cádiz verkündet.

Karl III., *ein Bourbonenkönig der Aufklärung und Erneuerer auf gesellschaftlichem und wissenschaftlichem Gebiet, versuchte in der dünn besiedelten Sierra Morena Bauernkolonien einzurichten.*

Verfassung von 1812

Während des Befreiungskrieges tagte das spanische Parlament in Cádiz und erarbeitete 1812 eine sehr liberale Verfassung. Doch 1814 untersagte Ferdinand VII. diesen Liberalismus. Ironischerweise bat Ferdinands Tochter Isabella II. während des ersten Karlistenkrieges, in dem sie gegen ihren Onkel Don Carlos ihr Recht auf den Thron geltend machte, die Liberalen um Unterstützung.

Zeitskala

1701 Philipp V. von Bourbon tritt seine Regentschaft an

1717 Der Handel mit Amerika wird nach Cádiz verlagert

1726 Versuch, Gibraltar zurückzuerobern

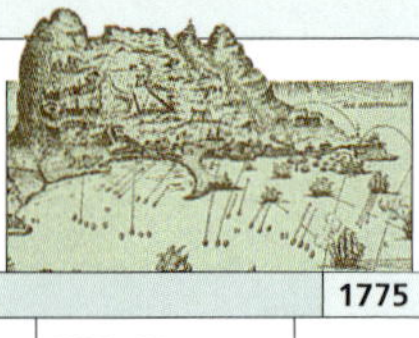

1779– Große Belag von Gibral

1700 | 1725 | 1750 | 1775

1701–13 Spanischer Erbfolgekrieg

1713 Vertrag von Utrecht; Gibraltar fällt an England

1724 Philipp V. dankt ab, wird aber wieder eingesetzt

1746–59 Regentschaft Ferdinands VI.

1759–88 Karl III.

1771 Die königliche Tabakfabrik in Sevilla wird fertiggestellt

1788–1808 Karl I

Schlacht von Bailén *1808 schlugen die spanischen Truppen die erfahrene französische Armee und nahmen 22 000 Gefangene.*

Schlacht von Trafalgar *1805 unterlag die damals mit Napoléon verbündete spanische Flotte dem britischen Admiral Nelson.*

Unterstützung fand die Verfassung bei großen Teilen der weiblichen Bevölkerung.

ANDALUSIEN DER BOURBONEN

Überall in Andalusien kann man die Barockarchitektur des 18. Jahrhunderts entdecken, z. B. in Sevilla die Universidad *(siehe S. 96f)* und die Plaza de Toros de la Maestranza *(S. 68)*. Auch Osuna *(S. 133)*, Écija *(S. 133)* und Priego de Córdoba *(S. 150)* beherbergen schöne Barockbauten. Der untere Teil der Kathedrale von Cádiz *(S. 164)* ist das authentischste Beispiel einer spanischen Barockkirche. Der Puente de Isabel II *(S. 103)* ist ein schönes Beispiel der *arquitectura de hierro* (Eisenbaukunst).

Der Puente de Isabel II *ist ein Beispiel der Architektur des »industriellen« Zeitalters.*

Washington Irving *Der amerikanische Diplomat zeichnete in seinen* Erzählungen von der Alhambra (1832) *ein romantisches Bild von Andalusien.*

Sevillas Tabakfabrik Carmen *(1845), von Prosper Mérimée* (siehe S. 96), *wurde vom Leben der über 3000 Frauen inspiriert, die in der Tabakfabrik arbeiteten.*

Isabella II.

1808 Joseph Bonaparte wird spanischer König. Schlacht von Bailén

1812 Liberale Verfassung in Cádiz entworfen

1814–33 Rückkehr der Bourbonen auf den Thron

1868 Isabella verliert den Thron in der »glorreichen Revolution«

1870–73 Regierungszeit König Amadeos

1873/74 Erste Republik

1800 | **1825** | **1850** | **1875**

1805 Schlacht von Trafalgar

1808–14 Befreiungskrieg

1814 Die südamerikanischen Kolonien beginnen ihren Unabhängigkeitskampf

1833 1. Karlistenkrieg

1843 Isabella II. besteigt den Thron

1846–49 2. Karlistenkrieg

1872–76 3. Karlistenkrieg

1874 Zweite Bourbonen-Restauration: Alfons XII. wird König

Alfonso XII.

Bürgerkrieg

General Franco

Die wirtschaftliche Entwicklung stagnierte, was Anfang des 20. Jahrhunderts zu sozialen Unruhen führte. In den 1920er Jahren kam der Diktator General Primo de Rivera an die Macht. 1931 wurde eine republikanische Regierung, anfangs aus Liberalen und gemäßigten Sozialisten, gebildet. Bald kam es zu Konflikten zwischen den extremen linken und rechten Gruppen (einschließlich der Falange). Schließlich marschierte 1936 der nationalistische Führer einer marokkanischen Garnison, General Franco, in Spanien ein und erklärte der Republik den Krieg.

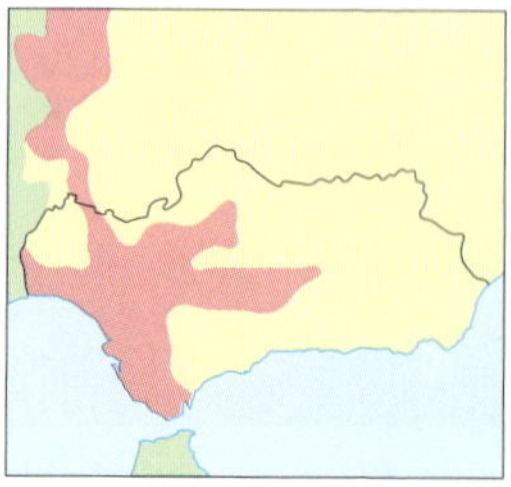

Andalusien im Jahr 1936

Nationalisten

Republikaner

Maurische Renaissance
Sevillas Estación de Córdoba ist ein Beispiel für den andalucismo *genannten Regionalismus, der maurische Elemente wiederbelebte.*

Auch Frauen beteiligten sich aktiv am Kriegsgeschehen.

Republikanische Armee
Gleich zu Beginn des Krieges griff Franco in Andalusien die republikanische Armee an. Cádiz und Sevilla fielen rasch an die Nationalisten. 1937 nahm Franco Málaga ein und ließ Tausende Republikaner hinrichten.

Picasso
Pablo Picasso, dessen Selbstporträt hier dargestellt ist, wurde 1881 in Málaga geboren. Sein berühmtes Bild Guernica *zeigt die tragischen Auswüchse des Bürgerkriegs.*

Zeitskala

- **1876** Geburt des Komponisten Manuel de Falla
- **1881** Geburt von Pablo Picasso
- **1882–1912** Wachsende Gewaltbereitschaft unter den Landarbeitern
- **1885** Anarchistengruppe *Mano Negra* in Andalusien aktiv
- **1885–1902** Regierungszeit von María Cristina
- **1893** wird der Gitarrist Andrés Segovia geboren
- **1895–98** Kubanischer Krieg
- **1898** Kuba wird unabhängig; beginnender Niedergang Cádiz' und Málagas
- **1902–31** Regierungszeit Alfons XIII.

1880 | 1890 | 1900

Spanische Soldaten im Kubanischen Krieg

Casas Viejas
1933 wurden Bauern nach einem Aufstand von Anarchisten in Casas Viejas massakriert. Dieser Vorfall ließ die Spannungen zwischen Regierung und Nationalisten eskalieren.

Andalusien im Bürgerkrieg

Diese Periode ist in erster Linie von architektonischen Rückgriffen ohne wirkliche Neuerungen geprägt. Bekannte Beispiele in Sevilla sind die Plaza de España *(siehe S. 98)*, das Museo Arqueológico *(S. 99)* und das Museo de Artes y Costumbres Populares *(S. 99)*. Das Teatro Lope Vega *(S. 97)* ist in neubarockem Stil erbaut.

Der Pabellón Real (siehe S. 99) *im Parque María Luisa imitiert den spätgotischen isabellinischen Stil* (siehe S. 24).

Ausstellung 1929
Diese Handelsmesse sollte die Wirtschaft Andalusiens ankurbeln.

Die Kriegsparteien erhielten von anderen Regierungen umfangreiche Waffenlieferungen.

Federico García Lorca
Ein Plakat für Lorcas Schauspiel Yerma. *Der Dichter, der offen politisch Stellung bezog, wurde 1936 in seiner Heimatstadt Granada von Falangisten ermordet.*

General Queipo de Llano
Er verbreitete in Sevilla massiv Propaganda, was zur Strategie der Nationalisten gehörte.

Republikanisches Plakat

1917–20 Dreijährige Herrschaft der Bolschewiken

1923–30 Diktatur von General Primo de Rivera

1929 Ibero-Amerikanische Ausstellung in Sevilla

1931–39 Zweite Republik

1933 Massaker in Casas Viejas

1933 Gründung der Falange durch José Antonio Primo de Rivera

1936 Bürgerkrieg beginnt

1936 Franco wird Staatsoberhaupt

1939 Bürgerkrieg endet

1910 | 1920 | 1930

José Antonio Primo de Rivera

Modernes Andalusien

Andalusische Flagge

Nach 1945 war Spanien der einzige nationalistische Staat Europas. Dem Land wurde jegliche Wirtschaftshilfe verweigert, bis 1953 Franco den Bau von US-Basen auf spanischem Boden gestattete. Die 1960er und 1970er Jahre waren von wirtschaftlichem Wachstum geprägt, Andalusien profitierte insbesondere vom wachsenden Tourismus. Als Franco 1975 starb, war der Weg für die Demokratie frei. Die Regionen verlangten lautstark nach Dezentralisierung. 1982 kam der Sevillaner Felipe González an die Macht – Andalusien wurde zur autonomen Region.

AUTONOME REGIONEN

Andalusien heute

Feria
Trotz des repressiven Regimes, das Franco einführte, zeigte sich die Mentalität des andalusischen Volkes bei Anlässen wie der feria *von Sevilla.*

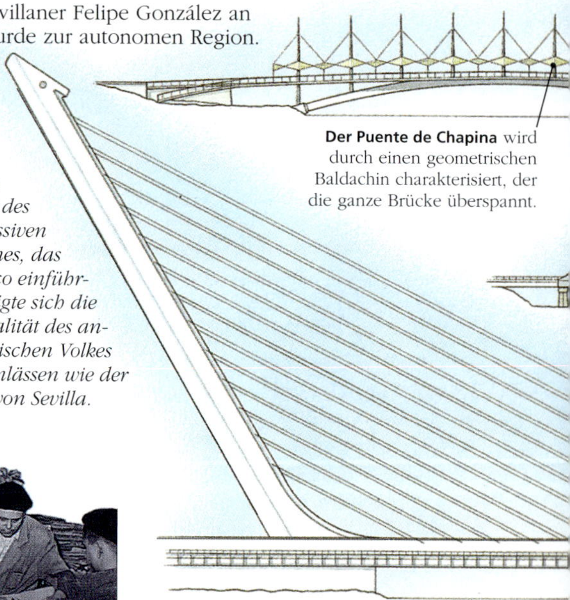

Der Puente de Chapina wird durch einen geometrischen Baldachin charakterisiert, der die ganze Brücke überspannt.

Die Hungerjahre
Nach dem Bürgerkrieg war Spanien isoliert und erhielt nach dem Zweiten Weltkrieg keinerlei Hilfen. Aufgrund großer Armut gingen viele Andalusier ins Ausland.

NEUE BRÜCKEN

Trotz der neuen Autonomie hinkte Andalusien wirtschaftlich dem übrigen Spanien hinterher. Von der Zentralregierung wurden Gelder für den Bau der für die Expo '92 notwendigen neuen Infrastruktur bereitgestellt. Fünf Brücken wurden über den Guadalquivir gebaut, alle im überaus modernen Stil.

ZEITSKALA

1940 Franco verweigert Hitler, Gibraltar von spanischem Territorium aus anzugreifen

1953 Spanien akzeptiert US-Basen im Land und erhält im Gegenzug Wirtschaftshilfe

1966 Palomares-Zwischenfall: Zwei US-Jets kollidieren, fünf Atombomben stürzen ab, eine davon ins Meer, explodieren aber nicht. Die Herzogin von Medina Sidonia, die »rote Herzogin«, initiiert einen Protestmarsch nach Madrid

1976 Adolfo Suárez wird Premierminister und bildet Mitte-Links-Regierung

1940 | 1950 | 1960 | 1970

1940–53 Die Hungerjahre

Franco trifft den amerikanischen Präsidenten Eisenhower (1953)

1962 Hotelbebauung der Costa del Sol beginnt

1969 Spanien schließt die Grenze zu Gibraltar

1975 Tod Francos; dritte Bourbonen-Restauration; Juan Carlos I. besteigt den Thron

Francos Begräbnis *(1975)*
Francos Tod wurde zugleich betrauert und begrüßt. Die Zeit für einen demokratischen Wandel war reif.

Pauschalreisen
Neubauten für den Massentourismus veränderten die Küste Andalusiens.

Modernes Andalusien

Die Weltausstellung Expo '92 brachte Sevilla fünf neue Brücken über den Guadalquivir. In La Cartuja *(siehe S. 104)* stehen noch die wichtigsten Hauptpavillons der Expo, wo heute neue Attraktionen auf die Besucher warten. Das Teatro de la Maestranza *(S. 68f)* in El Arenal wurde ebenfalls in dieser Zeit erbaut.

Das Omnimax-Kino (siehe S. 104) *wurde ursprünglich als Teil des Pavillons der Entdeckungen erbaut.*

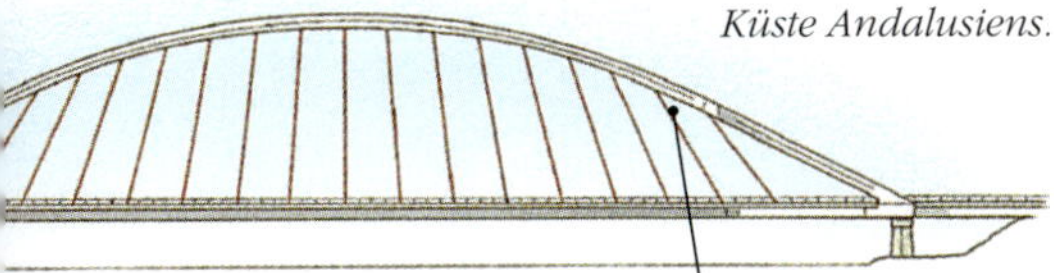

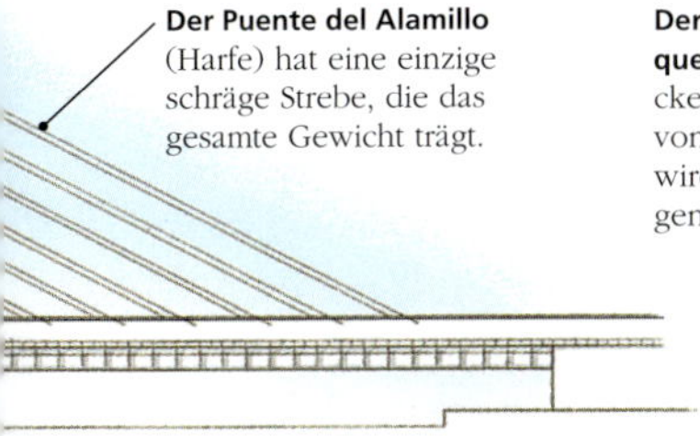

Der Puente del Alamillo (Harfe) hat eine einzige schräge Strebe, die das gesamte Gewicht trägt.

Der Puente de la Barqueta, eine beeindruckende Hängebrücke von 168 Metern Länge, wird von einem einzigen Bogen getragen.

Expo '92
Die Weltausstellung in Sevilla rückte Andalusien ins Zentrum des Weltinteresses. Noch 1996 hatte Spanien an den Kosten zu tragen.

Felipe González
1982, ein Jahr nach einem Putschversuch, errang Felipe González, Führer der sozialistischen PSOE, einen überwältigenden Wahlsieg.

1980 – **1990** – **2000** – **2010**

1981 Oberst Tejero versucht einen Staatsstreich und nimmt die Parlamentarier als Geiseln

Oberst Tejero

1982 Felipe González (PSOE) wird zum Regierungschef gewählt; Andalusien wird autonome Region

1985 Die Grenze zwischen Spanien und Gibraltar wird geöffnet

1992 Expo '92 in Sevilla

1996 Wahlniederlage von González; Regierungskoalition unter Leitung von Aznar

2002 In Spanien ersetzt der Euro die Peseta

2004 Terroranschläge in Madrid (11. März); PSOE gewinnt Parlamentswahlen

2006 Die ETA verkündet im März eine dauerhafte Waffenruhe, die sie im Dezember wieder bricht

2006 & 2007 Der FC Sevilla gewinnt zweimal den UEFA-Cup

2009 Einweihung der ersten Metro-Linie in Sevilla

Sevilla

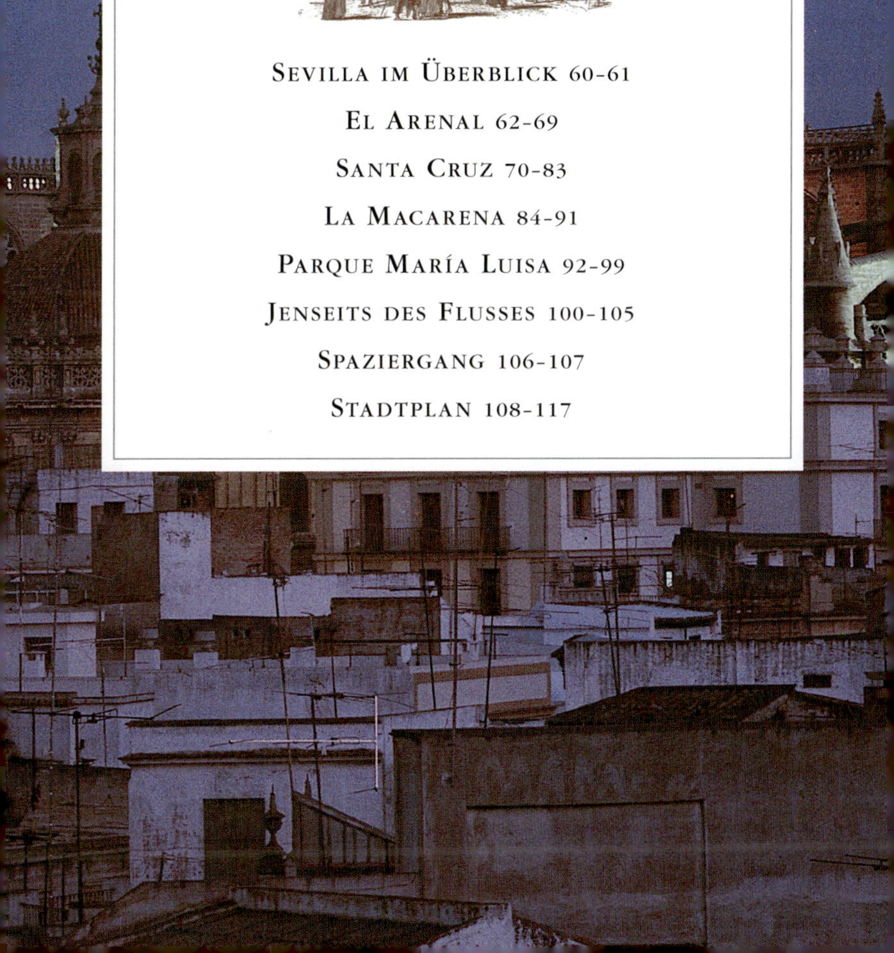

Sevilla im Überblick

Andalusiens Hauptstadt (700 000 Einwohner) ist eine vitale Metropole mit reichem kulturellem Erbe. Die wichtigsten Sehenswürdigkeiten sind im unmittelbaren Stadtzentrum zu finden, das sich am Ostufer des Guadalquivir erstreckt. Die meisten Besucher gehen direkt zur Kathedrale und La Giralda, zum Real Alcázar und zu dem Museo de Bellas Artes. Unbedingt sehenswert sind auch der Renaissance-Palast Casa de Pilatos und Sevillas Stierkampfarena, die Plaza de Toros de la Maestranza. Es gibt jedoch noch viele andere Kirchen, Bauwerke und Plätze in den vier in diesem Abschnitt beschriebenen Altstadtvierteln sowie jenseits des Flusses zu entdecken.

Barockeingang zum Parlamento de Andalucía *(siehe S. 89)*

Die herrliche Decke des Museo de Bellas Artes *(siehe S. 66f)*

Plaza de Toros de la Maestranza vom Fluss aus gesehen *(siehe S. 68)*

Der Torre del Oro, zur Verteidigung Sevillas errichtet *(siehe S. 69)*

Innenhof der ehemaligen Real Fábrica de Tabacos, heute Universität *(siehe S. 96f)*

Eine der vielen kunstvollen Prozessionsplattformen in der Basílica de la Macarena *(siehe S. 89)*

Römisches Relief von Leda und dem Schwan, Casa de Pilatos *(siehe S. 77)*

Der Glockenturm La Giralda überragt die gotische Kathedrale *(siehe S. 78f)*

Prächtige Mudéjar-Bogen und -Dekoration im Salón de Embajadores, Real Alcázar *(siehe S. 82f)*

Plaza de España in der grünen Oase des Parque María Luisa *(siehe S. 98f)*

Plaza de Toros de
SEVILLA
PROPIEDAD DE LA REAL MAESTRANZA DE CABALLERIA · Empresa: PAGES
(FUERA DE ABONO)
18
SEPTIEMBRE 1994
GRANDIOSA NOVILLADA CON PICADORES
6 ESCOGIDOS NOVILLOS 6
JANDILLA
PARA LOS NOVILLEROS
ADOLFO DE LOS REYES
LUIS REINOSO
"EL CARTUJANO"
GREGORIO BRAVO
LA NOVILLADA PARA COMIENZO A LAS 7 DE LA TARDE
GIN RIVES
GIN RIVES

El Arenal

Torre del Oro als Kachelbild (20. Jh.)

El Arenal wird vom Río Guadalquivir begrenzt und von der mächtigen Torre del Oro bewacht. El Arenal war einst ein Viertel mit Munitionswerkstätten, Lagerhäusern und Werften. Heute wird es von der blendend weißen Arena, der Plaza de Toros de la Maestranza, beherrscht, wo die Sevillaner seit mehr als zwei Jahrhunderten *corridas* abhalten. Die vielen Bars und Weinkeller in den angrenzenden Gassen sind vor allem während der Stierkampfsaison gut besucht.

Die Bedeutung des Guadalquivir als Lebensader der Stadt schwand, als er im 17. Jahrhundert verschlammte. El Arenal, das an die Stadtmauern grenzte, hatte sich zu dieser Zeit zu einem berüchtigten Viertel der Unterwelt entwickelt. Im frühen 20. Jahrhundert wurde der Fluss zum Kanal ausgebaut. Für die Expo '92 wurde eine Renaturierung durchgeführt. Das östliche Flussufer verwandelte sich in eine schattige Promenade mit schönem Blick auf Triana und La Cartuja jenseits des Flusses *(siehe S. 102–104)*. Bootsfahrten und Stadtrundgänge starten vom Torre del Oro aus. Unweit davon steht das neue Teatro de la Maestranza, wo Opern, klassische Konzerte und Tanzveranstaltungen stattfinden.

Das Hospital de la Caridad belegt die Liebe der Stadt zum Barock. Seine Kirche ist mit Gemälden von Murillo geschmückt. Die Entwicklung der »Schule von Sevilla« wird voller Stolz im hervorragend restaurierten Museo de Bellas Artes etwas weiter nördlich dargestellt.

Sehenswürdigkeiten auf einen Blick

Historische Gebäude
Hospital de la Caridad ❺
Plaza de Toros de la Maestranza ❸
Torre del Oro ❻

Museum
Museo de Bellas Artes S. 66f ❶

Kirche
Iglesia de la Magdalena ❷

Theater
Teatro de la Maestranza ❹

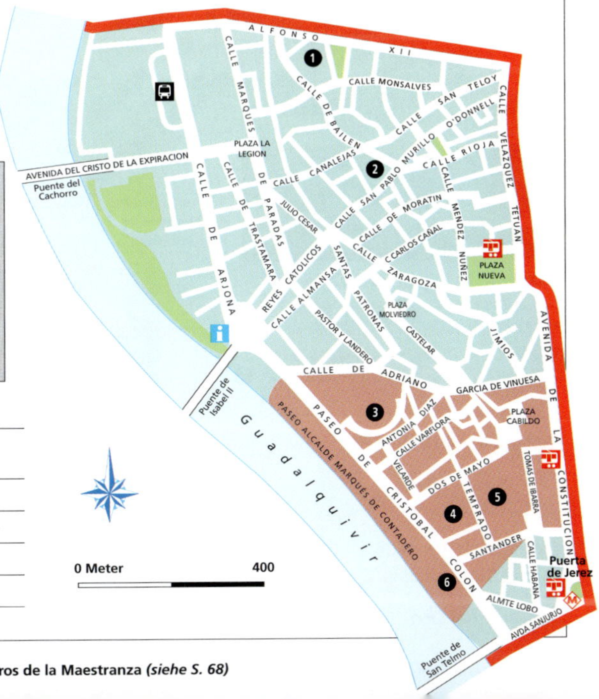

Legende

Detailkarte *siehe S. 64f*

Busbahnhof

Metrocentro-Tramhaltestelle

Metro-Station

Information

◁ **Stierkampfplakat, Plaza de Toros de la Maestranza** ***(siehe S. 68)***

Im Detail: El Arenal

Standbild von Carmen

Das einstige Hafenviertel von Sevilla beherbergte auch das Hauptquartier der Artillerie sowie Munitionswerkstätten. Heute wird die Atmosphäre in El Arenal von der majestätischen Plaza de Toros de la Maestranza dominiert. Während der Stierkampfsaison *(siehe S. 26f)* herrscht in den Bars und Restaurants großes Gedränge, in den übrigen Jahreszeiten sind die Seitenstraßen ruhig. Das Flussufer wird von einem der bekanntesten Bauwerke Sevillas dominiert, der Torre del Oro. Die von Bäumen gesäumte Promenade am Paseo de Cristóbal Colón ist eine wunderbare Kulisse für einen Spaziergang.

★ Plaza de Toros de la Maestranza
Sevillas Stierkampfarena aus dem 18. Jahrhundert, eine der ältesten Spaniens, hat eine Barockfassade in Weiß und Ocker. ❸

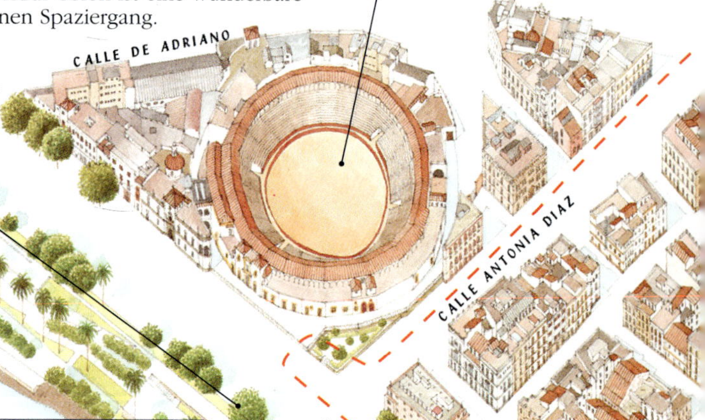

Carmen *(siehe S. 96)*, aus Bronze gegossen, steht gegenüber der Stierkampfarena.

Paseo Alcalde Marqués de Contadero

Teatro de la Maestranza
Dieses Theater und Opernhaus wurde 1991 eröffnet. Es ist Sitz des Real Orquesta Sinfónica de Sevilla. Es treten aber auch internationale Ensembles auf. ❹

Guadalquivir
Der Fluss trat früher oft über die Ufer. Nach der Überschwemmung von 1947 wurde er aufgestaut. Heute genießen die Besucher ruhige Bootsfahrten.

NICHT VERSÄUMEN

- ★ Hospital de la Caridad
- ★ Plaza de Toros de la Maestranza
- ★ Torre del Oro

El Buzo
Der »Taucher« ist eine der vielen traditionellen Tapas-Bars der Gegend. In der Nähe befindet sich auch die bekannte Bar Mesón Sevilla Jabugo I.

Zur Orientierung
Siehe Stadtplan, Karten 3, 5, 6

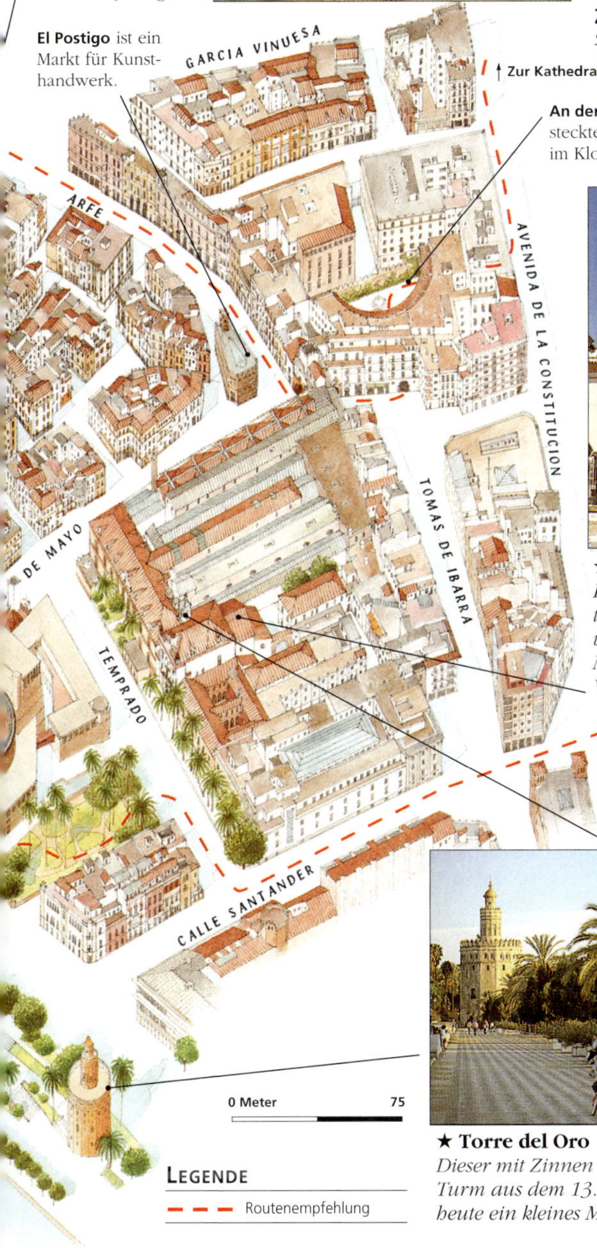

El Postigo ist ein Markt für Kunsthandwerk.

↑ **Zur Kathedrale von Sevilla**

An der Plaza del Cabildo, einem versteckten Platz, verkauft El Torno im Kloster hergestellte Süßigkeiten.

★ Hospital de la Caridad
Die Barockkirche dieses Altenheims ist mit Gemälden von Bartolomé Esteban Murillo und Juan de Valdés Leal geschmückt. ❺

→ **Zum Real Alcázar**

Maestranza de Artillería

★ Torre del Oro
Dieser mit Zinnen versehene maurische Turm aus dem 13. Jahrhundert beherbergt heute ein kleines Marinemuseum. ❻

0 Meter 75

Legende

– – – Routenempfehlung

Museo de Bellas Artes ❶

Barock-Cherubinen im Saal 5

Der ehemalige Convento de la Merced Calzada wurde zu einem der schönsten Museen Spaniens umgebaut. Der Konvent, der 1612 von Juan de Oviedo fertiggestellt wurde, ist um drei baumbestandene, mit *azulejos* *(siehe S. 76)* geschmückte Innenhöfe errichtet. Die eindrucksvolle Sammlung spanischer Gemälde und Skulpturen reicht vom Mittelalter bis in die Moderne und konzentriert sich auf Werke der Künstler der Schule von Sevilla: Bartolomé Esteban Murillo, Juan de Valdés Leal und Francisco de Zurbarán.

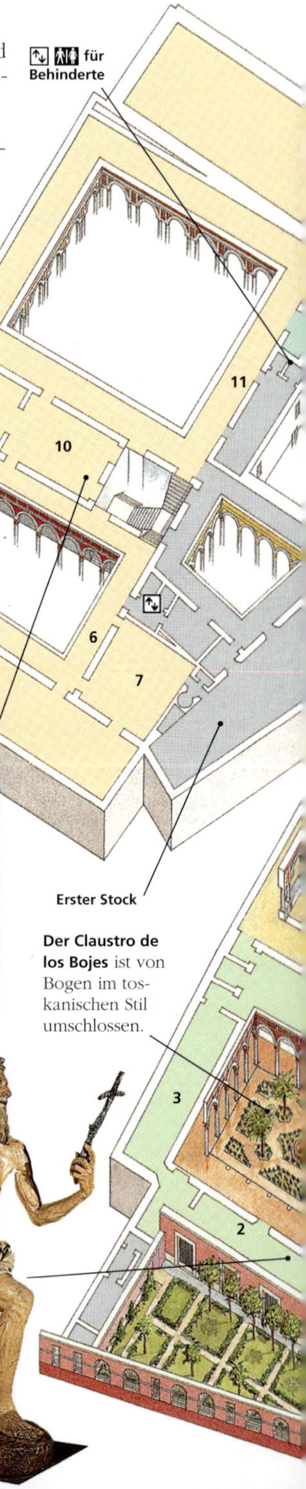

La Inmaculada
Diese wunderbare Madonna (1672) von Valdés Leal (1622–1690) findet man in Saal 8.

★ San Hugo en el Refectorio *(1655)*
Eines von mehreren Werken von Zurbarán für das Kloster in La Cartuja (siehe S. 105)*; diese Szene stellt den Kartäuserorden dar, der erste, der dem Verzehr von Fleisch entsagte.*

Der Claustro de los Bojes ist von Bogen im toskanischen Stil umschlossen.

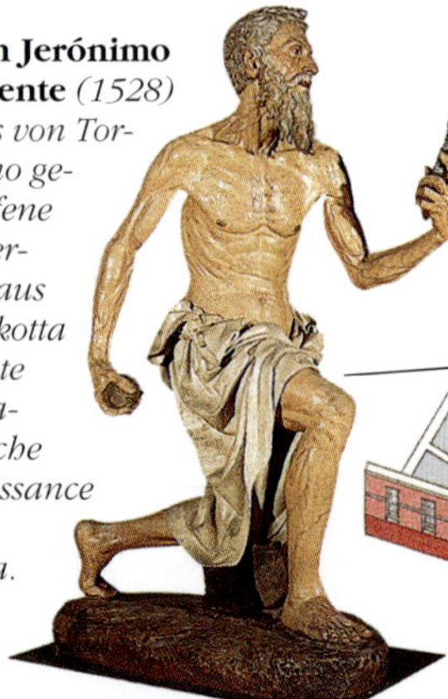

★ San Jerónimo Penitente *(1528)*
Dieses von Torrigiano geschaffene Meisterwerk aus Terrakotta brachte die italienische Renaissance nach Sevilla.

Nicht versäumen

- ★ Claustro Mayor
- ★ Deckengewölbe
- ★ La Virgen de la Servilleta
- ★ *San Hugo en el Refectorio* von Zurbarán
- ★ *San Jerónimo Penitente* von Pietro Torrigiano

★ La Virgen de la Servilleta

Diese Jungfrau mit Kind (1665–68), die auf eine Serviette (servilleta) *gemalt wurde, ist eines der bekanntesten Werke von Murillo.*

Infobox

Pl del Museo 9. **Stadtplan** 5 B2. ☎ *95 478 65 00.* 🚌 *B2, C3, C4.* ◯ *Di–Sa 9–20.30 Uhr, So 9–14.30 Uhr.* ♿ **www**. juntadeandalucia.es/cultura

★ Deckengewölbe

Die Decke der Klosterkirche, heute in alter barocker Pracht restauriert, wurde von Domingo Martínez im 18. Jahrhundert bemalt.

Apoteosis de Santo Tomás de Aquino

Zurbarán vollendete dieses Werk 1631 im Alter von 33 Jahren. Seine genaue Charakterisierung der Figuren und die lebhafte Farbwahl lassen es äußerst lebendig wirken.

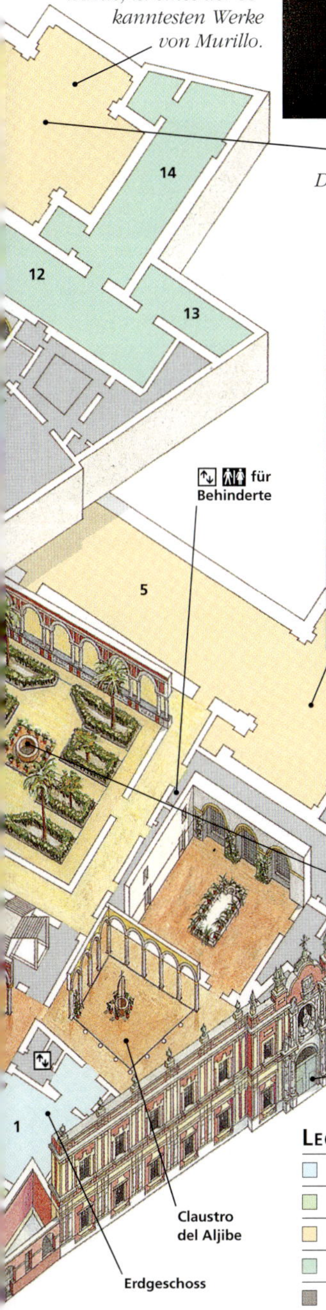

★ Claustro Mayor

Der Hauptkreuzgang des Klosters wurde 1724 vom Architekten Leonardo de Figueroa umgestaltet.

Legende

- Mittelalter
- Renaissance
- Barock
- 19. und 20. Jahrhundert
- Keine Ausstellungsfläche

Kurzführer

Schilder ermöglichen einen Rundgang ohne Führung durch die 14 Säle des Museums. Im Erdgeschoss werden Werke vom 14. Jahrhundert bis zum Barock ausgestellt. Im Obergeschoss befinden sich Werke vom Barock bis zum frühen 20. Jahrhundert.

Museo de Bellas Artes ❶

Siehe S. 66f.

Madonna mit Kind in der barocken Iglesia de la Magdalena

Iglesia de la Magdalena ❷

Calle San Pablo 10. **Stadtplan** 3 B1 (5 B2). *Plaza Nueva.* *95 422 96 03.* *Mo–Sa 9–13, 15.30–18.30 Uhr, So 7.30–13.30, 18.30–21 Uhr.*

Die riesige Barockkirche wurde 1709 von Leonardo de Figueroa fertiggestellt. Sie wird derzeit restauriert, um in ihrer alten Pracht zu erstrahlen. Die Capilla de la Quinta Angustia in der Südwestecke ist eine Mudéjar-Kapelle mit drei Kuppeln. Diese Kapelle blieb von einer früheren Kirche erhalten, in der der spanische Maler Bartolomé Murillo *(siehe S. 66f)* 1618 getauft wurde. Der Stein, der für seine Taufe genutzt wurde, steht heute in der Taufkapelle. Über der Westfront ragt ein bunter Glockenturm empor.

Unter den Kunstwerken in der Kirche befindet sich ein Gemälde von Francisco de Zurbarán, *Der heilige Dominik in Soria*. In der Capilla Sacramental (rechts vom Südeingang) und über dem Allerheiligsten sind Fresken von Lucas Valdés *(Die Allegorie des Triumphes des Glaubens)*, an der Wand des nördlichen Seitenschiffs das Fresko von einem Autodafé (Ketzerverbrennung) zu sehen.

Plaza de Toros de la Maestranza ❸

Paseo de Colón 12. **Stadtplan** 3 B2 (5 B4). *Puerta Jerez.* *Archivo de Indias.* *95 422 45 77.* *tägl. 9–19 Uhr (9.30–15 Uhr an Tagen mit Stierkämpfen).*

Sevillas berühmte Stierkampfarena gilt als schönste Spaniens und ist die ideale Kulisse, um zum ersten Mal eine *corrida (siehe S. 26f)* zu erleben. Zwar lässt die Beliebtheit der Kunst der Matadoren (Stierkämpfer) nach, doch die Arena mit ihren weiß gekalkten Mauern, roten Absperrungsgittern und dem erbarmungslosen Sandkreis ist für das Flair der Stadt nach wie vor von großer Bedeutung. Selbst wenn Ihnen der Stierkampf nicht zusagt, ist die von Arkaden umrahmte Arena, zwischen 1761 und 1881 erbaut, beeindruckend und eine Besichtigung wert.

Die Arena fasst 12 500 Zuschauer. Führungen durch das riesige Bauwerk beginnen beim Haupteingang am Paseo de Colón. Durch die Puerta del Príncipe (Prinzentor) an der Westseite der Arena werden die besten Toreros auf den Schultern ihrer Anhänger hinausgetragen.

Vorbei an der *enfermería* (Nothospital) gelangen die Besucher zu einem Museum zur Geschichte des Stierkampfes. Unter den ausgestellten Kostümen, Gemälden und Plakaten sind Darstellungen früherer Kämpfe auf der Plaza de San Francisco und ein von Pablo Picasso bemaltes rotes Tuch. Die Führung geht weiter in die Kapelle, in der die Toreros um Erfolg beten, und zu den Ställen, wo die Pferde der *picadores* (Lanzenreiter) gehalten werden.

Die Stierkampfsaison beginnt am Ostersonntag und dauert bis Oktober. Die meisten *corridas* finden samstagabends statt.

Eisenverziertes Eingangstor des Teatro de la Maestranza (19. Jh.)

Teatro de la Maestranza ❹

Paseo de Colón 22. **Stadtplan** 3 B2 (5 C5). *Puerta Jerez.* *Puerta Jerez.* *954 22 33 44 (Information).* *zu Veranstaltungen.* **www**.teatromaestranza.com

Unweit der Plaza de Toros und in Hörweite des gewaltigen Rundbaus steht Sevillas 1991 eröffnetes Opernhaus und Theater mit 1800 Plätzen *(siehe S. 245)*. Wie

Die von Arkaden umrahmte Arena der Plaza de Toros de la Maestranza

Finis Gloriae Mundi **von Juan de Valdés Leal im Hospital de la Caridad**

viele der Gebäude, die zur Expo '92 *(siehe S. 56f)* errichtet wurden, ist es in einem recht strengen Stil entworfen. Überreste der Eisenarbeiten, die von den im 19. Jahrhundert hier noch ansässigen Munitionswerkstätten angefertigt wurden, zieren die Fassade. Karten werden an einem Schalter im angrenzenden Jardín de la Caridad verkauft.

Hospital de la Caridad ❺

Calle Temprado 3. **Stadtplan** 3 B2 (5 C5). *Puerta Jerez.* *Puerta Jerez.* *95 422 32 32.* *Mo–Sa 10–13.30, 15.30–19.30 Uhr.* *Feiertage.*

Die Wohlfahrtseinrichtung wurde 1674 gegründet und wird bis heute als Alten- und Pflegeheim genutzt. In dem Garten gegenüber dem Eingang steht eine Statue ihres Stifters Miguel de Mañara. Der Komplex wurde von Pedro Sánchez Falconete entworfen. Die Fassade der Kapelle mit den weiß gekalkten Wänden, dem Terrakotta-Mauerwerk und eingefassten *azulejos (siehe S. 76)* ist ein wunderbares Beispiel für den sevillanischen Barock.

Im Inneren liegen zwei quadratische Höfe, die mit holländischen Kacheln aus dem 18. Jahrhundert und Brunnen mit italienischen, die Wohltätigkeit und die Barmherzigkeit darstellenden Statuen geschmückt sind. An ihrer Nordseite führt ein Gang in einen weiteren Hof, wo ein Bogen der städtischen Werft (13. Jh.) erhalten ist. Inmitten von Rosenbüschen steht eine Büste von Mañara.

In der Kirche gibt es Originalgemälde aus dem 17. Jahrhundert – wenngleich viele der kostbarsten Kunstwerke von Marschall Soult zur Zeit der napoleonischen Besatzung von 1810 *(siehe S. 53)* geraubt wurden. Über dem Eingang befindet sich das krass naturalistische *Finis Gloriae Mundi* (Das Ende der Herrlichkeit der Welt) von Juan de Valdés Leal, gegenüber hängt sein morbides *In Ictu Oculi* (In einem Augenblick). Viele der anderen Bilder sind von Murillo, so auch Darstellungen des Jesuskindes und Werke wie die *Hl. Isabella von Ungarn bei der Heilung von Leprakranken*. Wenn man vom Haupteingang des Hospitals nach Süden blickt, sieht man den achteckigen Torre de Plata (Silberturm), der an der Calle Santander steht.

Torre del Oro ❻

Paseo de Colón s/n. **Stadtplan** 3 B2 (5 C5). *Puerta Jerez.* *Puerta Jerez.* *95 422 24 19.* *Di–Fr 10–14 Uhr, Sa, So 11–14 Uhr.* *Aug.* *Di frei.*

Der Goldturm war Teil der Befestigungsanlage und mit dem Real Alcázar *(siehe S. 82f)* verbunden. Er wurde 1220 als Wachturm gebaut, als sich Sevilla unter der Herrschaft der Almohaden *(siehe S. 46f)* befand; ein zweiter stand am gegenüberliegenden Ufer. Eine gewaltige Kette konnte zwischen diesen beiden gespannt werden, um zu verhindern, dass Schiffe zu weit ins Stadtgebiet vordrangen. 1760 wurde das Türmchen aufgesetzt.

Die Torre del Oro, von den Almohaden erbaut

Seinen Namen hat der Turm von den vergoldeten *azulejos*, die einst die Wände zierten, oder aber von den Schätzen aus der Neuen Welt, die man hier entlud. Heute beherbergt er das Museo Marítimo, das Seekarten und Navigationsinstrumente ausstellt.

Don Juan von Sevilla

Miguel de Mañara (1627–1679), Gründer des Hospital de la Caridad, wird oft mit Don Juan Tenorio in Zusammenhang gebracht. Die amourösen Abenteuer des Verführers von Sevilla wurden erstmals 1630 in einem Schauspiel von Tirso de Molina beschrieben. Sie inspirierten auch die Werke von Mozart, Molière und Byron. Mañara soll vor seiner Wandlung zum Wohltäter ein ausschweifendes Leben geführt haben. Die Umkehr wurde offenbar ausgelöst, als er im Vollrausch die Vision seines eigenen Begräbnisses hatte.

Der legendäre Don Juan mit zwei seiner Eroberungen

Santa Cruz

Das Barrio de Santa Cruz, Sevillas altes Judenviertel, ist ein Gewirr aus weißen Gassen und malerischen Höfen. Hier finden sich viele Sehenswürdigkeiten: die gewaltige gotische Kathedrale mit dem Wahrzeichen La Giralda, der herrliche Real Alcázar mit den königlichen Palästen und den Gärten von Pedro I. und Karl V. sowie das Archivo General de Indias, das die spanische Eroberung der Neuen Welt dokumentiert. Von diesen Bauten aus erstreckt sich das Gewirr weiß gekalkter Häuser nach Nordosten. Der Künstler Bartolomé Esteban Murillo lebte hier im 17. Jahrhundert, doch es war sein Zeitgenosse Juan de Valdés Leal, der das Hospital de los Venerables mit schönen Barockfresken bemalte. Weiter nördlich verläuft die Calle de las Sierpes, eine der großen Einkaufsstraßen Sevillas. Die angrenzenden Marktplätze, wie z. B. die charmante Plaza del Salvador, bildeten den Hintergrund für die Geschichten von Cervantes. Die Fassaden und Innenräume des nahen Ayuntamiento und der Casa de Pilatos belegen den großen Reichtum, den die Stadt im 16. Jahrhundert besaß.

Straßenlaterne, Plaza del Triunfo

Sehenswürdigkeiten auf einen Blick

Garten
Jardines de Murillo ⓭

Straßen und Plätze
Calle de las Sierpes ❷
Plaza del Triunfo ❾
Plaza Virgen de los Reyes ❽

Kirchen
Iglesia del Salvador ❹
Kathedrale und La Giralda S. 78f ❼

Historische Gebäude
Archivo General de Indias ❿
Ayuntamiento ❸
Casa de Pilatos ❻
Hospital de los Venerables ⓬
Museo del Baile Flamenco ❺
Palacio de Lebrija ❶
Real Alcázar S. 82f ⓫

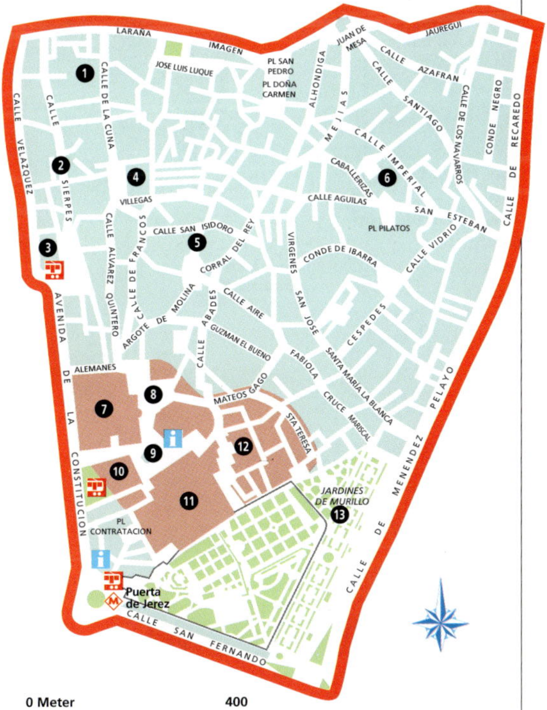

Legende

Detailkarte *siehe S. 72f*
Metrocentro-Tramhaltestelle
Metro-Station
Information

Im Detail: Santa Cruz

Fenstergitter, Santa Cruz

Das Gewirr schmaler Gassen östlich der Kathedrale und des Real Alcázar ist das romantischste Viertel Sevillas. Neben den unvermeidlichen Souvenirläden, Tapas-Bars und Straßenmusikern findet der Besucher malerische Gassen, versteckte Plätze und blumenbewachsene Höfe. Die restaurierten Bauten des einstigen jüdischen Gettos mit den charakteristischen Fenstergittern bilden heute eine harmonische Mischung aus Wohnhäusern und Unterkünften für Besucher. Wegen der Bars und Restaurants ist das Viertel auch abends ein Anziehungspunkt.

Plaza Virgen de los Reyes
Auf dieser Plaza, auf der ein Brunnen von José Lafita steht, warten Pferdekutschen. ❽

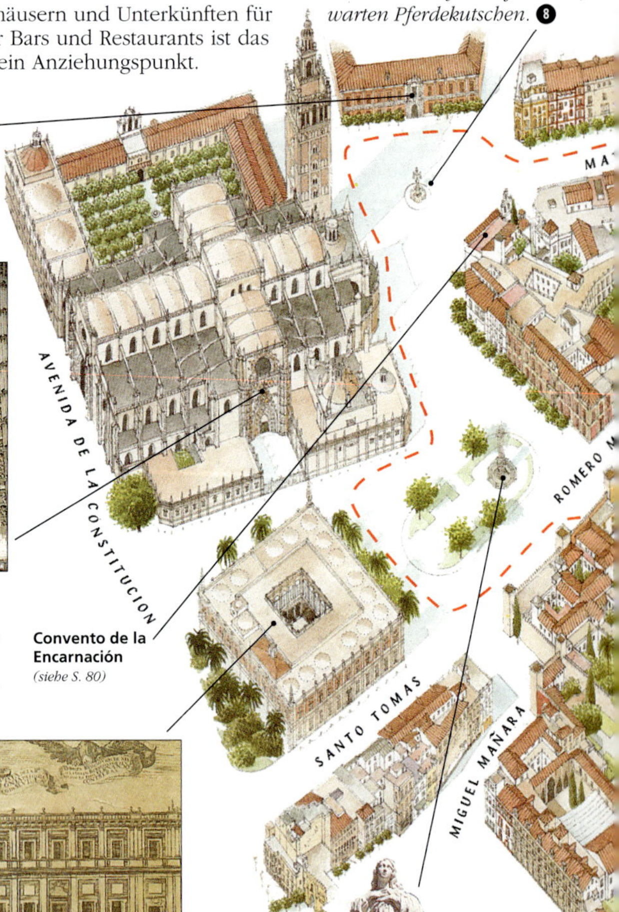

Palacio Arzobispal, der erzbischöfliche Palast aus dem 18. Jahrhundert, wird noch von Sevillas Klerus bewohnt.

★ Kathedrale und La Giralda
Die gewaltige gotische Kathedrale ist die berühmteste Sehenswürdigkeit Sevillas. ❼

Convento de la Encarnación
(siehe S. 80)

Archivo General de Indias
Das Generalarchiv, im 16. Jahrhundert als Handelsbörse erbaut, beherbergt heute Dokumente über die Kolonisierung Südamerikas durch Spanien. ❿

Plaza del Triunfo
Eine Barocksäule erinnert an das große Erdbeben von 1755. Gegenüber steht eine moderne Statue der Unbefleckten Empfängnis. ❾

Calle Mateos Gago
Die Straße säumen Souvenirläden und Tapas-Bars. Die Bar Giralda in Nr. 2, mit Überresten eines maurischen Bades im Gewölbe, bietet eine große Tapas-Auswahl (siehe S. 224f).

ZUR ORIENTIERUNG
Siehe Stadtplan, Karten 5, 6

Die Plaza Santa Cruz ist mit einem kunstvollen Eisenkreuz von 1692 geschmückt.

★ Hospital de los Venerables
Dieses Heim für betagte Priester besitzt eine wunderbar restaurierte Barockkirche. ⓬

Callejón del Agua
Die Gasse führt an den Mauern des Real Alcázar entlang und ermöglicht Blicke in die Innenhöfe. Washington Irving (siehe S. 53) lebte in Nr. 2.

0 Meter 50

★ Real Alcázar
Sevillas Palastanlage ist eine Mischung außergewöhnlicher Mudéjar-Handwerkskunst (siehe S. 24), *königlicher Pracht und schön angelegter Gärten.* ⓫

LEGENDE

– – – Routenempfehlung

NICHT VERSÄUMEN

- ★ Hospital de los Venerables
- ★ Kathedrale und La Giralda
- ★ Real Alcázar

Mosaik von Itálica *(siehe S. 132)* in der Casa de la Condesa Lebrija

Palacio de Lebrija ❶

Calle Cuna 8. **Stadtplan** 1 C5; 3 C1 (5 C2). *95 421 81 83.* *Mitte Juni–Sep: Mo–Fr 10.30–13, 17–19.30 Uhr, Sa 10–13 Uhr; Okt–Mitte Juni: Mo–Fr 10.30–13 Uhr, 16.30–19 Uhr, Sa 10–13 Uhr.*
www.palaciodelebrija.com

Der Wohnsitz der Familie der Gräfin von Lebrija zeigt das Leben in einem historischen Palast in Sevilla. Das Erdgeschoss beherbergt römische und mittelalterliche Stücke, der erste Stock die Bibliothek und einige herrliche Kunstwerke.

Das Haus (15. Jh.) besitzt einige Mudéjar-Merkmale *(siehe S. 24)*. Viele der römischen Schätze stammen von den Ruinen von Itálica *(siehe S. 132)*, auch der Mosaikboden im Haupthof. Die *artesonado*-Decke über der Treppe kommt vom Palast der Herzöge von Arcos in Marchena bei Sevilla. Römische Glaswaren und Münzen, Marmor von Medina Azahara *(siehe S. 138f)* und *azulejos (siehe S. 76)* sind im zentralen Patio zu sehen.

Calle de las Sierpes ❷

Stadtplan 3 C1 (5 C3).

Die Straße der Schlangen, die von der Plaza de San Francisco nach Norden führt, ist Sevillas Haupteinkaufsstraße. Alteingesessene Läden verkaufen das in Sevilla Allerwichtigste – Hüte, Fächer und die traditionellen *mantillas* (Kopfschmuck aus Spitze). Daneben gibt es Boutiquen, Souvenirgeschäfte, Billigläden und Lotteriekioske. Am besten bummelt man hier, wenn auch die *sevillanos* unterwegs sind – beim *paseo* am frühen Abend.

Die Parallelstraßen, Cuna und Tetuán, laden ebenfalls zum Schaufensterbummel ein. Beachten Sie die gekachelte Reklame von 1924 für Studebaker-Autos *(siehe S. 76)* in der Calle Tetuán 9.

Am Südende der Calle de las Sierpes weist eine Tafel an der Banco Central Hispano auf die Stelle der Cárcel Real (Königliches Gefängnis) hin, in der der Dichter Miguel de Cervantes (1547–1616; *siehe S. 51)* eingekerkert war. Wenn man von hier nach Norden geht, führt die Calle Jovellanos links zur Capillita de San José. Die kleine Kapelle kontrastiert stark zur geschäftigen Umgebung. Etwas weiter, an der Kreuzung mit der Calle Pedro Caravaca, können Sie einen Blick in die anachronistisch plüschene Welt des Real Círculo de Labradores werfen, einem 1856 gegründeten Herrenclub. Am Ende der Straße befindet sich Sevillas berühmteste *pastelería* (Konditorei): La Campana.

Tische vor La Campana, Sevillas berühmtester *pastelería*

Ayuntamiento ❸

Plaza Nueva 1. **Stadtplan** 3 C1/5 C3. *Puerta Jerez.* *Puerta Jerez.* *95 459 01 01.* *Di–Do 17.30 und 18.30 Uhr.*

Platereskes Portal, Teil der Fassade von Sevillas Ayuntamiento

Das Rathaus Sevillas steht zwischen der historischen Plaza de San Francisco und der modernen Plaza Nueva.

Vom 15. bis 18. Jahrhundert war die Plaza de San Francisco Schauplatz von Autodafés, Ketzerverbrennungen durch die Inquisition *(siehe S. 51)*. Die Verurteilten wurden zum Quemadero gebracht und dort lebendig verbrannt. Diese Stelle ist heute der Prado de San Sebastián, nördlich des Parque María Luisa *(siehe S. 98f)*. Heutzutage ist die Plaza de San Francisco Zentrum der Feierlichkeiten während der Semana Santa und an Fronleichnam *(siehe S. 34f)*. An der Plaza Nueva war einst der Convento de San Francisco. In der Mitte steht ein Reiterstandbild von Ferdinand III., der Sevilla von den Mauren befreite *(siehe S. 48)* und von einer Kanonenkugel getroffen wurde.

Der 1527 begonnene Ayuntamiento wurde 1534 fertiggestellt. Die Ostfront mit Blick auf die Plaza de San Francisco ist ein schönes Beispiel des plateresken Stils *(siehe S. 25)*, den der Architekt Diego de Riaño bevorzugte. Die Westfront ist Teil eines klassizistischen Anbaus von 1891, der das alte Gebäude praktisch völlig umschließt. In der Halle der unteren Casa Consistorial (Tagungsraum des Stadtrats) sind Stuckdecken erhalten. In diesem Raum befindet sich *Der heilige Ildefonso empfängt die Casula* von Velázquez, eines der vielen Kunstwerke in diesem Gebäude.

Barockfassade der Iglesia del Salvador auf der Plaza del Salvador

Iglesia del Salvador ❹

Pl del Salvador. **Stadtplan** 3 C1/6 D3. ☎ *954 59 54 05.* ◯ *nur nach telefonischer Voranmeldung.* *obligatorisch.*

Die kathedralenartigen Ausmaße dieser Kirche sind zum Teil Ergebnis des Wunsches der christlichen Eroberer von Sevilla, die architektonischen Meisterwerke der Mauren zu übertrumpfen. Zunächst stand die Moschee von Ibn Addabas an dieser Stelle, Teile des maurischen Hofes sind an der Calle Córdoba erhalten. Er ist von Arkaden umgeben, die aus Säulen mit römischen und westgotischen Kapitellen bestehen.

Um 1670 war die Moschee, die schon lange als christliche Kirche geweiht worden war, verfallen. Die Arbeiten an einem neuen, von Esteban García entworfenen Barockbau begannen. 1712 wurde er von Leonardo de Figueroa fertiggestellt. Das Innere des Hauptschiffs ist von José Granados, dem Architekten der Kathedrale von Granada *(siehe S. 190)*, gestaltet. In der Capilla Sacramental steht eine 1619 von Juan Martínez Montañés (1568–1649) angefertigte Prozessionsfigur, *Jesús de la Pasión*. Eine Tür in der Nordwestecke führt zur schönen Capilla de los Desamparados und zu einem maurischen Innenhof. Der Glockenturm am Portal zur Calle Córdoba ist auf Resten eines früheren Minaretts gebaut.

Neben der Kirche liegt die Plaza del Salvador mit einigen schicken Tapas-Bars. Eine Statue erinnert an den Bildhauer Montañés.

Das Zeichen von Sevilla

Die eigenartige Abkürzung »no8do« prangt überall an den ehrwürdigen Mauern des Ayuntamiento ebenso wie an einigen städtischen Bussen und vielen Gebäuden. Es soll für »No me ha dejado« stehen (»Sie hat mich nicht im Stich gelassen«). Diese Worte sprach Alfons der Weise, als die Stadt bei einem heftigen Konflikt mit seinem Sohn Sancho zu ihm hielt. Das Symbol der Doppelschleife in der Mitte soll einen Strang Wolle darstellen. Das spanische Wort dafür ist *madeja*, also »no (madeja) do«.

Das traditionelle Emblem von Sevilla, hier am Ayuntamiento

Museo del Baile Flamenco ❺

Calle Manuel Rojas Marcos 3. **Stadtplan** 3 C1 (6 D3). ☎ *95 434 03 11.* ◯ *tägl. 9–19 Uhr.*
www.museoflamenco.com

Der Flamenco entstand zwar vermutlich auf der anderen Flussseite in Triana, seine Heimat ist heute jedoch Santa Cruz. Das Museum für Flamenco-Tanz residiert in einem Haus des 18. Jahrhunderts in einer kleinen Straße zwischen der Plaza del Alfalfa und der Kathedrale. Es informiert umfassend über diese Kunstform. Gleichzeitig wird hier auch regelmäßig Flamenco »live« zelebriert. In einer weithin anerkannten Schule werden die Grundlagen des Flamenco-Tanzes und der Musik vermittelt.

Die Kunst der *azulejos*

Azulejos (16. Jh.), Salones de Carlos V *(S. 82)*

Glasierte Keramikfliesen, im Sommer angenehm kühl, haltbar und bunt, sind seit Jahrhunderten ein typisches Merkmal andalusischer Fassaden und Innenräume. Die Technik ihrer Herstellung führten die Mauren ein – das Wort *azulejo* kommt vom arabischen *azzulayj*, was »kleiner Stein« bedeutet. Maurische *azulejos* sind Mosaike aus ursprünglich einfarbigen Steinen. Das Handwerk blühte in Sevilla. In Triana *(siehe S. 102f)* entstanden viele Keramikmanufakturen. Mit der industriellen Revolution begann die Massenproduktion von *azulejos* in Keramikfabriken, zu denen bis 1980 auch das berühmte »Pickman y Cia« im Kloster von La Cartuja *(siehe S. 105)* gehörte.

Azulejos im Mudéjar-Stil

Die Mauren stellten fantastische Mosaike aus Fliesen in komplizierten Mustern für ihre Palastwände her. Die verwendeten Farben waren Blau, Grün, Schwarz, Weiß und Ocker.

Mudéjar-Fliesen aus dem 16. Jahrhundert, Casa de Pilatos

Flechtmotive, Patio de las Doncellas

Mudéjar-Fliesen im Patio de las Doncellas, Real Alcázar

Schild der Königlichen Tabakfabrik (heute Teil der Universidad, *siehe S. 96f)*, aus bemalten und glasierten Kacheln hergestellt

Azulejos für kommerzielle Zwecke

Als die Technik der Herstellung und Bemalung der *azulejos* verbessert wurde, wurden sie nicht nur als Innendekoration verwendet, sondern auch für Schilder und Geschäftsfassaden. Sogar Reklameschilder wurden aus bunten Kacheln hergestellt.

Moderner glasierter Zapfhahn aus Keramik

Azulejo-Reklame für das neueste Modell der Studebaker-Autofabrik (1924) in der Calle Tetuán, unweit der Calle de las Sierpes *(siehe S. 74)*

Genuesischer Brunnen und gotische Balustrade im Mudéjar-Hof der Casa de Pilatos

Casa de Pilatos 6

Plaza de Pilatos 1. **Stadtplan** 4 D1 (6 E3). *95 422 52 98.* *tägl. 9–19 Uhr (im Winter bis 18 Uhr).* *1. Stock.* *Erdgeschoss.*

Der erste Marquis von Tarifa brach 1518 zu einer großen Reise durch Europa und das Heilige Land auf. Zwei Jahre später kehrte er voller Begeisterung für die architektonischen Wunder der italienischen Hochrenaissance zurück. Er verbrachte sein Leben damit, ein neues, maßgebliches Schönheitsideal zu schaffen. Sein Palast in Sevilla, das so genannte Haus des Pilatus, wurde ein luxuriöses Paradestück des neuen Stils.

Über die Jahrhunderte fügten die jeweiligen Besitzer eigene Verschönerungen an. Die Casa de Pilatos ist heute Residenz der Herzöge von Medinaceli und einer der schönsten Paläste Sevillas.

Besucher betreten ihn durch ein Marmorportal genuesischer Herkunft. Durch den von Arkaden umrahmten *apeadero* (Kutschenhof) gelangt man in den Patio Principal. Dieser Hof ist im Wesentlichen im Mudéjar-Stil *(siehe S. 24)* gehalten und mit *azulejos* und Stuck dekoriert. Er ist von unterschiedlich breiten Arkaden mit zarten gotischen Balustraden umgeben. In den Ecken stehen drei römische Statuen, Minerva, eine tanzende Muse und Ceres darstellend, sowie eine vierte, aus dem 5. Jahrhundert v. Chr. stammende Statue von Athene, ein griechisches Original. In der Mitte steht ein Brunnen, der von Genua hierher gebracht wurde. Man gelangt rechts durch den Salón del Pretorio mit seiner Kassettendecke und Intarsienarbeiten in den Corredor de Zaquizamí. Unter den Antiquitäten in den angrenzenden Räumen gibt es das Flachrelief *Leda und der Schwan* und zwei römische Reliefs, die an die Schlacht von Actium 31 v. Chr. erinnern. Im Jardín Chico steht ein Becken mit einer Bacchusfigur. Zurück im Patio Principal, wenden Sie sich nach rechts zum Salón de Descanso de los Jueces.

Laterne im Eingangstor

Dahinter liegt eine Kapelle mit Kreuzrippengewölbe, in der eine Skulptur aus dem 1. Jahrhundert, *Christus und Gott als Hirte*, steht. Links an den Gabinete de Pilatos schließt der Jardín Grande an. Der Architekt Benvenuto Tortello baute die Loggia um 1560. Vom Haupthof aus führt hinter der Statue von Ceres eine gekachelte Treppe zu den Räumen des Obergeschosses. Sie wird von einer wunderbaren, 1537 erbauten *media-naranja*-Kuppel (halbe Orange) überwölbt. In einigen Räumen gibt es Mudéjar-Decken. Stuckarbeiten von Juan de Oviedo und Fresken von Francisco de Pacheco sind in den Räumen erhalten, die die Namen der Künstler tragen.

Die westlich der Casa de Pilatos gelegene Plaza de San Ildefonso wird vom Convento de San Leonardo begrenzt, berühmt für die *yemas* (aus Eigelb hergestellte Süßigkeiten), die aus einem *torno* (Trommel) verkauft werden.

Wappen in der Kassettendecke des Salón del Pretorio

Kathedrale und La Giralda ❼

Buntglasfenster (16. Jh.)

Die Kathedrale von Sevilla steht an der Stelle einer großen, im späten 12. Jahrhundert von den Almohaden *(siehe S. 46f)* erbauten Moschee. La Giralda, ihr Glockenturm, und der Patio de los Naranjos sind Reste dieses maurischen Bauwerks. Der Bau der christlichen Kathedrale, der größten Europas, wurde 1401 begonnen und dauerte etwas mehr als ein Jahrhundert. Besucher können La Giralda besteigen und den herrlichen Ausblick auf die Stadt genießen.

★ La Giralda
Der Glockenturm ist von einer Bronzefigur gekrönt, die den Glauben symbolisiert. Die Wetterfahne (giraldillo) *gab La Giralda ihren Namen. Das Original wurde durch eine Kopie ersetzt.*

★ Patio de los Naranjos
In maurischer Zeit wuschen sich Gläubige vor dem Gebet hier am Brunnen unter den Orangenbäumen.

Puerta del Perdón

Römische Pfeiler aus Itálica *(siehe S. 132)* umgeben die Stufen der Kathedrale.

VERGRÖSSERUNG DER GIRALDA

Das Minarett wurde 1198 fertiggestellt. Im 14. Jahrhundert wurden die muslimischen Bronzekugeln an der Spitze durch das Kreuz ersetzt. 1568 setzte Hernán Ruiz das Renaissance-Türmchen auf, das gut zur maurischen Basis passt.

1198 **1400** **1557 (Plan)** **1568**

Retablo Mayor
Santa María de la Sede, die Schutzheilige der Kathedrale, sitzt am von Gold beherrschten Hauptaltar. Die 44 vergoldeten Reliefplatten des Altarbildes wurden zwischen 1482 und 1564 angefertigt.

Infobox

Avenida de la Constitución s/n. **Stadtplan** 3 C2 (5 C4). *95 421 49 71.* *Archivo de Indias.* *Puerta Jerez.* **Kathedrale & La Giralda** *Mo–Sa 11–17 Uhr, So 14.30–18 Uhr (Juli–Aug: Mo–Sa 9.30–16, So 14.30–18 Uhr).* *Mo–So 8.30, 10, 12, 17 Uhr, Sa auch 20 Uhr, So auch 11, 13, 18 Uhr.*

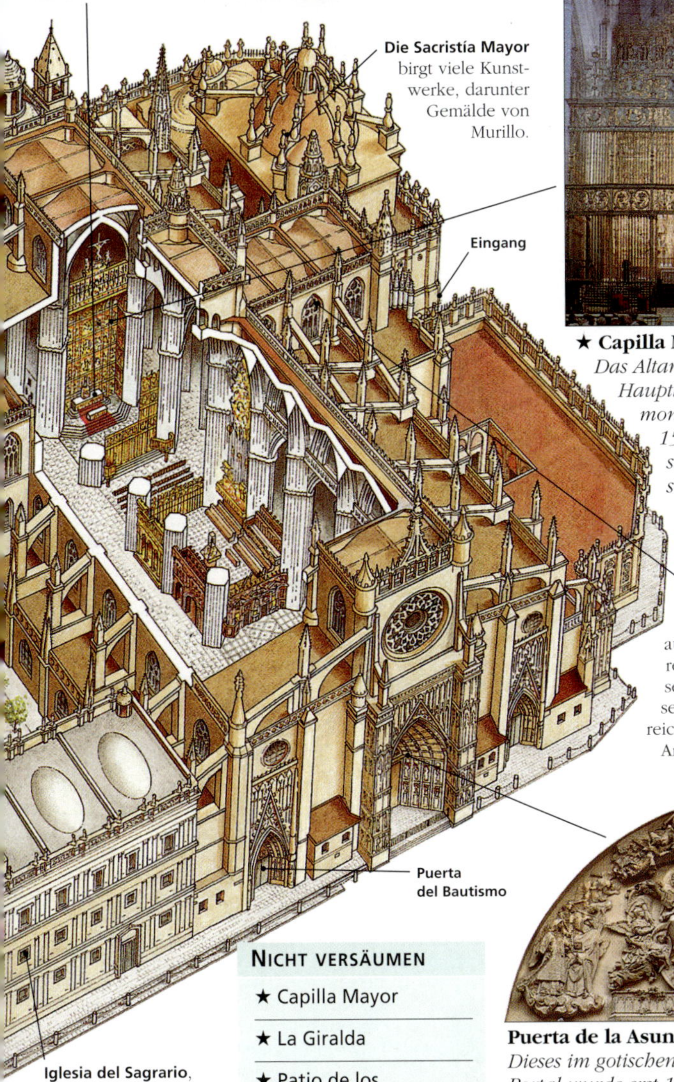

Die Sacristía Mayor birgt viele Kunstwerke, darunter Gemälde von Murillo.

Eingang

★ Capilla Mayor
Das Altarbild in der Hauptkapelle ist von monumentalen, 1518–32 entstandenen schmiedeeisernen Gittern umgeben.

Das Grab von Kolumbus stammt aus den 1890er Jahren. Die vier Träger seines Sarges repräsentieren die Königreiche Kastilien, León, Aragón und Navarra *(siehe S. 48)*.

Puerta del Bautismo

Iglesia del Sagrario, eine große Kapelle (17. Jh.), wird heute als Pfarrkirche genutzt.

Nicht versäumen

- ★ Capilla Mayor
- ★ La Giralda
- ★ Patio de los Naranjos

Puerta de la Asunción
Dieses im gotischen Stil erbaute Portal wurde erst 1833 fertiggestellt. Ein Steinrelief der Auferstehung Mariä schmückt das Giebelfeld.

Oberer Abschnitt des Barockportals des Palacio Arzobispal

Plaza Virgen de los Reyes 8

Stadtplan 3 C2 (6 D4). **Palacio Arzobispal** *nicht zugänglich.* **Convento de la Encarnación** *nicht zugänglich.*

Ein idealer Platz zum Verweilen und um die Giralda *(siehe S. 78f)* zu bewundern. Der Platz ist ganz typisch für Sevilla: Sakralbauten, Pferdekutschen, Orangenbäume und Zigeuner, die Blumen verkaufen. In der Mitte befinden sich eine monumentale Laterne und ein Brunnen aus dem frühen 20. Jahrhundert von José Lafita – mit Köpfen, die den Originalen in der Casa de Pilatos *(siehe S. 77)* nachempfunden wurden.

An der Nordseite steht der Palacio Arzobispal (erzbischöflicher Palast), im 16. Jahrhundert begonnen, im 18. Jahrhundert fertiggestellt und während der napoleonischen Besatzung 1810 *(siehe S. 52f)* von Marschall Soult beschlagnahmt. Der Barockpalast besitzt eine Treppe aus Jaspis und Gemälde von Zurbarán und Murillo. Gegenüber steht der 1591 gegründete Convento de la Encarnación an der Stelle, an der sich früher eine Moschee und ein Hospital befanden.

An der Plaza de Virgen de los Reyes befand sich einst das Corral de los Olmos, eine Spelunke, die bei Cervantes erwähnt wird *(siehe S. 51)*. Man kann die Geschichte auf einer Plakette an einer der Mauern nachlesen.

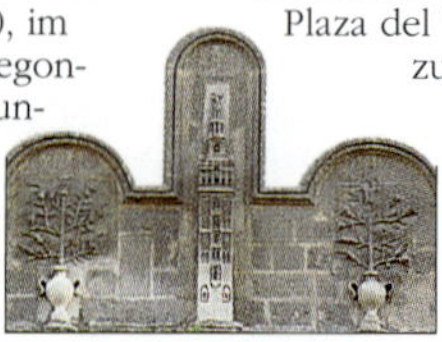

Hübsches Relief mit der Giralda am Archivo de Indias

Plaza del Triunfo 9

Stadtplan 1 A4 (6 D4).

Die zwischen Kathedrale *(siehe S. 78f)* und Real Alcázar *(siehe S. 82f)* gelegene Plaza del Triunfo wurde zum Gedenken an das Erdbeben von 1755 angelegt. Das Beben zerstörte Lissabon, richtete aber in Sevilla nur geringe Schäden an – was dem treuen Glauben an die Jungfrau Maria zugeschrieben wurde. Sie wird durch eine Barocksäule neben dem Archivo de Indias geehrt. Im Zentrum der Plaza del Triunfo steht ein Denkmal, das dem Glauben an die Unbefleckte Empfängnis gewidmet ist.

In der Calle Santo Tomás, die von der Südostecke des Platzes abgeht, befindet sich das Museo de Arte Contemporáneo mit Wechselausstellungen zeitgenössischer Kunst. Es wurde 1770 erbaut und war einst eine Scheune, in der der Kirchenzehnte aufbewahrt wurde. Bei der Renovierung des Gebäudes wurden Teile der maurischen Stadtmauer freigelegt.

Archivo General de Indias 10

Avda de la Constitución 3. **Stadtplan** 3 C2 (6 D5). *Puerta Jerez.* *Archivo de Indias.* *95 450 05 28.* *Mo–Sa 9–16, So 10–14 Uhr.*

Fassade des Archivo General de Indias von Juan de Herrera

Das Generalarchiv untermauert Sevillas herausragende Rolle bei der Kolonialisierung der Neuen Welt. Der Bau, errichtet zwischen 1584 und 1598 nach Plänen von Juan de Herrera, einem der Architekten von El Escorial bei Madrid, diente als *lonja* (Börse). 1785 hatte Karl III. alle spanischen Dokumente über »Indien« unter einem Dach gesammelt und damit ein faszinierendes Archiv geschaffen. Es bewahrt Briefe von Kolumbus, Cortés, Cervantes und George Washington sowie die Korrespondenz Philipps II. Die Sammlung umfasst 86 Millionen handgeschriebene Seiten und 8000 Landkarten und Zeichnungen. Viele der Dokumente wurden auf CD-ROM gespeichert.

Besucher des Archivo General de Indias gelangen über Marmortreppen in die Bibliotheksräume, in denen Zeichnungen, Landkarten und Faksimiles präsentiert werden. Die Ausstellungen wechseln regelmäßig. So kann man z. B. eine Karte von Acapulco, als es kaum mehr als eine Burg war, Zeichnungen einer *corrida* (Stierkampf), die 1748 in Panama-Stadt stattfand, oder Pläne eines Rathauses in Guatemala sehen.

Real Alcázar ⓫

Siehe S. 82f.

Hospital de los Venerables ⓬

Plaza de los Venerables 8. **Stadtplan** 3 C2/6 D4. *Archivo de Indias.* 95 456 26 96. *tägl. 10–14, 16–20 Uhr.* *außer So abends.*

Das im Zentrum des Barrio de Santa Cruz gelegene Hospital der Ehrwürdigen war einst ein Heim für betagte Priester. Der 1675 begonnene Bau wurde etwa 20 Jahre später von Leonardo de Figueroa fertiggestellt. Das Hospital ist nun ein von der FOCUS (Fundación Fondo de Cultura de Sevilla) unterhaltenes Kulturzentrum.

Vom rosenbepflanzten Innenhof führen Treppen in die Obergeschosse, wo – wie in der Krankenstation und im Keller – Ausstellungen stattfinden. Die Kirche des Hospitals ist ein Paradebeispiel barocker Pracht mit Fresken von Juan de Valdés Leal und seinem Sohn Lucas. Sehenswert sind die Skulpturen des hl. Petrus und hl. Ferdinand von Pedro Roldán, die das Osttor flankieren, sowie die *Apotheose des hl. Ferdinand* von Lucas Valdés im oberen Mittelteil des *retablo* des Hauptaltars. Auf dem Fries steht: »Fürchte Gott und ehre den Priester.«

Die Decke der Sakristei hat eine effektvolle Trompe-l'Œil-Malerei: *Triumph des Kreuzes* von Juan de Valdés Leal.

Jardines de Murillo ⓭

Stadtplan 4 D2 (6 E5).

Diese Gärten am Südende des Barrio de Santa Cruz waren einst Obstgärten und Gemüsebeete auf dem Gelände der Real Alcázar. 1911 wurden sie der Stadt vermacht. Ihr Name erinnert an Sevillas bekanntesten Maler, Bartolomé Murillo (1617–1682), der in der nahen Calle Santa Teresa wohnte. Eine lange Promenade, der Paseo de Catalina de Ribera, ehrt die Gründerin des Hospital de las Cinco Llagas, das heute Sitz des Parlamento de Andalucía *(siehe S. 89)* ist. Zwischen den Palmen ragt ein Kolumbus-Denkmal auf, in das eine Bronzedarstellung der Karavelle Santa María eingearbeitet ist, auf der Kolumbus nach Amerika fuhr *(siehe S. 127)*.

Kolumbus-Denkmal in den Jardines de Murillo

Fresko von Juan de Valdés Leal im Hospital de los Venerables

Real Alcázar ⓫

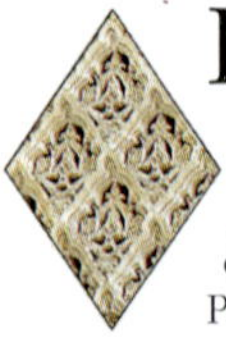

Mudéjar-Stuck

Im Jahr 1364 ordnete Pedro I. *(siehe S. 48)*, auch Peter der Grausame genannt, den Bau einer königlichen Residenz innerhalb der Palastanlagen an, die die Almohaden *(siehe S. 46f)* erbaut hatten. In weniger als zwei Jahren schufen Baumeister aus Granada und Toledo einen Traumpalast aus Mudéjar-Patios und Hallen, den Palacio Pedro I, das heutige Herzstück des Real Alcázar von Sevilla. Spätere Monarchen fügten ihre eigenen Erweiterungen an – Isabella I. *(siehe S. 49)* sandte von ihrer Casa de la Contratación Seefahrer zur Erkundung der Neuen Welt aus, Karl V. *(siehe S. 50)* ließ sich reich verzierte Wohnräume bauen.

Gärten des Alcázar
Die mit Terrassen, Brunnen und Pavillons angelegten Gärten sind eine Oase, um der Hitze und dem Treiben von Sevilla zu entkommen.

★ Salones de Carlos V
Gobelins und farbenfrohe azulejos (16. Jh.) schmücken die Gewölbehallen der Wohnräume und der Kapelle von Karl V.

Der Patio del Crucero liegt über den ehemaligen Bädern.

Real Alcázar

Zu dem Komplex Real Alcázar gehören der Palacio Pedro I und Büros der nationalen Treuhand. Das Obergeschoss wird von der spanischen Königsfamilie genutzt.

Legende

- Beschriebenes Gelände
- Gärten

★ Patio de las Doncellas
Der Mädchenhof wurde von maurischen Baumeistern aus Granada reich verziert.

★ Salón de Embajadores
Die Kuppel des Botschaftersaals (1427 erbaut) besteht aus Holzintarsien (Stalaktitenkuppel).

Infobox

Patio de Banderas. **Stadtplan** 3 C2 (6 D4). *95 450 23 24.* *Archivo de Indias.* *Puerta de Jerez.* *C3, C4, 21, 22.* *Apr–Sep: tägl. 9.30–19 Uhr; Okt–März: tägl. 9.30–17 Uhr.* **www**.patronato-alcazarsevilla.es

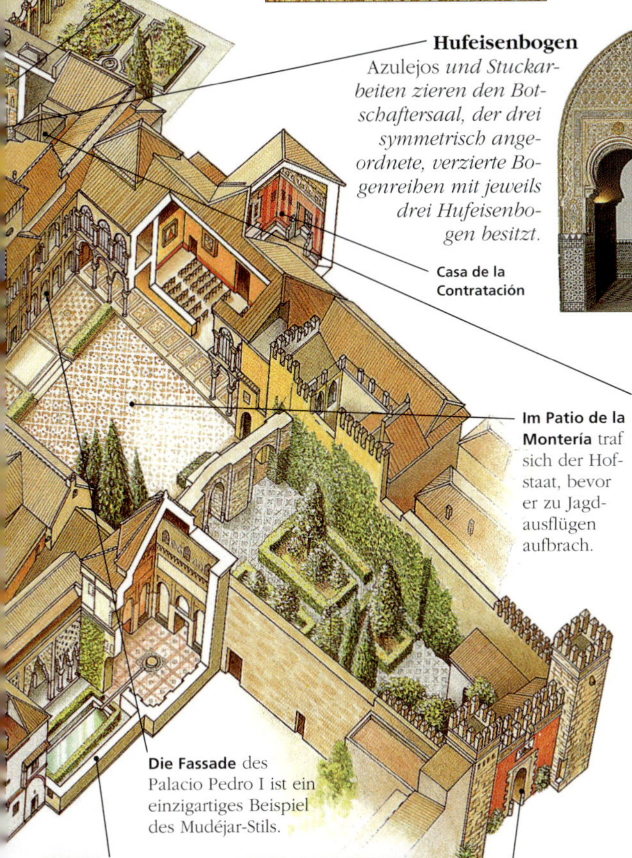

Hufeisenbogen
Azulejos *und* Stuckarbeiten *zieren den Botschaftersaal, der drei symmetrisch angeordnete, verzierte Bogenreihen mit jeweils drei Hufeisenbogen besitzt.*

Casa de la Contratación

Im Patio de la Montería traf sich der Hofstaat, bevor er zu Jagdausflügen aufbrach.

Patio de las Muñecas
Mit den angrenzenden Schlafräumen war der »Hof der Puppen« der eigentliche Wohnbereich des Palastes. Seinen Namen hat er von den zwei Gesichtern an einem der Bogen.

Die Fassade des Palacio Pedro I ist ein einzigartiges Beispiel des Mudéjar-Stils.

Puerta del León (Eingang)

Patio del Yeso
Im Gipshof, einem Garten mit Blumenbeeten und einem Wasserlauf, sind die Elemente des früheren Almohaden-Alcázar des 12. Jahrhunderts erhalten.

Nicht versäumen

- ★ Patio de las Doncellas
- ★ Salón de Embajadores
- ★ Salones de Carlos V

ABANICOS

La Macarena

Sevillas Norden, von Besuchern oft übersehen, ist eine Mischung aus verfallenden Barock- und Mudéjar-Kirchen, gemütlichen Tapas-Bars und Gassen voller Wäsche. Man glaubt, dass sich der Name von der römischen Göttin Macaria herleitet, Herkules' Tochter. In La Macarena sind die Stellung der Kirche und die der Familie noch sehr stark.

Am besten gelangt man hierher, wenn man die Calle Feria nach Norden zur Basílica de la Macarena geht, einer Wallfahrtsstätte für die von Sevilla hochverehrte Virgen da la Esperanza Macarena. Neben der modernen Kirche stehen ein Stadttor und Reste von Befestigungsmauern.

Römische Säule, Alameda de Hércules

Das Viertel besitzt viele Kirchen und Klöster, doch den Geist des historischen Sevilla spürt man vor allem im Monasterio de San Clemente und in der Iglesia de San Pedro. Der Convento de Santa Paula bietet Gelegenheit, hinter die Mauern einer abgeschiedenen Glaubensgemeinschaft zu blicken. Beeindruckend ist die Torre de Don Fadrique (13. Jh.) im Convento de Santa Clara im Westen. Nördlich steht das Hospital de las Cinco Llagas, heute Sitz des andalusischen Parlaments.

Sehenswürdigkeiten auf einen Blick

Kirchen und Klöster
Basílica de la Macarena 4
Convento de Santa Paula 8
Iglesia de San Marcos 7
Iglesia de San Pedro 9
Iglesia de Santa Catalina 10
Monasterio de San Clemente 1

Historische Gebäude
Parlamento de Andalucía 5
Torre de Don Fadrique 2

Denkmal
Murallas 6

Markt
Alameda de Hércules 3

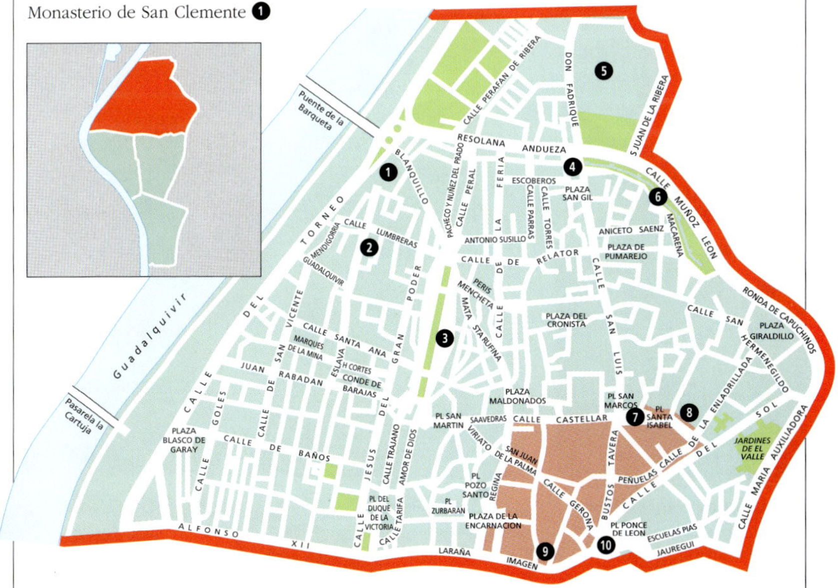

Legende

Detailkarte
siehe S. 86f

◁ Die Virgen de la Esperanza Macarena bei einer Prozession während der Semana Santa *(siehe S. 34)*

Im Detail: La Macarena

Fliesenbild der hl. Paula

Ein Bummel durch dieses Viertel ermöglicht einen Einblick in das Alltagsleben in einem Teil Sevillas, dem bislang die mittlerweile überaus touristische Atmosphäre von Santa Cruz erspart geblieben ist. Die Calle de la Feria mit ihren vielen Läden und einladenden Restaurants besucht man am besten morgens, wenn die Marktstände mit frischem Fisch und Gemüse beladen sind. Der frühe Abend ist dagegen die beste Zeit, um die vielen schönen Kirchen La Macarenas zu besichtigen. Dies ist auch die Zeit, zu der die Einheimischen die Bars des Viertels besuchen.

Palacio de las Dueñas
Der Mudéjar-Palast mit seinem eleganten Innenhof liegt eingezwängt zwischen den angrenzenden Straßen und Häusern. Er ist die private Residenz der Herzöge von Alba, deren Wappen aus Kacheln über dem Palasteingang zu sehen ist.

Calle de la Feria
Donnerstagvormittags findet hier El Jueves, Sevillas ältester Wochenmarkt, statt.

Die Iglesia San Juan de la Palma ist eine kleine Mudéjar-Kirche. Der Backsteinglockenturm wurde 1788 angebaut.

Im Convento de Santa Inés backen und verkaufen die Nonnen Kuchen.

★ Iglesia de San Pedro
Der im Mudéjar-Stil erbauten Kirche wurden jüngere Elemente wie die Fliesen an der Fassade zugefügt. 9

Legende

– – – Routenempfehlung

★ Iglesia de San Marcos
Die Kirche, an der Stelle einer Moschee erbaut, hat einen Mudéjar-Turm und ein schönes gotisches Mudéjar-Portal. Im Inneren sind einzigartige Hufeisenbogen erhalten. ❼

ZUR ORIENTIERUNG
Siehe Stadtplan, Karten 2, 5

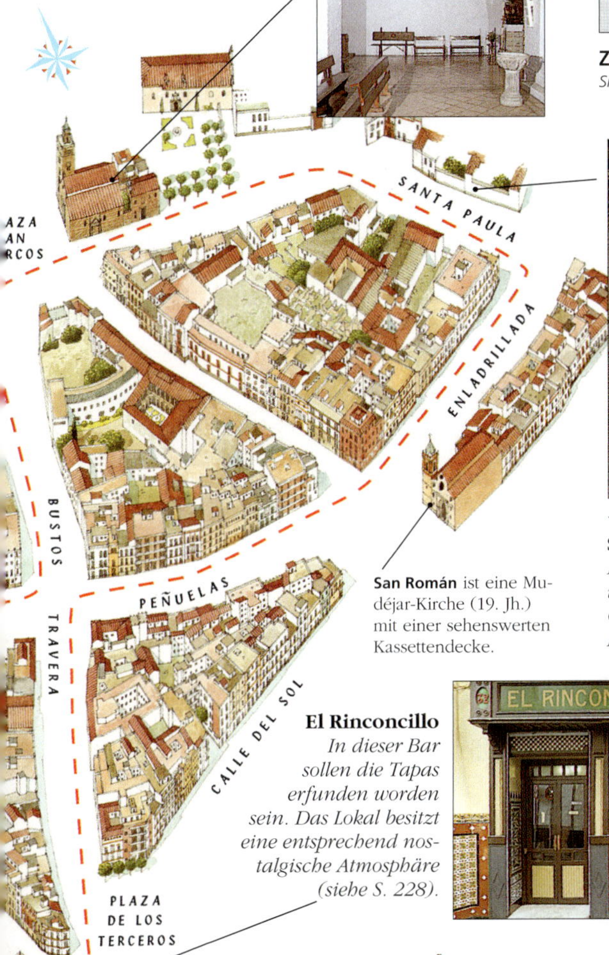

★ Convento de Santa Paula
Das Kirchenportal vereint Elemente aus Gotik, Mudéjar und Renaissance. ❽

San Román ist eine Mudéjar-Kirche (19. Jh.) mit einer sehenswerten Kassettendecke.

El Rinconcillo
In dieser Bar sollen die Tapas erfunden worden sein. Das Lokal besitzt eine entsprechend nostalgische Atmosphäre (siehe S. 228).

0 Meter 75

Iglesia de Santa Catalina
Die gotische Santa Catalina hat einen Mudéjar-Turm und im Inneren eine Statue der Santa Lucía, der Schutzheiligen der Blinden. ❿

NICHT VERSÄUMEN

- ★ Convento de Santa Paula
- ★ Iglesia de San Marcos
- ★ Iglesia de San Pedro

Monasterio de San Clemente ❶

Calle Reposo 9. **Stadtplan** 1 C3. *C3, C4.* *95 437 80 40.* **Kirche** *Mo–Sa 8.30 Uhr, So u. Feiertage 9.30 Uhr (nur zu Messen).*

Hinter den Mauern des Monasterio de San Clemente befinden sich ein Kreuzgang mit Palmen und Obstbäumen. Durch eine Arkade gelangt man ins Kloster und in die Kirche. Ein zweiter Eingang befindet sich in der Calle Reposo. Die Sehenswürdigkeiten des Klosters stammen aus dem 13. bis 18. Jahrhundert, darunter eine Mudéjar-*artesonado*-Decke, *azulejos (siehe S. 76)* von 1588 und der barocke Hauptaltar von Felipe de Rivas.

Torre de Don Fadrique ❷

Convento de Santa Clara, Calle Santa Clara 40. **Stadtplan** 1 C4. *95 437 99 05.* *telefonisch erfragen.*

Der Turm aus dem 13. Jahrhundert ist eine der besterhaltenen historischen Sehenswürdigkeiten Sevillas. Er steht wie ein Schachturm im

Torre de Don Fadrique im Hof des Convento de Santa Clara

Marmorsäulen am südlichen Ende der Alameda de Hércules

Convento de Santa Clara. Von der Calle Santa Clara gelangt man durch einen Bogen in einen abgeschiedenen Hof mit Orangenbäumen und einem Brunnen. Links liegt ein zweiter Hof, in dem der Turm steht. Der Eingang zu diesem Hof wurde im 16. Jahrhundert als Teil von Sevillas erster Universität erbaut und im 19. Jahrhundert hierherversetzt.

Der 1252 erbaute Turm war Teil der Verteidigungsanlage für den Palast des Infanten Don Fadrique. Die Fassade durchbrechen gotische und – darunter – romanische Fenster. Mehr als 80 Stufen führen zum Obergeschoss hinauf, von wo aus man einen eindrucksvollen Blick über die Stadt, auf La Giralda und die Puente de la Barqueta hat.

Der Konvent von Santa Clara wurde 1260 gegründet, doch die heutigen Gebäude stammen aus dem 15. Jahrhundert. Die manieristische Eingangssäulenhalle stammt von Juan de Oviedo.

Wasserspeier an der Torre de Don Fadrique

Alameda de Hércules ❸

Stadtplan 2 D4.

Dieser breite, von Bäumen gesäumte Boulevard wurde 1574 angelegt. Die zuvor sumpfige Gegend wurde damit in eine schicke Promenade für die *sevillanos* des Goldenen Zeitalters umgewandelt *(siehe S. 50f)*. Seit der sonntägliche Flohmarkt zum Charco de la Pava zurückverlegt wurde, bemüht man sich, das Image der Alameda aufzupeppen.

Am Südende des Boulevards stehen zwei Marmorsäulen. Sie wurden von einem römischen Herkules-Tempel aus der Calle Mármoles (Marmorstraße), in der noch drei andere Säulen stehen, hierher gebracht. Verwitterte Statuen von Herkules und Julius Cäsar krönen die Säulen der Alameda.

Die Gegend wartet mit einem bunten Mix aus Bars, Restaurants und Cafés auf.

Basílica de la Macarena ❹

Calle Resolana s/n. **Stadtplan** 2 D3. *C1, C2, C3, C4.* 954 38 45 58. *tägl. 9–13, 17–21 Uhr.* **Schatzkammer** *tägl. 9.15–13.30, 17–20 Uhr.* *Ostern.*

Die Basílica de la Macarena wurde 1949 von Gómez Millán in neobarockem Stil als neue Heimat der Virgen de la Esperanza Macarena erbaut. Sie steht neben der Iglesia de San Gil aus dem 13. Jahrhundert, in der die Virgen bis zu einem Brand 1936 untergebracht war. Das bewunderte Madonnenbild steht über dem Hauptaltar, der üppig mit Gold und Silber veredelt wurde. Es wird Luisa Roldán (1656–1703) zugeschrieben, der talentiertesten Künstlerin der Schule von Sevilla. In einer Kapelle an der Ostseite steht eine von Morales Nieto 1654 angefertigte Skulptur, *Christus vor Gericht*.

Die Wandgemälde von Rafael Rodrígez Hernández wurden erst 1982 angefertigt. Die Darstellungen kreisen um die Jungfrau Maria, so auch eine Szene der Unbefleckten Empfängnis.

Sänfte der Virgen de la Macarena bei der Semana-Santa-Prozession

Virgen de la Macarena

Die tiefe Verehrung der Virgen de la Macarena erreicht während der Semana Santa *(siehe S. 38)* ihren Höhepunkt, wenn sie auf einer überdachten Plattform durch die Straßen getragen wird. In den frühen Morgenstunden des Karfreitag wird die Jungfrau, begleitet von Büßern in spitzen Kapuzen und *¡Guapa!*-Rufen (Du Schöne!) ihrer Verehrer, von der Basílica de la Macarena zur Kathedrale *(siehe S. 78f)* getragen.

In einem Raum rechts des Haupteingangs kann man Erinnerungsstücke mit Bezug zur Madonna und Eintrittskarten für das ganz ihrem Leben gewidmete Museum kaufen, das sich in der Schatzkammer befindet. Unter einer Vielzahl herrlicher Requisiten sind aus *trajes de luces* (Lichtstoffe) angefertigte Prozessionsgewänder, die von berühmten Stierkämpfern gespendet wurden. Auch die Juwelen der Jungfrau werden ausgestellt.

Virgen de la Macarena – Hauptaltarbild in der Basílica de la Macarena

Renaissance-Fassade und Barockportal des Parlamento de Andalucía

Parlamento de Andalucía ❺

Barrio de la Macarena c/Parlamento de Andalucía s/n. **Stadtplan** 2 E3. *nach schriftl. Anmeldung oder Protokollbüro.* 95 459 21 00. **www.**parlamentodeandalucia.es

Das Parlament von Andalusien hat seinen Sitz in einem beeindruckenden Renaissance-Bau, dem früheren Hospital de las Cinco Llagas (fünf Wunden). Das im Jahre 1500 von Catalina de Ribera gegründete Hospital stand ursprünglich bei der Casa de Pilatos. 1540 begannen die Bauarbeiten an dem Hospital, das Europas größtes werden sollte. Es wurde 1613 fertiggestellt und nahm bis in die 1960er Jahre Patienten auf. 1992 wurde es für das Parlament restauriert. Die im Zentrum des Komplexes gelegene manieristische Kirche, 1560 von Hernán Riuz dem Jüngeren als Krankenhauskirche erbaut, wurde in einen Sitzungssaal umgewandelt.

Murallas ❻

Stadtplan 2 E3.

Ein Abschnitt der Befestigungsmauer, die Sevilla einst umgab, ist entlang der Calles Andueza und Muñoz León erhalten. Er verläuft von der rekonstruierten Puerta de la Macarena und der Basílica de la Macarena *(siehe S. 89)* bis zur Puerta de Córdoba etwa 400 Meter weiter östlich.

Die Ringmauer (12. Jh.) wurde mit einem Wehrgang in der Mitte erbaut. Die Mauer hatte über 100 Türme. Die Torre Blanca ist einer der sieben noch erhaltenen. Die Iglesia de San Hermenegildo am Ostende stammt aus dem 17. Jahrhundert. Sie wurde nach dem angeblich an dieser Stelle als Märtyrer gestorbenen Westgotenkönig benannt.

Iglesia de San Marcos ❼

Plaza de San Marcos 10. **Stadtplan** 2 E5 (6E1). *95 450 26 16.* *Mo–Sa 19.30–20.30 Uhr.*

Die im 14. Jahrhundert erbaute Kirche besitzt einige auffällige Mudéjar-Merkmale, vor allem einen der Giralda ähnlichen Turm und, zur Plaza de San Marcos hin, herrlichen gotischen Portalschmuck. Die Restaurierung nach dem schweren Brand von 1936 brachte einzigartige Hufeisenbogen im Hauptschiff zum Vorschein. Ein Standbild des hl. Markus mit Buch und Federkiel steht hinten links. Auf dem Platz hinter der Kirche befindet sich der

Gotisches Mudéjar-Portal der Iglesia de San Marcos (14. Jh.)

1490 gegründete Convento de Santa Isabel. Im 19. Jahrhundert war er ein Frauengefängnis. Die Kirche stammt von 1609. Ihr Barockportal zur Plaza de Santa Isabel zeigt das Flachrelief *Die Heimsuchung Mariä* von Andrés de Ocampo.

Convento de Santa Paula ❽

Calle Santa Paula 11. **Stadtplan** 2 E5 (6 F1). *95 453 63 30.* *Di–So 10–13, 16.30–18.30 Uhr.*

Sevilla besitzt viele abgeschottete Klostergemeinschaften, von denen nur wenige zugänglich sind. Dieses 1475 gegründete Kloster, in dem noch immer 40 Nonnen leben, ist eine davon. Besucher sind eingeladen, durch eine der zwei Türen an der Calle Santa Paula einzutreten. Klopfen Sie an der braunen, Nr. 11, wenn Sie das Klostermuseum besichtigen wollen. Treppen führen zu zwei Ausstellungsräumen voller Gemälde und Kunstgegenstände. Die Fenster des zweiten Raums blicken auf den Kreuzgang hinab, in dem während der nachmittäglichen Freistunde das Lachen der Nonnen widerhallt. Die Nonnen stellen eine phänomenale Auswahl an Marmeladen her, die man in einem Raum beim Ausgang kaufen kann.

Läuten Sie bei der nahen Backsteinpforte, um die Klosterkirche zu besichtigen, in die man durch einen ruhigen Garten gelangt. Das Portal kombiniert gotische Bogen, Mudéjar-Mauerwerk, Renaissance-Medaillons und Keramiken des italienischen Künstlers Nicola Pisano.

Johannes der Täufer **von Montañés im Convento de Santa Paula**

Sevillas Glockentürme

Wie Lesezeichen vergangener Jahrhunderte erheben sich die Glockentürme über die Dächer von Sevilla. Den Einfluss der Giralda *(siehe S. 78)* erkennt man an den maurischen Bogen und den Verzierungen am Turm von San Marcos und dem Mudéjar-Mauerwerk, das die Basis von San Pedros Glockenturm bildet. Die Kirchen Santa Paula und La Magdalena zeigen die Verzierungen der Barockzeit, während die Türme von San Ildefonso klassizistisch gehalten sind.

Kunstvolles Muster an der Kapellentür in der Iglesia de San Pedro

Iglesia de San Pedro ❾

Plaza San Pedro. **Stadtplan** 2 D5 (6 E2). *95 422 91 24.* *Mo–Sa 8.30–11.30, 19–20.30 Uhr, So 9.30–13.30, 19–20.30 Uhr.*

Die Kirche, in der der Maler Diego Velázquez 1599 getauft wurde, zeigt die typische Stilmischung Sevillas. Mudéjar-Elemente sind in dem überlappenden Mauerwerk des Turms erhalten, der von einem barocken Glockenturm gekrönt ist. Das Hauptportal zur Plaza de San Pedro ist ein weiteres schönes Barockelement, das Diego de Quesada 1613 anfügte. Eine Statue des hl. Petrus blickt verächtlich auf den heidnischen Verkehr hinunter.

Der schwach beleuchtete Innenraum hat eine Mudéjar-Holzdecke und ein Mudéjar-Westportal. Das Gewölbe einer der Kapellen ist mit geometrischen Mustern aus verschiedenartigen Backsteinen verziert. Hinter der Kirche werden in der Calle Doña María Coronel auf einer drehbaren Trommel in der Wand des Convento de Santa Inés Kuchen und Kekse verkauft. Ein mit Arkaden umgebener Hof erstreckt sich vor der restaurierten Klosterkirche, die Fresken von Francisco de Herrera und ein Chorgestühl für Nonnen beherbergt.

Iglesia de Santa Catalina ❿

Plaza Ponce de Léon. **Stadtplan** 2 D5 (6 E2). *95 421 74 41.* *Mo–Sa 12.30–13.15 Uhr.*

Die im 14. Jahrhundert an der Stelle einer Moschee erbaute Kirche hat einen der Giralda *(siehe S. 78)* nachgebauten Mudéjar-Turm (am besten zu sehen von der Plaza Ponce de Léon), dem man den üblichen Barockaufbau erspart hat. Das gotische Portal an der Westseite zur Calle Alhóndiga stammt ursprünglich von der Iglesia de Santa Lucía, die 1930 abgerissen wurde. Im Eingang steht ein Hufeisenbogen. Die Capilla Sacramental stammt von Leonardo de Figueroa. Die Capilla de la Exaltacíon rechts hat eine dekorative Decke (etwa 1400) und eine Christusfigur von Pedro Roldán.

Detail des Hufeisenbogens in der Iglesia de Santa Catalina

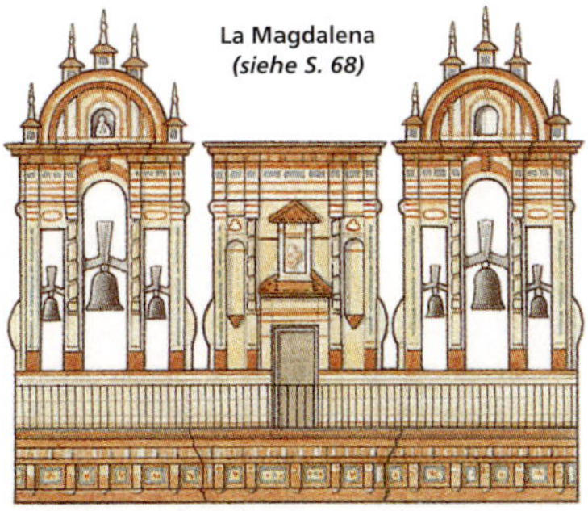

La Magdalena *(siehe S. 68)*

San Ildefonso

Parque María Luisa

Die Gegend im Süden des Stadtzentrums nimmt der weitläufige Parque María Luisa ein, die größte Grünanlage Sevillas. Ein Großteil davon gehörte ursprünglich zum Gelände des 1682 erbauten barocken Palacio de San Telmo. Heute dient der Park der Naherholung. Mit seinen Brunnen, Blumenbeeten und den alten Bäumen ist er während der langen, heißen Sommermonate ein idealer Rückzugsort. Direkt nördlich des Parks liegt der Prado de San Sebastián, wo sich ehemals der *quemadero* befand, die Plattform, auf der viele Opfer der Inquisition *(siehe S. 51)* verbrannt wurden. Die letzte Hinrichtung fand hier im Jahr 1781 statt.

Urne im Parque María Luisa

Viele der historischen Gebäude des Parks wurden 1929 für die ibero-amerikanische Ausstellung erbaut. Die Exponate aus Spanien, Portugal und Südamerika wurden in attraktiven, eigens für die Schau errichteten Pavillons gezeigt. Die Gebäude werden heute als Museum, Botschaft, Militärhauptquartier oder Bildungseinrichtung genutzt. Das große Fünf-Sterne-Hotel Alfonso XIII und die halbkreisförmige Plaza de España sind einige Beispiele für den sich damals manifestierenden andalusischen Stolz.

Nicht weit entfernt steht die königliche Tabakfabrik, in der heute ein Teil der Universidad, der Universität Sevillas, untergebracht ist.

Sehenswürdigkeiten auf einen Blick

Museen

Museo Arqueológico ❼

Museo de Artes y Costumbres Populares ❻

Theater

Teatro Lope de Vega ❹

Park

Parque María Luisa S. 98f ❺

Historische Gebäude

Hotel Alfonso XIII ❶

Palacio de San Telmo ❷

Universidad ❸

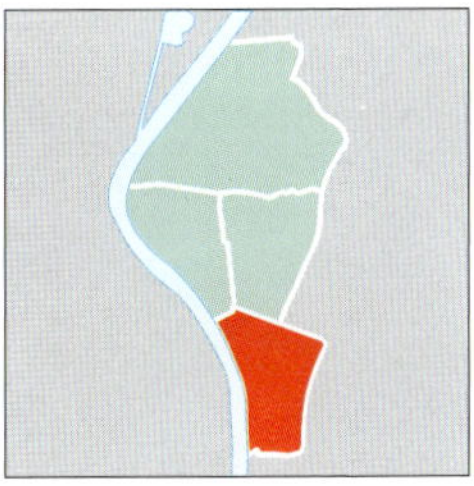

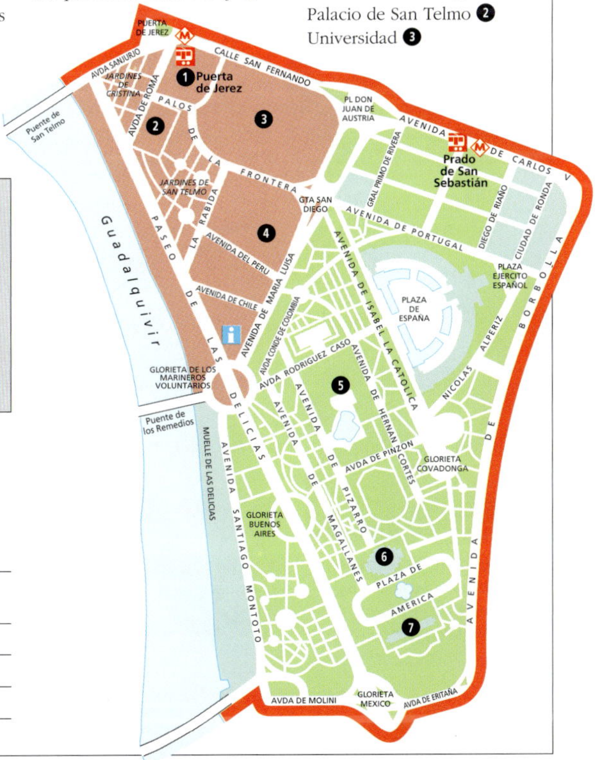

0 Meter 400

Legende

Detailkarte *siehe S. 94f*

Metrocentro-Tramhaltestelle

Metro-Station

Information

◁ **Pferdekutsche in der Calle San Fernando**

Im Detail: Rund um die Universität

El-Cid-Statue von Anna Huntington

Südlich der Puerta de Jerez stehen zwischen dem Fluss und dem Parque María Luisa viele stattliche Gebäude. Die ältesten davon verdanken ihr Dasein dem Guadalquivir – der Palacio de San Telmo aus dem 17. Jahrhundert wurde als Marineschule erbaut. Die Tabaklieferungen aus der Neuen Welt führten zum Bau der monumentalen königlichen Tabakfabrik, in der heute die Universität von Sevilla residiert. Durch die ibero-amerikanische Ausstellung von 1929 kamen Pavillons in verschiedenen Kunststilen hinzu, ebenso das luxuriöse Hotel Alfonso XIII, wodurch ein architektonisch vielfältiges Viertel geschaffen wurde.

Paseo de las Delicias
Die Uferstraße grenzt an die Jardines de San Telmo. Der »Weg der Freude« ist leider stark befahren.

Im Pabellón de Chile residiert heute die Escuela de Artes Aplicades (Kunstgewerbeschule).

Pabellón de Perú
Vorbild für den Pavillon mit der prächtigen Fassade war der erzbischöfliche Palast in Lima. Er ist typisch für die stark national geprägten Ausstellungspavillons.

Pabellón de Uruguay

Costurero de la Reina
Das »Nähkästchen der Königin« war einst ein Gartenhaus. Heute ist darin das städtische Touristenbüro untergebracht.

Denkmal für El Canc der 1522 die erste Wel umsegelung zu Ende führte, nachder Magellan unterwegs ermordet worden wa

0 Meter 75

Legende

Routenempfehlung

★ Palacio de San Telmo
Dieser Palast, ehemals eine Marineschule, beherbergt heute die Junta de Andalucía. Über dem Eingang steht ein Standbild des heiligen Telmo. ❷

ZUR ORIENTIERUNG
Siehe Stadtplan, Karten 3, 4

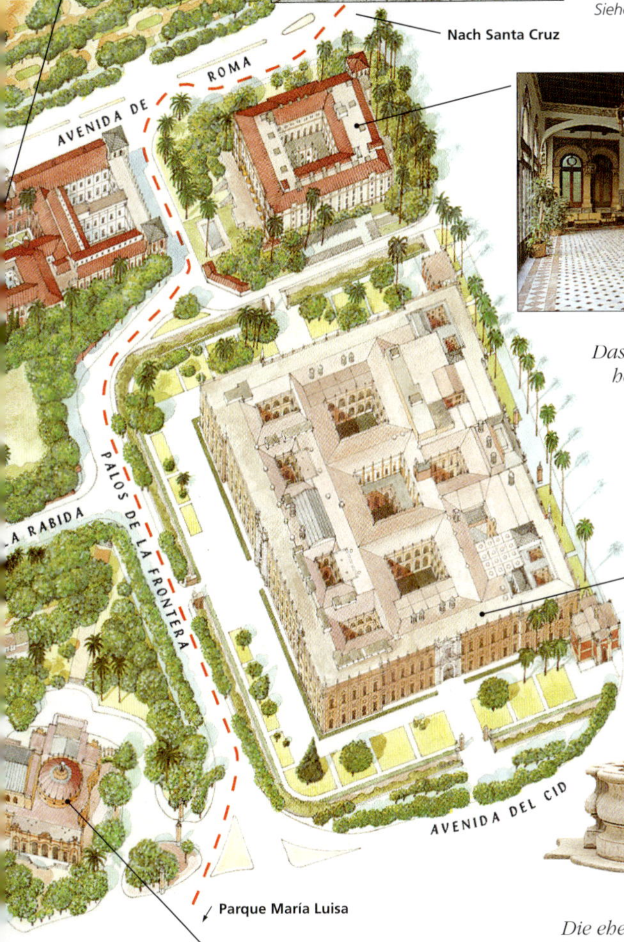

Hotel Alfonso XIII
Das erste Hotel am Platze heißt auch gerne Gäste willkommen, die nur einen Drink zu sich nehmen. ❶

★ Universidad
Die ehemalige königliche Tabakfabrik besitzt viele schöne Bauelemente, darunter diesen Barockbrunnen. ❸

Teatro Lope de Vega
Dieses großartige Theater und Casino ist heute Veranstaltungsort für künstlerische Auftritte und Ausstellungen. ❹

NICHT VERSÄUMEN

- ★ Palacio de San Telmo
- ★ Universidad

Hotel Alfonso XIII ❶

Calle San Fernando 2. **Stadtplan** 3 C3 (6 D5). *Puerta Jerez.* *Puerta Jerez.* *95 491 70 00.* *außer Toiletten.* **www**.starwoodhotels.com

An der Südostecke der Puerta de Jerez steht Sevillas bekanntestes Luxushotel. Es ist nach König Alfons *(siehe S. 54)* benannt, der von 1902 bis 1931 regierte, und wurde 1916–28 für die Besucher der ibero-amerikanischen Ausstellung *(siehe S. 55)* errichtet. Der Bau ist im Regionalista-Stil gehalten, mit *azulejos (siehe S. 76)*, Schmiedeeisen und kunstvollem Mauerwerk. Im Innenhof plätschert ein Brunnen im Schatten von Orangenbäumen. Auch Nicht-Hotelgäste können die Bar besuchen oder im Restaurant San Fernando speisen.

Innenhof mit Brunnen im eleganten Hotel Alfonso XIII

Churriguereske Verzierungen am Portal des Palacio de San Telmo

Palacio de San Telmo ❷

Avenida de Roma s/n. **Stadtplan** 3 C3. *Puerta Jerez.* *Puerta Jerez.* *955 03 55 05.* *nach tel. Vereinbarung.*

Der beeindruckende Palast wurde 1682 als Marineinstitut zur Ausbildung von Seeoffizieren erbaut. Er ist nach dem hl. Telmo, dem Schutzpatron der Navigatoren, benannt. 1849 wurde der Palast zur Residenz der Herzöge von Montpensier – bis 1893 gehörte dazu auch das Gelände des heutigen Parque María Luisa *(siehe S. 98f)*. 1901 wurde der Palast ein Seminar, heute ist er Sitz des Präsidenten der Junta de Andalucía (Regionalparlament).

Die Hauptsehenswürdigkeit des Palasts ist sein üppig churriguereskes Portal an der Avenida de Roma, 1734 von Antonio Matías de Figueroa fertiggestellt. Die ionischen Säulen sind von allegorischen Figuren der Künste und der Wissenschaft umgeben. Den hl. Telmo mit Schiff und Seekarten in der Hand kann man über dem Eingang sehen. Die Nordfassade ist mit einer Reihe von prominenten Persönlichkeiten Sevillas gekrönt. Diese Skulpturen wurden 1895 von Susillo angefügt. Darunter finden sich Porträts einiger berühmter Künstler wie Murillo, Velázquez und Montañés.

Universidad ❸

Calle San Fernando 4. **Stadtplan** 3 C3. *Puerta Jerez.* *Puerta Jerez.* *95 455 10 00.* *Mo–Fr 8–20.30 Uhr.* *Feiertage.* **www**.us.es

Die ehemalige Real Fábrica de Tabacos (königliche Tabakfabrik) ist heute Teil der Universität von Sevilla. Im 19. Jahrhundert war sie eine beliebte Attraktion der Reisenden auf der Suche nach dem romantischen Spanien. Drei Viertel aller europäischen Zigarren wurden hier hergestellt. Über 3000 *cigarreras* (Zigarrendreherinnen) rollten sie auf ihren Schenkeln zusammen. Die Frauen hatten, wie Richard Ford in seinem *Handbuch für Spanien* 1845 bemerkte, »den Ruf, keineswegs sittsam, sondern

Detail der Fassade der Universidad

CARMEN

Die aufreizenden *cigarreras*, die in Sevillas Tabakfabrik arbeiteten, inspirierten den französischen Schriftsteller Prosper Mérimée zu seiner Zigeunerheldin *Carmen*. Die Novelle von 1845 erzählt die tragische Geschichte einer sinnlichen Frau, die sich in einen Stierkämpfer verliebt und dann von ihrem abgewiesenen Verehrer, einem Soldaten, ermordet wird. Bizet nahm dieses leidenschaftliche Liebesdrama als Vorlage für seine berühmte Oper *Carmen* aus dem Jahr 1875.

Carmen und Don José

äußerst frivol zu sein«. Die Fabrik ist der größte Gebäudekomplex Spaniens nach El Escorial bei Madrid und wurde 1728–71 erbaut. Der Graben und die Wachtürme belegen die Bedeutung, die man dem Schutz des königlichen Tabakmonopols beimaß. Rechts vom Haupteingang, in der Calle San Fernando, ist das ehemalige Gefängnis, in dem beim Tabakschmuggel erwischte Arbeiterinnen einsaßen.

An die Entdeckung des Tabaks in der Neuen Welt wird am Hauptportal mit Büsten von Kolumbus *(siehe S. 127)* und Cortés erinnert. Dieser Teil der Fabrik wurde als Wohnbereich genutzt – auf jeder Seite der Hallen liegen kleine begrünte Höfe. Durch den Uhrenhof und den Brunnenhof gelangt man zu den ehemaligen Fabrikationshallen. Die Tabakblätter wurden auf dem Dach getrocknet, dann in von Eseln angetriebenen Mühlen zerkleinert.

Barockbrunnen in einem Hof der Universität

Teatro Lope de Vega ❹

Avenida María Luisa s/n. **Stadtplan** 3 C3. *Puerta Jerez/Prado de San Sebastián.* *95 459 08 67 (Vorverkaufsstelle).* *für Vorstellungen.* **www**.teatrolopedevega.org

Lope de Vega (1562–1635), häufig der »Shakespeare Spaniens« genannt, schrieb mehr als 1500 Theaterstücke. Das neoklassizistische Theater eröffnete 1929 als Casino und Theater der ibero-amerikanischen Ausstellung *(siehe S. 55)*. Der mit Säulen und Kolonnaden versehene Bau wird heute noch für Aufführungen und Ausstellungen *(siehe S. 244f)* genutzt. Im Café del Casino sitzt man besonders schön.

Kuppel des neobarocken Teatro Lope de Vega, 1929 eröffnet

Parque María Luisa ❺

Siehe S. 98f.

Museo de Artes y Costumbres Populares ❻

Pabellón Mudéjar, Parque María Luisa. **Stadtplan** 4 D5. *954 71 23 91.* *Di 14.30–20.30, Mi–Sa 9–20.30, So, Feiertage 9–14.30 Uhr.*

Das im Mudéjar-Pavillon der ibero-amerikanischen Expo von 1929 *(siehe S. 55)* untergebrachte Museum ist der Volkskunst und den Bräuchen Andalusiens gewidmet. Die Ausstellungen im Erdgeschoss bieten Werkstattszenen zur Lederverarbeitung, Keramikproduktion und Böttcherei. Im Obergeschoss werden Kleidung (19. Jh.), Möbel, Musikinstrumente und landwirtschaftliche Geräte gezeigt. Romantische Bilder über Flamenco, Stierkampf, Semana Santa und Feria de Abril *(siehe S. 38)* untermauern die Klischees von Sevilla.

Museo Arqueológico ❼

Plaza de América, Parque María Luisa. **Stadtplan** 4 D5. *954 78 64 74.* *Di–Sa 9–20.30 Uhr, So, Feiertage 9–14.30 Uhr.*

Im Renaissance-Pavillon der Expo von 1929 residiert heute das Museum für Archäologie. Im Untergeschoss sind Funde vom Paläolithikum bis in frühe römische Zeiten zu sehen, z. B. Kopien des Carambolo-Schatzes von Tartessos *(siehe S. 43)*. Der Gold- und Silberschatz aus dem 6. Jahrhundert v. Chr. wurde 1958 nahe Sevilla gefunden. Die Räume oben sind der römischen Ära gewidmet, mit Statuen und Fragmenten aus Itálica *(siehe S. 132)*. Zu den Highlights gehört ein Mosaik aus dem 3. Jahrhundert v. Chr. aus Écija *(siehe S. 133)*. Weiter geht es mit dem maurischen Spanien über vorchristliche Sarkophage, westgotische Relikte und Kunst aus Medina Azahara *(siehe S. 138f)*.

Museo de Artes y Costumbres Populares

Parque María Luisa ❺

Statue der María Luisa (1929)

Dieser große Park trägt den Namen der Prinzessin María Luisa von Orléans, die der Stadt 1893 einen Teil des Grundstücks des Palacio de San Telmo *(siehe S. 96)* vermachte. Das Gelände wurde von Jean-Claude Forestier, dem Direktor des Bois de Boulogne in Paris, angelegt. Er schuf eine baumreiche Kulisse für die Pavillons der ibero-amerikanischen Ausstellung von 1929 *(siehe S. 55)*. Beeindruckende Zeugnisse dieses Ereignisses sind die Plaza de España und die Plaza de América, beides Werke von Anibal González. Brunnen, Blumen und kühle, schattige Wege machen den Park zu einem Rückzugsort von der Hitze und dem Staub der Stadt.

★ Plaza de España
Gekachelte Bänke umgeben diesen halbrunden Platz, Mittelpunkt der Expo von 1929.

Die Glorieta de la Infanta ziert eine Bronzestatue zu Ehren der Stifterin des Parks, der Prinzessin María Luisa von Orléans.

Treffpunkt für Rundfahrten mit Pferdekutschen

Glorieta de Bécquer
Allegorische Figuren erhöhen den Charme dieses Denkmals für Gustavo Adolfo Bécquer (1836–1870), Sevillas Dichter der Romantik. Es wurde 1911 von Lorenzo Coullaut Valera geschaffen.

Isleta de los Patos
In der Mitte des Parks liegt ein von Enten und Schwänen bevölkerter See. Auf einer Insel steht ein Pavillon, ein friedlicher Rastplatz.

Fuente de los Leones
Keramiklöwen bewachen diesen achteckigen Brunnen, der von Myrtehecken umgeben ist. Die Gestaltung wurde von dem Brunnen im Patio de los Leones in der Alhambra (siehe S. 195) *inspiriert.*

INFOBOX

Stadtplan 4 D4. *Prado de San Sebastián.* C1, C2, 30, 31, 33, 34, 41, 70, 72. **Museo de Artes y Costumbres Populares/Museo Arqueológico** *(siehe S. 97).*

★ Museo de Artes y Costumbres Populares
Die Pavillons der Plaza de América vereinen Elemente des Mudéjar, der Gotik und der Renaissance. Der Pabellón Mudéjar beherbergt heute ein Museum der andalusischen Volkskunst. 6

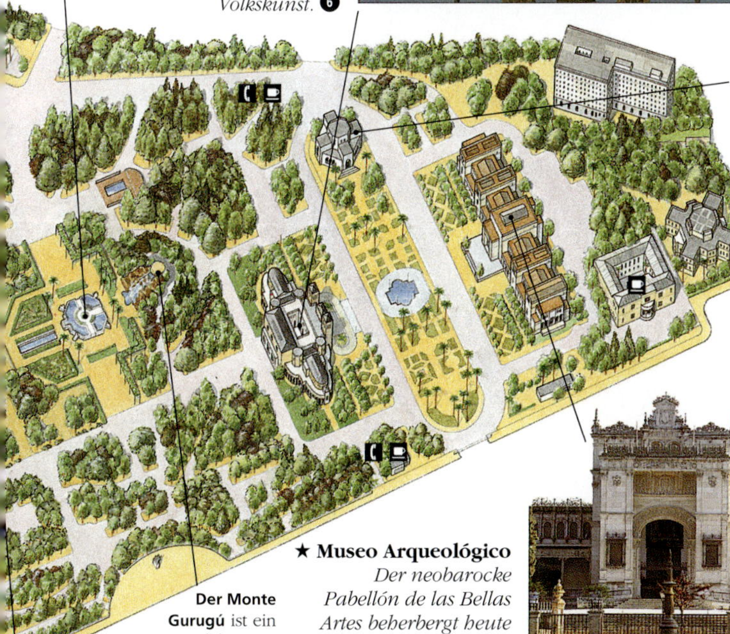

Pabellón Real

Der Monte Gurugú ist ein Hügelchen mit einem Wasserfall.

★ Museo Arqueológico
Der neobarocke Pabellón de las Bellas Artes beherbergt heute ein regionales archäologisches Museum. Viele Funde aus Itálica (siehe S. 132) *werden hier ausgestellt.* 7

Keramik
Bunt bemalte sevillanische Keramiken von Triana schmücken den Park in Form von Blumenamphoren, gekachelten Bänken und um die Brunnen spielenden Fröschen und Enten.

NICHT VERSÄUMEN

- ★ Museo Arqueológico
- ★ Museo de Artes y Costumbres Populares
- ★ Plaza de España

Jenseits des Flusses

Kacheln aus Triana, einem Zentrum für *azulejos* und Keramik

Am Westufer des Guadalquivir stößt das alte Sevilla an die neuen Viertel. Schon in römischer Zeit wurden in Triana, dem nach Kaiser Trajan benannten Viertel, Keramiken angefertigt. Es ist seit je ein Arbeiterviertel, aus dem zahlreiche Stierkämpfer und Flamenco-Künstler stammen. Die Pflasterstraßen und Keramikläden verleihen Triana noch immer eine heimelige Atmosphäre. Die Iglesia de Santa Ana ist eine schöne gotische Mudéjar-Kirche. Von den Restaurants und Bars am Fluss entlang der Calle Betis sieht man auf die Türme Sevillas.

Im 15. Jahrhundert wurde in einer ruhigen Gegend im Norden Trianas ein Kartäuserkloster erbaut – daher der spätere Name dieses Viertels: Isla de la Cartuja. Kolumbus wohnte später hier und plante seine Heldentaten. Aufgrund der historischen Bedeutung wurde La Cartuja zum Schauplatz der Expo '92 *(siehe S. 104f)* gewählt. Die Klostergebäude wurden restauriert und Pavillons errichtet. Die meisten von ihnen dienen heute als Bürohäuser. Das Expo-Gelände wurde durch den Themenpark Isla Mágica neu belebt *(siehe S. 104)*.

Sehenswürdigkeiten auf einen Blick

Themenparks
Cartuja '93 ❷
Charco de la Pava Flohmarkt ❸
Isla Mágica ❶

Stadtteil
Triana S. 102f ❺

Kirchen und Klöster
Iglesia de Nuestra Señora de la O ❻
Iglesia de Santa Ana ❼
Monasterio de Santa María de las Cuevas ❹

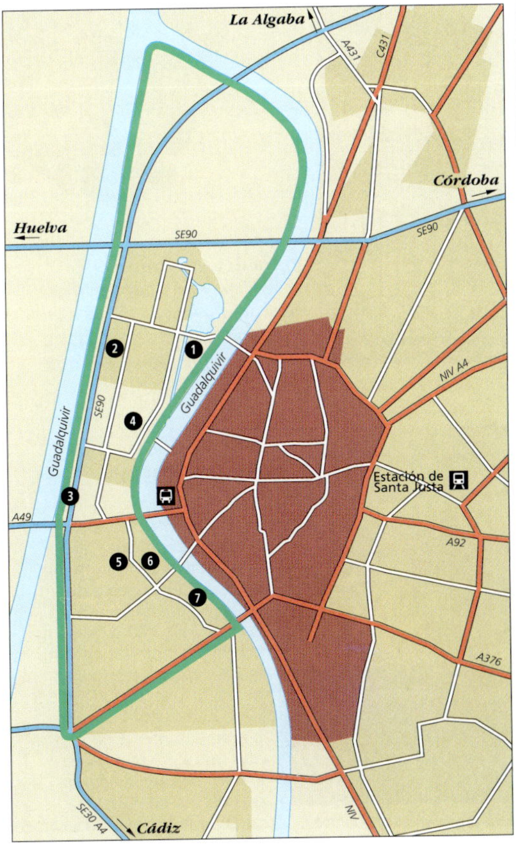

0 Kilometer 1

Legende
- Sevilla Zentrum
- Neuere Stadtviertel
- Großraum Sevilla
- Bahnhof
- Busbahnhof
- Autobahn
- Hauptstraße
- Nebenstraße

◁ **Für die Expo '92 erbaut: Pabellón de Andalucía, Isla de Cartuja *(siehe S. 104)***

Triana 5

Statue, Plaza del Altozano

Das nach dem römischen Kaiser Trajan benannte Viertel ist seit frühester Zeit für seine Töpferwaren bekannt. In vielen Manufakturen werden noch Fliesen und Keramiken hergestellt und verkauft. Das *barrio*, einst Sevillas Zigeunerviertel, hat den Ruf, große Stierkämpfer, Seefahrer und Flamenco-Künstler hervorzubringen. Es ist noch immer ein Arbeiterviertel mit blumengeschmückten Straßen und eigener Atmosphäre. In Triana kann man tagsüber einkaufen und durch die Gassen streifen und abends die Bars besuchen und die romantische Aussicht über den Guadalquivir genießen.

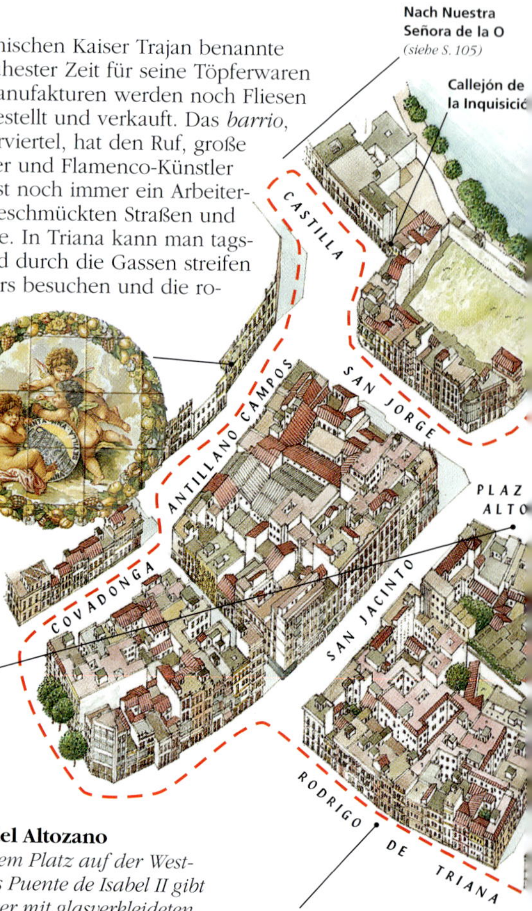

Cerámica Santa Ana
Der 1870 gegründete Fliesenladen ist der älteste von Triana – mit Kachelnachbildungen des 16. Jahrhunderts bis zu modernen Aschenbechern.

Plaza del Altozano
An diesem Platz auf der Westseite des Puente de Isabel II gibt es Häuser mit glasverkleideten Balkonen, miradores *genannt.*

Santa Justa und Santa Rufina **von Murillo (um 1665)**

Santa Justa und Santa Rufina

Zwei Christinnen aus dem 3. Jahrhundert wurden die Schutzpatroninnen von Sevilla. Angeblich warfen die römischen Herrscher die jungen Frauen den Löwen vor, weil sie sich geweigert hatten, an einer Prozession zu Ehren der Venus teilzunehmen. Die Legende hat viele Künstler Sevillas inspiriert, darunter auch Murillo und Zurbarán *(siehe S. 66f)*. Die Heiligen werden oft mit der Giralda dargestellt, die sie 1755 vor dem Erdbeben retteten.

Calle Rodrigo de Triana
Die Straße ist nach dem andalusischen Seefahrer benannt, der 1492 auf der Reise mit Kolumbus als Erster die Neue Welt erblickte (siehe S. 49).

nte de
el II, auch
nte de
na ge-
nt, führt
h El Arenal.

Capillita del Carmen
An der Westseite des Puente de Isabel II, einer von Gustavo Steinacher und Fernando Bernadet 1845 entworfenen Eisenbrücke, steht die 1926 von Anibal González erbaute Kapelle.

ZUR ORIENTIERUNG
Siehe Stadtplan, Karte 3

Calle Pelay Correa
Blumengeschmückt und oft mit Wäsche auf den Leinen, evoziert diese Gasse das Flair des alten Triana.

Capilla de los Marineros, eine Seemannskapelle, wurde zwischen 1759 und 1815 erbaut.

Die **Bar el Puerto**, von deren dreistöckiger Terrasse man auf den Fluss sieht, ist bekannt für ihre Fischgerichte.

Iglesia de Santa Ana
Die von Alfonso X gegründete Kirche (13. Jh.) ist die älteste und beliebteste Pfarrkirche Sevillas. Sie wurde prachtvoll restauriert. ❼

0 Meter 75

LEGENDE

– – – Routenempfehlung

Stadtplan *siehe Seiten 108–117*

Achterbahnvergnügen im Themenpark Isla Mágica

Isla Mágica ❶

Pabellón de España, Isla de la Cartuja. **Stadtplan** 1 B3. *902 16 17 16 (Information). Apr, Mai: Mi–So 11–19 oder 22 Uhr; Juni, Juli, 1.–15. Sep: Di–So 11–19 oder 21 Uhr; Aug: tägl. 11–22 oder 24 Uhr; 15. Sep–Okt: Sa, So 11–19 oder 21 Uhr. Nov–März.*
www.islamagica.es

Der Themenpark Isla Mágica wurde 1997 eröffnet und nimmt einen Teil der Isla de la Cartuja ein, die Hauptplatz der Expo '92 war *(siehe S. 56f)*. Zu den Attraktionen zählen mehrere Pavillons, darunter Pabellón de España und Pabellón de Andalucía. Der Park lässt die Fahrten der spanischen Seefahrer aufleben, die im 16. Jahrhundert Sevilla für Entdeckungsreisen in die Neue Welt verließen. Der erste Teil des Parks mit acht Zonen ist dem Hafen von Sevilla gewidmet, andere Quetzal, dem Zorn der Götter, dem Tor zu Nord- und Südamerika, Amazonien, dem Piratenversteck und El Dorado. Weitere Attraktionen: die Achterbahn »Jaguar«, in der man mit einer Geschwindigkeit von 85 km/h durch die Loopings rauscht, eine Bootsfahrt auf der »Anaconda« oder die »Orinoco-Wasserfälle«. Der »Jugendbrunnen« mit Karussell und Piraten soll die Kleinen ansprechen.

Für Unterhaltung sorgen weiterhin Tanzshows und ein IMAX-Kino. Historische Ausstellungen mit modernsten Spezialeffekten, bei denen Besucher nicht nur zuschauen, sondern auch mitmachen können, runden das Angebot ab. Da die Shows häufig wechseln, empfiehlt sich vor dem Besuch ein Blick auf die Website der Isla Mágica.

Cartuja '93 ❷

Calle Isaac Newton 4. **Stadtplan** 1 A3. *95 503 96 00.*

Der Wissenschafts- und Technologiepark liegt an der Westseite des Expo-Geländes. Man kann durch die Calle Leonardo da Vinci und die Zugangsstraßen gehen, um einige der Pavillons der Expo '92 aus der Nähe zu betrachten. Die Gebäude sind heute jedoch Teil des andalusischen World Trade Centre und gehören Privatgesellschaften, sind also nicht zugänglich. Die Gebäude südlich und östlich des Parque Alamillo sind Teil der Universität von Sevilla, die in enger Beziehung zur neuen Cartuja '93 steht. Südlich davon sind die Gärten, die das alte Monasterio de Santa María de las Cuevas umgeben *(siehe S. 105)*.

Besucherboot im Themenpark Isla Mágica

Pabellón de Andalucía, erbaut für die Expo '92

Charco de la Pava Flohmarkt ❸

Sa, So vormittags.

Hinter dem Olympiastadion, am Guadalquivir, findet der Flohmarkt Charco de la Pava statt. Er okkupiert jeden Sonntagvormittag ein großes Gebiet gegenüber Cartuja und lädt Einheimische wie Besucher zu einem entspannten Bummel zwischen Kunst und Kitsch ein. Der Markt fand früher in der Alameda de Hércules *(siehe S. 88)* im Stadtteil La Macarena im Norden Sevillas statt.

Hier findet man schlichtweg alles, was das Sammlerherz begehrt: rostige Sensen, feine Messingarbeiten, Ölgemälde und alte Fotografien. Obwohl auch auf dem Charco de la Pava wie auf allen Flohmärkten das Preisniveau deutlich angezogen hat, ist es allein aufgrund der Größe des Angebots durchaus noch möglich, ein Schnäppchen zu machen.

Trotz seiner Nähe zum Stadtzentrum finden sich in Charco de la Pava und Umgebung kaum Cafés und Restaurants, sodass Sie sich mit genügend Proviant verse-

Haupteingang des Kartäuserklosters von Santa María de las Cuevas, um 1400 gegründet

hen sollten, bevor Sie sich auf einen längeren Einkaufsbummel machen.

Monasterio de Santa María de las Cuevas ❹

Calle Américo Vespucio 2, Isla de la Cartuja. **Stadtplan** 1 A4. *95 503 70 70.* **Monasterio & Centro Andaluz de Arte Contemporáneo**. *Apr–Sep: Di–Fr 10–21 Uhr, Sa 11–21 Uhr, So 10–15 Uhr; Okt–März: Di–Fr 10–20 Uhr, Sa 11–20 Uhr, So 10–15 Uhr.* *(dienstags freier Eintritt).* **www**.caac.es

Der Klosterkomplex wurde im 15. Jahrhundert von Kartäusern erbaut und ist mit der Entwicklung von Sevilla eng verbunden. Kolumbus lebte und arbeitete hier und war sogar von 1507 bis 1542 in der Krypta der Klosterkirche, der Capilla Santa Ana, bestattet. Bis 1836 lebten Kartäusermönche in dem Kloster. Sie gaben einige der schönsten Werke der Schule von Sevilla in Auftrag, darunter Meisterwerke von Zurbarán und Montañés, die heute im Museo de Bellas Artes *(siehe S. 66f)* zu sehen sind.

1841 baute Charles Pickman hier eine Keramikfabrik, deren Produktion 1980 eingestellt wurde. Als wichtiges Exponat der Expo '92 wurde das Kloster sorgfältig restauriert.

Von Interesse sind die Capilla de Afuera beim Haupteingang und die Casa Priorial mit einer Ausstellung über die Zeit der Restauration. Das Kapitelhaus besitzt Marmorgrabsteine einiger ehemaliger Förderer des Klosters. Das Centro Andaluz de Arte Contemporáneo (Teil des Museo de Arte Contemporáneo) zeigt vor allem andalusische Künstler des 20. Jahrhunderts, in Wechselausstellungen auch Internationales von Bildhauerei bis zur Internet-Kunst.

Triana ❺

Siehe S. 102f.

Farbenfroher Glockenturm von Nuestra Señora de la O in Triana

Iglesia de Nuestra Señora de la O ❻

C/Castilla. **Stadtplan** 3 A1. *95 433 75 39.* *tägl. 10–13, 18–21 Uhr.*

Die Kirche aus dem späten 17. Jahrhundert besitzt einen bunt bemalten und mit *azulejos* verzierten Glockenturm. Zu den Barockskulpturen im Inneren gehört eine Madonna mit Kind und Silberglorienschein, die Pedro Duque Cornejo zugeschrieben wird. Auf einer Seite des Hochaltars steht eine Gruppe von Pedro Roldán, bestehend aus der hl. Anna, dem hl. Joachim und der Jungfrau Maria. Der das Kreuz tragende Jesus an der Rückwand der Hauptkapelle stammt auch von ihm.

Die Kirche steht in der Calle de Castilla. Letztere hat ihren Namen von der Burg, in der die Inquisition tagte. Der Callejón de la Inquisición führt zum Fluss hinunter.

Iglesia de Santa Ana ❼

C/de la Pureza 84. **Stadtplan** 3 B2. *95 427 08 85.* *tägl. 9–15, 19–21 Uhr.*

Santa Ana war eine der ersten Kirchen, die nach der Rückeroberung *(siehe S. 48f)* gegründet wurden (1276). Heute ist sie Treffpunkt der Bewohner und *cofradías* (religiöse Bruderschaften) von Triana. Das Gewölbe des Hauptschiffs ähnelt jenem in der Kathedrale von Burgos. Man nimmt deshalb an, dass bei beiden Kirchen derselbe Architekt tätig war. An der Westseite des Schiffs befindet sich ein von Alejo Fernández gefertigter *retablo* (16. Jh.). Die Sakramentskapelle an der Nordseite hat einen plateresken Eingang. In der Taufkapelle steht die *Pila de los Gitanos* (Zigeuner-Taufbecken), die den hier getauften Kindern Talent für den Flamenco-Gesang verleihen soll.

Spaziergang durch Sevilla (1:30 Std.)

Kreuz, Plaza Santa Cruz

Der Weg beginnt an einem der schönsten Parks der Stadt und führt durch einen der ältesten *barrios* Sevillas: das mittelalterliche jüdische Viertel Santa Cruz. Die Gassen und Plätze bergen einige Preziosen, darunter das Museum für Murillo, einen der größten Maler der Stadt, sowie viele Kirchen, Galerien und Restaurants. Der Spaziergang führt weiter über einen der schönsten Plätze Sevillas, bevor er sich dem Guadalquivir zuwendet. Über eine historische Brücke geht es ins Keramik-Viertel Triana, wo eine vitale Flamenco-Gemeinde zu Hause ist.

Sonnige Gasse im Altstadtviertel Santa Cruz

Von der Plaza Santa Cruz zum Guadalquivir

Der kleine Platz mit der Voliere und der Parkanlage grenzt an die Jardines de Murillo ① mit dem Kolumbus-Denkmal und an die Mauern des Real Alcázar. Die Calle Santa Teresa führt zum Geburtshaus des Malers Bartolomé Esteban Murillo (1618–1682) ②. Die Werke des Meisters in dem heutigen Museum sind freilich weniger bedeutend als die im Museo des Bellas Artes *(siehe S. 66f)*. Der Convento San José del Carmen gegenüber stammt aus dem 16. Jahrhundert und ist auch bekannt als Convento de las Teresas, ein Orden der Karmeliter. Kurz vor der Calle de Mateos Gagos biegen Sie rechts ab und passieren die Iglesia de Santa Cruz ③ aus dem 17. Jahrhundert mit ihrem Dreier-Glockenspiel. Links geht es nun in die Calle Guzmán El Bueno, benannt nach dem Verteidiger von Tarifa während der Invasion der Mauren. Einige schöne Stadtvillen mit zentralem Patio säumen die Straße. Diese führt direkt zum Argote de Molina, der hinter dem Palacio Arzobispal ④ hinunter zu den Toren des Hofs der Kathedrale verläuft, dem wichtigsten Überbleibsel der maurischen Moschee. Hier wuschen sich einst die Gläubigen vor dem Gebet. Biegen Sie nun scharf rechts in die Calle Hernán Colón ab, wo sich Antiquitäten- und Souvenirläden drängen. Die Straße führt auf die Plaza de San Francisco mit dem Ayuntamiento ⑤. Es ist eines der schönsten Beispiele der Renaissance-Architektur in Spanien. Am anderen Ende des Platzes beginnt die Calle de las Sierpes, eine der ältesten Einkaufsstraßen der Stadt. Hier findet man Fächer, *mantillas* (Tücher) und Hüte. Bewundern Sie die Fensterauslagen von Maquedano (Nr. 40) ⑥. Wo die Calle de las Sierpes auf die Plaza la Campana stößt, biegen Sie links in die Calle Martín Villa,

Patio in einem Haus im Viertel Santa Cruz

La Giralda, von der Plaza de San Francisco aus gesehen

die Sie zur Plaza del Duque de la Victoria mit einer Velázquez-Statue bringt. Am Ende der Calle San Eloy steht die Iglesia de la Magdalena ⑦, die 1709 auf den Resten einer Moschee errichtet wurde. Im Inneren der Kirche finden Sie sehenswerte Werke von Zurburán und Valdés. Dessen herrliche Virgen del Amparo ist Mittelpunkt der Osterprozessionen. Angeblich erhörte die Jungfrau während der Nachbeben des katastrophalen Erdbebens von 1755 die Gebete der Gläubigen und schützte sie. Im 19. Jahrhundert bot die Kirche elternlosen Kindern Schutz. Vor dem Haupteingang der Kirche geht es rechts in die Calle San Pablo, die bald zur Calle de Reyes Católicos wird. Diese führt zum Puente de Isabel II ⑧. Die Brücke wurde im Jahr 1852 auf den Fundamenten einer maurischen Brücke des 12. Jahrhunderts errichtet. Sie ist auch als Puente de Triana bekannt.

Der Puente de Isabel II führt über den Guadalquivir ⑧

Routeninfos

Start: *Plaza Santa Cruz.*
Länge: *3,5 Kilometer.*
Anfahrt: *Die Plaza Santa Cruz liegt wenige Gehminuten von der Calle de Menéndez Pelayo entfernt, nahe Real Alcázar und Kathedrale.*
Rasten: *Kiosco de las Flores, Calle Betis s/n, hat einen Garten mit Blick auf den Fluss – ein idealer Ort für einen Drink oder eine kleine Mahlzeit.*

Vom Puente de Isabel II zum Puente de San Telmo

Die Brücke führt ins *barrio* Triana, das untrennbar verbunden ist mit Flamenco,

Straßencafé im Viertel Triana, unweit vom Guadalquivir

Azulejos an der Kirche Santa Ana

Stierkampf und *azulejos*. Werkstätten und Läden finden Sie in der Calle San Jorge sowie in Antillano ⑨ und Alfareria. Letztere geht über in die Calle Rodrigo de Triana. Biegen Sie links in die Calle Victoria ein, dann rechts in die Calle Pelay Correa, um zu Sevillas ältester Kirche, der Iglesia Santa Ana ⑩ (13. Jh.), zu gelangen. Skulpturen des 16. Jahrhunderts von Meistern wie Jurate und Ocampo zieren das Innere. Hinter der Kirche verläuft die von Bars gesäumte Uferstraße Calle del Betis ⑪. Sie bietet Aussicht auf die Plaza de Toros, die Torre del Oro und auf Chillidas Skulptur *La Tolerancia*. Der Puente de Cristina von 1931 bringt Sie zu den Jardines de Cristina ⑫, wo viele Busse halten, und zur Calle San Fernando ⑬, die an der Universität vorbei bis zu den Jardines de Murillo verläuft.

Stadtplan

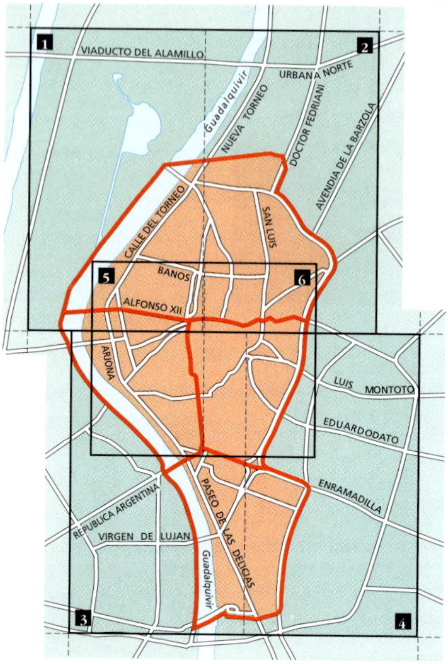

Legende

- Hauptsehenswürdigkeit
- Sehenswürdigkeit
- Anderes Gebäude
- Bahnhof
- Bushaltestelle
- Busbahnhof
- Bootsanlegestelle
- Taxi
- Parken
- Information
- Krankenhaus
- Polizei
- Kirche
- Kloster
- Post
- Eisenbahn
- Fußgängerzone
- Metro-Station
- Metrocentro-Tramhaltestelle

Kartenmassstab 1–4

0 Meter 250

1: 13 000

Kartenmassstab 5–6

0 Meter 150

1: 8250

Legende der Abkürzungen

Avda	Avenida	**d**	de, del, de la, de las, de los	**Pl**	Plaza	**Sra**	Señora
C	Calle			**Po**	Paseo	**Sta**	Santa

1
A
B
C
Puente de la Corta
VIADUCTO DEL ALAMILLO
ISLA DE LA CARTUJA
LAGO DE ESPAÑA
PLAZA DE AMERICA
TOMAS ALBA EDISON
ISAAC NEWTON
MARIE CURIE
CARTUJA '93
ALBERT EINSTEIN
CHARLES DARWIN
AVENIDA DE CARLOS III
AMERICO VESPUCIO
LEONARDO DA VINCI
DESCUBRIMIENTOS
CAMINO DE LOS DESCUBRIMIENTOS
ISLA MAGICA
Puente de la Barqueta
PARQUE JARDIN DEL GUADALQUIVIR
JARDIN BOTANICO AMERICANO
Guadalquivir
2
3
4
5
PLAZA EXPO
Monasterio Santa María de las Cuevas
ESPACIO CULTURAL PUERTA TRIANA
Pabellón de la Navegación
Pabellón de los Descubriementos & Omnimax
Monasterio de San Clemente
CALLE DEL TORNEO
CALLE SANTA CLARA
LUMBRERAS
Torre de Don Fadrique
GUADALQUIVIR
PIZARRO
MENDIGORRIA
CLAVIJO
SAN VICENTE
TEODOSIO
HOMBRE DE PIEDRA
ROELAS
MEDINA
NARCISO BONAPLATA
CALLE SANTA ANA
CURTIDURIAS
MARQUES DE LA MINA
ALCOY
JUAN RABADAN
CONDE DE BARAJAS
CASTILLO LASTRUCCI
PASCUAL DE GAYANGOS
ZARUEN
MIGUEL CID
RUBENS
SAN F DE PAULA
CARDENAL SPINOLA
CANTABRIA
MARTINEZ MONTAÑEZ
CALLE GRAN PODER
CALLE TRAJANO
KARTEN-AUSSCHNITT SIEHE KARTEN 5–6
PLAZA BLASCO DE GARAY
CALLE GOLES
CALLE DE BAÑOS
CALLE DARSENA
CALLE BAJELES
LIÑAN
PTA REAL
ALFAQUEQUE
RIOS
RAMOS
MENDOZA
GARCIA
REDES
A SALADO
CALLE DE ABAD GORDILLO
JESUS DE LA VERA CRUZ
ANTOLINEZ
PL DE LA GAVIDIA
PADRE TARIN
LAS CORTES
JESUS DEL GRAN PODER
SAN MIGUEL
STA VICENTA MARIA
TENIENTE BORGES
APONTE
PL DEL DUQUE DE LA VICTORIA
CALLE MARQUES DE PARADAS
ALFONSO XII
AGUIAR
CEPEDA
Estación de Córdoba
Museo de Bellas Artes
CALLE DE GRAVINA
CALLE DE BAILEN
CALLE MONSALVES
HERRERA EL VIEJO
CALLE SAN ELOY
PLAZA DE ARMAS
Casa de

2
D
E
F
1
2
3
4
5
4
6
CEMENTERIO DE SAN FERNANDO
RONDA URBANA NORTE
Puente del Alamillo
Guadalquivir
NUEVA TORNEO
AVENIDA
MEDINA Y GALNARES
CALLE DEL DOCTOR FEDRIANI
AVENIDA DE SAN LAZARO
AVENIDA PEDRO GUAL VILLALBI
CALLE PRIMAVERA
MAR ROJO
AVENIDA DE LA BARZOLA
CAZALLA DE LA SIERRA
AVENIDA DE SANCHO DAVILA
EUCALIPTO
FRESNO
ALMEZ
CALLE DE CIDRO
NARANJO
MEMBRILLO
CAMINO DE
POETA FERNANDO DE LOS RIOS
CARMEN DIAZ
MOGUER
BLASCO IBAÑEZ
MELENDEZ VALDES
FRAY SERAFIN MADRID
VIRGEN DE ESCARDIEL
HERMANO PABLO
PL ENRIQUE MORILLO
BERMEJO
JOSE
OROTAVA
FARDAVIN
CARLOS ARNICHES
MARACAIBO
RIO DE JANEIRO
TRUJILLO
MENENDEZ PIDAL
PUERTO RICO
D DE ALMAGRO
GASPAR DE ALVEAR
DR MOROTE
CALAFAT
DR HERRERA CARMONA
DIEGO PUERTA
ABOGADO R MEDINA
NIÑA DE LA ALFALFA
MARQUES DE LOZOYA
CALLE MARZO
CALLE ABRIL
LOS ROMEROS
OTOÑO
VERANO
GOTA DE ROCIO
AVDA DEL ROMANTICISMO
CUEVA DE LA MORA
M DE VERUELA
VENTA DE LOS GATOS
PIZJUAN
RUBI
AGATA
AGUAMARINA
AMATISTA
CORAL
TOPACIO
ZAFIRO
BRILLANTE
ESMERALDA
CALLE DIAMANTE
OPALO
GRANATE
GALENA
TURMALINA
MALAQUITA
CUARZO
SANCHEZ
DR DOMINGUEZ RODIÑO
DR MUÑOZ PERALTA
DR ROYO
DRS GLEZ MENESES
DR SERAS
DOCTOR MARAÑON
PLAYA DE VALDELAGRANA
DR JAIME MARCOS
PLAYA DE LA ANTILLA
PL DE CHIPIONA
MARBELLA
PLAYA DE MAZAGON
CONIL
ESTEPONA
SIMPECADO
BLANCA PALOMA
TAMBORIL
LAS CARRETAS
HERMANDADES
MAR CASPIO
CONSTANTINA
CALLE BRENES
CALLE ORQUIDEA
MAR NEGRO
DR LEAL CASTAÑO
PL DEL DR BARRAQUER
SOR FRANCISCA DOROTEA
HERMANAS DE LA CRUZ
BERNARDO DE TORO
FERNANDO DE MATA
GONZALO NUÑEZ DE SEPULVEDA
DOCTOR LUPIAÑEZ
ABUYACUB
CORREA DE ARAUXO
FRAY LUIS DE GRANADA
JORGE DE MONTEMAYOR
RONDA DE PIO XII
GARDENIA
PLAZA DE LA FUENTE
PENSAMIENTO
PLAZA AUTONOMIA
MADRE SAN MARCELO
CALLE MADRESELVA
CALLE GERANIO
GIRASOL
CRISANTEMO
CALLE BEGONIA
GLADIOLO
AVENIDA DEL CONDE DE HALCON
ALMENSILLA
ALGAMITAS
CALLE LLERENA
PL DE PIO XII
CALLE ALHELI
Parlamento de Andalucía
DON FADRIQUE
EL TER
EL TAF
EL TALGO
EL CARRETA
CALLE PERAFAN DE RIBERA
MARCOS DE CABRERA
BASILICA
JUAN FANCELLI
DE ROBLE
JUAN DE ASTORGA
ESPERANZA
TORRIGIANO
MONEDEROS
CARRANZA
ADELANTADO
S JUAN DE LA RIBERA
CALLE MANZANA
AVELLANA
PURGATORIO
ALBACARA
FRAY ISIDORO DE SEVILLA
PEDRO TAFUR
FERNAN SANCHEZ TOVAR
SANCHEZ PERRIER
FROILAN DE LA SERNA
DIONISIO ALCALA GALIANO
F A TOLEDO
PLAZA DOLORES FERNANDEZ
CALLE MANUEL MATEOS
J MANUEL RODRIGUEZ CORREA
PL VISTA FLORIDA
LEON XIII
MANUEL VILLALOBOS
DR JIMENEZ DIAZ
CALLE DE LA CRUZ ROJA
CALLE JOSE MALUQUER
MANUEL RODENAS
LAFFON
MIRAFLORES
CALLE PREVISION
PALMA DEL RIO
CALLE AMANTE
FRANCISCO MORAGA
MANUEL CARRETERO
GAZCARATE
JUAN NUÑEZ
CALLE DE LA ALBAIDA
RESOLANA
ANDUEZA
CALLE MUÑOZ LEON
Basílica de la Macarena
BECQUER
CALLE DE FERIA
CALLE PERAL
CALLE FAUSTINO ALVAREZ
CALLE ESCOBEROS
SAGUNTO
PLAZA SAN GIL
ORDEN DE MALTA
FLECHA
TORREBLANCA
PATRICIO SAENZ
Murallas
CALLE TORRES
CALLE PARRAS
TEIDE
POZO
ANTONIO SUSILLO
ANICETO SAENZ
ANTONIA SAENZ
MACARENA
CALLE FLORENCIO QUINTERO
HONDEROS
ANTONIO PANTION
T PEREZ
AZNALFARACHE
VISTA HERMOSA
MEDALLA MILAGROSA
JOSE MARIA IZQUIERDO
FDEZ DE GUADALUPE
MAESTRE ANGULO
GRAL MARVA
ALMADEN DE LA PLATA
LAMARQUE DE NOVOA
LA ROSALEDA
JARDIN CAPUCHINOS
CALLE DE RELATOR
PLAZA DE PUMAREJO
FRAY DIEGO DE CADIZ
DUQUE DE MONTEMAR
CETINA
CALLE SORDA
MORERA
LA HINIESTA
RONDA DE CAPUCHINOS
AVENIDA DE
CALLE LOS POLANCOS
AVENIDA
CALLE LA
PIE G QUIJANO
AMARGURA
AMORES
VIRGEN DEL SUBTERRANEO
CALLE MACASTA
MADRE D MARQUEZ
PERIS MENCHETA
CALLE MATA
ANTONIA DIAZ
CALLE ARRAYAN
PLAZA DEL CRONISTA
PADRE MANJON
SANTA MARINA
BORDADOR R OJEDA
SAN JULIAN
CALLE SAN
SOLLO
MAESTRO QUIROGA
PAZA GIRALDILLO
CARRETERA DE CARMONA
SAN
FRANCISCO DE ARIÑO
CALLE CALLE
SANTA MARIA
JABUGO
PINTA
NIÑA
PINZONES
GARCI FERNANDEZ
JUAN ARROYO
GUADIANA
STA RUFINA
MARCO SANCHO
JUAN PLETAMENDI
PALACIO MALAVER
VERDE
GONZALEZ CUADRADO
PEDRO MIGUEL
DIVINA PASTORA
LUCERO
SAN BLAS
SAN LUIS
DUQUE
CORNEJO
LIRA
JUZGADO
HERMENEGILDO
CORINTO
ACEITUNO
PLAZA DEL PELICANO
TRINIDAD
LA MACARENA
PRADA
INOCENTES
CALLE
TORREJON
PLAZA MALDONADOS
AMAPOLA
INFANTES
MARAVILLAS
Iglesia Sta Isabel
PASAJE MALLOL
KARTEN-AUSSCHNITT SIEHE KARTEN 5–6
CALLE MARIA AUXILIADORA
PL ANTONIO MARTELO
SAAVEDRAS
CALLE CASTELLAR
Iglesia San Marcos
PL SAN MARCOS
PL SANTA ISABEL
STA PAULA
Convento de Santa Paula
C DE LA ENLADRILLADA
JARDINES DE EL VALLE
SALESIANOS
DR RELIMPIO
VENECIA
DOCTOR ARRUGA
SAN JOAQUIN
DOCTOR DELGADO ROIG
SANTA JUSTA
BOSCO
VIRIATO
ESPIRITU SANTO
TAVERA
CALLE SOCORRO
S DE CASTRO
SOL
S J DE LA PALMA
Palacio de las Dueñas
LEPANTO
DUEÑAS
CORONEL
PEÑUELAS
DEL
BUTRON
CALLE GALLOS
VERONICA
REGINA
JERONIMO HERNANDEZ
PL POZO SANTO
Convento de Santa Inés
GERONA
DOÑA MARIA
BUSTOS
CALLE MATAHACAS
ARTEMISA
CALLE DEL VALLE
PERAZA
PL DE LOS TERCEROS
PL PONCE DE LEON
PINTO
OSARIO
ESCUELAS PIAS
PEREZ HERVAS
CALLE
CALLE URQUIZA
FLORENCIA
ALCAZARES
PLAZA DE LA ENCARNACION
Iglesia San Pedro
SOR ANGELA DE LA CRUZ
Iglesia Santa Catalina
PL PADRE JERONIMO CORDOBA
JAUREGUI
D DE MERLO
RECAREDO
V DE LA REY
SATURNO
CALLE JOSE LAGUILLO
IMAGEN
PL SAN PEDRO
JUAN DE MESA
ALHONDIGA
CALLE SANTIAGO
ARAPILES
AZAFRAN
GONZALO BILBAO
V DE GY ESPERANZA
JOSE LUIS LUQUE
PL DOÑA CARMEN

3
A
B
C
1
2
3
4
5
AVDA CRISTO DE LA EXPIRACION
Puente del Cristo de la Expiración
PLAZA LA LEGION
CALLE DE ARJONA
MARQUES DE PARADAS
REYES CATOLICOS
EL ARENAL
KARTEN-AUSSCHNITT SIEHE KARTEN 5–6
Iglesia de la Magdalena
Casa de la Condesa Lebrija
Iglesia San Salvador
PL SALVADOR
SANTA CRUZ
Ayuntamiento
PLAZA NUEVA
PL DE SAN FRANCISCO
AVDA DE LA CONSTITUCION
Palacio Arzobispal
Convento de la Encarnación
Hospital de los Venerables
Giralda
Catedral
PL VIRGEN DE LOS REYES
PL DEL TRIUNFO
Real Alcázar
Archivo General de Indias
PLAZA CONTRATACION
Iglesia Nuestra Señora de la O
PASEO NUESTRA SRA DE LA O
CALLE DE CASTILLA
PLAZA CALLAO
Puente de Isabel II (Puente de Triana)
PL DEL ALTOZANO
CALLE DE ADRIANO
Plaza de Toros de la Maestranza
GARCIA DE VINUESA
PLAZA CABILDO
PASEO DE CRISTOBAL COLON
Guadalquivir
Teatro de la Maestranza
Hospital de la Caridad
Capilla de los Marineros
TRIANA
Iglesia Santa Ana
Torre del Oro
ALMTE LOBO
PUERTA DE JEREZ
Puerta de Jerez
CALLE SAN FERNANDO
AVDA SANJURJO
JARDINES DE CRISTINA
AVDA DE ROMA
Hotel Alfonso XIII
Universidad
PALOS DE LA FRONTERA
Palacio San Telmo
JARDINES DE SAN TELMO
Teatro Lope de Vega
Pabellón de Chile
Pabellón de Uruguay
AVENIDA DEL PERU
AVENIDA DE CHILE
PASEO DE LAS DELICIAS
AVDA MARIA LUISA
PAGES DEL CORRO
CALLE EVANGELISTA
PLAZA AMADEO JANNONE
PL VIRGEN MILAGROSA
GENOVA
PLAZA DE CUBA
Plaza de Cuba
Puente de San Telmo
AVENIDA DE LA REPUBLICA ARGENTINA
CALLE DEL TRABAJO
PL REPUBLICA DOMINICANA
Parque de los Príncipes
LOS REMEDIOS
JARDINES DEL PADRE OTILIO RUIZ
PLAZA SARGENTO PROVISIONAL
CALLE VIRGEN DE LUJAN
GLORIETA DEL ALFEREZ PROVISIONAL
Puente de los Remedios
GLORIETA DE LOS MARINEROS VOLUNTARIOS
PARQUE DE LOS PRINCIPES
MUELLE DE LAS DELICIAS
GLORIETA BUENOS AIRES
AVENIDA SANTIAGO MONTOTO
PRESIDENTE CARRERO BLANCO
AVENIDA DE RAMON DE CARRANZA
PARQUE DE ATRACCIONES
FERIA DE ABRIL
PLAZA RAFAEL ORTEGA
CLUB NAUTICO
AVENIDA DE GARCIA MORATO
CARLOS HAYA
ALFONSO DE ORLEANS Y BORBON
CALLE ANTONIO BIENVENIDA
CURRO ROMERO
Puente de las Delicias
AVDA DE GUADALHORCE

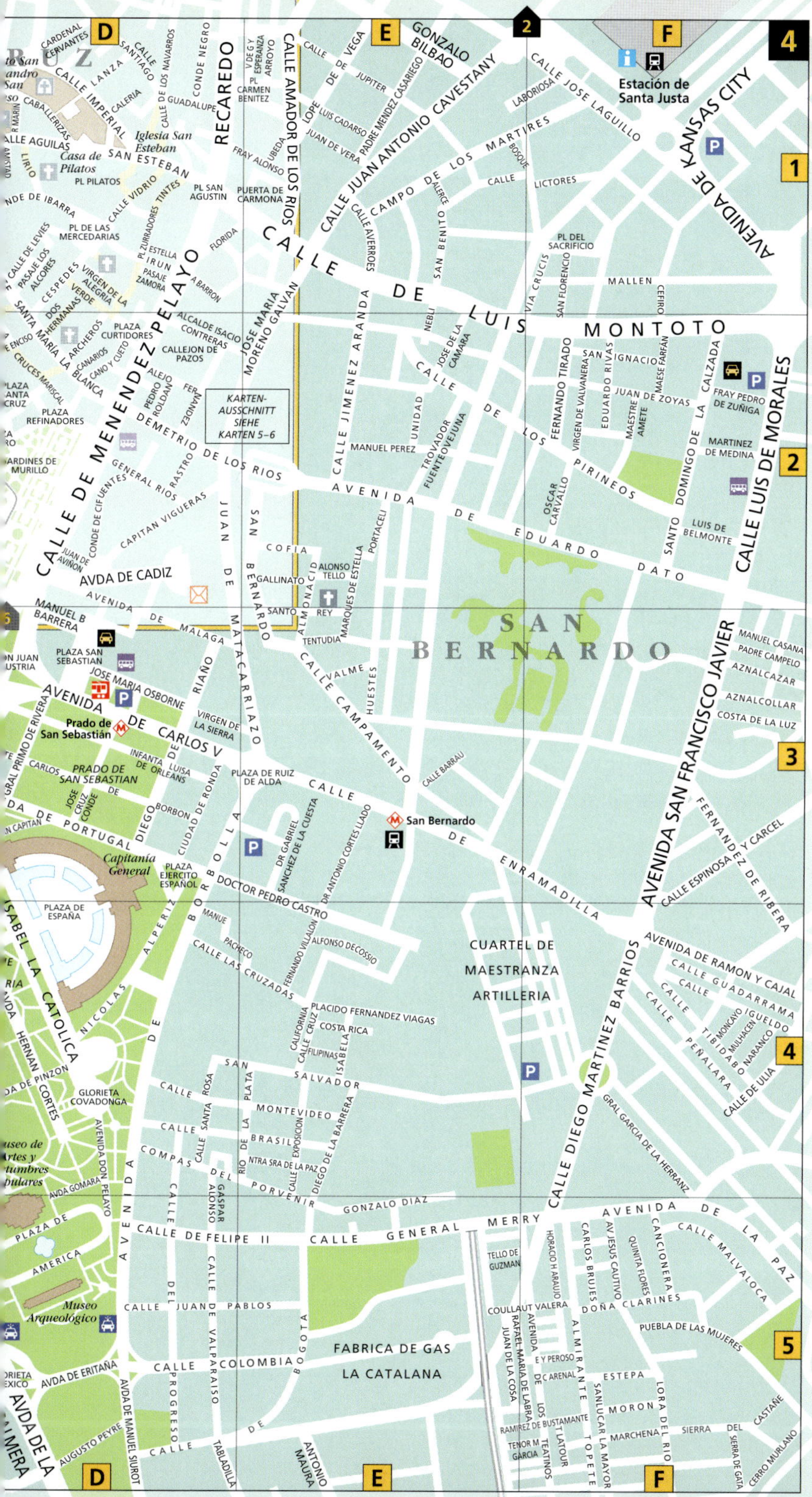
D
E
F
2
4
1
2
3
4
5
Estación de Santa Justa
AVENIDA DE KANSAS CITY
CALLE JOSE LAGUILLO
LABORIOSA
GONZALO BILBAO
CALLE JUAN ANTONIO CAVESTANY
CAMPO DE LOS MARTIRES
CALLE LICTORES
BOSQUE
CALLE AMADOR DE LOS RIOS
RECAREDO
CALLE DE LUIS MONTOTO
PL DEL SACRIFICIO
MALLEN
CEFIRO
VIA CRUCIS
SAN FLORENCIO
SAN BENITO
ALERCE
CALLE AVERROES
JUPITER
LOPE DE VEGA
LUIS CADARSO
PADRE MENDEZ CASARIEGO
JUAN DE VERA
UBEDA
FRAY ALONSO
PUERTA DE CARMONA
PL SAN AGUSTIN
PL CARMEN BENITEZ
V DE GY ESPERANZA
ARROYO
CONDE NEGRO
GUADALUPE
CALLE DE LOS NAVARROS
CARDENAL CERVANTES
CALLE SANTIAGO
CALLE LANZA
CALLE IMPERIAL
CALERIA
CABALLERIZAS
ALLE AGUILAS
LIRIO
Casa de Pilatos
PL PILATOS
Iglesia San Esteban
SAN ESTEBAN
CALLE VIDRIO
PL ZURRADORES
TINTES
PL DE LAS MERCEDARIAS
NDE DE IBARRA
ESTELLA
IRUN
PASAJE ZAMORA
A BARRON
FLORIDA
CALLE DE MENENDEZ PELAYO
ALCALDE ISACIO CONTRERAS
JOSE MARIA MORENO GALVAN
CALLEJON DE PAZOS
PLAZA CURTIDORES
ARCHEROS
CANARIOS
CANO Y CUETO
VIRGEN DE LA ALEGRIA
VERDE
CESPEDES
DOS HERMANAS
ALCORES
PASAJE LUIS
CALLE DE LEVIES
SANTA MARIA LA BLANCA
CRUCES
MARISCAL
PLAZA SANTA CRUZ
PLAZA REFINADORES
JARDINES DE MURILLO
ALEJO FERNANDEZ
PEDRO ROLDAN
DEMETRIO DE LOS RIOS
KARTEN-AUSSCHNITT SIEHE KARTEN 5–6
GENERAL RIOS
RASTRO
CAPITAN VIGUERAS
CONDE DE CIFUENTES
JUAN DE AVINON
AVDA DE CADIZ
AVENIDA DE MALAGA
MANUEL B BARRERA
JUAN DE MATA CARRIAZO
SAN BERNARDO
COFIA
GALLINATO
ALONSO TELLO
ALMONACID
SANTO REY
MARQUES DE ESTELLA
TENTUDIA
PORTACELI
CALLE JIMENEZ ARANDA
MANUEL PEREZ
UNIDAD
NEBLI
JOSE DE LA CAMARA
TROVADOR
FUENTEOVEJUNA
CALLE DE LOS PIRINEOS
AVENIDA DE EDUARDO DATO
FERNANDO TIRADO
VIRGEN DE VALVANERA
SAN IGNACIO
EDUARDO RIVAS
MAESTRE AMETE
MAESE FARFAN
JUAN DE ZOYAS
FRAY PEDRO DE ZUÑIGA
MARTINEZ DE MEDINA
SANTO DOMINGO DE LA CALZADA
LUIS DE BELMONTE
CALLE LUIS DE MORALES
OSCAR CARVALLO
SAN BERNARDO
AVENIDA SAN FRANCISCO JAVIER
MANUEL CASANA
PADRE CAMPELO
AZNALCAZAR
AZNALCOLLAR
COSTA DE LA LUZ
PLAZA SAN SEBASTIAN
JOSE MARIA OSBORNE
RIAÑO
AVENIDA DE CARLOS V
Prado de San Sebastián
VIRGEN DE LA SIERRA
INFANTA LUISA DE ORLEANS
PRADO DE SAN SEBASTIAN
CARLOS
JOSE CRUZ CONDE
GRAL PRIMO DE RIVERA
AVDA DE PORTUGAL
DIEGO DE BORBON
CIUDAD DE RONDA
BORBOLLA
PLAZA DE RUIZ DE ALDA
CALLE VALME
CALLE CAMPAMENTO
HUESTES
CALLE BARRAU
CALLE DE ENRAMADILLA
San Bernardo
DR GABRIEL SANCHEZ DE LA CUESTA
DR ANTONIO CORTES LLADO
Capitanía General
PLAZA EJERCITO ESPAÑOL
PLAZA DE ESPAÑA
DOCTOR PEDRO CASTRO
MANUEL PACHECO
CALLE LAS CRUZADAS
ALFONSO DECOSSIO
FERNANDO VILLALON
CALLE ESPINOSA Y CARCEL
FERNANDEZ DE RIBERA
AVENIDA DE RAMON Y CAJAL
CALLE GUADARRAMA
IGUELDO
MONCAYO
MULHACEN
TIBIDABO
NARANCO
PEÑALARA
CALLE DE ULIA
CUARTEL DE MAESTRANZA ARTILLERIA
CALLE DIEGO MARTINEZ BARRIOS
GRAL GARCIA DE LA HERRANZ
ISABEL LA CATOLICA
ALPERIZ
NICOLAS
AVENIDA DE PINZON
HERNAN CORTES
GLORIETA COVADONGA
AVENIDA DON PELAYO
PLACIDO FERNANDEZ VIAGAS
COSTA RICA
CALIFORNIA
CALLE CRUZ
FILIPINAS
ISABELA
CALLE SAN SALVADOR
CALLE SANTA ROSA
CALLE DE LA PLATA
MONTEVIDEO
BRASIL
EXPOSICION
DIEGO DE LA BARRERA
NTRA SRA DE LA PAZ
RIO DE LA PLATA
COMPAS DEL PORVENIR
GASPAR ALONSO
GONZALO DIAZ
Museo de Artes y Costumbres Populares
AVDA GOMARA
PLAZA DE AMERICA
Museo Arqueológico
CALLE DE FELIPE II
CALLE GENERAL MERRY
AVENIDA DE LA PAZ
CALLE MALVALOCA
TELLO DE GUZMAN
HORACIO H ARAUJO
CARLOS BRUJES
AV JESUS CAUTIVO
QUINTA FLORES
CANCIONERA
DOÑA CLARINES
PUEBLA DE LAS MUJERES
COULLAUT VALERA
CALLE JUAN PABLOS
CALLE DEL VALPARAISO
BOGOTA
FABRICA DE GAS LA CATALANA
CALLE COLOMBIA
CALLE PROGRESO
AVDA DE ERITAÑA
AUGUSTO PEYRE
AVDA DE MANUEL SIUROT
CALLE DE TABLADILLA
ANTONIO MAURA
JUAN DE LA COSA
RAFAEL MARIA DE LABRA
AVENIDA DE LOS TEATINOS
E Y PEROSO
C ARENAL
RAMIREZ DE BUSTAMANTE
TENOR M GARCIA
TLATOUR
ALMIRANTE TOPETE
SANLUCAR LA MAYOR
ESTEPA
MORON
MARCHENA
LORA DEL RIO
SIERRA DEL CASTAÑE
SIERRA DE GATA
CERRO MURLANO
AVDA DE LA PALMERA

5
A
B
C
1
2
3
4
5
Pasarela la Cartuja
CALLE DEL TORNEO
PLAZA BLASCO DE GARAY
CALLE BAJELES
CALLE DARSENA
CASTILLO LASTRUCCI
ZARUEN
PASCUAL DE GAYANGOS
GOLES
VICENTE
MIGUEL CID
TEODOSIO
CONDE DE BARAJAS
RUBENS
SAN F DE PAULA
POTRO
STA BARBARA
DELGADO
CALLE DE SAN VICENTE
CALLE DE BAÑOS
PADRE TARIN
PADRE CAÑETE
CANTABRIA
ESPINOLA
MARTIINEZ MONTAÑEZ
CARDENAL
CALLE TRAJANO
GRAN PODER
AMOR DE DIOS
PLAZA DE LA GAVIDIA
DUQUE DE VERAGUA
RIOS
RAMOS
CALLE ALFAQUEQUE
ABAD GORDILLO
VERA CRUZ
CALLE CISNEROS
ANTOLINEZ
SAN JUAN DE AVILA
LAS CORTES
PLAZA DE LA CONCORDIA
SAN MIGUEL
TARIFA
CALLE JAVIER
CALLE MARQUES DE PARADAS
LIÑAN
PTA REAL
A SALADO
REDES
MENDOZA
GARCIA
CALLE
R DE CHECA
JESUS DE LA VERA CRUZ
V DE LOS LIBROS
STA VICENTA MARIA
TENIENTE BORGES
APONTE
PLAZA DEL DUQUE DE LA VICTORIA
CALLE JESUS DEL GRAN PODER
ALFONSO XII
AGUIAR
CEPEDA
Museo de Bellas Artes
PLAZA DEL MUSEO
A ULLOA
G MOSCARDO
MARTIN VILLA
PLAZA DE ARMAS
Estación de Córdoba
F DE DEZA
CALLE DE GRAVINA
CALLE DE BAILEN
HERRERA EL VIEJO
CALLE MONSALVES
F CABALLERO
SALCEDA
SAN ELOY
PEDRO CARAVACA
AZOFAIFO
PEDRO DEL TORO
S ROQUE
O'DONNELL
CALLE VELAZQUEZ TETUAN
PEDRO MARTIR
PLAZA LA LEGION
AVDA CRISTO DE LA EXPIRACION
S GONZALEZ ABREU
RAFAEL
Iglesia de la Magdalena
MURILLO
JOSE DE VELILLA
RIOJA
CALLE DE ARJONA
MARQUES DE PARADAS
CALLE LUIS DE VARGAS
CALLE CANALEJAS
CRISTO DEL CALVARIO
BOBBY DEGLANE
CALLE SAN PABLO
CIRIACO ESTEBAN
MUÑOZ OLIVE
SIERPES
ATENEO
PASAJE
TORREMOLINOS
M DEL DUERO
JULIO CESAR
MATEO
MORATIN
OTUMBA
ALEMAN
TTE VAZUN
CALLE ROSARIO
JOVELLANOS
GRAL POLAVIEJA
BENIDORM
S BARCARIZETGUI
TRASTAMARA
TIRSO DE MOLINA
CALLE DE MENDEZ NUÑEZ
ALBAREDA
EL ARENAL
CALLE CARLOS CANAL
BILBAO
TTE C SEGUI
GRANADA
CALLE ALBUERA
REYES CATOLICOS
CALLE ZARAGOZA
PEDRO PARIAS
Ayuntamiento PLAZA NUEVA
SEGURA
ALMANSA
SANTAS PATRONAS
ROSITAS
MADRID
PL DE FRANCISCO
PLAZA MOLVIEDRO
PADRE MARCHENA
CALLE ZARAGOZA
BADAJOZ
BARCELONA
JOAQUIN GUICHOT
AVENIDA DE LA CONSTITUCION
CALLE PASTOR Y LANDERO
CALLE GALERA
CALLE CASTELAR
DUENDE
JIMIOS
FERNANDEZ Y GONZALES
CALLE GENIL
ARENAL
V LEAL
CALLE GAMAZO
HARINAS
CALLE DE ADRIANO
GARCIA DE VINUESA
Plaza de Toros de la Maestranza
FEDERICO SANCHEZ BEDOLLA
CALLE ARFE
PLAZA CABILDO
CALLEJON DE LA INQUISICION
PLAZA CALLAO
Puente de Isabel II (Puente de Triana)
DIAZ
S DIEGO
IRIS
CALLE CIRCO
ANTONIA
VARFLORA
AURORA
CALLE PAVIA
CASTAÑOS
PIE SEISES
S JORGE
PLAZA DEL ALTOZANO
PASEO ALCALDE MARQUES DE CONTADERO
CALLE RODO
CALLE VELARDE
GENERAL
MAYO
TOMAS DE IBARRA
CALLE SAN JACINTO
VALLADARES
CALLE DE LA PUREZA
DOS DE MAYO
Hospital de la Caridad
PASEO DE CRISTOBAL COLON
Teatro de la Maestranza
TEMPRADO
CALLE FABIE
FLOTA
ROCIO
JUAN ROMERO
RODRIGO
CALLE VICTORIA
CALLE TORRIJOS
Capilla de los Marineros
CALLE DEL BETIS
Guadalquivir
ADOLFO RODRIGUEZ JURADO
NUÑEZ DE BALBOA
TRIANA
B VIDAL
PELAY
V DE LECA
DUARTE
Iglesia Santa Ana
CALLE SANTANDER
CALLE HAZAÑA
GUINES
CALLE HABANA
PAGES DEL CORRO
CALLE LUCA DE TENA
CORREA
B GUERRA
MATIENZO
CALLE EVANGELISTA
PILAR DE GRACIA
CISNE
TRIANA
Torre del Oro
ALMTE LOBO

D
E
F
6
2
1
2
3
4
5
4
D
E
4
F
Iglesia Sta Isabel
Convento de Santa Paula
Iglesia San Marcos
PLAZA SAN MARCOS
PL SANTA ISABEL
PLAZA MALDONADOS
PLAZA EUROPA
CONDE DE TORREJON
ALBERTO LISTA
AMAPOLA
INFANTES
MARAVILLAS
HINIESTA
PJE MALLOL
CALLE MARTELES
ENLADRILLADA
SOL
CALLE SAAVEDRAS
CALLE CASTELLAR
PL SAN MARTIN
LERENA
LAUREL
MENJIBAR
FERIA
ESPIRITU SANTO
VIRIATO
QUEVEDO
APOSENTADORES
S J DE LA PALMA
STA PAULA
CALLE SOCORRO
S DE CASTRO
CALLE DE DEL
JARDINES DE EL VALLE
NIÑO
LEPANTO
AMPARO
REGINA
Palacio de las Dueñas
DUEÑAS
CORONEL
TAVERA
PEÑUELAS
PLAZA S ROMAN
CALLE
BUTRON
CALLE GALLOS
ATIENZA
PL POZO SANTO
JERONIMO
CALLE HERNANDEZ
CALLE GERONA
BUSTOS
CALLE MATAHACAS
VERONICA
ARTEMISA
PINTO
DEL VALLE
CALLE MARIA AUXILIADORA
SATURNO
PLAZA ZURBARAN
MISERICORDIA
Convento de Santa Ines
SOR ANGELA DE LA CRUZ
MARIA
GESTOSO
ALCAZARES
PLAZA DE LA ENCARNACION
Iglesia San Pedro
Iglesia Santa Catalina
PLAZA DE LOS TERCEROS
PLAZA PONCE DE LEON
ESCUELAS PIAS
OSARIO
CALLE
VARA DEL REY
ARGUIJO
PLAZA PADRE JERONIMO CORDOBA
JAUREGUI
PUÑONROSTRO
G BILBAO
LARAÑA
IMAGEN
DOÑA
PLAZA SAN PEDRO
JUAN DE MESA
CALLE AZAFRAN
ARAPILES
LEONCILLOS
D DE MERLO
VDE G Y ESPERANZA
ARROYO
CALLE GOYENETA
COMPAÑIA
JOSE LUIS LUQUE
ESCARPIN
PL BUEN SUCESO
M DE VEJELLA
PL DOÑA CARMEN
CALLE DE ALHONDIGA
FRANCISCO MEJIAS
AVE MARIA
CENICERO
NAVARROS
A TENORIO
CONDE NEGRO
CALLE DE RECAREDO
JUPITER
PUENTE Y PELLON
CEDACEROS
ORTIZ DE ZUÑIGA
PL CRISTO DE BURGOS
MORERIA
CARDENAL CERVANTES
LOPEZ PINTADO
ACETRES
BUIZA Y MENSAQUE
CALLE LAGAR
DON ALONSO EL SABIO
GALDOS
LLOP
SALES Y FERRE
DESCALZOS
ENSENADA
SANTIAGO
LOS
V DE G Y ESPERANZA
CALLE AMADOR DE LOS RIOS
SANTA CRUZ
LINEROS
SIETE REVUELTAS
GOLFO
PEREZ
CALLE
ZAMUDIO
Convento San Leandro
CALLE
LANZA
PL CARMEN BENITEZ
CALLE JUAN DE VERA
CORDOBA
ALCAICERIA
HERBOLARIOS
HUELVA
Iglesia San Salvador
BOTEROS
SAN JUAN
ODREROS
PL DEL ALFALFA
ALFALFA
CABEZA DEL REY DON PEDRO
Iglesia San Ildefonso
R MARIN
CABALLERIZAS
IMPERIAL
CALERIA
Casa de Pilatos
V DE LA LUZ
GUADALUPE
CONCEPCION
CALLE UBEDA
AM CAMACHO
VILLEGAS
GALINDO
BLANCO DE LOS RIOS
ROSARIO
AUGUSTO PLASENCIA
CALLE AGUILAS
Iglesia San Esteban
SAN ESTEBAN
FRAY ALONSO
AMISTAD
LIRIO
PLAZA PILATOS
VIDRIO
TINTES
PL SAN AGUSTIN
PUERTA DE CARMONA
LUIS MONTOTO
CALLE SAN
ISIDORO
LUCHANA
DIAMELA
CELINDA
VIRGENES
CONDE DE IBARRA
ARMENTA
FRANCOS
CALLE PAJARITOS
MR MARCOS
CORRAL DEL REY
GANDESA
MUÑOZ Y PAVON
PL DE LAS MERCEDARIAS
BAMBERG
MARMOLES
FEDERICO RUBIO
CALLE DE LEVIES
PASAJE LOS ALCORES
GARCI-PEREZ
ESTELLA
PLAZA ZURRADORES
LA FLORIDA
ARGOTE DE MOLINA
CALLE AIRE
ABADES
M DE DIOS
SAN JOSE
CESPEDES
VIRGEN DE LA ALEGRIA
VERDE
SAN CLEMENTE
IRUN
PASAJE ZAMORA
ATANASIO BARRON
GALVAN
Palacio Arzobispal
PLACENTINES
GUZMAN EL BUENO
GAGO
FABIOLA
FARNESIO
SANTA MARIA LA BLANCA
DOS HERMANAS
ARCHEROS
NARDO
G DE LEON
PLAZA CURTIDORES
ALCALDE ISACIO CONTRERAS
MORENO
PL VIRGEN DE LOS REYES
Giralda
ANGELES
CALLE MATEOS
MESON DEL MORO
CARLOS ALONSO
ENCISO
CRUCES
CANARIOS
CANO Y CUETO
CALLE DE MENENDEZ PELAYO
Convento de la Encarnación
JIMENEZ DE SANTA
LOPE DE RUEDA
MARISCAL
J CASTILLO
ALEJO
PEDRO ROLDAN
FERNANDEZ
MARIA
PJE ANDREU
PJE VILLA JAMERDANA
Hospital de los Venerables
PLAZA SANTA CRUZ
TERESA
PLAZA REFINADORES
DEMETRIO
GONZALEZ
PLAZA DEL TRIUNFO
GLORIA
PIMIENTA
J DE NEVE
PLAZA ALFARO
DE LOS RIOS
JOSE
Archivo General de Indias
Museo de Arte Contemporaneo
PL DOÑA ELVIRA
VIDA
JUDERIA
AGUA
Real Alcázar
MAÑARA
JARDINES DE MURILLO
GENERAL RIOS
RASTRO
CIFUENTES
JUAN DE MATACARRIZO
PLAZA CONTRATACION
CAPITAN VIGUERAS
SAN BERNARDO
JARDINES DE LOS REALES ALCÁZARES
MARIANA DE PINEDA
S GREGORIO
CONDE DE
COFIA
JUAN DE AVIÑON
AVENIDA DE CADIZ
GALLINATO
Puerta de Jerez
SAN FERNANDO
Hotel Alfonso XIII
AVENIDA DE MALAGA
SANTO REY

Die Regionen Andalusiens

Andalusien im Überblick

Andalusien ist eine Region der Kontraste, mit schneebedeckten Bergen über Ödland, mit Mittelmeerstränden und maurischen Palästen direkt neben christlichen Kathedralen. Die acht Provinzen, die in diesem Reiseführer in vier Kapitel aufgeteilt sind, bieten Städte wie Granada und Córdoba mit einzigartigen architektonischen Schätzen. Darüber hinaus erwarten den Besucher verträumte Dörfer, endlose Olivenhaine und reizvolle Naturschutzgebiete.

Kuppel des Mihrab in der Mezquita in Córdoba *(siehe S. 144f)*

Amphitheater in der römischen Stadt Itálica *(siehe S. 44 und 132)* direkt außerhalb von Sevilla

Goldkelch aus dem kostbaren Schatz der Kathedrale von Cádiz *(siehe S. 164)*

Arcos de la Frontera, eines der hübschen, für Andalusien so typischen *pueblos blancos* (weiße Dörfer, *siehe S. 174f*)

Puente Nuevo in Ronda *(siehe S. 176f)*

◁ **Morgendämmerung in Montefrío, Provinz Granada *(siehe S. 188)***

Barocke Westfront der eleganten Kathedrale von Jaén *(siehe S. 148)*

Imposante maurische Festung Baños de la Encina *(siehe S. 151)* in der Provinz Jaén

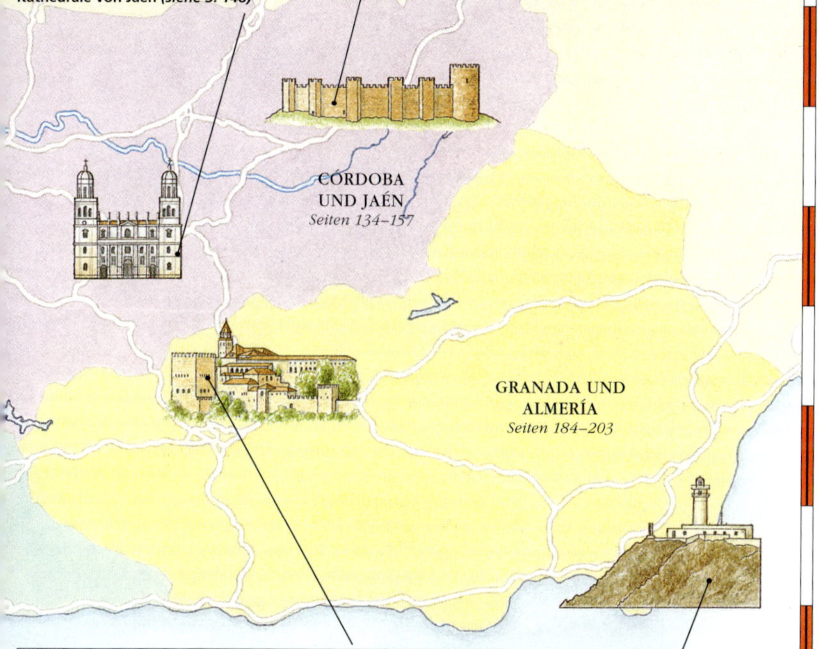

Albaicín-Viertel und Alhambra, Granada *(siehe S. 192–195)*

0 Kilometer 50

Cabo de Gata – Naturschutzgebiet mit schönen Stränden *(siehe S. 202)*

CLIPPER
AL CORTE
POR PIEZAS
Cruzcampo

Huelva und Sevilla

Die westlichen Gebiete Andalusiens und die Ebenen um Sevilla werden von Südspanienreisenden selten besucht. Entlang der Atlantikküste in der Provinz Huelva gibt es abgeschiedene Strände, in den nördlichen Sierras schöne Wandergebiete. Der Parque Nacional de Doñana am Delta des Guadalquivir ist Europas größtes Naturschutzgebiet. Landeinwärts erstrecken sich weite Orangenhaine.

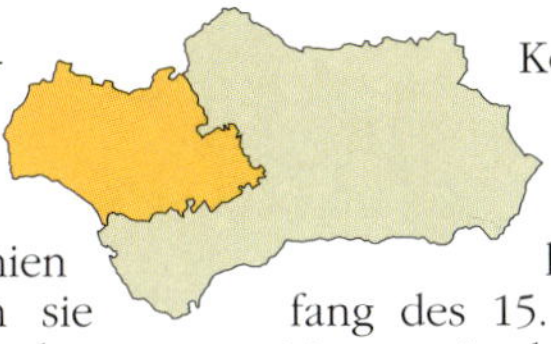

Als die römischen Legionen unter Scipio Africanus im 3. Jahrhundert auf ihrem dritten Feldzug nach Westen Südspanien durchquerten, gründeten sie Itálica. Die Ruinen der Stadt stehen nördlich von Sevilla. Später kontrollierten die Mauren die Region als Teil des Emirats Al Andalus. Sie errichteten weiß gekalkte, befestigte Städte. Ein schönes Beispiel dafür ist Carmona in der Provinz Sevilla. Nach der Rückeroberung *(siehe S. 48f)* durch die Christen blieben maurische Traditionen durch die Mudéjar-Architektur *(siehe S. 24f)* erhalten, die sich später mit der des Barock und der Renaissance vermischte.

Die Provinz Huelva ist untrennbar mit einem anderen Kapitel der Welteroberung verbunden: 1492 brach Kolumbus in Palos de la Frontera zu seiner legendären Reise gen Westen auf. Später lebte er im nahen, Anfang des 15. Jahrhunderts erbauten Monasterio de la Rábida der Franziskaner. Entlang der Nordgrenze von Huelva verläuft eine Bergkette, zu der die bewaldete Sierra de Aracena gehört. Diese Kette zieht sich als Sierra Norte de Sevilla in die Provinz Sevilla hinein. Hier weiden Ziegen, kreisen Raubvögel und sprudeln Bäche durch Schluchten. Im Frühjahr ist das Land bunt von Wildblumen.

Im Parque Nacional de Doñana stehen die Feuchtgebiete an der Mündung des Guadalquivir im Süden unter Naturschutz. Hier wimmelt es von Vögeln, und auf dem feuchten Boden gedeihen Sumpfpflanzen.

Iglesia de Nuestra Señora del Rocío in El Rocío, wo sich zu Pfingsten zahlreiche Wallfahrer versammeln

◁ **Der berühmte *jamón ibérico* hängt auch in dieser Bar in Jabugo, Sierra de Aracena *(siehe S. 126)***

Überblick: Huelva und Sevilla

Das kosmopolitische Sevilla *(siehe S. 58–117)* ist der ideale Ausgangspunkt zur Erkundung der Provinzen Huelva und Sevilla – z. B. der kaum besuchten, aber wunderschönen Sierra de Aracena und der felsigen Sierra Norte. An der Atlantikküste reiht sich fast ununterbrochen ein Strand an den anderen. Der Parque Nacional de Doñana ist ein faszinierendes, an Tieren und Pflanzen reiches Schwemmland. Zwischen der Küste und den Bergen dehnt sich Ackerland, durchsetzt von den Weinbergen des fruchtbaren El Condado. Zu den historischen Städten dieser Gegend zählen Écija und Osuna. Die Spuren von Kolumbus finden sich in Orten um Huelva.

Minen von Ríotinto, Sierra de Aracena

Fischerboote vor Anker im Hafen von Punta Umbría

In Huelva und Sevilla unterwegs

Die verkehrsreiche A4 verbindet Córdoba und Sevilla miteinander. Sie führt – vorbei an Écija und Carmona – durch die östliche Hälfte des Gebiets, dann weiter nach Jerez de la Frontera und Cádiz. Eine weitere Autobahn, die A92, verläuft von Málaga nach Granada. Beide Verkehrswege treffen in Sevilla auf eine Ringstraße und führen mit der A49 weiter nach Huelva und nach Portugal. Alle diese Städte sind auch durch ein Eisenbahnnetz verbunden, die meisten von ihnen zusätzlich durch ein ausgedehntes, preiswertes Busnetz. Allerdings ist für entlegenere Gegenden und vor allem für die schönen Bergstraßen ein eigenes Transportmittel nötig.

Der Stier – weltbekannte *bodega*-Werbung in der Sierra de Aracena

Sehenswürdigkeiten auf einen Blick

Schinkengeschäft in Jabugo, Sierra de Aracena

Sierra de Aracena ❶

Huelva. **Straßenkarte** A2. *El Repilado.* *Aracena.* *Plaza San Pedro s/n, Aracena. 959 12 82 06.* *Sa.* **www**.sierradearacena.net

Diese wilde Bergkette im Norden der Provinz Huelva ist eine abgelegene und selten besuchte Ecke Andalusiens. Durch ihre mit Korkeichen, Kastanien und wilden Olivenbäumen bewachsenen Hänge bahnen sich reißende Wasserläufe und viele gewundene Bergstraßen ihren Weg.

Aracena, Hauptort der Gegend, schmiegt sich am Fuß einer verfallenen maurischen Festung an einen Berghang mit zahlreichen Höhlen. Die **Gruta de las Maravillas** ist mit ihrem See eine der eindrucksvollsten Tropfsteinhöhlen Spaniens. Nahe der Festung findet sich die von Tempelrittern erbaute **Iglesia del Castillo** mit einem Turm im Mudéjar-Stil.

Der nahe gelegene Ort **Jabugo** ist in ganz Spanien als Heimat des besten Räucherschinkens bekannt.

Gruta de las Maravillas
Paso de la Nieve. *959 12 83 55.* *tägl. 10–13.30 Uhr.*

Minas de Ríotinto ❷

Huelva. **Straßenkarte** A2. *Ríotinto.* *959 59 00 25.* *tägl. 10.30–15 u. 16–19 Uhr.* *25. Dez, 1. u. 6. Jan.* **www**.parquemineroderiotinto.com

Ein Abstecher von der N435 zwischen Huelva-Stadt und der Sierra de Aracena führt zu den Tagebauminen von Ríotinto. Hier wird seit phönizischer Zeit gegraben. Griechen, Römer und Westgoten nutzten die reichen Eisen-, Kupfer- und Silbererzvorkommen.

Die Felswände des Kraters weisen grünrote Risse auf. Die Lkw in den Minen erscheinen spielzeuggroß. Auskunft über die Geschichte der Minen und die Rio Tinto Company gibt das **Museo Minero**. An Wochenenden und an Feiertagen kann man in Waggons von 1900 eine Rundfahrt machen.

Museo Minero
Plaza del Museo s/n. *959 59 00 25.* *tägl.*

Ayamonte ❸

Huelva. **Straßenkarte** A3. *19 500.* *Calle Huelva 27. 959 32 07 37.* *Sa vormittags.*

Vor Fertigstellung der Straßenbrücke über den unteren Flussteil des Guadiana 1992 musste jeder, der von Südandalusien zur portugiesischen Algarveküste wollte, durch Ayamonte. Die kleine schmale Autofähre über die quallenverseuchte Flussmündung ist noch heute in Betrieb und eine interessante Alternative für Reisende aus beiden Ländern. Besucher können sie gut vom Turm der **Iglesia San Francisco** bei der Überfahrt beobachten. Das Kircheninnere besitzt eine schöne Decke im Mudéjar-Stil.

Isla Cristina ❹

Huelva. **Straßenkarte** A3. *20 000.* *Calle San Francisco 10–12. 959 33 26 94.* *Do.* **www**.islacristina.org

Die einstige Insel ist heute von Schwemmland umgeben. Nahe am Guadiana-Mündungsgebiet ist sie Fischerhafen und Anlegestelle einer Fischfangflotte für Thunfisch und Sardinen. Dank ihres Sandstrands hat sie sich seit einigen Jahren zum beliebten Sommerbadeort entwickelt. Unmittelbar am Meer gibt es einige ausgezeichnete Restaurants, die köstliche Gerichte servieren.

Auf die Nacht wartende Thunfisch- und Sardinentrawler im Hafen von Isla Cristina

Hotels und Restaurants in Huelva und Sevilla *siehe Seiten 214f und 230f*

Freskomalerei über Kolumbus im Monasterio de la Rábida

Punta Umbría ❺

Huelva. **Straßenkarte** A3. 14 000. Ciudad de Huelva s/n. 959 49 51 60. Mo.

Punta Umbría ist einer der Hauptferienorte an der Küste der Provinz Huelva. An das Ende eines langen Vorgebirges geschmiegt, liegt er zwischen den Feuchtgebieten Marismas del Odiel und dem vorspringenden Sandstrand am Golf von Cádiz. Die Rio Tinto Company entwickelte diesen Ferienort ursprünglich für ihre britischen Angestellten. Heute mieten sich vorwiegend spanische Urlauber in die Ferienhäuser am Strand ein.

Eine lange Brücke überquert das Schwemmland. Schöner ist es jedoch, einem von ehemaligen Rio-Tinto-Arbeitern angelegten sonnigen Fußweg zu folgen.

Huelva ❻

Huelva. **Straßenkarte** A3. 148 000. Avenida Alemania 12. 959 25 74 03. Fr.
www.visithuelva.com

Der von den Phöniziern als Onuba gegründete Ort erlebte seine Glanzzeit als Hafenstadt unter den Römern. Erneuten Aufschwung nahm Huelva in den frühen Tagen des Handels mit der Neuen Welt, bis es von Sevilla abgelöst wurde. Der Niedergang der Stadt fand 1755 seinen Höhepunkt, als sie während des Erdbebens in Lissabon stark beschädigt wurde. Heute erstrecken sich um den Odiel-Kai Industrievororte, wo einst die Rio Tinto Company ihre Güter in alle Welt exportierte.

Huelvas Ruf gründet auch darauf, dass Kolumbus von Palos de la Frontera aus in See stach. Neben der Stadtchronik präsentiert das **Museo Provincial** die Geschichte der Minen von Ríotinto mit Funden aus der Frühzeit des dortigen Bergbaus. Der Barrio Reina Victoria im Osten der Stadt ist das bizarre Beispiel eines englischen Vororts im Herzen Andalusiens: etliche Bungalows im Tudor-Stil, die um 1900 von der Rio Tinto Company für ihre Belegschaft erbaut wurden.

Bronzekanne, Museo Provincial, Huelva

Südlich der Stadt wird in Punta del Sebo die Odiel-Mündung vom Monumento a Colón, der Kolumbus-Statue von Gertrude Vanderbilt Whitney (1929), beherrscht.

Museo Provincial
Alameda Sundheim 13. *959 65 04 24. Di–Sa 9–20 Uhr, So u. Feiertage 9–15 Uhr.*

Monasterio de la Rábida ❼

Huelva. **Straßenkarte** A3. *von Huelva.* *959 35 04 11. Di–So 10–13, 16–18.15 Uhr.*
www.monasteriodelarabida.com

Ein mutloser Genueser Entdecker fand 1491 bei den Franziskanern in La Rábida, jenseits der Odiel-Mündung von Huelva, Zuflucht. König Ferdinand und Königin Isabella wollten seinen Plan, nach Westen zu segeln, um nach Indien zu gelangen, nicht unterstützen. Der Prior, Juan Pérez, Beichtvater der Königin, konnte die Entscheidung rückgängig machen. Im folgenden Jahr erreichte jener Seemann namens Christoph Kolumbus als erster Europäer seit den Wikingern Amerika.

Das auf maurischen Ruinen erbaute Franziskanerkloster La Rábida (15. Jh.) ist heute eine Gedenkstätte. Die Freskomalereien von Daniel Vásquez Díaz (1930) rühmen Leben und Entdeckungen des Helden. Die Sala de las Banderas enthält ein kleines Kästchen mit Erde aus allen lateinamerikanischen Ländern.

Kolumbus in Andalusien

Cristóbal Colón – Christoph Kolumbus – wurde in Genua geboren und in Portugal als Seefahrer ausgebildet. Er hatte die Idee, Indien auf dem Westweg zu erreichen. 1492 legte er in Palos de la Frontera ab und landete noch im gleichen Jahr auf einer Insel der Bahamas, in der Annahme, am Ziel seiner Reise zu sein. Kolumbus unternahm drei weitere Seereisen von Andalusien aus, er erreichte den südamerikanischen Kontinent und die Mittelamerika vorgelagerten Inseln, die noch immer Westindische Inseln genannt werden. Er starb 1506 in Valladolid.

Kolumbus nimmt Abschied, bevor er in See sticht

Historische Karte, Casa Museo de Martín Alonso Pinzón, Palos de la Frontera

Palos de la Frontera 8

Huelva. **Straßenkarte** A3.
9000. *Parque Botánico José Celestino Mutis, Paraje de la Rábida. 959 53 05 97.* *Sa.*

Palos ist eine wenig reizvolle Agrarstadt östlich des Odiel-Deltas. Doch die Spuren von Kolumbus machen sie zu einem Anziehungspunkt für Besucher. Hier stach Kolumbus am 3. August 1492 mit seinen Karavellen *Santa María*, *Pinta* und *Niña* in See. Die Kapitäne der Letzteren, Martín und Vicente Pinzón, waren Brüder aus Palos. Auf dem Hauptplatz der Stadt steht ein Denkmal von Martín Pinzón, dessen früheres Zuhause heute ein kleines Erinnerungsmuseum ist, das **Casa Museo de Martín Alonso Pinzón**.

Die im gotischen Mudéjar-Stil erbaute **Iglesia San Jorge** (15. Jh.) hat ein schönes Portal, durch das Kolumbus nach der Messe vor Antritt seiner Fahrt geschritten war. Dann ging er an einem heute versandeten Pier an Bord der *Santa María*.

Palos de la Fronteras Wohlstand stammt von Tausenden Hektar Erdbeerplantagen, die in der sonnenreichen Umgebung Früchte tragen.

Casa Museo de Martín Alonso Pinzón
Calle Colón 24. *959 35 01 99.*
Mo–Sa.

Moguer 9

Huelva. **Straßenkarte** A3. *19500.* *Calle Castillo s/n. 959 37 18 98.* *Do.* **www**.aytomoguer.es

Ein Geflecht aus mit Blumenkästen gesäumten Straßen und Innenhöfen bildet Moguer, eine schöne, weiß getünchte Stadt. Es ist ein großes Vergnügen, hier umherzuwandern und Schätze wie die Einsiedelei **Nuestra Señora de Montemayor** (16. Jh.) und das klassizistische **Ayuntamiento** zu erkunden. Moguer ist Geburtsstadt des Dichters und Nobelpreisträgers (1956) Juan Ramón Jiménez. Das **Museo de Zenobia y Juan Ramón Jiménez** würdigt sein Leben und Werk. Die interessante Sammlung ist im restaurierten Haus des Dichters untergebracht.

Die mit Zinnen versehenen Mauern des **Convento de Santa Clara** (14. Jh.) umschließen gemeißelte Mudéjar-Kreuzgänge. Nonnenschlafsaal, Küche und Speiseraum geben einen Eindruck vom damaligen Klosterleben.

Das **Monasterio de San Francisco** ist ein wegen seiner Kirche mit prächtigem weißem Turm und Barockportalen sehenswertes Kloster.

Museo de Zenobia y Juan Ramón Jiménez
Calle Juan Ramón Jiménez 10.
959 37 21 48. *Di–So.*
So nachm., Feiertage.

Convento de Santa Clara
Plaza de las Monjas. *959 37 01 07.* *Di–Sa.* *Feiertage.*

Nuestra Señora de Montemayor (16. Jh.) in Moguer

Sandstrand von Mazagón an der Costa de la Luz

Mazagón 10

Huelva. **Straßenkarte** A3. *4000.* *Edificio Mancomunidad, Avda Descubridores s/n. 959 37 60 44.* *Fr abends.*

Der Badeort der Costa de la Luz liegt etwas abseits zwischen Kiefernwäldchen, 23 Kilometer südöstlich von Huelva. Im Winter ist Mazagón verwaist, im Sommer erwacht es zum Leben, wenn vorwiegend spanische Urlauber hierherkommen. Sie fischen, segeln und genießen den weitläufigen, allerdings oft windigen Strand. Besucher mit dem Bedürfnis nach Stille finden diese auf Strandwanderungen am Atlantik oder in den Sanddünen.

Hotels und Restaurants in Huelva und Sevilla *siehe Seiten 214f und 230f*

Die maurischen Mauern von Niebla, El Condado

El Condado ⓫

Huelva. **Straßenkarte** B2. Palma del Condado. *Calle Campo Castillo s/n, Huelva. 959 36 22 70.* **www**.castillodeniebla.com

Auf den sanften, fruchtbaren Hügeln östlich von Huelva gedeihen einige der besten Weine Andalusiens. El Condado ist ein Zentrum des Weinanbaus mit den Orten Niebla, Palma del Condado, Bollullos del Condado und Rociana del Condado.

Niebla ist sehr alt, hat eine römische Brücke und wuchtiges Mauerwerk, das, wie auch das heute verfallene **Castillo de los Guzmanes** (12. Jh.), maurischen Ursprungs ist.

Rund um Niebla bedecken Weinberge das Land. Um die größten *bodegas* haben sich Dörfer gebildet – so auch Bollullos del Condado mit der größten Weinkooperative Andalusiens und dem **Museo del Vino**. Hier können Sie etwas über die Weinanbautechniken erfahren und ein großes Weinangebot kosten. Bollullos und Palma del Condado gehören zu den beliebten jungen Weißweinen der Gegend.

Palma del Condado feiert im September die *vendimia* (Fest der Traubenernte).

Castillo de los Guzmanes
C/Campo Castillo s/n, Niebla. *959 36 22 70.* *Mo–So.*

Museo del Vino
Plaza Idelfonso Pinto s/n, Bollullos del Condado. *959 41 05 13.* *Juni–Sep: 9–14.30 Uhr; Okt–Mai: 10–14 u. 16–19 Uhr (nach telefonischer Absprache auch am Wochenende und an Feiertagen).*

El Rocío ⓬

Huelva. **Straßenkarte** B3. *2500.* *Centro Doñana, Avda de la Canaliega s/n. 959 44 38 08.* *Di.*

Das Dorf El Rocío grenzt an die Feuchtgebiete der Doñana *(siehe S. 130f)* und ist fast das ganze Jahr über ein ruhiger, ländlicher Ort, der wenige Besucher anlockt.

Im Mai jedoch strömen anlässlich der Romería del Rocío *(siehe S. 38)* nahezu eine Million Menschen ins Dorf. Viele sind Pilger, die mit dem Bus, dem Auto, zu Pferd, auf prunkvollen, von Rindern gezogenen Karren oder sogar zu Fuß herbeiströmen. Sie kommen zur **Ermita de Nuestra Señora del Rocío** mit einer seit 1280 für ihre wundervollen Erscheinungen berühmten Statue. Zu den Pilgern gesellen sich unzählige Menschen in Feierlaune.

Matalascañas ⓭

Huelva. **Straßenkarte** A3. *1200.* *Avenida de las Adelfas s/n. 959 43 00 86.* *Do.* **www**.almonte.es

Matalascañas ist der größte andalusische Badeort westlich des Guadalquivir. Tausende verbringen hier ihre Ferien. Tagsüber wird geritten, gesegelt oder Wasserski gefahren und nachts in den Discos getanzt. Zur Romería del Rocío ist der Ort von Pilgern und Feiernden überfüllt.

Matalascañas liegt völlig isoliert: Auf der einen Seite erstrecken sich Dünen und Wälder, auf der anderen Seite liegt das wilde Gebiet der Doñana *(siehe S. 130f)*.

Iglesia de Nuestra Señora del Rocío in El Rocío

Parque Nacional de Doñana ⓮

Vogelbeobachtung vom Boot aus

Der Nationalpark Doñana zählt zu den größten Feuchtgebieten Europas. Zusammen mit seinen angrenzenden Schutzgebieten (Parque Natural de Doñana) umfasst er eine Fläche von über 50 000 Hektar Schwemmland und Sanddünen. Früher war die Gegend Jagdgrund *(coto)* und gehörte den Herzögen von Medina Sidonia. Besiedelt war das Land nie. Die natürliche Flora und Fauna gedieh, 1969 wurde das Gebiet offizielles Landschaftsschutzgebiet. Neben vielen einheimischen Arten überwintern hier Tausende von Zugvögeln, wenn das Schwemmland nach der Trockenzeit überflutet wird.

Strauchvegetation
Ein Teppich aus Lavendel, Sonnenröschen und anderem Gesträuch festigt die Sanddünen.

Wacholder
Diese Art (Juniperus oxycedrus) *gedeiht im Dünengürtel und treibt ihre Wurzeln tief in den Sand. Sie kann aber auch vom Sand der Dünen ganz begraben werden.*

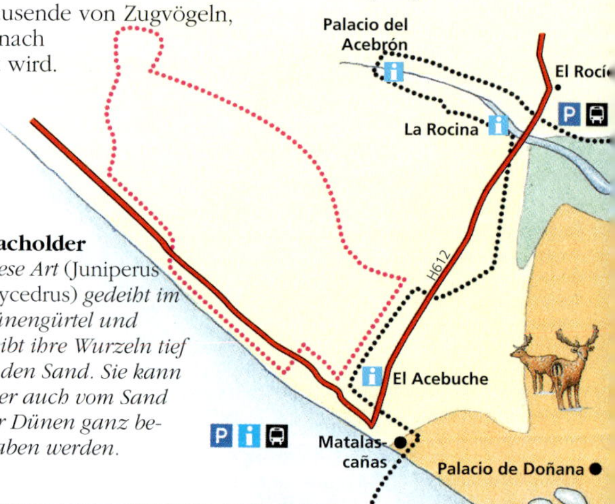

Monte de Doñana heißt das bewaldete Gebiet hinter den Dünen: Es ist Schutzraum für Luchse, Wildschweine und Hochwild.

Stranddünen
Sanft gerundete, bis zu 30 Meter hohe weiße Dünen säumen die Küste. Die von den Atlantikwinden gerippten Dünen wandern kontinuierlich landeinwärts.

Offizielle Touren
Die Anzahl der Besucher ist streng limitiert. Bei den Tagestouren auf holprigen Pfaden machen die sachkundigen Führer auf scheue Tiere aufmerksam, unter Wahrung des Umweltschutzes.

LEGENDE

- Marschen
- Dünen
- Parque Nacional de Doñana
- Parque Natural de Doñana
- Straße
- Aussichtspunkt
- Information
- Parken
- Bus

Hochwild
Damwild (Dama dama) *und Rotwild* (Cervus elaphus) *durchstreifen den Park. Im Spätsommer leiten die Hirsche mit wilden Wettkämpfen die Brunftzeit ein.*

Infobox

Straßenkarte B3. **Allg. Gebiet** *tägl.* *25. Dez, 1. Jan, 6. Jan, Pfingsten.* ***La Rocina****:* *959 44 23 40.* ***Palacio del Acebrón****: Ausstellung »Der Mensch und der Coto Doñana«.* *10–21 Uhr.* ***El Acebuche****: Rezeption, Ausstellung, Café, Laden.* *8–21 Uhr.* *959 44 87 11.* ***Wege ohne Führung****: La Rocina, Charco de la Boca; El Acebrón ab Palacio del Acebrón; Laguna del Acebuche ab Acebuche.* **Innerer Parkbereich** *Sommer: Mo–Sa; Winter: Di–So. Nur mit Führung. Jeeps ab El Acebuche: 8.30 u. 15 Uhr. Buchung obligatorisch.* *959 44 38 08.* *tel. erfragen.* **www.**parquenacionaldonana.com

Kaiseradler
Der seltene Spanische Kaiseradler (Aquila adalberti) *jagt kleine Säugetiere.*

Der Große Flamingo
Während der Wintermonate versorgen die Salzseen und das Schwemmland die schönen rosaroten Großen Flamingos (Phoenicopterus ruber) *mit Krustentieren.*

Letzter Schutzraum des Luchses

Der Luchs ist eines der seltensten Säugetiere Europas. In Doñana haben etwa 30 Tiere *(Lynx pardinus)* eine Heimat gefunden. Sie besitzen ein gelbbraunes Fell mit dunklen Flecken und spitze Ohren mit schwarzen Büscheln. Es gibt ein Forschungsprogramm zu diesen scheuen Tieren. Sie ernähren sich von Hasen und Enten, manchmal auch von Rehkitzen.

Wer einen Luchs sehen will, braucht Geduld

Rundblick über das rote Dächermeer von Lebrija

Lebrija ⓯

Sevilla. **Straßenkarte** B3. *26 000. Casa de Cultura, Calle Tetuán 15. 95 597 40 68. Di.*

Das hübsche, von einer Stadtmauer umgebene Lebrija bietet schöne Ausblicke auf die Weinberge des Jerez-Gebiets *(siehe S. 226)*.

Enge Sträßchen führen zur **Iglesia de Santa María de la Oliva**, einer Almohaden-Moschee (12. Jh.), die von Alfons X. *(siehe S. 48)* zur Kirche geweiht wurde. Viele islamische Elemente blieben erhalten, so auch das Kuppeldach und die Hufeisenbogen.

Itálica ⓰

Sevilla. **Straßenkarte** B2. *von der Plaza de Armas, Sevilla. 95 599 73 76. Apr–Sep: Di–Sa 8.30–20.30 Uhr, So u. Feiertage 9–15 Uhr; Okt–März: Di–Sa 9–17.30 Uhr, So 10–16 Uhr.*

Scipio Africanus gründete Itálica 206 v. Chr. als eine der ersten römischen Städte in Hispanien. Später erblühte sie als Militärstützpunkt und Kulturzentrum mit mehreren Tausend Einwohnern.

Hier wurden die römischen Kaiser Trajan und Hadrian geboren. Letzterer verlieh der Stadt während seiner Herrschaft im zweiten Jahrhundert kaiserliches Gepräge durch Marmortempel und schöne Gebäude. Archäologen vermuten, dass der veränderte Verlauf des Guadalquivir letztlich zum Untergang von Itálica führte. Sicher ist, dass die Stadt nach dem Fall des Römischen Reiches stetig verfiel.

Im Herzen der Stadt können die Überreste des Amphitheaters mit einst 25 000 Sitzen besichtigt werden. In der Nähe gibt es eine Ausstellung zu den Funden, obwohl sich vieles im Museo Arqueológico in Sevilla *(siehe S. 97)* befindet. Die Besucher können auf den Resten von Straßen und Villen umherwandern. Es blieb wenig übrig von den Tempeln und Bädern, da viele Steine im Lauf der Zeit von Bauarbeitern geplündert wurden.

Das Dorf **Santiponce** liegt am Rand der Stätte. Hier wurden gut erhaltene römische Ruinen wie Bäder und ein Theater ausgegraben.

Römisches Mosaik aus Itálica

Sierra Norte ⓱

Sevilla. **Straßenkarte** B2. *Estación de Cazalla y Constantina. Constantina, Cazalla. El Robledo. 95 588 15 97.*

Die Provinz Sevilla wird im Norden von einer rauen Gebirgskette flankiert: Die Sierra Norte de Sevilla ist ein Teil der größeren Sierra Morena, die die natürliche Grenze zwischen Andalusien und den Ebenen von La Mancha und der Extremadura bildet. Die von dahineilenden Flüssen gegliederte Gegend ist dünn besiedelt und im Sommer relativ kühl, sodass sie Schutz vor der gnadenlosen Hitze Sevillas bietet. Nur vereinzelt sieht man im Winter einen Jäger mit einem Rebhuhn oder Hasen.

Cazalla de la Sierra, der Hauptort der Gegend, wirkt erstaunlich kosmopolitisch und ist bei den jungen *Sevillanos* am Wochenende sehr beliebt. Er hat die Welt der Getränke mit dem *Liquor de Guindas* bereichert: einer Mixtur aus Kirschlikör und Anis, deren Geschmack gewöhnungsbedürftig ist.

Constantina ist ruhiger und bietet schöne Ausblicke. Eine romantische Atmosphäre umgibt die hoch über der Stadt thronende Burg.

Grasende Kuh im offenen Grasland der Sierra Norte de Sevilla

Carmona ⓲

Sevilla. **Straßenkarte** B2. *28 000. Alcázar de la Puerta de Sevilla s/n. 95 419 09 55. Mo, Do.* **www**.turismo.carmona.org

Auf der Fahrt von Sevilla in Richtung Osten (A4) findet man mit Carmona die erste bedeutende Stadt. Das Zentrum von Carmona liegt innerhalb maurischer Stadtwälle, die durch die **Puerta de Sevilla** betreten werden können. Sie sind geprägt von Wohnhäusern, Mudéjar-Kirchen, Plätzen und kopfsteingepflasterten Straßen.

Die Erhabenheit der Plaza de San Fernando rührt von der strengen Renaissance-Fassade des alten **Ayuntamiento** her. Das heutige Rathaus am Rand des Platzes (18. Jh.) bie-

Grabstätte von Servilia, Carmona

tet im Innenhof schöne römische Mosaike. Ganz in der Nähe steht die auf einer Moschee erbaute **Iglesia de Santa María la Mayor** (15. Jh.) mit noch erhaltenem Innenhof. Dominiert wird die Stadt jedoch durch die Ruinen des **Alcázar del Rey Pedro**, einst der Palast von Pedro I, der auch als Pedro el Cruel (Pedro der Grausame, *siehe S. 48*) bekannt war. Teile davon sind heute ein schöner Parador *(siehe S. 210)*.

Am Rand von Carmona befindet sich die **Necrópolis Romana**, Überreste einer römischen Begräbnisstätte. Ein Museum zeigt Güter, die den Toten beigegeben waren: Statuen, Schmuck und Urnen.

Ayuntamiento
Calle Salvador 2. *95 414 00 11.* *Mo–Fr 8–15 Uhr.* *Feiertage.*

Necrópolis Romana
Avenida Jorge Bonsor 9. *95 414 08 11.* *Di–Sa.* *Feiertage.*

Écija ⓳

Sevilla. **Straßenkarte** C2. *40 000.* *Plaza de España 1, Ayuntamiento, Palacio de Benamejí. 955 90 00 00.* *Do.* **www**.ecija.es

Écija trägt wegen seines extrem heißen Klimas den Spitznamen »Bratpfanne von Andalusien«. In der Hitze bieten die Palmen der Plaza de España wohltuenden Schatten – ideal zum Ausruhen und Beobachten des täglichen Lebens. Sie ist auch Zentrum des abendlichen Flanierens.

Écija hat elf barocke Kirchtürme, von denen die meisten mit *azulejos* *(siehe S. 76)* geschmückt sind. Am auffallendsten ist die die Plaza de España überragende **Iglesia de Santa María**. Die barocke **Iglesia de San Juan** mit Glockenturm steht ihr jedoch in nichts nach.

Auch die Fassade des **Palacio de Peñaflor** ist im Stil des Barock gehalten. Der Marmoreingang wird von verschlungenen Säulen gekrönt. Eine schmiedeeiserne Balustrade läuft um die Frontfassade des Bauwerks.

Palacio de Peñaflor
C/Caballeros 32. *95 483 02 73.* *tägl. (nur Innenhof).*

Osuna ⓴

Sevilla. **Straßenkarte** C3. *17 500.* *Plaza Mayo s/n. 95 481 57 32.* *Mo.*

Osuna war römische Garnisonsstadt, bevor sie in der maurischen Zeit weitgehend verfiel. Durch die Herzöge von Osuna gewann die Stadt im 16. Jahrhundert wieder an Bedeutung. Während der 1530er Jahre gründeten die Herzöge die große Stiftskirche **Colegiata de Santa María**. Hier befinden sich ein barocker *retablo* sowie Gemälde von José de Ribera. Aus dieser Zeit datiert auch die **Universidad**, ein strenges Gebäude mit schönem Innenhof. Einige Villen, darunter der barocke **Palacio del Marqués de la Gomera**, sind weitere beredte Zeugnisse prunkvollerer Zeiten.

Skulptur, Iglesia del Carmen

Estepa ㉑

Sevilla. **Straßenkarte** C3. *12 000.* *Plaza Carmen 1, Casa de Cultura. 95 591 40 88.* *Mo, Mi, Fr.* **www**.estepa.com

Der Sage nach begingen die verzweifelten Einwohner von Estepa im Jahr 207 v. Chr., als das römische Heer dort ankam, Massenselbstmord. Heute ist das Leben in der Kleinstadt im äußersten Südosten der Provinz Sevilla weniger dramatisch. Bekannt ist sie durch ihre Kekssorten *mantecados* und *polvorones*. Schlendern Sie durch die Straßen mit den Villen, deren Fenster vergittert sind, und ruhen Sie sich am Hauptplatz aus.

Hier können Sie die schwarz-weiße Fassade der barocken **Iglesia del Carmen** bewundern.

Wandmalerei an der Fassade des Palacio de Peñaflor in Écija

Córdoba und Jaén

Córdoba ist wegen seiner prächtigen Moschee und seiner maurischen Innenhöfe Nordandalusiens Hauptattraktion. Die Provinz Córdoba umfasst die Weinorte Montilla und Moriles sowie Barockjuwele wie Priego de Córdoba. Die Gebirgspässe von Jaén sind wie Tore zu den schönen Renaissance-Städten Úbeda und Baeza und den großen Naturreservaten der Gebirge dieser Provinz.

Das am Guadalquivir gelegene Córdoba war vor 2000 Jahren römische Provinzhauptstadt. Sein Goldenes Zeitalter begann jedoch mit den Mauren. Im 10. Jahrhundert war es die westliche Hauptstadt des islamischen Reiches und konkurrierte mit Bagdad. Heute ist es eine stimmungsvolle Stadt, deren Bauten von ruhmreicher Vergangenheit erzählen.

In der ländlichen Umgebung von Córdoba liegen Monumente maurischer Vergangenheit verstreut, z.B. der Kalifenpalast von Medina Azahara. Im Süden erstreckt sich die Campiña, eine gewellte Landschaft mit ausgedehnten Arealen von Olivenbäumen und Reben sowie grün-goldenen Feldern mit Sonnenblumen und Getreide. Hier und da tauchen weiße Dörfer und verfallende Burgruinen auf.

Im Norden der Provinzen Córdoba und Jaén erhebt sich die Sierra Morena. Hier leben Hochwild und Wildschweine. Die Sierras dominieren die Provinz Jaén. Der Río Guadalquivir entspringt in der Sierra de Cazorla als Forellenbach. Händler, Wegelagerer und Heere aller Zeiten nutzten die als Desfiladero de Despeñaperros bekannte Schneise, um von La Mancha und Kastilien nach Andalusien zu gelangen.

Alte Burgen, einst Posten der muslimisch-christlichen Grenze, überblicken heute die friedlichen Olivenhaine. Dazwischen sind historische Städte eingestreut, die ihre Glanzstücke aus der Zeit nach der Rückeroberung bewahrten.

Jaén mit seiner Kathedrale im Vordergrund, Ansicht vom Castillo de Santa Catalina aus

◁ **Kunstvolle Steinarbeiten und islamische Inschriften in der Mezquita von Córdoba** ***(siehe S. 144f)***

Überblick: Córdoba und Jaén

Durch sanfte hügelige Felder und zerklüftete Höhen zieht sich das fruchtbare Tal des Guadalquivir. An seinem nördlichen Ufer liegt Córdoba mit der Mezquita. Die dünn besiedelte Sierra Morena verläuft im Norden. Weiter südlich folgt Ackerland mit historischen Orten wie Priego de Córdoba. Östlich davon liegen die Renaissance-Städte Baeza und Úbeda inmitten der Olivenhaine von Jaén. Von hier aus gelangt man zum Parque Natural de Cazorla mit seiner dramatischen Landschaft, die Lebensraum für Hochwild und Wildschweine bietet.

Die Hauptstraße von Cabra während der Siesta

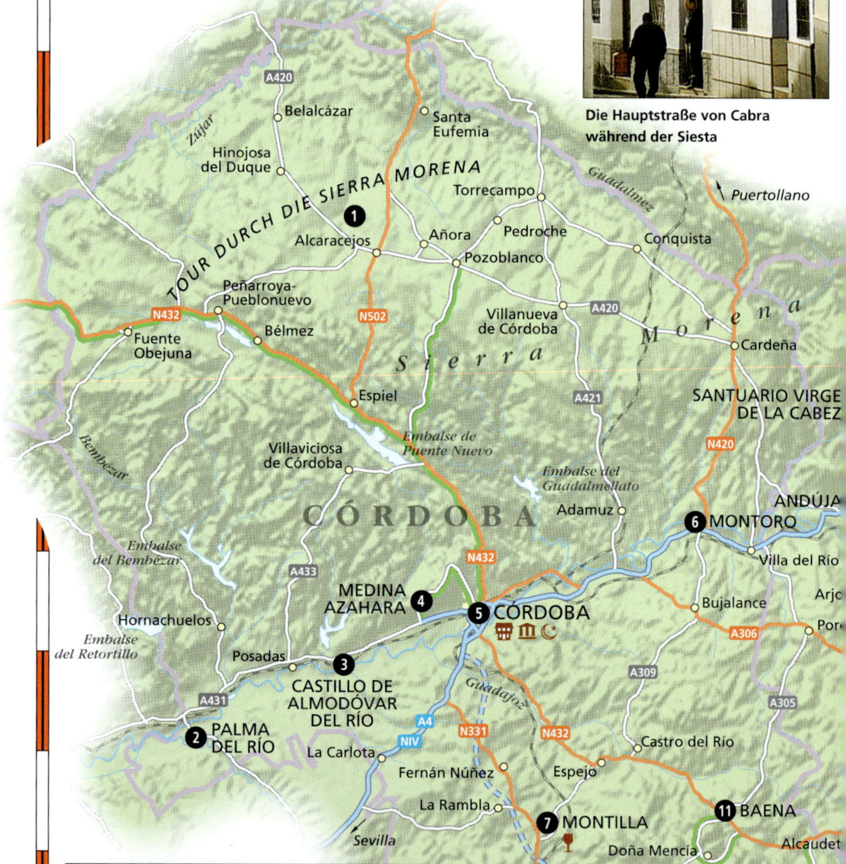

Olivenhaine dehnen sich bis zum Horizont aus

Sehenswürdigkeiten auf einen Blick

Aguilar 8
Alcalá la Real 13
Andújar 15
Baena 11
Baeza S. 152f 20
Baños de la Encina 17
Cabra 10
Castillo de Almodóvar del Río 3
Cazorla 22
Córdoba S. 140–146 5
Desfiladero de Despeñaperros 19
Jaén S. 148f 14
La Carolina 18
Lucena 9
Medina Azahara 4
Montilla 7
Montoro 6
Palma del Río 2
Parque Natural de Cazorla, Segura y Las Villas 23
Priego de Córdoba 12
Santuario Virgen de la Cabeza 16
Segura de la Sierra 24
Úbeda S. 154f 21

Tour

Sierra Morena 1

Die an das Naturschutzgebiet angrenzende Stadt Cazorla

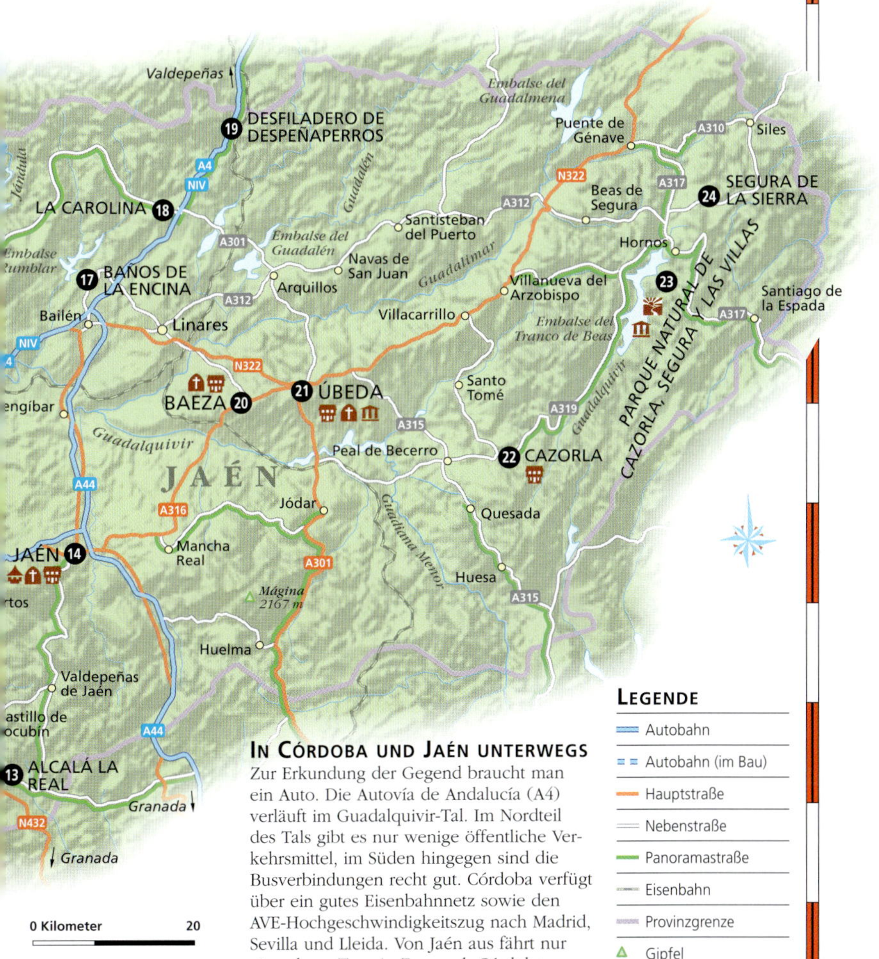

Legende

Autobahn
Autobahn (im Bau)
Hauptstraße
Nebenstraße
Panoramastraße
Eisenbahn
Provinzgrenze
Gipfel

In Córdoba und Jaén unterwegs

Zur Erkundung der Gegend braucht man ein Auto. Die Autovía de Andalucía (A4) verläuft im Guadalquivir-Tal. Im Nordteil des Tals gibt es nur wenige öffentliche Verkehrsmittel, im Süden hingegen sind die Busverbindungen recht gut. Córdoba verfügt über ein gutes Eisenbahnnetz sowie den AVE-Hochgeschwindigkeitszug nach Madrid, Sevilla und Lleida. Von Jaén aus fährt nur einmal pro Tag ein Zug nach Córdoba.

Palma del Río ❷

Córdoba. **Straßenkarte** C2. *21 000.* *Cardenal Portocarrero. 957 64 43 70.* *Di.*
www.palmadelrio.es

Die Überreste der von den Almohaden erbauten Befestigungswälle (11. Jh.) erinnern an Zeiten, als diese Stadt ein Grenzposten war. Die Römer errichteten hier an der Hauptstrecke zwischen Córdoba und Itálica *(siehe S. 132)* vor fast 2000 Jahren eine Siedlung. Die Barockkirche **Iglesia de la Asunción** stammt aus dem 18. Jahrhundert. Das ehemalige Franziskanerkloster ist heute ein schönes Hotel *(siehe S. 216)*, wo die Gäste im Refektorium (15. Jh.) speisen. Palma ist die Heimatstadt von El Cordobés, einem der berühmtesten Matadore Spaniens. Seine Biografie *... oder Du wirst Trauer tragen* gibt einen guten Eindruck von Palma del Río und der harten Zeit, die die Menschen nach dem Bürgerkrieg erdulden mussten.

Glockenturm der Iglesia de la Asunción

Castillo de Almodóvar del Río ❸

Córdoba. **Straßenkarte** C2. *957 63 51 16.* *tägl. 11–14.30, 16–20 Uhr (Mitte Sep–Apr: bis 19 Uhr).*
www.castillodealmodovar.com

Kurz vor Almodóvar del Río entfaltet sich eine der dramatischsten Silhouetten Andalusiens. Die maurische Burg mit bis ins 8. Jahrhundert datierenden Gebäudeteilen blickt über die weitläufige weiß getünchte Stadt und auf die umgebenden Baumwoll- und Getreidefelder.

Detail einer Holzschnitzerei im Hauptsaal der Medina Azahara

Medina Azahara ❹

Ctra Palma del Río, km 5,5. Córdoba. **Straßenkarte** C2. *957 35 55 06.* *Di–Sa 10–18.30 Uhr (Mai–Sep: 20.30 Uhr), So u. Feiertage 10–14 Uhr.* *(frei für EU-Bürger).*

Wenige Kilometer nordwestlich von Palma del Río sind die Überreste dieses maurischen Palasts

Tour durch die Sierra Morena ❶

Die karge Sierra Morena zieht sich durch Nordandalusien. Unsere Route durch die Provinz Córdoba führt sowohl über Berge mit Eichen- und Kiefernwäldern, wo Jäger auf der Hochwild- und Wildschweinpirsch sind, als auch durch die Ebene von Valle de los Pedroches, wo Störche auf Kirchtürmen nisten. Die nur wenig besuchte Gegend ist dünn besiedelt. Sie ist eher von nüchterner Art im Gegensatz zum üblichen Andalusien und verspricht eine schöne Tagestour außerhalb von Córdoba.

Hinojosa del Duque ④
»Catedral de la Sierra«, die riesige Iglesia San Juan Bautista im Stil der Gotik und Renaissance (15. Jh.), überragt die Stadt. Sie besitzt einen churrigueresken *retablo*.

Der Aufstand von Fuente Obejuna

Lope de Vega (1562–1635)

Am 23. April 1476 stürmte das Volk den Palast des Lehnsherrn Don Fernando Gómez de Guzmán. Er wurde aus dem Fenster geworfen und in Stücke gehackt. Als ein Richter nach den Schuldigen fragte, antwortete das Volk wie mit einer Stimme: »Fuente Obejuna, señor!« Niemand wurde bestraft – so heißt es jedenfalls in Lope de Vegas Stück.

Peñarroya-Pueblonuevo ②
Ein ehemals wichtiges Abbaugebiet für Kupfer- und Eisenerz.

Fuente Obejuna ③
Auf der Plaza Lope de Vega wird oft das berühmte Stück von Lope de Vega aufgeführt. Die Kirche Nuestra Señora del Castillo stammt aus dem 15. Jahrhundert.

Bélmez ①
Reste einer Burg (13. Jh.) krönen einen Berg, der schöne Ausblicke bietet.

zu sehen – erbaut im 10. Jahrhundert für den Kalifen Abd al Rahman III., der ihn nach seiner Lieblingsfrau benannte. Er ließ mit 19000 Tragtieren und 10 000 Arbeitern Baumaterialien aus Andalusien und Afrika zur Baustelle bringen.

Die riesige Palastanlage umfasste eine Moschee, die Wohngebäude des Kalifen und Gartenanlagen. Verzierungen aus Alabaster, Ebenholz, Jaspis und Marmor schmückten den Hauptsaal.

Die Pracht war nur von kurzer Dauer, Berber plünderten den Palast im Jahr 1010. Jahrhundertelang wurde Baumaterial gestohlen, sodass die Ruinen heute nur eine Ahnung vom einstigen Prunk geben – z. B. vom Hauptsaal mit holzgeschnitzter Decke. Der Palast wird restauriert.

Córdoba ❺

Siehe S. 140–146.

Montoro ❻

Córdoba. **Straßenkarte** D2. *9800.* *Plaza de España 8. 957 16 00 89.* *Di.* **www**.montoro.es

Über fünf Hügel hinweg schmiegt sich diese aus der Zeit der Griechen und Phönizier stammende Stadt an das Ufer des Guadalquivir. Ihre Wirtschaft wird vom Olivenanbau bestimmt. Der Entwurf der stabilen Brücke stammt von Enrique de Egas. Baubeginn war zur Zeit der Katholischen Könige *(siehe S. 48f)*, Bauende etwa 50 Jahre später. Die Frauen der Stadt verkauften ihren Schmuck, um die Mittel für die Brücke aufzubringen, deswegen auch der Name **Puente de las Donadas** (Brücke der Stifterinnen).

Steile Sträßchen verleihen der Stadt ihren Reiz. Die Plaza de España wird von zwei Gebäuden gesäumt, dem **Ayuntamiento**, früherer Sitz der regierenden Herzöge, und der gotischen Mudéjar-Kirche **Iglesia de San Bartolomé**.

Ledertaschen und Sattelzeug gehören noch heute zum Kunsthandwerk in Montoro.

Brücke über den Guadalquivir (16. Jh.) in Montoro

Belalcázar ⑤
Der wuchtige Turm einer 1466 erbauten, heute verfallenen Burg ragt hoch auf. Um 1480 wurde hier Sebastián de Belalcázar, Eroberer von Nicaragua, geboren.

Añora ⑥
Diese Stadt ist berühmt für ihre alten Bräuche, z. B. die *Cruces de Mayo* (Maikreuze; *siehe S. 38*).

Pozoblanco ⑧
Pozoblanco ging am 26. September 1984 in die Annalen ein, als der Matador Paquirri von einem Stier getötet wurde.

Routeninfos

Länge: *190 km.*
Rasten: *An der Strecke liegen viele schattige Plätze, die sich gut für ein Picknick eignen. In einigen Dörfern, etwa in Fuente Obejuna, gibt es auch Bars und Restaurants.*

Pedroche ⑦
Ein 56 Meter hoher Kirchturm aus Granit, mit einem markanten Riss, erhebt sich über die Stadt.

Legende

- Routenempfehlung
- Andere Straße
- ▲ Gipfel

Im Detail: Córdoba ❺

Statue des Maimónides

Das Herzstück von Córdoba ist das alte, als Judería bekannte Judenviertel nahe der Mezquita. Eine Wanderung durch dieses Viertel gibt dem Besucher das Gefühl, dass sich wenig geändert hat seit der Zeit, da Córdoba eine der größten Städte der westlichen Welt war. Enge Gässchen, versteckte Winkel, schmiedeeiserne Tore, Werkstätten, in denen Silberschmiede schönen Schmuck herstellen – alles erscheint wie vor 1000 Jahren. Der Verkehr tost am Flussufer entlang, vorbei an der Nachbildung eines maurischen Schöpfrades und den Mauern der Großen Moschee. Die meisten Sehenswürdigkeiten sind hier zu finden, während sich das moderne Stadtleben an der Plaza de las Tendillas abspielt.

Sinagoga
Hebräische Inschriften zieren die Innenwände dieser einzigen in Andalusien erhaltenen Synagoge.

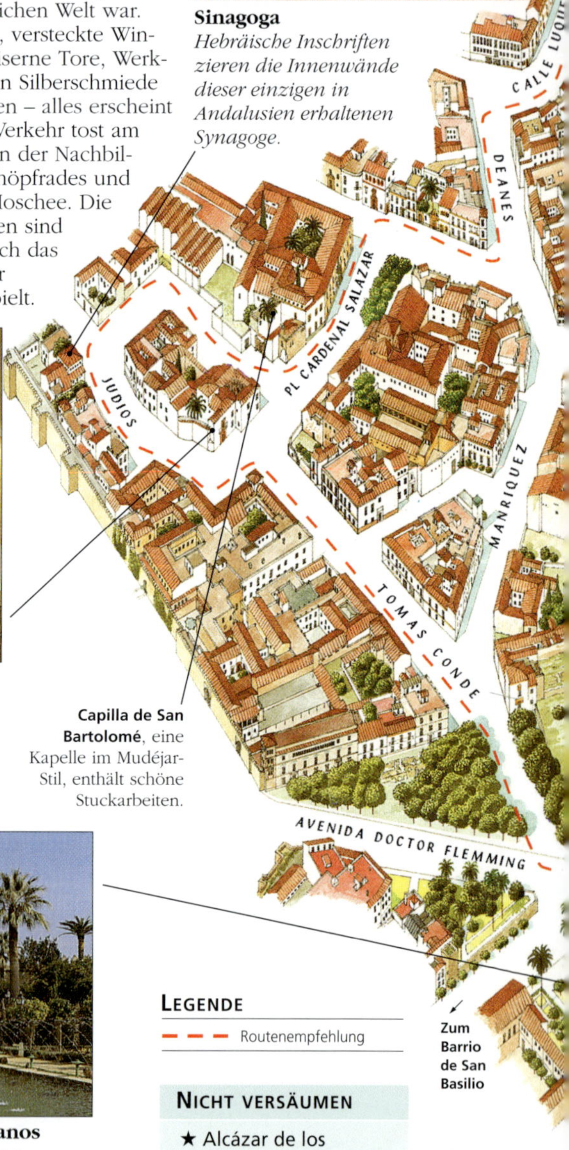

Museo Taurino
Im Stierkampf-Museum finden sich eine Nachbildung des Grabes des berühmten Toreros Manolete und das Fell des Stiers, der ihn tötete (siehe S. 27).

Capilla de San Bartolomé, eine Kapelle im Mudéjar-Stil, enthält schöne Stuckarbeiten.

★ Alcázar de los Reyes Cristianos
Wasserbecken und Springbrunnen betonen die ruhige Atmosphäre der Gartenanlagen in der Palastfestung (14. Jh.) der Katholischen Könige.

Legende

– – – Routenempfehlung

Nicht versäumen

- ★ Alcázar de los Reyes Cristianos
- ★ Mezquita

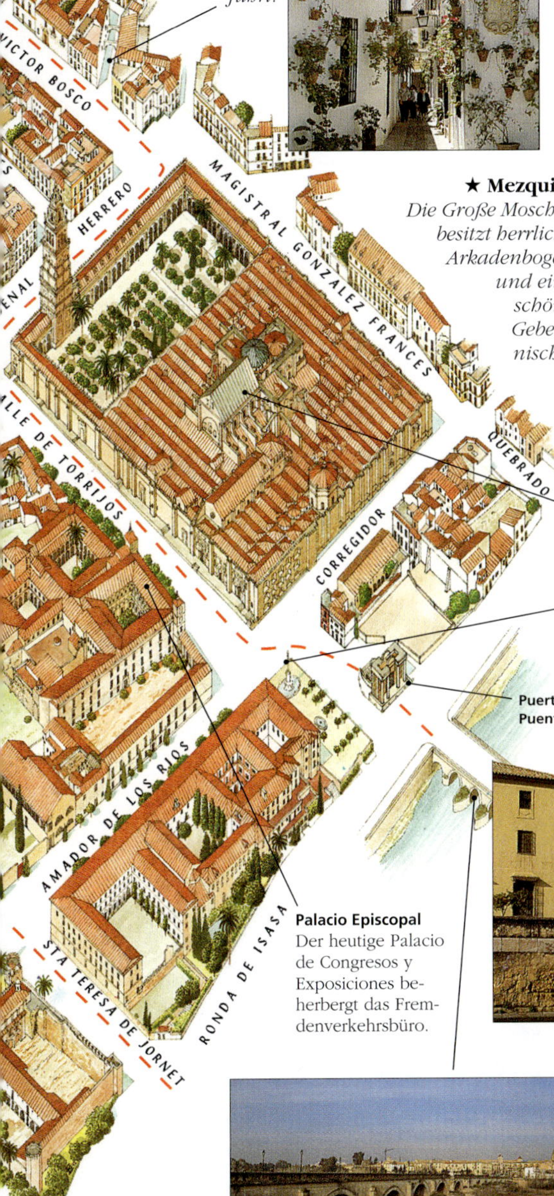

Callejón de las Flores
Geranien schmücken die weiß getünchte enge Gasse, die zu einem winzigen Platz führt.

INFOBOX

Córdoba. **Straßenkarte** C2. *325 000.* *Glorieta de las Tres Culturas (957 40 02 02 & 902 24 02 02).* *Glorieta de las Tres Culturas (957 40 40 40).* *Palacio de Congresos y Exposiciones, Calle Torrijos 10. 957 47 12 35.* *Di, Fr & So.* *Karneval (Feb), Semana Santa (Ostern), Cruces de Mayo, Festival de los Patios (Mai).*

★ Mezquita
Die Große Moschee besitzt herrliche Arkadenbogen und eine schöne Gebetsnische.

Triunfo de San Rafael
Dem Schutzheiligen der Stadt, dem hl. Rafael, wurde dieses Denkmal (18. Jh.) gesetzt. Die Puerta del Puente war einst Teil der Stadtmauer.

Palacio Episcopal
Der heutige Palacio de Congresos y Exposiciones beherbergt das Fremdenverkehrsbüro.

Puente Romano
Die Römer bauten die erste Brücke über den Guadalquivir. Obwohl oft erneuert, steht die Brücke noch auf ihren Originalgrundpfeilern – daher der Name.

Überblick: Córdoba

Skulptur von Mateo Inurria

Córdobas Altstadt drängt sich um die Mezquita am Ufer des Guadalquivir. Ihr Ursprung ist wohl karthagisch, ihr Name könnte sich von Kartuba herleiten, was im Phönizischen »reiche und wertvolle Stadt« heißt. Unter den Römern war sie Provinzhauptstadt und Geburtsort des Philosophen Seneca. Als Córdobas Goldenes Zeitalter muss das 10. Jahrhundert gesehen werden, als Abd al Rahman III. ein unabhängiges Kalifat mit Córdoba als Hauptstadt gründete, dessen Einfluss bis nach Nordafrika reichte – ein Zentrum für Handel, Gewerbe und Gelehrsamkeit, wo Juden, Christen und Araber miteinander lebten. Der Bürgerkrieg *(siehe S. 46f)* beendete das Kalifat, die Stadt wurde geplündert. Sie verfiel, nachdem sie 1236 an Ferdinand III. ging.

***Naranjas y Limones* im Museum Julio Romero de Torres**

Mezquita

Siehe S. 144f.

Alcázar de los Reyes Cristianos

C/Caballerizas Reales s/n. *957 42 01 51.* *16. Okt–30. Apr: Di–Sa 10–14, 16.30–18.30 Uhr; 1. Mai–15. Juni, 16. Sep–15. Okt: Di–So 10–14, 17.30–19.30 Uhr; 16. Juni–15. Sep: Di–Sa 8.30–14.30, 20–24 Uhr, So 9.30–14.30 Uhr.* *(Mi frei).*

Alfons XI. ließ die Palastfestung 1328 bauen. Ferdinand II. und Isabella residierten hier, als sie Córdoba zu ihrem Endkampf gegen das maurische Granada aufsuchten *(siehe S. 48)*. Später war sie Sitz der Inquisition *(siehe S. 51)*, danach Provinzgefängnis.

Die beschaulichen Gartenanlagen mit Teichen und Brunnen sind im Sommer auch bis spätabends geöffnet. Hinter den Mauern finden sich römische Mosaiken.

Sinagoga

Calle Judíos 20. *957 20 29 28.* *Di–Sa 10–14, 15.30–17.30 Uhr, So 10–13.30 Uhr.*

Die um 1315 erbaute Synagoge im Mudéjar-Stil ist eine von drei Bauten aus dieser Zeit, die in Spanien noch erhalten sind. Die anderen befinden sich in Toledo. Die Frauengalerie und Stuckarbeiten mit hebräischen Inschriften sind besonders bemerkenswert.

Die Synagoge liegt in der Judería, dem malerischen Judenviertel – einem Labyrinth von engen Straßen mit weiß getünchten Häusern. Auf einem nahe gelegenen Platz steht die Statue von Maimónides, dem in Córdoba geborenen jüdischen Gelehrten.

Museo Taurino

Plaza Maimónides 1. *957 20 10 56.* *wg. Renovierung.*

Hier finden sich alte Plakate, ausgestopfte Köpfe berühmter Stiere und sonstige Relikte der *corrida (siehe S. 26f)*. Einige Räume sind berühmten Matadoren gewidmet. Der legendäre Manolete wurde 1947 von dem Stier Islero getötet.

Museo Julio Romero de Torres

Plaza del Potro 1. *957 49 19 09.* *Di–Sa 10–14, 17.30–19.30 Uhr (Okt–Mai: 16.30–18.30 Uhr), So 9–14.30 Uhr.* *(Fr frei).*

Der hier geborene Julio Romero de Torres (1874–1930) fing in seinen Gemälden die Seele Córdobas ein. Einige zeigen wohlproportionierte Akte, andere Sentimentales wie die Totenbettszene *Sieh, wie schön sie war* (1895). Sein makaberstes Werk ist *Cante Hondo* (1930). Humorvoll: die Aktstudie *Naranjas y Limones* (Orangen und Zitronen, 1928).

Museo de Bellas Artes

Plaza del Potro 1. *957 47 13 14.* *Di 14.30–20.30 Uhr, Mi–Sa 9–20.30 Uhr, So 9–14.30 Uhr.*

Das Museum ist in der ehemaligen Charité untergebracht. Unter den Exponaten sind Skulpturen des heimischen Künstlers Mateo Inurria (1867–1924) sowie einige Werke von Murillo, Valdés Leal und Francisco de Zurbarán aus der Schule von Sevilla *(siehe S. 66)*.

Plaza de la Corredera

Dieser im kastilischen Stil erbaute hübsche Platz war Schauplatz von Stierkämpfen und anderen öffentlichen Er-

Täglicher Markt auf der Plaza de la Corredera mit ihren Arkaden

eignissen. Die Gebäude werden restauriert, doch den Cafés unter den Arkaden haftet noch immer das Flair der Vergangenheit an.

Palacio de Viana

Plaza Don Gome 2. *957 49 67 41.* *Okt–Mai: Mo–Fr 10–13, 16–18 Uhr, Sa 10–13 Uhr; Juni–Sep: Mo–Sa 9–14 Uhr.* *1.–15. Juni, Feiertage.*

Wandteppiche, Gemälde und Porzellan sind in diesem Palast (17. Jh.) zu besichtigen. Er wurde 1981 von einer Bank erworben, die das frühere Heim der Viana-Familie original bewahrt. Es gibt 14 Innenhöfe und einen Garten mit Zitronenbäumen, Dattelpalmen und Rosenbüschen.

Der zentrale Brunnen in der Gartenanlage des Palacio de Viana

Museo Arqueológico

Plaza de Jerónimo Páez 7. *957 47 40 11.* *Di 14.30–20.30 Uhr, Mi–Sa 9–20.30 Uhr, So & Feiertage 9–14.30 Uhr.*

In der Renaissance-Villa sind römische Funde wie Mosaike und Keramik zu sehen, aber auch Stücke aus der Zeit der Mauren, z. B. ein Bronzehirsch (10. Jh.) aus Medina Azahara *(siehe S. 138f)*.

Puente Romano

Diese Bogenbrücke besitzt römische Fundamente, wurde jedoch von den Mauren neu erbaut. In der Nähe steht die 1571 von Hernán Ruiz entworfene Puerta del Puente.

Maurischer Bronzehirsch im Museo Arqueológico

Torre de la Calahorra

957 29 39 29. *tägl. Okt–Apr: 10–18 Uhr; Mai–Sep: 10–14, 16.30–20.30 Uhr.*

Jenseits des Puente Romano birgt dieser Turm (14. Jh.) ein kleines Museum, das über Leben, Kultur und Philosophie des 10. Jahrhunderts anschaulich informiert.

Zentrum von Córdoba

Alcázar de los Reyes Cristianos ③
Mezquita ⑥
Museo Arqueológico ⑦
Museo Julio Romero de Torres und Museo de Bellas Artes ⑧
Museo Taurino ②
Plaza de la Corredera ⑨
Puente Romano ④
Sinagoga ①
Torre de la Calahorra ⑤

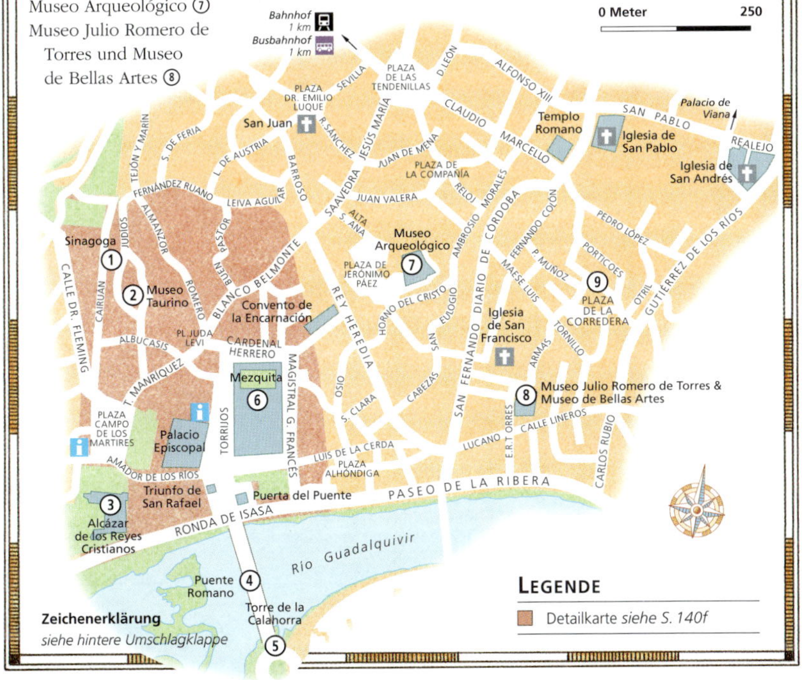

Zeichenerklärung
siehe hintere Umschlagklappe

Legende

Detailkarte *siehe S. 140f*

Córdoba: Mezquita

Die etwa zwölf Jahrhunderte alte Große Moschee Córdobas verkörperte die Macht des Islam auf der Iberischen Halbinsel. Abd al Rahman I. *(siehe S. 46)* erbaute die Originalmoschee zwischen 785 und 787. Das Bauwerk wurde über die Jahrhunderte in vielen Architekturstilen weiterentwickelt. Im 10. Jahrhundert nahm al Hakam II. *(siehe S. 46)* einige der aufwendigsten Erweiterungen vor, so die kunstvolle Gebetsnische *(mihrab)* und die Kalifenloge *(maqsura)*. Im 16. Jahrhundert wurde mitten in ihrem Herzen eine Kathedrale errichtet.

Patio de los Naranjos
Orangenbäume wachsen im Hof, wo sich einst die Gläubigen vor dem Gebet wuschen.

Torre del Alminar
Der Glockenturm (93 m) steht an der Stelle des ursprünglichen Minaretts. Von oben hat man eine schöne Sicht auf die Stadt.

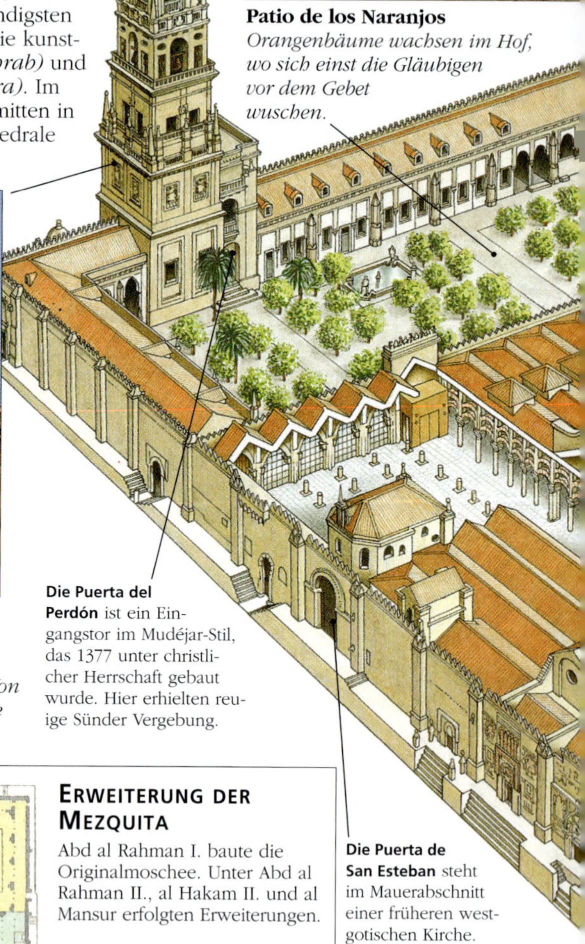

Die Puerta del Perdón ist ein Eingangstor im Mudéjar-Stil, das 1377 unter christlicher Herrschaft gebaut wurde. Hier erhielten reuige Sünder Vergebung.

Die Puerta de San Esteban steht im Mauerabschnitt einer früheren westgotischen Kirche.

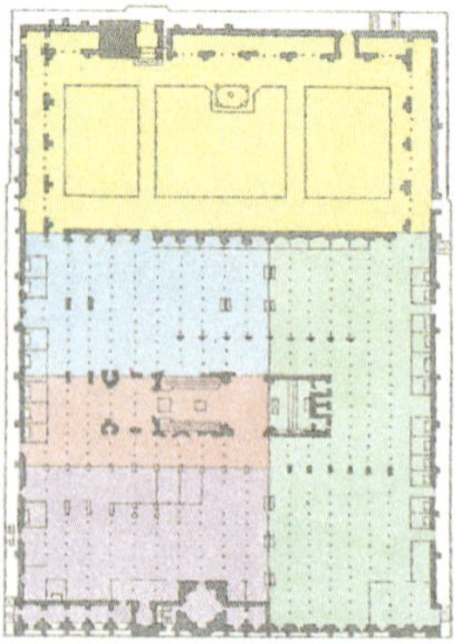

Erweiterung der Mezquita

Abd al Rahman I. baute die Originalmoschee. Unter Abd al Rahman II., al Hakam II. und al Mansur erfolgten Erweiterungen.

Legende

- Moschee von Abd al Rahman I.
- Erweiterung von Abd al Rahman II.
- Erweiterung von al Hakam II.
- Erweiterung von al Mansur
- Patio de los Naranjos

Nicht versäumen

- ★ Bogen und Säulen
- ★ Capilla de Villaviciosa
- ★ Mihrab

Kathedrale
Ein Teil der Moschee wurde für das 1523 begonnene Bauwerk der Kathedrale zerstört. Der Architekt Hernán Ruiz wurde mit der Aufgabe des Baus betraut.

INFOBOX

Calle Torrijos s/n. ☎ 957 47 05 12. ◯ *Mo–Sa 8.30–19 Uhr, So 8.30–10, 14–19 Uhr.* ♿ *(Mo–Sa 8.30–10 Uhr frei.)* ✝ *So, Feiertage 11–13 Uhr; Tabernakel: So, Feiertage: 10–12 Uhr.*
www.turismodecordoba.org

Der Chor der Kathedrale hat ein churriguereskes Chorgestühl, das 1758 von Pedro Duque Cornejo geschnitzt wurde.

Capilla Mayor

Capilla Real

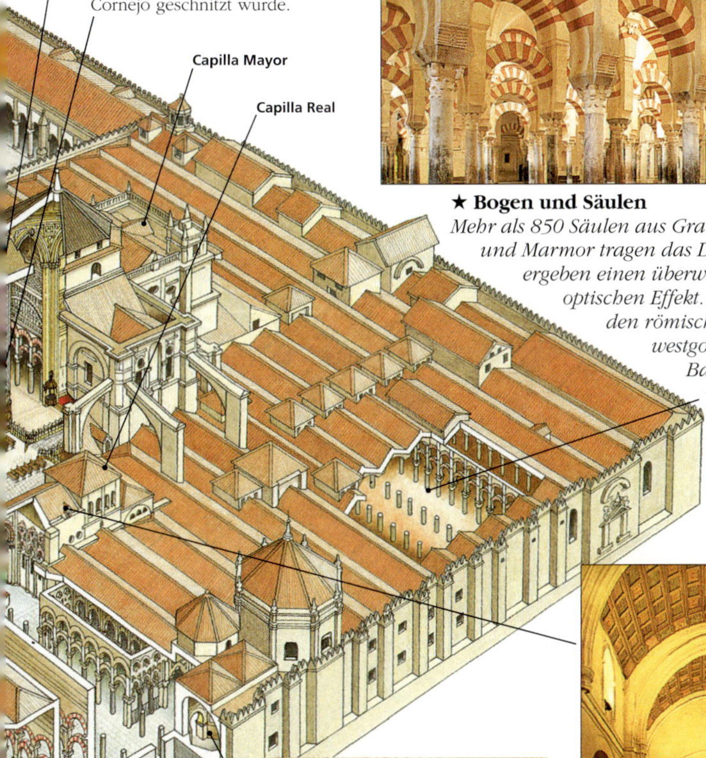

★ Bogen und Säulen
Mehr als 850 Säulen aus Granit, Jaspis und Marmor tragen das Dach und ergeben einen überwältigenden optischen Effekt. Viele wurden römischen und westgotischen Bauten entnommen.

★ Mihrab
Diese Gebetsnische enthielt eine Goldkopie des Korans. Die abgenutzten Steinplatten zeigen, wo die Pilger sie siebenmal auf den Knien umrundeten.

★ Capilla de Villaviciosa
Diese erste, 1371 in die Moschee gebaute christliche Kapelle hat kunstvolle, sich vielfältig überlappende Bogen.

Die Patios von Córdoba

Schon sehr früh spielte sich das Leben in Andalusien um den Patio, den Innenhof, ab. Er bildet das Herzstück des klassischen mediterranen Hauses, um das herum die Wohn- und Schlafräume angeordnet sind, sodass Luft und Licht das Haus durchfluten. Backsteinbogen, farbenprächtige Steinfliesen, Schmiedeeisen, Orangen- und Zitronenbäume und Töpfe voller Blumen tragen zum Zauber dieser Orte bei. Diese Gärten sind die Glanzstücke Córdobas, seien sie nun palastartige Innenhöfe in vornehmen Residenzen oder von vielen geteilte Höfe in bescheidenen Häusern. Traditionelle Patios gibt es vor allem in den Vierteln San Lorenzo und Judería.

Keramikarbeit als Patioschmuck

Weiß getünchte Mauern

Heiligenbild aus Fliesen

Orangenbäume

Festival de los Patios *Zu diesem Anfang Mai* (siehe S.38f) *stattfindenden Fest werden Innenhöfe für die Öffentlichkeit zugänglich. Der schönste Patio gewinnt einen Preis.*

Andalusischer Patio

Dieses von García Rodríguez (1863–1925) gemalte Bild zeigt eine Gestaltung, wie sie noch heute in Andalusien üblich ist. Für gewöhnlich sind die Mauern der Patios makellos weiß gestrichen und kontrastieren mit den farbenprächtigen Geranien und Gartennelken in den Terrakottatöpfen.

Lampen im maurischen Stil, *heute mit Glühbirnen, beleuchten den Patio am Abend.*

Azulejos, *glasierte, gemusterte Wandfliesen aus der maurischen Zeit, verschönern viele Patios.*

Cancelas, *die schönen vergitterten Eisentüren, schirmen die privaten Patios von der Straße ab.*

Ein zentraler Brunnen *sorgte traditionsgemäß für Wasser und ist auch heute noch typisch.*

Montilla ❼

Córdoba. **Straßenkarte** C2. *23 000.* *C/Capitán Alonso de Vargas 3. 957 65 24 62.* *Fr.*

Montilla ist Zentrum eines Weinbaugebiets, hat es jedoch schwer, aus dem Schatten des berühmten Rivalen Jerez herauszutreten. Der ausgezeichnete Weißwein wird wie Sherry *(siehe S. 30f)* hergestellt, schmeckt ähnlich, wird aber nicht durch Alkoholzusatz verstärkt. Einige *bodegas*, etwa **Alvear** und **Pérez Barquero**, empfangen Besucher nach Voranmeldung. Der **Convento de Santa Clara** im Mudéjar-Stil stammt von 1512, das Schloss aus dem 18. Jahrhundert. Die Stadtbibliothek ist in der **Casa del Inca**, benannt nach den Berichten Garcilaso de la Vegas über die Inkas.

Das historische Wappen der Bodega Pérez Barquero

Bodega Alvear
Avenida María Auxiliadora 1.
957 65 01 00. *tägl.* *So, Feiertage.*

Bodega Pérez Barquero
Av Andalucía 27. *957 65 05 00.*
Mo–Do 8.30–14, 15.30–18.30, Fr 8.30–14.30 Uhr. *Feiertage.*

Aguilar ❽

Córdoba. **Straßenkarte** C2. *13 500.* *Cuesta de Jesús 2, Edificio Antiguo Posito. 957 66 15 67.* *Di, Do, Fr.*

Die wichtigen Produkte von Aguilar sind seit römischer Zeit Keramiken, Wein und Olivenöl. Es gibt diverse feudale Häuser und die 1810 gebaute achteckige **Plaza de San José** mit dem Rathaus. In der Nähe steht ein barocker Uhrenturm.

Lucena ❾

Córdoba. **Straßenkarte** D2. *41 000.* *Castillo del Moral s/n. 957 51 32 82.* *Mi.* **www**.turlucena.com

Lucena verdankt seinen Wohlstand der Möbelherstellung, Messing- und Kupferproduktion und Keramikanfertigung. Unter den Kalifen von Córdoba *(siehe S. 46)* war sie ein wichtiges Handels- und Gelehrtenzentrum mit einer unabhängigen jüdischen Gemeinde.

Die **Iglesia de Santiago** mit ihrem Barocktürmchen entstand 1503 an der Stelle der Synagoge. Die **Torre del Moral** ist der einzige verbliebene Turm einer Maurenburg. Boabdil, der letzte Sultan von Granada, wurde nach der Schlacht von 1483 hier eingekerkert. Die nahe gelegene **Iglesia de San Mateo** hat eine prächtige barocke Sakristei und drei durch grazile Bogen voneinander abgegrenzte Mittelschiffe.

Cabra ❿

Córdoba. **Straßenkarte** D2. *21 000.* *Calle Santa Rosalia 2. 957 52 01 10.* *Mo.* **www**.cabra.net

Das inmitten von Feldern und Olivenhainen gelegene Cabra war im 3. Jahrhundert Bischofssitz. Auf einer Anhöhe steht die frühere Burg und heutige Schule. Es gibt auch einige noble Herrensitze sowie die **Iglesia Santo Domingo** mit ihrer Barockfassade. Direkt außerhalb der Stadt liegt die **Fuente del Río**, ein Picknickplatz.

Statue des heiligen Domingo, Iglesia Santo Domingo in Cabra

Baena ⓫

Córdoba. **Straßenkarte** D2. *21 000.* *Virrey del Pino 5. 95 67 17 57.* *Do.* **www**.baena.es

Das Olivenöl von Baena ist seit römischer Zeit berühmt. Über der hübschen Stadt thront die **Iglesia Santa María la Mayor**. Auf der Plaza de la Constitución steht das moderne Rathaus, daneben die **Casa del Monte**, eine Villa des 18. Jahrhunderts mit Arkaden. In der Osterwoche erlebt man hier Tausende von Trommlern auf den Straßen *(siehe S. 34)*.

Fassadenschmuck an der Casa del Monte (18. Jh.) in Baena

Jaén ⓮

Bambuskruzifix, Santa Clara

Die Mauren nannten die Stadt *Jayyān,* »Karawanenweg«. Ihre Festung symbolisierte Jaéns strategische Bedeutung an der Grenze zwischen Andalusien und Kastilien. Sie wurde später als Castillo de Santa Catalina wiedererbaut. Jahrhundertelang war die Gegend Schlachtfeld zwischen Mauren und Christen *(siehe S. 48f)*. Der ältere Teil der Stadt ist am interessantesten. Um die Kathedrale und in Richtung Barrio San Juan gibt es viele prächtige Häuser, gewundene Straßen und steile Gässchen. Das Zentrum füllen viele Läden. Am Abend sind die Straßen nahe der Plaza de la Constitución voller Menschen, die in den Bars den *tapeo* genießen.

Die mächtigen Schutzwälle des Castillo de Santa Catalina

Castillo de Santa Catalina

Carretera al Castillo. ☎ *953 12 07 33 (Information) u. 953 23 00 00 (Parador).* ◯ *Di–So.* ● *Feiertage.*

Angeblich hat Hannibal über der Stadt einen Turm auf diesem Felsgipfel errichtet. Später bauten die Mauren eine Festung, die sie 1246 an den auf Kreuzzug befindlichen König Ferdinand III. verloren. Es entstand eine größere Burg mit riesigen Wällen. Diese wurde 1965 restauriert und erhielt nebenan einen *parador (siehe S. 210f)*.

Es empfiehlt sich, die gewundene Straße hinauf zur Torre del Homenaje und zur Burgkapelle zu nehmen, wo man mit einer fantastischen Aussicht belohnt wird.

Olivenöl

Olivenöl ist der Lebenssaft der Provinz Jaén. Seit die Phönizier (oder vielleicht die Griechen) den Olivenbaum nach Spanien brachten, gedeiht er in Andalusien. Hier beläuft sich die Jahresproduktion auf mehr als 200 000 Tonnen Öl. Ab Dezember wird – meist von Hand – geerntet. Die Qualitätskontrolle erfolgt durch ein als *Denominación de Origen Controlada* bekanntes System. Olivenöl »virgen« entsteht aus der ersten Kaltpressung. Dadurch bleiben das volle Aroma sowie alle Vitamine und Mineralstoffe erhalten.

Ernte in einem der vielen Olivenhaine Andalusiens

Kathedrale

Plaza de Santa María. ◯ *tägl.*

Andrés de Vandelvira, der Schöpfer vieler schöner Gebäude in Úbeda *(siehe S. 154f)*, gestaltete die Kathedrale im 16. Jahrhundert. Spätere Erweiterungen sind die beiden die Westfront flankierenden Türme (17. Jh.). Im Inneren besticht das Chorgestühl. Es gibt auch ein Museum mit wertvollen Kunstwerken.

Jeden Freitag können Gläubige zwischen 11.30 und 12.45 Uhr das Lienzo del Santo Rostro besichtigen. Es heißt, die heilige Veronika habe das Gesicht Jesu mit diesem Tuch getrocknet, das seitdem seinen Abdruck trägt.

Statue an der Kathedrale

Baños Árabes

Palacio Villardompardo, Plaza Santa Luisa de Marillac. ☎ *953 24 80 68.* ◯ *Di–Fr 9–20, Sa, So 9.30–14.30 Uhr.* ● *Feiertage.*

Die Bäder (11. Jh.) sind als Bäder von Ali bekannt, einem maurischen Hauptmann. Sie wurden in den 1980er Jahren restauriert. Es gibt Hufeisenbogen, mit winzigen sternförmigen Fenstern versehene Decken, eine halbkugelförmige Kuppel und zwei irdene Bottiche. Die Bäder erreicht man durch den Palacio Villardompardo, der auch ein Museum mit einheimischem Kunsthandwerk beherbergt.

Hufeisenbogen tragen die Kuppel der Baños Árabes

Altar der Virgen de la Capilla in der Iglesia San Ildefonso

Capilla de San Andrés

Diese Mudéjar-Kapelle liegt versteckt in einer engen Gasse nahe einer Schule. Sie wurde im 16. Jahrhundert vermutlich auf den Grundmauern einer Synagoge von Gutiérrez González errichtet, dem Schatzmeister von Papst Leo X. Glanzlicht der Kapelle ist das vergoldete schmiedeeiserne Gitter von Maestro Bartolomé de Jaén.

Iglesia San Ildefonso

Diese vorwiegend gotische Kirche hat Fassaden in drei verschiedenen Stilen. Eine ist gotisch mit einem Mosaik der auf Jaén herniederkommenden Heiligen Jungfrau während der maurischen Belagerung 1430. Die zweite ist plateresk *(siehe S. 25)*, die dritte klassizistisch und von Ventura Rodríguez gestaltet. Der Hochaltar stammt von Pedro und José Roldán. Eine der Kapellen birgt die Virgen de la Capilla, die Schutzheilige von Jaén.

Real Monasterio de Santa Clara

Dieses im 13. Jahrhundert nach der Rückeroberung der Stadt durch christliche Streitkräfte gegründete Kloster ist eines der ältesten in Jaén. Es hat einen schönen Kreuzgang (um 1581). Die Kirche verfügt über eine reich verzierte Holzdecke *(artesonado)* und beherbergt ein in Ecuador hergestelltes Bambuskruzifix (16. Jh.). Die Nonnen des Konvents verkaufen Kuchen.

INFOBOX

Jaén. **Straßenkarte** D2. *116 000. Paseo de la Estación s/n. 902 24 02 02. Plaza Coca de la Piñera s/n. 953 25 01 06. Calle Maestra 13. 953 24 26 24. Do. Semana Santa (Ostern); Festividad de Nuestra Señora de la Capilla (11. Juni); Feria de San Lucas (18. Okt); Romería de Santa Catalina (25. Nov).*

Museo Provincial

Paseo de la Estación 29. *953 25 06 00. Di 15–20 Uhr, Mi–Sa 9–20 Uhr, So 9–15 Uhr. Feiertage.*

Das Gebäude umfasst Überreste der Iglesia de San Miguel und eines Getreidespeichers (16. Jh.). Unter den Exponaten befinden sich ein altchristlicher Sarkophag, römische Mosaike, Skulpturen und Keramiken.

Ein Denkmal auf der Plaza de las Batallas erinnert an die Niederlage der Mauren in Las Navas de Tolosa *(siehe S. 48)* und die Napoléons in Bailén *(siehe S. 53)*.

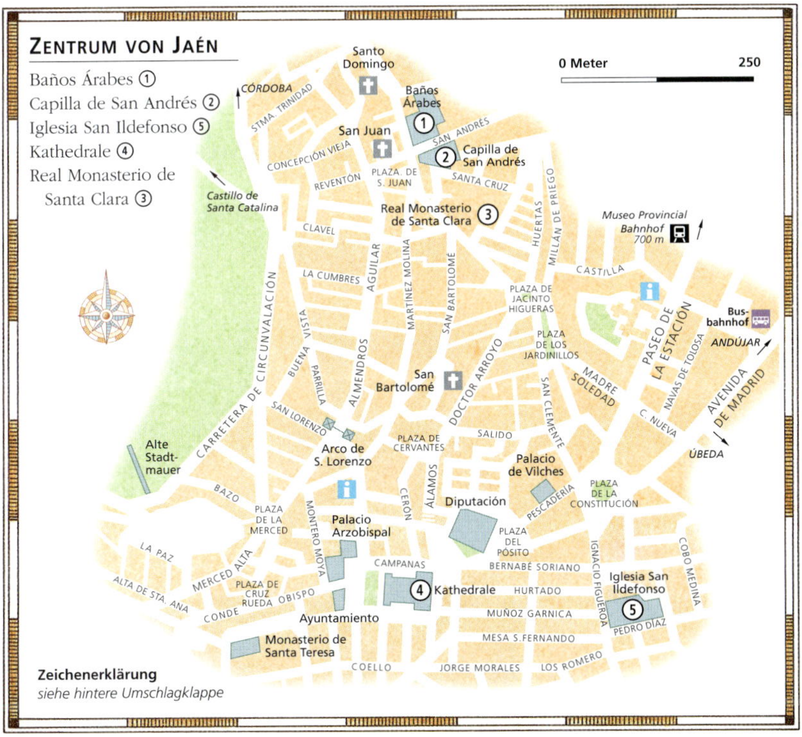

Das maurische Castillo de la Mota und die Kirchenruine thronen auf dem Berg hoch über Alcalá la Real

Priego de Córdoba ⓬

Córdoba. **Straßenkarte** D2. 23 000. *Calle del Río 33. 957 70 06 25.* *Sa.* **www**.aytopriegodecordoba.es

Priego de Córdoba liegt in einer fruchtbaren Ebene am Fuß des La Tiñosa, dem höchsten Berg der Provinz Córdoba. Das nette Städtchen ist die Hauptstadt des Córdoba-Barock. Dieser Titel ist angesichts der überwältigenden heimischen Schnitzerei-, Gold- und Schmiedeeisenarbeiten leicht zu verstehen.

Die labyrinthische Altstadt war einst eine maurische Siedlung. Priegos Goldenes Zeitalter war das 18. Jahrhundert mit seiner Seidenmanufaktur. In dieser Zeit entstanden elegante Häuser: Geld wurde großzügig in barocke Architektur, vor allem in Kirchen, investiert.

Eine kürzlich restaurierte, auf römischen Fundamenten stehende maurische Festung macht die Besucher mit dem mittelalterlichen Viertel, dem **Barrio de la Villa**, bekannt. Makellos weiß getünchte Bauten säumen die engen Straßen und die blumengeschmückten Plätze. Der Paseo Colombia führt zur Adarve, einer langen Promenade mit wunderschönen Ausblicken auf die Landschaft der Umgebung.

Die nahe gelegene **Iglesia de la Asunción** ist eine ungewöhnliche Konstruktion. Die ursprünglich gotische Kirche wurde im 18. Jahrhundert von Jerónimo Sánchez de Rueda im Stil des Barock umgestaltet. Ihr Glanzstück ist die 1784 vom heimischen Künstler Francisco Javier Pedrajas geschaffene Sakristeikapelle. Ihre üppige Ausstattung mit Skulpturen sowie Stuckschnörkeln und -gesims ist überwältigend. Der Hauptaltar ist im plateresken Stil gehalten *(siehe S. 25)*.

Die **Iglesia de la Aurora** ist ein weiterer schöner Barockbau. Jeden Samstag um Mitternacht zieht die in Umhänge gehüllte Bruderschaft Nuestra Señora de la Aurora singend durch die Straßen und sammelt Almosen.

Statuen zieren die Fuente del Rey (16. Jh.) in Priego de Córdoba

Seidenhändler bauten viele der imposanten Herrenhäuser an der Biegung der Calle del Río. Im Haus Nummer 33 – heute ein Fremdenverkehrsbüro – wurde 1877 Niceto Alcalá Zamora geboren. Der brillante Redner wurde 1931 Spaniens Präsident, musste aber während des Bürgerkriegs ins Exil gehen.

Am Ende der Straße steht die **Fuente del Rey** oder Königsbrunnen, ein Spektakel mit drei Becken, 139 Wasserspeiern und einer Neptunfigur inmitten der Statuen.

Alcalá la Real ⓭

Jaén. **Straßenkarte** D2. *22 000.* *Fortaleza de la Mota. 953 58 20 77.* *Di.* **www**.alcalalareal.es

Alcalá war ein strategischer Militärstützpunkt von Calatrava während der Rückeroberung *(siehe S. 48f)*. Auf dem Berg La Mota stehen die Ruinen der im 14. Jahrhundert von den Herrschern Granadas erbauten maurischen **Fortaleza de la Mota**, mit späteren Erweiterungsbauten. Hier gibt es fantastische Ausblicke auf die historische Stadt mit ihrer glorreichen Vergangenheit und auf die Umgebung. Die wichtigsten Sehenswürdigkeiten im Stadtzentrum sind der **Palacio Abacial** im Renaissance-Stil sowie die **Fuente de Carlos V**.

Jaén ⓮

Siehe S. 148f.

Andújar ⓯

Jaén. **Straßenkarte** D2. *39 000. Torre del Reloj, Plaza de Santa María s/n. 953 50 49 59. Di.*

An der Stelle dieser strategisch günstig gelegenen Stadt befand sich einst Iliturgi, eine iberische, durch Scipios Armee während der Punischen Kriege *(siehe S. 44)* zerstörte Stadt. Eine Brücke mit 15 Bogen spannt sich noch heute über den Guadalquivir.

Am Hauptplatz steht die gotische **Iglesia San Miguel** mit Gemälden von Alonso Cano. Die **Iglesia Santa María la Mayor** besitzt eine Renaissance-Fassade und einen Mudéjar-Turm. Im Inneren befindet sich El Grecos Gemälde *Christus am Ölberg*, das der Meister um 1605 schuf.

Berühmt ist die Stadt auch für ihr traditionelles Töpferhandwerk, das immer noch ausgeübt wird.

Santuario Virgen de la Cabeza ⓰

Padres Trinitarios. **Straßenkarte** D2. *953 54 90 15. tägl. 10–20 Uhr.* **www**.santuariovirgencabeza.org

Im Norden von Andújar steht, umgeben von Eichenbäumen und Stierfarmen der Sierra Morena, das Santuario Virgen de la Cabeza. In dem Heiligtum (13. Jh.) steht eine Marienfigur. Laut Legende hat der hl. Petrus das Originalbild nach Spanien gesandt.

Replik der Statue der hl. Jungfrau, Santuario Virgen de la Cabeza

Römische Brücke über den Guadalquivir in Andújar

Große Teile des Baus und die Originalstatue wurden 1937 im Bürgerkrieg *(siehe S. 54f)* zerstört. Neun Monate widerstanden 230 Nationalisten den Angriffen der Republikanischen Streitkräfte. Etwa 20 000 Soldaten griffen die heilige Stätte an, bis sie niederbrannte. Santiago Cortés, Kommandant der Nationalisten, erlag seinen Verletzungen. Jährlich pilgern viele Menschen am letzten Sonntag im April zum Heiligtum *(siehe S. 39)*.

Baños de la Encina ⓱

Jaén. **Straßenkarte** D2. *von Linares u. Jaén. Callejón del Castillo 1. 953 61 30 04 (Ayuntamiento). Mi–So.* **www**.bdelaencina.com

Der Kalif al Hakam II. *(siehe S. 46)* ließ 967 die mächtige Festung erbauen. Sie überragt das Dorf und bietet mit ihren 15 Türmen und mächtigen Schutzwällen einen einschüchternden Anblick. Die Aussicht von ihr auf die umliegenden Weiden und Olivenhaine ist wunderschön. Während des Frühlingsmarkts findet eine Wallfahrt *(siehe S. 38)* zum Schrein der Virgen de la Encina statt, die in einer Steineiche *(encina)* erschienen sein soll.

La Carolina ⓲

Jaén. **Straßenkarte** E1. *15 500. Carretera Madrid–Cádiz, bei km 269. 953 68 08 82. Di, Fr.*

Der 1767 gegründete Ort wurde von Deutschen und Flamen besiedelt, die die Gegend entwickeln und für Reisende sicherer machen sollten.

Der dafür verantwortliche Minister von Carlos III., Pablo de Olavide, ließ auf dem Hauptplatz einen Palast errichten.

Fassade des Palasts von Pablo de Olavide

Ein Denkmal außerhalb der Stadt erinnert an die Schlacht in Las Navas de Tolosa von 1212. Alfonso VIII., König von Kastilien, wurde von einem Schäfer über die Berge nach Las Navas geführt, wo er das maurische Heer besiegte.

Desfiladero de Despeñaperros ⓳

Jaén. **Straßenkarte** D1/E1. *Autovía de Andalucía (A4) km 257, Santa Elena, Jaén. 953 66 43 07.*

Dieser spektakuläre Pass ist der Hauptzugang nach Andalusien. Früher benutzten ihn Heere, Postkutschen und Banditen, sodass Raubüberfälle an der Tagesordnung waren. Die Autovía de Andalucía und eine Bahnlinie schlängeln sich durch die Schneise mit Blick auf Felsformationen wie *Los Organos* (Orgelpfeifen) und *Salto del Fraile* (Affensprung).

Im Detail: Baeza ⓴

Wappen, Casa del Pópulo

Umrahmt von Olivenhainen liegt das kleine, an Renaissance-Architektur überreiche Baeza. Die Römer nannten es Baetia. Später wurde der Ort ein Zentrum des maurischen Machtbereichs. Auf seinem Wappen wird Baeza als »königliches Falkennest« dargestellt. 1226 wurde es von Ferdinand III. als erste andalusische Stadt aus maurischer Herrschaft zurückerobert. Danach wurde es von kastilischen Adligen besiedelt. Das Zeitalter mittelalterlicher Pracht fand seinen Höhepunkt im 16. Jahrhundert, als die großartigen Bauten Andrés de Vandelviras entstanden. Anfang des 20. Jahrhunderts lebte hier für einige Jahre Antonio Machado, einer der bekanntesten Dichter seiner Zeit. Seit 2003 steht Baeza auf der Liste des UNESCO-Welterbes.

★ Palacio de Jabalquinto
Der gotische Palast hat eine Fassade im isabellinischen Stil (siehe S. 24) *mit kunstvollem Strebewerk.*

Antigua Universidad
1542 bis 1825 war das Renaissance- und Barockgebäude Sitz einer der ersten Universitäten Spaniens.

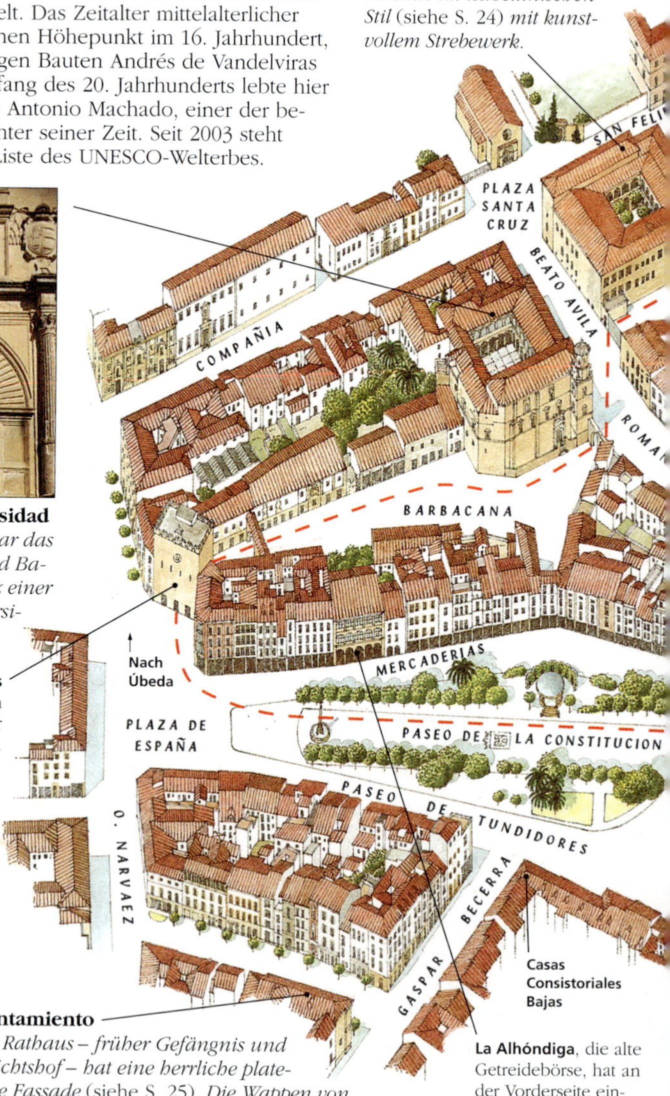

Torre de los Aliatares ist ein 1000 Jahre alter maurischer Turm.

Casas Consistoriales Bajas

La Alhóndiga, die alte Getreidebörse, hat an der Vorderseite eindrucksvolle Drillingsarkaden.

Ayuntamiento
Das Rathaus – früher Gefängnis und Gerichtshof – hat eine herrliche platereske Fassade (siehe S. 25). *Die Wappen von Philipp II., Juan de Borja und der Stadt Baeza schmücken den oberen Teil der Fassade.*

★ Kathedrale
Die eindrucksvolle Kirche wurde 1567 von Andrés de Vandelvira wiedererbaut. Die Capilla del Sagrario hat eine schöne Chorschranke von Bartolomé de Jaén.

Die **Antigua Carnicería** beherbergt jetzt die Justizbehörde.

Puerta de Jaén y Arco de Villalar
Dieses Tor im Stadtwall grenzt an einen 1521 für Karl I. (siehe S. 50) *errichteten Bogen.*

★ Plaza del Pópulo
Die Casa del Pópulo, ein plateresker Palast und heute Fremdenverkehrsamt, überblickt den Platz. In dessen Mitte steht die Fuente de los Leones, ein Brunnen mit einer ibero-römischen Statue.

Infobox

Jaén. **Straßenkarte** E2. *16 000. Linares–Baeza 15 km. 902 24 02 02. Avda Alcalde Puche Pardo. 953 74 04 68. Plaza del Pópulo s/n. 953 74 04 44. Di. Semana Santa (Ostern), Feria (Mitte Aug).*
www.andalucia.org

Fuente de Santa María
Der Architekt und Bildhauer Ginés Martínez aus Baeza gestaltete diesen 1564 vollendeten Brunnen in Form eines Triumphbogens.

0 Meter 75

Legende

Information

Routenempfehlung

Nicht versäumen

- ★ Kathedrale
- ★ Palacio de Jabalquinto
- ★ Plaza del Pópulo

Úbeda ㉑

Hospital de Santiago, Detail

Das auf einer Bergkette gelegene Úbeda ist ein Prunkstück der Renaissance-Architektur – und seit 2003 UNESCO-Welterbe. Dank der Schirmherrschaft einiger der einflussreichsten Männer Spaniens im 16. Jahrhundert – wie des Staatssekretärs Francisco de los Cobos und seines Neffen Juan Vázquez de Molina – kann die Stadt einige Prachtgebäude vorweisen. Die von Palästen und Kirchen gesäumte Plaza de Vázquez de Molina ist das Glanzstück bei jedem Besuch. Die engen Straßen der Altstadt kontrastieren mit der sich nördlich der Plaza de Andalucía ausbreitenden modernen Stadt.

Maestro Bartolomés Chorschranke in der Capilla del Salvador

Capilla del Salvador

Drei Baumeister – Andrés de Vandelvira (der den Renaissance-Stil zu größter Finesse entwickelte), Diego de Siloé und Esteban Jamete – waren an dieser Friedhofskirche (16. Jh.) beteiligt. Sie wurde als persönliche Kapelle von Francisco de los Cobos erbaut, dessen Grab in der Krypta zu finden ist.

Die während des Bürgerkriegs *(siehe S. 54f)* geplünderte Kirche enthält noch etliche Schätze: eine geschnitzte Christusfigur, das einzige Überbleibsel eines Altarstücks von Alonso de Berruguete, die Chorschranke von Maestro Bartolomé de Jaén und die Sakristei von Vandelvira.

Hinter der Kirche befinden sich der Palast von Cobos mit Renaissance-Fassade und das Hospital de Honrados Viejos (ein nobles Altersheim für Honoratioren). Am Ende der Baja del Salvador liegt die Plaza de Santa Lucía. Von hier führt die Promenade Redonda de Miradores die alte Stadtmauer entlang und bietet schöne Ausblicke aufs Land.

Palacio de las Cadenas

Plaza de Vázquez de Molina.
953 75 04 40. Mo–Fr 10–14, 17–21 Uhr, Sa, So, Feiertage 10–14 Uhr. **www**.ubedainteresa.com

Zwei Steinlöwen bewachen Úbedas Rathaus, das im von Vandelvira für Vázquez de Molina erbauten »Palast der Ketten« (16. Jh.) untergebracht ist. Er hat seinen Namen von eisernen Ketten *(cadenas)*, die einst an den Säulen am Hauptportal befestigt waren. Steinlaternen zieren die Ecken der Fassade. Neben einem Innenhof gibt es ein Keramikmuseum im Untergeschoss. Im Palast residiert auch das Fremdenverkehrsamt.

Parador de Úbeda

Plaza de Vázquez de Molina s/n.
953 75 03 45. **Patio** *tägl. für Besucher (siehe auch S. 211 u. 216).*

Die einstige Residenz von Fernando Ortega Salido, Dekan von Málaga und Kaplan von El Salvador, wurde im 16. Jahrhundert erbaut. Jetzt ist der Palast ein Hotel – Parador del Condestable Dávalos –, das seinen Namen zu Ehren eines Helden der Rückeroberung *(siehe S. 48f)* trägt. Der herrliche Patio der Anlage lädt zum erholsamen Verweilen ein.

Santa María de los Reales Alcázares

Diese Kirche (13. Jh.) – an der Stelle einer Moschee erbaut – wird gerade restauriert. Neben Schmiedeeisenarbeiten von Maestro Bartolomé sind der gotische Kreuzgang mit Kreuzrippengewölbe sowie eine romanische Pforte besonders sehenswert. Nahe der Kirche steht das Cárcel del Obispo (Bischofsgefängnis), so genannt, weil hier die vom Bischof bestraften Nonnen eingesperrt wurden. Heute dient es als städtisches Gerichtsgebäude.

Steinlöwen bewachen den Palacio de las Cadenas

Hotels und Restaurants in Córdoba und Jaén *siehe Seiten 215f und 231f*

Skulptur am Haupteingang der Iglesia de San Pablo

Iglesia de San Pablo

Die drei Türen dieser Kirche stammen aus verschiedenen Epochen. Der Haupteingang ist spätgotisch, die beiden anderen sind romanisch und isabellinisch. Im Inneren gibt es eine Apsis (13. Jh.) und eine Kapelle von Vandelvira (16. Jh.). Die Kirche wird von einem plateresken Turm (1537) überragt. Auf der Plaza de Vázquez de Molina steht ein Denkmal des Dichters und Mystikers San Juan de la Cruz (1549–1591).

Museo Arqueológico

Casa Mudéjar, C/Cervantes 6. *953 77 94 32.* *Di 14.30–20.30, Mi–Sa 9–20.30, So 9–14.30 Uhr.* *Feiertage.*

In diesem archäologischen Museum sind Artefakte von der Jungsteinzeit bis zur maurischen Zeit versammelt, darunter Grabsteine (1. Jh.) sowie Holz- und Stuckarbeiten im maurischen und Mudéjar-Stil. Das Museum ist in der Casa Mudéjar (15. Jh.) in der Altstadt untergebracht.

Hospital de Santiago

Calle Obispo Cobos s/n. *953 75 08 42.* *Mo–Fr 8–15, 16–22 Uhr, Sa u. So 11–15, 18–21.30 Uhr.*

Auf Anordnung des Bischofs von Jaén schuf Vandelvira um 1562 das damalige Krankenhaus. Die Fassade wird von zwei wuchtigen Türmen flankiert. Einer davon besitzt eine mit blauen und weißen Ziegeln gedeckte Turmspitze. Über dem Eingang ist Santiago (hl. Jakob) dargestellt. Marmorsäulen zieren den Patio mit Springbrunnen. Ein breiter Treppenaufgang führt zur Galerie mit Fresken.

Heute beherbergt der Bau den Palacio de Congresos y Exposiciones. Am Eingang befinden sich die Information und ein Café. In der Nähe, an der Avenida de la Constitución, liegt die zur *fiesta* geöffnete Stierkampfarena.

INFOBOX

Jaén. **Straßenkarte** E2. *35 000.* *Linares–Baeza. 953 62 00 62, 902 24 02 02.* *Calle San José 6. 953 75 21 57.* *Palacio Marqués de Contadero, Calle Baja del Marqués 4. 953 75 08 97.* *Fr.* *Semana Santa (Ostern).*
www.ubedainteresa.com

Die Turmspitzen des Hospital de Santiago

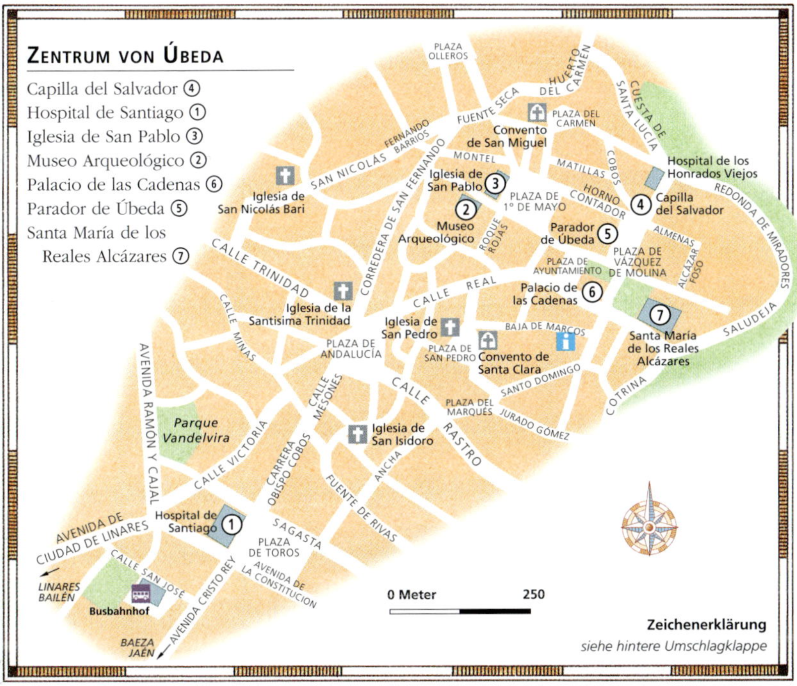

Die Burgruine von La Iruela ragt spektakulär über der Straße in der Nähe von Cazorla auf

Cazorla 22

Jaén. **Straßenkarte** E2. *8000.*
Paseo del Santo Cristo 17. 953 71 01 02. *Mo, Sa.*

Einst, als die Römer in den Bergen nach Silber schürften, war Cazorla wohlhabend. Heute ist der Ort Ausgangspunkt für Wanderungen im Parque Natural de Cazorla, Segura y Las Villas.

In Cazorla dominieren Neubauten, doch es ist immer noch schön, durch die Sträßchen von der Plaza de la Corredera zur zauberhaften Plaza Santa María zu schlendern. Die verfallene Iglesia de Santa María bildet den malerischen Hintergrund dieses beliebten Treffpunkts. Oberhalb thront das maurische **Castillo de la Yedra**, das ein Volkskundemuseum beherbergt.

An der Straße zum Naturpark erhebt sich die pittoreske Burgruine **La Iruela**. Am 14. Mai gedenken die Einheimischen San Isicios, des früheren Bewohners von Cazorla – einer der sieben Apostel, die vor der Ankunft der Mauren das Christentum predigten.

Castillo de la Yedra
953 71 00 39. *Mi–Sa 9–20, Di 15–20 Uhr, So, Feiertage 9–15 Uhr.*

Parque Natural de Cazorla, Segura y Las Villas 23

Jaén. **Straßenkarte** E2. *Cazorla.*
Paseo de Santo Christo 17, Cazorla. 953 72 01 02.
www.cazorlaturismo.com

Viele sind beim ersten Besuch verblüfft über die großartige Landschaft dieses 214 336 Hektar großen Naturschutzgebiets mit dichtem Wald, tosenden Flüssen und Bergen, die sich 2000 Meter hoch über der Quelle des Guadalquivir erheben. Der Fluss durchquert im Norden ein zauberhaftes Tal, bevor er den Damm Tranco de Beas erreicht. Hier ändert er die Richtung zum Atlantik hin.

Nur auf der Hauptstraße dürfen Autos fahren. Viele Besucher erkunden das Gebiet zu Fuß, im **Centro de Recepción e Interpretación** können Pferde und Fahrräder gemietet werden. Hier erhält man auch Informationen zu Fauna und Flora, geführten Touren sowie Angel- und Jagdmöglichkeiten.

Centro de Recepción e Interpretación de la Naturaleza
Carretera del Tranco, km 49, Torre del Vinagre. *953 72 01 15.*
tägl.

Segura de la Sierra 24

Jaén. **Straßenkarte** E1. *2200.*
Ayuntamiento, Calle Regidor Juan de Isla 1. 953 48 02 80.

Das kleine, 1200 Meter hoch gelegene Dorf wird von seiner maurischen Burg (im Dorf nach den Schlüsseln fragen) dominiert. Von den Wällen aus hat man gute Ausblicke auf die Bergketten. Unterhalb liegt eine in den Felsen gebaute Stierkampfarena. Trubel gibt es zur *fiesta* in der ersten Oktoberwoche. Das Olivenöl aus der Segura de la Sierra ist eine von vier Sorten mit dem Etikett *Denominación de Origen Controlada* *(siehe S. 148)*.

Maurische Burg in Segura de la Sierra, umgeben von Olivenhainen

Naturpark Cazorla, Segura und Las Villas

Der Naturpark von Sierra de Cazorla, Segura und Las Villas dient dem Schutz einer üppigen Tier- und Pflanzenwelt. Die meisten Arten sind hier heimisch; nur einige Spezies wurden neu eingeführt. In Cazorla leben über 100 Vogelarten, darunter sehr seltene. Neben den Pyrenäen ist es das einzige Habitat des Lämmergeiers. Die großen Wälder sind die Heimat vieler Pflanzen wie der einheimischen, zwischen Felsen wachsenden *Viola cazorlensis* *(siehe S. 21)*.

Mufflon ***(Ovis musimon)***

Der Steinadler (Aquila chrysaetus), *König der Lüfte, jagt kleine, im Schutzgebiet lebende Säugetiere.*

Weißköpfige Geier (Gyps fulvus) *kreisen über dem Reservat und stürzen herab, wenn sie Beute erspähen.*

Der Lämmergeier (Gypaetus barbatus) *lässt Knochen aus großer Höhe fallen, um an das Mark heranzukommen.*

Landschaft

Die zerklüfteten Kalksteinhöhen und Flusswiesen machen einen Teil des Zaubers aus. Wasser rieselt von den Bergen und füllt Seen und Bäche. Diese üppige Landschaft ist die ideale Heimat für eine reichhaltige Tierwelt.

Rotwild (Cervus elaphus), *1952 wieder in der Gegend eingeführt, zeigt sich in den Herbstmonaten.*

Der spanische Steinbock (Capra pyrenaica) *ist trittsicher auf felsigem Gelände. Die wenigen Exemplare erscheinen zum Äsen in der Abenddämmerung.*

Fischotter (Lutra lutra) *leben an den Seen und Wasserläufen.*

Wildschweine (Sus scrofa) *verstecken sich tagsüber im Wald und sind nachts auf Nahrungssuche – von Eicheln, Wurzeln bis zu Eiern von bodenbrütenden Vögeln und kleinen Säugetieren.*

Cádiz und Málaga

Andalusiens südliche Provinzen sind sehr vielfältig. Hinter Málagas Vororten erhebt sich bewaldetes Bergland mit Naturwundern wie der Garganta del Chorro. Hinter der Costa del Sol erstreckt sich die Serranía de Ronda, Lebensraum für eine scheue Tierwelt. Östlich von Gibraltar liegen die Sherry-Städte der Provinz Cádiz und die rauen Küstenabschnitte der Costa de la Luz.

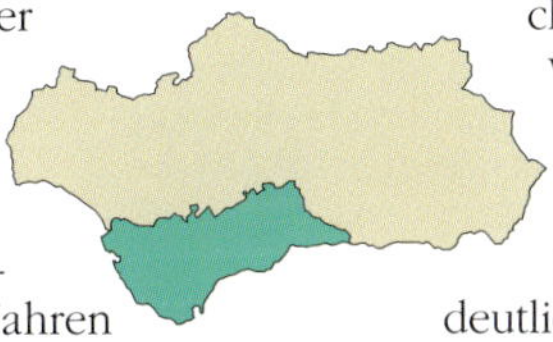

In der Provinz Málaga fallen die Berge steil zum Mittelmeer ab. Der alte Hafen von Málaga-Stadt war ein beliebter Überwinterungsplatz für englische Reisende im 19. Jahrhundert. In den 1960er Jahren wurde die Küste östlich und westlich der Stadt zur »Costa del Sol« erklärt. Rasch hochgezogene Baukomplexe nahe den Stränden von Torremolinos machten den Namen der Stadt bald zum Synonym für die Exzesse des Tourismus. In der Zwischenzeit entwickelte sich weiter südwestlich in Marbella ein Tummelplatz für Filmstars und Angehörige arabischer Königshäuser.

Gibraltar, eine geografische und historische Kuriosität, ist zugleich der Schlusspunkt der Costa del Sol. Die Berge von Nordafrika tauchen jenseits der Straße von Gibraltar auf. Arabisches Flair ist bereits im windigen Surferparadies Tarifa und im lichtdurchfluteten Cádiz deutlich zu spüren.

Zwischen diesen Städten liegt die Costa de la Luz (»Küste des Lichts«; *siehe S. 32*), die sich entlang der Küste der Provinz Huelva nach Norden fortsetzt. Sie ist wenig überlaufen und zeichnet sie sich durch lange, auch bei den Einheimischen sehr beliebte Strandabschnitte aus.

Der Norden von Cádiz mit seinen Hügeln und Weinbergen ist das Ursprungsland des Sherrys. Jerez de la Frontera war einst eine der Grenzstädte im Rückeroberungskrieg gegen die Mauren.

Ronda mit seiner Brücke (18. Jh.) über den Guadalevín *(siehe S. 176f)*

◁ **Strandleben in Nerja *(siehe S. 180)*, östlich von Málaga, einem der lebhaften Badeorte der Costa del Sol**

Überblick: Cádiz und Málaga

Für Costa-del-Sol-Urlauber sind die Berge der Provinz Málaga durch ein gutes Straßennetz leicht erreichbar. Tagesausflüge können entweder von Marbella oder von Torremolinos aus zu den schönen Naturparks Montes de Málaga und Grazalema bzw. zur Serranía de Ronda unternommen werden – mit Mittagspausen in klassischen *pueblos blancos* (weißen Dörfern). Im Herzen dieser typisch andalusischen Landschaft liegt die bezaubernde Stadt Ronda, beseelt vom klaren, reinen Licht und dem unvergänglichen Fluidum der maurischen Zeit. Weiter westlich an der Atlantikküste Richtung Tarifa, wo es noch keine Hotel-Betonburgen gibt, findet man eine ähnliche Stimmung vor. Die Stadt Cádiz und die Häfen El Puerto de Santa María, Chipiona und Sanlúcar de Barrameda sind gute Ausgangspunkte für Exkursionen ins Sherry-Land.

Essen im Freien, in einem Restaurant nahe der Kathedrale in Málaga

Weitere Zeichenerklärungen *siehe hintere Umschlagklappe*

Sehenswürdigkeiten auf einen Blick

Álora 23
Antequera 26
Archidona 28
Arcos de la Frontera 19
Baelo Claudia 9
Barbate 8
Benalmádena 34
Cádiz S. 164–167 5
Ceuta 13
Chipiona 2
El Puerto de Santa María 4
El Torcal 27
Estepona 37
Fuengirola 35
Fuente de Piedra 25
Garganta del Chorro 24
Gibraltar S. 172f 15
Jerez de la Frontera 3
La Axarquía 30
La Línea de la Concepción 16
Málaga 32
Marbella 36
Medina Sidonia 6
Melilla 14
Montes de Málaga 31
Nerja 29
Parque Natural de Los Alcornocales 11
Parque Natural Sierra de las Nieves 22
Ronda S. 176f 21
Ronda la Vieja 20
Sanlúcar de Barrameda 1
Sotogrande 17
Tanger S. 170f 12
Tarifa 10
Torremolinos 33
Vejer de la Frontera 7

Tour
Pueblos blancos 18

Strand von Nerja am Fuß der Sierra de Almijara an der Costa del Sol *(siehe S. 180)*

In Cádiz und Málaga unterwegs

Málagas internationaler Flughafen *(siehe S. 264)* ist der verkehrsreichste in Andalusien. Von hier führt die meist zweispurige N340 die Küste entlang bis nach Algeciras, umgeht jedoch Torremolinos, Fuengirola und Marbella. Nach Algeciras verengt sich die Straße und führt weiter nach Cádiz. Die Fernstraße A376 von San Pedro de Alcántara nordwärts nach Ronda ist eine sehr schöne Strecke. Die A382 von Jerez nach Antequera durchquert den Norden beider Provinzen. Dann führt sie zweispurig – als A92 – nach Granada. Eine Eisenbahnlinie entlang der Costa del Sol verbindet Málaga, Torremolinos und Fuengirola; eine weitere, nördlich von Málaga, erfasst Álora, El Chorro und Fuente de Piedra. Einige der abgelegeneren Ecken kann man per Bus erreichen, dies erfordert allerdings etwas Geduld.

Eingang zu den Bodegas Barbadillo in Sanlúcar de Barrameda

Sanlúcar de Barrameda ❶

Cádiz. **Straßenkarte** B3. *64 000.* *Calzada del Ejército s/n. 956 36 61 10.* *Mi.*

Das vom **Castillo de Santiago** überragte Sanlúcar ist ein Fischerhafen im Mündungsgebiet des Guadalquivir. Der auf der anderen Flussseite gelegene Parque Nacional de Doñana *(siehe S. 130f)* kann vom Anlegekai aus mit dem Schiff erreicht werden. Hier startete Kolumbus 1498 seine dritte Reise zum amerikanischen Kontinent. 1519 begann Ferdinand Magellan hier seine geplante Weltumsegelung.

Heute ist Sanlúcar für den Manzanilla *(siehe S. 30)* bekannt, jenen leichten, sherryartigen Wein, wie ihn u.a. die **Bodegas Barbadillo** produzieren. Besucher können ein Gläschen *(copita)* trinken und sich an den heimischen Schaltieren *(langostinos)* gütlich tun. Sehenswert ist zudem die **Iglesia de Nuestra Señora de la O** *(siehe S. 24)*.

Bodegas Barbadillo
C/Luis de Eguilaz 11. *956 38 55 00.* *Di–Sa 11 Uhr.*

Chipiona ❷

Cádiz. **Straßenkarte** B3. *18 000.* *Calle de Castillo 5. 956 92 90 65.* *Mo.* **www**.chipiona.org

Den quirligen Ferienort Chipiona erreicht man nach einer Fahrt durch die Sherry-Weinberge. Er besitzt einen Strand, der im Sommer echte Urlaubsatmosphäre verströmt. Dem Tag am Strand folgt am Abend ein *paseo* den Kai oder die Hauptstraße der maurischen Altstadt entlang, wo viele Cafés und Eisdielen *(heladerías)* bis nach Mitternacht geöffnet sind. Die **Iglesia de Nuestra Señora de Regla**, die Hauptkirche, hat einen Kreuzgang mit vielfarbigen Wandfliesen (17. Jh.).

Jerez de la Frontera ❸

Cádiz. **Straßenkarte** B3. *206 000.* *Pl del Arenal s/n, Edificio los Arcos. 956 34 17 11.* *Mo.* **www**.jerez.es

In einem Gebiet mit kalkhaltigen Böden, das von langen Rebstockreihen durchzogen ist, liegt Jerez, die Hauptstadt des Sherrys. Britische Händler waren jahrhundertelang an der Produktion und Verschiffung von Sherry beteiligt und haben anglo-andalusische Dynastien wie Sandeman und John Harvey geschaffen, deren Namen manche Bodega-Eingänge zieren. Bei einer Führung durch dunkle Keller mit hoch aufgestapelten *soleras (siehe S. 31)* können Besucher einen *fino* von einem *amontillado* oder einem *oloroso* unterscheiden lernen *(siehe S. 30)*.

Jerez ist außerdem durch seine Reitkunstschule **Real Escuela Andaluza de Arte Ecuestre** weltberühmt. An bestimmten Tagen tanzen Pferde inmitten von buntem Prunk zur Musik. An anderen Tagen können Besucher bei der Dressur zusehen.

In der Nähe liegt **La Atalaya**, ein Zentrum mit zwei Museen: dem magischen **Palacio del Tiempo**, der die eindrucksvollste Uhrensammlung Europas ausstellt, und **El Misterio de Jerez**, das die Geschichte des Sherrys zeigt.

Die alten Stadtmauern flankieren das Barrio de Santiago. Auf der Plaza de San Juan steht der **Palacio de Pemartín** (18. Jh.), Sitz des Centro Andaluz de Flamenco, das mit audiovisuellen Shows eine Einführung in diese Musik- und Tanztradition gibt *(siehe S. 28f)*. Die gotische **Iglesia de San Mateo** (16. Jh.) ist nur eine von mehreren interessanten Kirchen in der Nähe.

Im **Alcázar** (11. Jh.) steht eine gut erhaltene Moschee, heute eine Kirche. Direkt nördlich davon ragt die **Catedral del Salvador** auf, deren interessantestes Gemälde die *Virgen niña dormida* (Die schlafende Jungfrau) darstellt.

Real Escuela Andaluza de Arte Ecuestre
Avenida Duque de Abrantes s/n. *956 31 96 35. Besuch anmelden.* **www**.realescuela.org

La Atalaya
Calle Cervantes 3. *902 18 21 00.* *Di–So.*

Palacio de Pemartín
Centro Andaluz de Flamenco, Plaza de San Juan 1. *956 81 41 32.* *Mo–Fr.* *Feiertage.*

Alcázar
Alameda Vieja s/n. *956 14 99 55.* *tägl.* *25. Dez, 1., 6. Jan.*

Antike Uhr im Palacio del Tiempo, Jerez de la Frontera

El Puerto de Santa María ❹

Cádiz. **Straßenkarte** B3. 80 000. *Calle Luna 22. 956 54 24 13.* *Di.*
www.elpuertosm.es

Geschützt von den Winden und Wellen des Atlantiks, liegt El Puerto de Santa María in der Bucht von Cádiz. Die ruhige Stadt ist einer der wichtigsten Exporthäfen für Sherry. Sherry-Firmen wie **Terry** und **Osborne** haben hier Kellereien und bieten Führungen und Verkostungen an.

Zu den Sehenswürdigkeiten der Stadt gehören das **Castillo San Marcos** (13. Jh.) und die **Plaza de Toros** – eine der größten und berühmtesten Stierkampfarenen. Die Plaza Mayor, Hauptplatz der Stadt, wird von der gotischen **Iglesia Mayor Prioral** (13. Jh.) beherrscht, die einen sehenswerten Chor hat. Um die Stadt verstreut liegen zahlreiche prächtige *palacios* mit den Wappen von in der Kolonialzeit zu Wohlstand gekommenen Familien. Das Ufer wird von einigen erstklassigen Restaurants gesäumt, darunter La Resaca, wo abends Zigeunerinnen feurigen Flamenco tanzen.

Castillo San Marcos
Plaza Alfonso X, El Sabio. *956 85 17 51.* *Okt–Mai: Di, Do, Sa; Juni–Sep: Di–So.*

Plaza de Toros
Plaza Elias Ahuja s/n.
956 54 15 78. *Di–So.*

Bodegas Osborne
Calle de los Moros. *956 86 91 00.* *Mo–Fr (telefonisch buchen).* *Feiertage.*

Bodegas Terry
Calle Toneleros s/n. *956 85 77 00.* *Mo–Fr (telefonisch buchen).* *Feiertage.*

Castillo San Marcos (13. Jh.) in El Puerto de Santa María

Bodegas in Jerez

Bodegas aufsuchen und Sherry probieren – das ist der wichtigste Grund für einen Besuch von Jerez. Das Fremdenverkehrsamt listet die Bodegas, die Führungen anbieten, auf. Gute Führungen gibt es bei González Byass, Pedro Domecq und Sandeman.

Legende
Bodega

Zeichenerklärung
siehe hintere Umschlagklappe

Cádiz ❺

Ägyptische Maske, Museo de Cádiz

Das fast völlig vom Atlantik umspülte Cádiz kann sich die älteste Stadt Westeuropas nennen. Der Sage nach ist Herkules ihr Begründer. Die Historiker gehen heute davon aus, dass Phönizier um 1100 v. Chr. die Stadt Gadir erbauten. Nach der Besetzung durch Karthager, Römer und Mauren blühte die Stadt durch den Handel mit der Neuen Welt. 1812 war Cádiz kurz die Hauptstadt Spaniens, als hier die erste Verfassung des Landes beschlossen wurde *(siehe S. 52)*. Anlässlich der 200-Jahr-Feier dieses historischen Ereignisses ist Cádiz im Jahr 2012 »Capital Cultural Iberoamericana«.

Apoteosis de San Bruno **von Zurbarán im Museo de Cádiz**

Überblick: Cádiz

Schriftsteller haben immer von Cádiz geschwärmt: »... die wundervollste Stadt, die ich je erblickte ... und voll der schönsten Frauen Spaniens«, so Lord Byron 1809. Das moderne Cádiz ist ein geschäftiger Hafen mit einigen wenig ansehnlichen Vororten, durch die man zum historischen Zentrum vordringt. Es liegt auf einer schmalen Halbinsel und besteht aus wahllos zusammengewürfelten Häusern im maurischen Stil.

Ein schöner Spaziergang beginnt am Hafen, vorbei an gepflegten Gärten und Plätzen, um dann ins Zentrum einzutauchen.

Die Altstadt ist voller enger Gassen, wo Blumen aus rostigen Dosen sprießen. Dazwischen gibt es Fisch- und Gemüsemärkte, auf denen gekochte Krabben, in Zeitungspapier gewickelt, verkauft werden.

Der Stolz von Cádiz ist Los Carnavales *(siehe S. 39)*. Unter Franco war Cádiz die einzige Stadt, in der die Behörden die Zügellosigkeiten des Karnevals nicht unterdrücken konnten.

Kathedrale

Di–Fr 10–12.45, 16.30–18.45, Sa 10–12.45 Uhr.

Die als Catedral Nueva (neue Kathedrale) bekannte, barockklassizistische Kirche ist eine der größten Spaniens. Sie hat eine Kuppel aus gelben Ziegeln, die wie in der Sonne glänzendes Gold aussehen. Das Chorgestühl stammt aus einem Kartäuserkloster. Die Krypta beherbergt die Gräber des Komponisten Manuel de Falla (1876–1946) und des Schriftstellers José María Pemán (1897–1981), beide aus Cádiz. Die Kostbarkeiten der Kathedrale befinden sich im Museum an der Plaza Fray Félix. Die Sammlung umfasst viele Gold- und Silbermonstranzen mit Edelsteinbesatz.

Museo de Cádiz

Plaza de Mina s/n. *956 21 22 81.* *Di–Sa 9.30–20 Uhr, So 9.30–14.30 Uhr.* *Feiertage.*

Im Erdgeschoss des geräumigen Museums gibt es archäologische Funde der Stadt, z. B. Statuen römischer Führer oder phönizische Steinsarkophage. Im Obergeschoss befindet sich eine der größten Galerien Andalusiens mit Werken von

Kathedrale von Cádiz

Rubens, Murillo und Zurbarán sowie Gemälden moderner und zeitgenössischer Künstler Spaniens. Im dritten Stock findet sich eine Sammlung von Puppen, die für andalusische Dorf-Fiestas hergestellt wurden, zudem Puppenkarikaturen von Politikern.

Oratorio de San Felipe Neri

Calle Santa Inés s/n. 956 21 16 12. *Mo–Sa 10–13 Uhr.*

Am 19. März 1812 fand in der Barockkirche des 18. Jahrhunderts ein bedeutsames Ereignis statt, als nämlich die erste spanische Verfassung verkündet wurde *(siehe S. 52)*. Die Mitglieder des Übergangsparlaments hatten sich während der Belagerung der Stadt durch die napoleonischen Truppen in der Kirche versammelt und ein Dokument entworfen, das in ganz Europa enorme Beachtung finden sollte. Es schränkte die Macht des Monarchen ein, um dafür den Bürgern in noch nie da gewesenem Umfang Rechte zu gewähren. Nach der Restauration der Bourbonen im Jahr 1814 setzte Ferdinand VII. die Verfassung denn auch unverzüglich außer Kraft.

Gedenktafeln am Oratorio de San Felipe Neri

Die barocke Torre Tavira in Cádiz

Torre Tavira

Calle Marqués del Real Tesoro 10. *956 21 29 10. tägl.*

Mitte des 18. Jahrhunderts lief der Handel mit der Neuen Welt vor allem über den Hafen von Cádiz. Damals ließen sich die Kaufleute der Städte Wachtürme errichten, von denen sie den Schiffsverkehr bestens verfolgen konnten. Mehr als hundert solcher Türme blieben aus dieser Zeit erhalten und prägen bis heute das Gesicht der Stadt. Nur wenige können allerdings betreten werden.

Die barocke Torre Tavira erhebt sich am einstigen Besitz des Marqués de Ricaño (heute eine Musikhochschule). Der Turm steht mitten in der Altstadt und überragt mit seinen 45 Metern alle Gebäude in der Umgebung. Auf einem Stockwerk wurde die erste Camera obscura in Spanien installiert. Die Aussicht auf die Dächer der Stadt und das Meer ist einzigartig und lohnt den Aufstieg.

Infobox

Cádiz. **Straßenkarte** B4.
127 000. Plaza de Sevilla s/n. 902 24 02 02. Plaza de la Hispanidad s/n. 902 19 92 08.
Paseo de Canalejas s/n. 956 24 10 01. Mo. Los Carnavales (Feb), Semana Santa (Ostern).
www.cadizturismo.com

Umgebung: Die Stadt Rota am nördlichen Zipfel der Bucht von Cádiz ist wegen ihres US-Flottenstützpunkts bekannt. Rota bietet einige saubere Strände. Hier findet sich zudem die größte Population von Chamäleons in Spanien.

Im Süden der Bucht liegt die kleine Insel Sancti Petri. Einige Archäologen vermuten hier die Stätte eines Herkules-Tempels, den die Phönizier im 12. Jahrhundert v. Chr. über der legendären Grabstätte des Götterhelden erbaut haben sollen.

Zwischen diesen beiden Punkten erstreckt sich das Naturschutzgebiet Bahía de Cádiz. Zugvögel nutzen das Feuchtgebiet als Zwischenstation vor bzw. nach dem Flug über die Straße von Gibraltar auf ihren Wanderungen zwischen ihren Winterquartieren und dem Nationalpark Doñana *(siehe S. 130f)*.

El Vapor

Statt den Meerbusen entlang nach Cádiz zu fahren, kann man auch eine der Fähren durch die Bucht ab El Puerto de Santa María *(siehe S. 163)* nehmen. Ein schneller Katamaran verkehrt regelmäßig, wesentlich schöner jedoch gestaltet sich die Überfahrt an Bord des zweistöckigen *vaporcito* (»kleines Dampfschiff«), das 40 Minuten für die Strecke benötigt. Fünfmal pro Tag fährt das Schiff die Strecke in beiden Richtungen ab. 629 46 80 14; www.vapordeelpuerto.com

Der Dampfer El Vapor auf dem Weg durch die Bucht von Cádiz

Spaziergang durch Cádiz (1:30 Std.)

Der Spaziergang beginnt am Ayuntamiento (Rathaus) und führt durch 3000 Jahre Stadtgeschichte, die seit je untrennbar mit dem Meer verbunden ist. Im Osten beginnend, führt die Route an der Bucht von Cádiz entlang, bevor sie ins Herz der Stadt mit den kleinen Gassen und Plätzen vordringt. Lichtdurchflutet sind die Ziergärten der Universität. Das Meer gerät selten aus dem Blickfeld. Weiter geht es über den Fischmarkt, vorbei am bekanntesten Fischrestaurant, Richtung Strand. Der Spaziergang endet an der monumentalen Kathedrale mit ihrer goldenen Kuppel.

Die Murallas de San Carlos überblicken die Bucht von Cádiz ⑤

Straßencafés nahe der zentralen Plaza San Juan de Dios

Von der Plaza San Juan de Dios zum Parque Genovés

Die von Palmen gesäumte Plaza San Juan bietet viele Cafés und Läden. Das klassizistische Gebäude des *ayuntamiento* ① von 1799 ist hauptsächlich ein Werk des Architekten Torcuato Benjumeda. Verlassen Sie den Platz in nördlicher Richtung durch die Calle Nuevo ②, Teil des quirligen Einkaufsviertels der Stadt. Die Calle Nuevo geht über in die Calle San Francisco und mündet in die Plaza de San Francisco ③, einen der vielen kleinen Plätze der Stadt. Biegen Sie rechts ab in die Calle Isabel La Católica, die zur Calle Rafael de la Viesca wird. Über die Calle Doctor Zurita erreichen Sie die Plaza de España. Das Monumento a las Cortes ④ von 1912 hat für die Einwohner von Cádiz eine ganz besondere Bedeutung. 1812 tagte in der Stadt ein Parlament mit demokratischer Ausrichtung, das allerdings rasch von der Zentralmacht in Madrid aufgelöst wurde. Die Calle Fernando El Católico führt zu den Murallas de San Carlos ⑤ mit Blick auf die Bucht von Cádiz und Puerto de Santa María. Folgen Sie nun der Calle Honduras ⑥, die an den Brandungsmauern entlangführt, nach links. Die Alameda Apodaca ⑦ ist eine von vielen Parkanlagen der Stadt. Sie passieren nun den Baluarte (Bastion) de la Candelaria ⑧, in dem zeitgenössische Kunst gezeigt wird. Auf der Avenida Carlos III erreichen Sie nun die Universidad und den Parque Genovés ⑨ mit seinen hübschen Ziergärten und einem netten Café.

In den Ziergärten des Parque Genovés ⑨

Routeninfos

Start: *Plaza San Juan de Dios.*
Länge: *4 Kilometer.*
Anfahrt: *Die Plaza San Juan de Dios liegt nahe zum Hafen und nur wenige Gehminuten vom Bahnhof und den Bushaltestellen entfernt.*
Rasten: *Das Terraza an der Plaza de la Catedral wird von einer Familie betrieben und bietet Tische im Freien mit wunderbarer Aussicht auf die Kathedrale.*

Vom Parador zur Playa de la Caleta

Am Ende des Parque steht der wenig attraktive Parador von Cádiz ⑩. Der Weg führt nun mitten in die Altstadt. Biegen Sie links ab in die Calle Benito Pérez Galdós, vorbei an der Plaza de Falla und dem Gran Teatro Falla ⑪, beide benannt nach dem in Cádiz geborenen Komponisten Manuel de Falla, dessen Grab in der Kathedrale ist. Das Theater im Mudéjar-Stil wurde 1919 nach 30-jähriger Bauzeit fertiggestellt. Während des Karnevals *(siehe S. 39)* ist hier am meisten los. Die Calle Galdós geht über in die Calle Sacramento, die geschäftigste der Einkaufsstraßen. Auf dem Weg liegen das Oratorio de San Felipe Neri ⑫ und die ungewöhnliche Torre Tavira ⑬ aus dem 18. Jahrhundert. Vom 45 Meter hohen Aussichtsturm mit einer Camera obscura in einem seiner Räume hat man einen wunderbaren Blick.

Blick von einem der Glockentürme der Catedral de Santa Cruz ⑱

Von der Calle Alcalá Sacramento biegen Sie nun rechts ab zur Plaza Topete, wo auf dem Fischmarkt fangfrische Meeresfrüchte angeboten werden. Verlassen Sie den Platz über die Calle Libertad und Desamparados. Rechter Hand stoßen Sie auf die Plaza de la Cruz Verde ⑭. Von hier führt Sie die Calle Rosa zum beliebten Stadtstrand, der Playa de la Caleta, mit dem Badehaus des 19. Jahrhunderts ⑮ und dem Institut für Seefahrt. Vom Strand haben Sie Sicht auf den alten Hafen und zwei kleine Festungsanlagen: San Sebastián markiert die Stelle, an der die Phönizier 1100 v. Chr. die Siedlung Gadir gründeten. Hier stand einst auch ein Kronos-Tempel.

Von der Playa de la Caleta zur Kathedrale

Die Calle de Nájera führt zum Campo del Sur am Meer, zuvor biegen Sie jedoch links in die Calle Venezuela ein, die Sie zum berühmtesten Fischrestaurant der Region bringt: El Faro ⑯ ist ab 13 Uhr geöffnet. Das Restaurant und die Tapas-Bar werden ihrem Ruf aufs Beste gerecht. Über die Calle Félix kommen Sie zurück zum Uferstreifen und dem Campo del Sur ⑰, wo es vorbei an Gebäuden in Pastellfarben zur majestätischen Catedral de Santa Cruz ⑱ geht. Der 1722 begonnene Kirchenbau wurde erst 1838 vollendet. Mehrere Architekten zeichnen für den Stilmix aus Barock, Rokoko und Klassizismus verantwortlich. Über die Calle Pelota gegenüber gelangen Sie zurück zur Plaza San Juan.

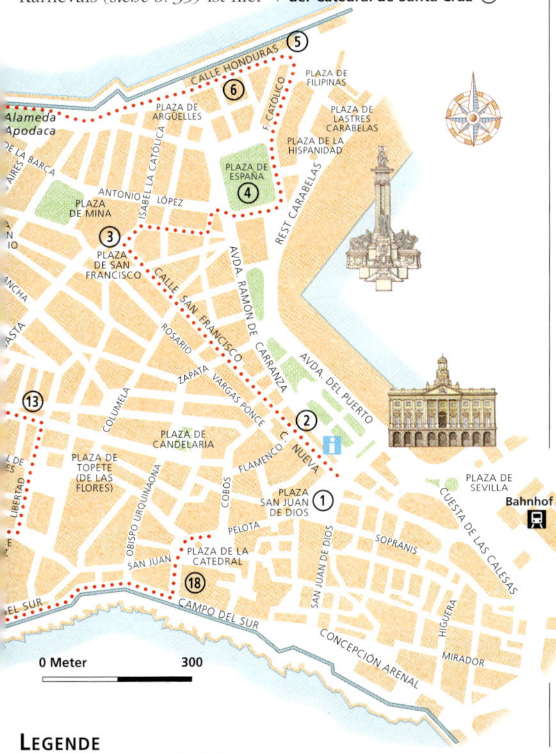

Legende

••• Routenempfehlung

Aussicht von der Torre Tavira auf die majestätische Kathedrale ⑬

Retablo, Iglesia de Santa María la Coronada in Medina Sidonia

Medina Sidonia ❻

Cádiz. **Straßenkarte** B4. *11 500.* *Plaza Iglesia Mayor s/n. 956 41 24 04.* *Mo.*

Auf der Strecke zwischen Algeciras und Jerez über die N440 taucht auf einem kegelförmigen Berg verblüffend weiß Medina Sidonia auf. 1264 nahm Alfons X. den Mauren die Stadt ab. Während des 15. Jahrhunderts residierte hier die Familie Guzmán, deren Herzöge von Medina Sidonia aus das ganze Gebiet bis zur Bucht von Cádiz gegen die Mauren verteidigten. Nach der Reconquista *(siehe S. 48f)* kam die Familie zu Reichtum, sodass Medina Sidonia zu einem der bedeutendsten Herzogtümer Spaniens wurde.

Die **Iglesia Santa María la Coronada** ist der wichtigste Bau der Stadt. Nach der Reconquista wurde das auf Burgfundamenten im 15. Jahrhundert begonnene Gotteshaus ein schönes Beispiel andalusischer Gotik. Im Inneren ist eine Sammlung religiöser Kunstwerke aus der Renaissance einschließlich Gemälden und einem Altaraufbau *(retablo)* mit wunderschön geschnitzten Wandtafeln zu bewundern.

Vejer de la Frontera ❼

Cádiz. **Straßenkarte** B4. *13 000.* *Avenida de los Remedios 2. 956 45 17 36.* **www**.turismovejer.com

Die Kleinstadt Vejer de la Frontera liegt idyllisch auf einem Hügel oberhalb von Barbate. Sie wurde als einer der ersten Orte in Spanien 711 von den Mauren erobert, kurz nachdem die Goten auf einem nahen Schlachtfeld (der genaue Ort ist unbekannt) besiegt worden waren.

Der älteste Teil der Stadt ist von einer Festungsmauer mit drei Wachtürmen und vier Toren umgeben. Innerhalb dieses Bereichs liegen die maurische Burg und die Pfarrkirche, die Iglesia Parroquial del Divino Salvador. Sie wurde zwischen dem 14. und 16. Jahrhundert auf den Resten einer Moschee errichtet, gotische und Mudéjar-Elemente herrschen vor.

Jenseits der Stadtmauer findet man den beeindruckenden Palacio del Marqués de Tamarón aus dem 17. bis 18. Jahrhundert.

Leuchtturm am Cabo de Trafalgar, Costa de la Luz

Barbate ❽

Cádiz. **Straßenkarte** B4. *23 000.* *Avenida José Antonio 23. 956 43 39 62.* **www**.barbate.es

Der größte Ort an der Küste zwischen Cádiz und Tarifa liegt an der Mündung des gleichnamigen Flusses, umgeben von Marschland und Salzgärten. Barbete selbst ist wenig interessant, zwei Urlaubsorte in der Nähe sind jedoch einen Besuch wert.

Im Süden bietet **Zahara de los Atunes** einige der besten Strände der Region. Der Name verweist auf den wichtigsten Wirtschaftsfaktor dieses Küstenabschnitts, den Thunfischfang. Barbates kulinarische Spezialität ist denn auch *mojama*, Thunfisch, der ähnlich wie *jamón serrano* geräuchert wurde. Im Hinterland von Zahara, entlang der Küstenstraße N340, sieht man die riesigen Rotoren einer Windenergieanlagen, die Strom für das landesweite Netz generiert.

Festungsmauern der Altstadt von Vejer de la Frontera

Hotels und Restaurants in Cádiz und Málaga *siehe Seiten 216–218 und 233–236*

Charakteristische Turbinen eines Windparks nördlich von Tarifa

Windparks

Nördlich von Tarifa bläst der Wind in einer solchen Stärke, dass hier Windturbinen eingesetzt werden, um Strom zu erzeugen. Spanien ist nach Deutschland der zweitgrößte Nutzer von Windkraft. 2010 sollen zwölf Prozent des Energiebedarfs des Landes mittels erneuerbarer Energien erzeugt werden. Kritiker verweisen auf die Notwendigkeit einer ausreichenden Windstärke und auf landschaftliche Aspekte. Andere fürchten, dass Vögel den Rotoren zum Opfer fallen, und bezweifeln grundsätzlich die Ertragsleistung.

Hinter dem Fischereihafen von Barbate schlängelt sich die Straße gen Norden entlang der Landzunge, vorbei an Klippen und dichten Pinienwäldern, um schließlich hinunterzuführen zum kleinen Urlaubsort **Los Caños de Meca**, der in den 1970er Jahren vielen Hippies als Refugium diente. Ziemlich entspannt geht es hier noch heute zu.

In der Nähe markiert ein Leuchtturm auf einer kurzen Landzunge den **Cabo de Trafalgar**. Das Kap hat seinen Namen von der Seeschlacht am 21. Oktober 1805. Am frühen Morgen dieses Tages entschied der britische Admiral Nelson, die Flotte spanischer und französischer Schiffe anzugreifen. Trotz zahlenmäßiger Unterlegenheit konnten die Briten den Feind schlagen, ohne auch nur ein Schiff zu verlieren. Nelson wurde verwundet und starb bald darauf.

Baelo Claudia ❾

Bolonia, Cádiz. **Straßenkarte** B4. *956 10 67 97. Juni–Sep: Di–Sa 9–20, So 9–14 Uhr; Okt, März–Mai: Di–Sa 9–19, So 9–14 Uhr; Nov–Feb: Di–Sa 9–18, So 9–14 Uhr. (EU-Bürger frei).*
www.mundocultural.net/baelo.htm

Die römische Siedlung Baelo Claudia entstand im 2. Jahrhundert v. Chr. an der Küste und gewann durch den Handel mit Nordafrika und durch seine Fisch verarbeitenden Betriebe schnell an Bedeutung.

Kaiser Claudius (41–54 n. Chr.) verlieh Baelo Claudia Stadtrechte, seine Blüte war aber nur von kurzer Dauer: Ein Erdbeben verwüstete den Ort beinahe ganz. Im 6. Jahrhundert waren seine letzten Bewohner fortgezogen. Die Ruinen umfassen ein Theater, eine Nekropole und einige Säulen. Sie liegen idyllisch in der Nähe eines schönen Strandes unweit der kleinen Ortschaft Bolonia.

Trajan-Statue bei Baelo Claudia

Tarifa ❿

Cádiz. **Straßenkarte** B4. *17 000. Paseo de la Alameda s/n. 956 68 09 93. Di.* **www**.tarifaweb.com

Europas Windsurfing-Hauptstadt *(siehe S. 32f)* hat ihren Namen von Tarif ben Maluk, einem maurischen Feldherrn des 8. Jahrhunderts.

Das **Castillo de Guzmán el Bueno** (10. Jh.) ist Schauplatz einer Sage. 1292 erfuhr Guzmán, der Tarifa verteidigte, dass sein als Geisel gehaltener Sohn sterben werde, falls er sich nicht ergebe. Statt dies zu tun, warf er den Geiselnehmern seinen Dolch hin.

Castillo de Guzmán el Bueno
Calle Guzmán el Bueno.
956 68 09 93. Di–Sa.

Parque Natural de Los Alcornocales ⓫

Cádiz und Málaga. **Straßenkarte** B4. *Calle Los Pozos s/n, Alcalá de los Gazules. 956 41 32 52.*
www.alcornocales.org

Dieser Naturpark ist nach den *alcornoques*, den hier weitverbreiteten Korkeichen, benannt. Man erkennt sie daran, dass die Rinde ihrer Stämme abgeschält wurde und dadurch das rote Kernholz sichtbar ist.

Korkeichen im Parque Natural de Los Alcornocales

Der Süden des Naturparks ist von tiefen Tälern durchzogen. In diesen *canutos* konnten uralte farnreiche Wälder bis heute überdauern.

Neben den Naturschönheiten locken auch einige Orte Besucher an, darunter Jimena de la Frontera, Castellar de la Frontera und Medina Sidonia *(siehe S. 168)* sowie Höhlen mit prähistorischer Malerei.

Tanger ⑫

Wasserträger, Grand Socco

Tanger ist in nur 45 Minuten von Spanien aus erreichbar und ideal für einen Tagesausflug. Trotz seiner Nähe ist der alte, von den Berbern um 1000 v. Chr. gegründete Hafen für Europäer gewöhnungsbedürftig. Tanger vibriert von orientalischem Leben. Die labyrinthische Medina, das Marktviertel, ist eng und laut. In ihren Werkstätten fertigen Handwerker traditionelle Waren für die Läden und Stände der überfüllten Straßen an. Doch hinter schmiedeeisernen Geländern öffnen sich auch ruhige Innenhöfe mit Mosaiken, Brunnen und sogar Moscheen.

Blick vom Grand Socco aus in die labyrinthische Medina

Zentrum von Tanger

Amerikanische Gesandtschaft ⑦
Dar El Makhzen ①
Grand Socco ⑥
Große Moschee ④
Hôtel Continental ③
Kasbah ②
Rue es Siaghin ⑤

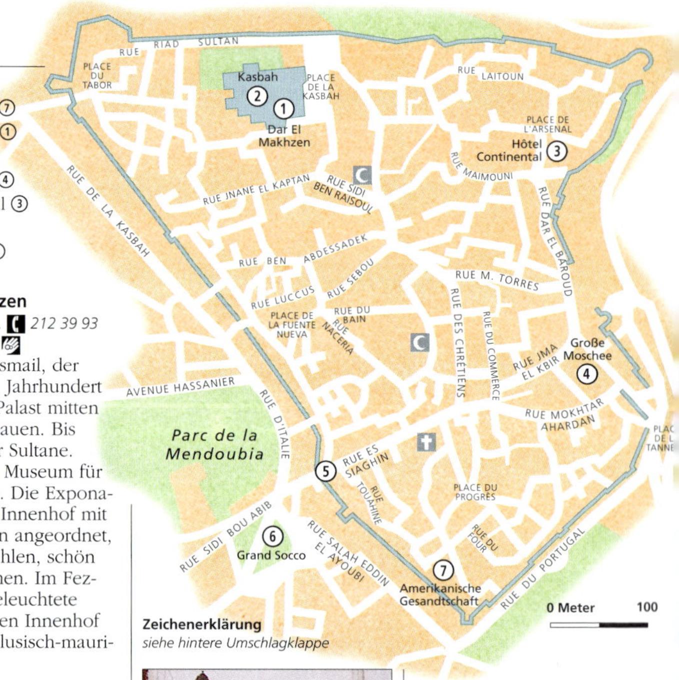

Zeichenerklärung
siehe hintere Umschlagklappe

Dar El Makhzen

Place de la Kasbah. ☎ *212 39 93 20 97.* ◯ *Mi–Mo.*

Sultan Moulay Ismail, der Marokko im 17. Jahrhundert einte, ließ den Palast mitten in die Kasbah bauen. Bis 1912 lebten hier Sultane. Heute ist es ein Museum für Kunsthandwerk. Die Exponate sind um den Innenhof mit Steinornamenten angeordnet, aber auch in kühlen, schön verzierten Räumen. Im Fez-Raum gibt es beleuchtete Korane und einen Innenhof im Stil der andalusisch-maurischen Gärten.

Kasbah

Die Kasbah oder Zitadelle, in der die Sultane einst Hof hielten, liegt auf dem höchsten Punkt der Medina. Sie ist von den Gässchen durch Festungswälle und vier Steintore getrennt. Vom Zinnendach blickt man auf die Straße von Gibraltar.

Die Kasbah umfasst das Dar El Makhzen, die Schatzkammer, das alte Gefängnis und die Gerichtsgebäude. In den Villen hier lebten einst amerikanische und europäische Berühmtheiten, z. B. der Schriftsteller Paul Bowles.

Fassade des Dar El Makhzen, Museum für Kunsthandwerk

Große Moschee

Grüne und weiße Minarette erheben sich über dem massiven, von Sultan Moulay Ismail erbauten Gebäude (17. Jh.). Ein geschnitztes Tor verspricht mehr Schätze im Inneren – Nichtmuslime dürfen diese Moschee nicht betreten.

Grand Socco

Händler aus dem Rif-Gebirge tauschen an diesem geschäftigen Hauptmarkt im Herzen Tangers ihre Waren. Der offizielle Name, Place du 9 Avril 1947, erinnert an den Besuch des Sultans Muhammad V.

Infobox

Marokko. **Straßenkarte** B4. *700 000.* *ab Tarifa mit FRS, 956 68 18 30,* **www**.frs.es *(Schnellfähre); ab Algeciras mit Trasmediterranea, 956 66 52 00 (Fähre); ab Gibraltar mit FRS (siehe oben); weitere Informationen: siehe S. 265.* *29, blvd Pasteur (212 39 94 80 50).* **Sprachen:** *Arabisch, Französisch.* **Währung:** *Dirham.* **Einreisebestimmungen:** *Tagesausflügler aus Deutschland, Österreich und der Schweiz benötigen einen Reisepass.*

Portal der Großen Moschee in Tanger

Amerikanische Gesandtschaft

Rue du Portugal. *212 39 93 53 17.* *Mo, Mi, Do oder nach Anmeldung.*

Dieser Palast, ein Geschenk von Sultan Moulay Slimane (1821), war die erste diplomatische Mission der USA und blieb es bis 1961. Heute ist er ein Kunstmuseum.

Hôtel Continental

Rue Dar El Baroud. *212 39 93 10 24.* *tägl.*

Zahlreiche Intrigen haben sich in diesem Hotel abgespielt. Heute ist es ein schöner Platz zum Teetrinken.

Rue es Siaghin

Die Straße der Silberschmiede war in den 1930er Jahren die Hauptverkehrsstraße der Medina. Das Warenangebot ist noch heute überwältigend. Ladenbesitzer bieten Pfefferminztee an, um Sie in ihr Geschäft zu locken.

Ceuta 13

Straßenkarte C4. *78 000.* *ab Algeciras.* *Calle Edrissis, Baluarte de los Mallorquines. 856 20 05 60.* **www**.ceuta.es

Wer Nordafrika erleben will, ohne Spanien zu verlassen (obwohl man bei der Einreise den Pass vorlegen muss), für den lohnt sich ein Ausflug nach Ceuta, eine der beiden spanischen Enklaven auf dem Kontinent. Ceuta liegt nur 21 Kilometer vom spanischen Festland entfernt.

Die Stadt wird von dem Hügel des Monte Hacho überragt, auf dem die spanische Armee eine Kaserne hat. Ceutas Ursprünge sind phönizisch und arabisch. Seine Kirchen entstanden zwischen dem 17. und 19. Jahrhundert. Das **Museo de la Legión** widmet sich der spanischen Fremdenlegion.

In den Läden lassen sich einige Schnäppchen machen. Sowohl Ceuta als auch Melilla sind von hohen Grenzzäunen umgeben, die die zahlreichen illegalen Einwanderer aus ganz Afrika abhalten sollen.

Europäische Architektur in der nordafrikanischen Enklave Ceuta

Museo de la Legión

Paseo de Colón. *699 87 96 46.* *Mo–Sa 10–13.30, 16–18 Uhr.*

Melilla 14

71 000. *ab Málaga oder Almería, siehe S. 265.* *Palacio de Exposiciones y Congresos, Calle Fortuny 3. 952 67 54 44.* **www**.melillaturismo.com

Spaniens zweite nordafrikanische Enklave wurde 1497 gegründet. Sie liegt 150 Kilometer südlich von Almería an der marokkanischen Küste. Die sechsstündige Überfahrt per Schiff vom spanischen Festland aus lohnt sich durchaus, denn wo sonst auf afrikanischem Boden ließen sich gotische Architektur und Zeugnisse des Modernisme, der katalanischen Spielart des Jugendstils, bewundern?

Im heutigen Melilla ist man stolz auf das friedliche Neben- und Miteinander von vier großen Kulturen: Christentum, Islam, Judentum und Hinduismus. Die wichtigsten Sehenswürdigkeiten findet man in Melilla La Vieja, der Altstadt: Hier drängen sich vier befestigte Areale, die durch Mauern oder Gräben voneinander getrennt sind. Sie wurden im 14. Jahrhundert auf einer ins Meer ragenden Landspitze errichtet.

Auch die neueren Stadtviertel des 19. und 20. Jahrhunderts lohnen einen Besuch. Hier stehen zahlreiche beeindruckende Jugendstil- und Art-déco-Villen. In ganz Melilla zählt man annähernd 900 Gebäude aus dieser Zeit.

Internationale Ära

Von 1932 bis zur Angliederung an Marokko 1956 war Tanger eine internationale, steuerfreie Zone und unter der Kontrolle einer Gemeinschaft von 30 Nationen. Typisch für die Zeit waren Korruption, Spionage, groß angelegter Schmuggel, Mädchenhandel und Verschwendungssucht reicher Steuerflüchtlinge wie der Erbin Barbara Hutton. Berühmtheiten wie Henri Matisse, Jack Kerouac und Orson Welles gaben der Szene Kolorit.

Orson Welles, einst eine vertraute Erscheinung in Tanger

Gibraltar ⓯

Berberaffe von Gibraltar

Die gebürtigen Gibraltarer sind Nachkommen von Briten, Genueser Juden, Portugiesen und Spaniern, die nach der Großen Belagerung *(siehe S. 52)* dort blieben. England eroberte Gibraltar während des Spanischen Erbfolgekriegs 1704 und bekam es neun Jahre später »auf unbegrenzte Dauer« durch den Vertrag von Utrecht *(siehe S. 52)* übereignet. Als Tor zum Mittelmeer war »The Rock« in Kolonialzeiten von großer Bedeutung. Jedes Jahr strömen rund vier Millionen Menschen über die Grenze in La Línea, um dieses an Andalusien hängende Stückchen England zu besuchen: Pubs, Ale, Fish 'n' Chips, Pfund Sterling und Bobbys – der Kontrast zu Spanien könnte kaum größer sein.

Das Burgverlies
Der untere Teil dieser maurischen Burg (8. Jh.) dient noch heute als Gefängnis.

Tunnelsystem
Kasernen und Lagerräume füllen 50 Kilometer Tunnel.

Spanische Grenze und Zoll

Drahtseilbahn
Eine Drahtseilbahn fährt von der Stadtmitte auf die Spitze des Berges, auf den 450 Meter hohen, oft in Nebel gehüllten Gipfel von Gibraltar.

Die Rollbahn des Flughafens überquert die Hauptstraße von La Línea nach Gibraltar.

St Michael's Cave
Die Tropfsteinhöhle diente im Zweiten Weltkrieg als bombensicheres Militärhospital. Heute finden hier klassische Konzerte statt.

INFOBOX

Großbritannien. **Straßenkarte** C4. *29 000.* *Gibraltar.* *Waterport-Busbahnhof.* *Cathedral Square, Duke of Kent House. 956 77 49 50.* *Mi, Sa.* *National Day (10. Sep).*
Gibraltar Museum *Mo–Sa.* *Feiertage.*
The Keep, Siege Tunnels, St Michael's Cave, Apes' Den *tägl.* *1. Jan, 25. Dez.*
Währung: *Gibraltar Pfund, Pfund Sterling.* **Einreisebestimmungen:** *gültiger Personalausweis/Pass.* **www.**gibraltar.gi

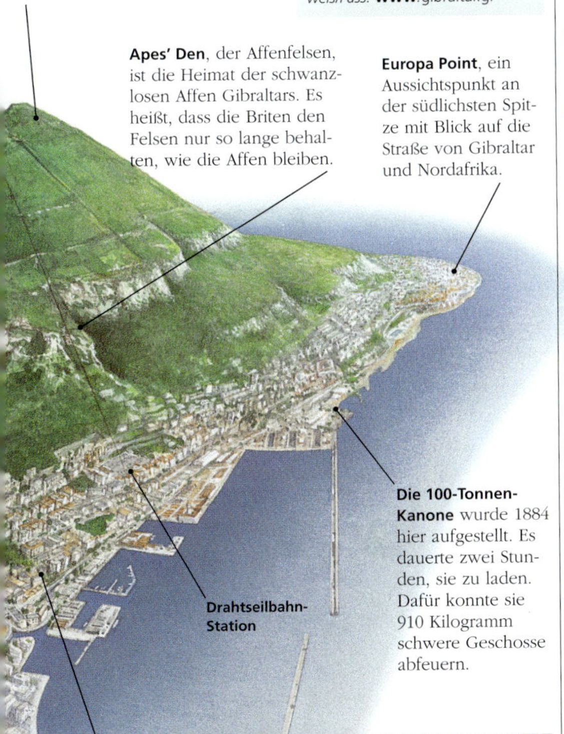

Gibraltar Museum
Das auf den Grundmauern eines maurischen Bads errichtete Museum beherbergt eine Ausstellung zu Gibraltars Geschichte.

La Línea de la Concepción mit Gibraltar im Hintergrund

La Línea de la Concepción ⓰

Cádiz. **Straßenkarte** C5. *64 000.* *Avenida de 20 Abril s/n. 956 76 99 50.* *Mi.*

La Línea ist eine Stadt auf spanischer Seite an der Grenze zu Gibraltar. Ihr Name »die Linie« bezieht sich auf die alten Wälle, die einst die Grenze bildeten. Sie wurden jedoch während der napoleonischen Kriege zerstört. Heute ist La Línea eine rege Handelsstadt mit diversen Hotels, die von Leuten besucht werden, denen die Hotelpreise in Gibraltar zu hoch sind.

Yachthafen in Sotogrande

Sotogrande ⓱

Cádiz. **Straßenkarte** C5. *2000.* *San Roque.* *Calle San Felipe s/n. 956 69 40 05.* *So.*

Direkt oberhalb von Gibraltar liegt an der Costa del Sol diese exklusive Stadt, in der vor allem reiche Gibraltarer in Villen leben und täglich zum »Felsen« fahren. Der Yachthafen ist bestückt mit teuren Schiffen und gesäumt von ausgezeichneten Fischrestaurants. In der Nähe gibt es diverse makellos gepflegte Golfplätze *(siehe S. 33)*.

Tour zu den *pueblos blancos* ⓲

Statt sich in Andalusiens Ebenen anzusiedeln, zogen es manche Andalusier vor, in befestigten Bergdörfern zu leben. Der Lebensstil in diesen nach maurischer Tradition weiß getünchten *pueblos blancos* ist bis heute fast unverändert. Ein Besuch der Dörfer, die die steil von der Küste aufsteigenden Berge krönen, eröffnet den Zutritt zu einer vergangenen Welt. Gleichwohl handelt es sich um vitale Orte mit viel Landwirtschaft und Handwerk und nicht etwa nur um Besucherattraktionen.

Zahara de la Sierra ③ Das *pueblo blanco*, ein dicht gedrängtes Bergdorf unterhalb einer Burgruine, wurde zum Nationaldenkmal erklärt.

Ubrique ② In dieser Stadt am Fuß der Sierra de Ubrique floriert die Herstellung von Lederwaren.

Grazalema ④ Das Dorf liegt inmitten des Parque Natural de la Sierra de Grazalema und hat die höchste Niederschlagsmenge in Spanien.

Arcos de la Frontera ① Diese strategisch wichtige Stadt war jahrhundertelang befestigt. Von den aufragenden Höhen dieser Festung kann man weit über das Guadalete-Tal schauen.

Jimena de la Frontera ⑧ Die zu diesem Dorf führenden Hänge sind weitflächig mit Korkeichen und Olivenbäumen bewachsen. Eine maurische Burgruine überblickt die Umgebung, in der wilde Stiere friedlich weiden.

Gaucín ⑦ Von hier eröffnen sich einzigartige Ausblicke auf das Mittelmeer, den Atlantik, den »großen Felsen« und die Straße von Gibraltar bis hinüber zum Rif-Gebirge.

Setenil ⑤ Die Straßen des weißen Städtchens bestehen aus Steinen einer Schlucht, die der Trejo in den Fels gegraben hat.

Ronda ⑥ Ronda, durch die Schlucht des Guadalevín geteilt, war eine der letzten aus maurischem Besitz befreiten Städte. Später wurde sie die Wiege des Stierkampfs.

LEGENDE

- Routenempfehlung
- Andere Straße

ROUTENINFOS

Länge: *205 km.*
Rasten: *Ronda bietet viele Hotels* (siehe S. 218) *und Restaurants* (siehe S. 235). *Arcos de la Frontera hat einen Parador* (siehe S. 216) *sowie weitere Hotels und Restaurants. Übernachtungsmöglichkeiten gibt es auch in Gaucín, Jimena de la Frontera und Zahara de la Sierra. Grazalema und Setenil verfügen über Bars und ein Hotel, Ubrique ebenfalls über ein Hotel.*

Arcos de la Frontera ⓳

Cádiz. **Straßenkarte** B3. *31 000.* *Plaza del Cabildo s/n. 956 70 22 64.* *Fr.*
www.ayuntamientoarcos.org

Arcos ist seit prähistorischer Zeit bewohnt. Seine strategische Lage lud zur Besiedlung ein – zunächst als römische Stadt Arcobriga und später als Festung Medina Arkosh unter dem Kalifat von Córdoba *(siehe S. 46)*. Sie wurde 1264 von den christlichen Streitkräften Alfons' X. *(siehe S. 48)* eingenommen.

Arcos ist eine altertümliche Bergstadt mit einem labyrinthartigen Maurenviertel. Im Zentrum befindet sich die Plaza de España, die Ausblicke auf die ausgedörrten Ebenen freigibt. An der Frontseite des Platzes stehen der **Parador de Arcos de la Frontera** *(siehe S. 216)* und die **Iglesia de Santa María de la Asunción** mit Elementen aus Romanik, Hochgotik, Mudéjar-Stil und Barock. Ein kleines Museum zeigt die Kirchenschätze.

Beeindruckender ist allerdings die wuchtige **Parroquia de San Pedro**. Ihr Turm bietet einen Blick über das Felsplateau hinunter auf den Fluss Guadalete. In der Nähe steht der **Palacio del Mayorazgo** mit prunkvoller Renaissance-Fassade. Auch das **Ayuntamiento** ist sehenswert.

Palacio del Mayorazgo
Calle San Pedro 2.
956 70 30 13 (Casa de Cultura).
tägl.

Ayuntamiento
Plaza del Cabildo 1.
956 70 00 02.
Mo–Fr. *Feiertage.*

Iglesia de Santa María de la Asunción

Römisches Theater in den Ruinen von Acinipo (Ronda la Vieja)

Ronda la Vieja ⓴

Málaga. **Straßenkarte** C3. *Ronda.* *952 21 36 40, 630 42 99 49.* *Plaza España 9. 952 87 12 72.* *Di–Sa 10–16, So 9–13 Uhr.* **Cueva de la Pileta** *nur mit Führung (zweimal tägl.).*
www.turismoderonda.es

Ronda la Vieja ist der moderne Name für die Überreste der römischen Stadt Acinipo, 14 Kilometer nordwestlich von Ronda *(siehe S. 176f)*. Die im ersten nachchristlichen Jahrhundert wichtige Stadt verlor später an Bedeutung, weil sie schwer zu schützen war.

Die Ruinen liegen malerisch über einen Berg verstreut. Die wichtigste Sehenswürdigkeit ist das Theater. Besucher können zwischen den Steinreihen wandern, die die Fundamente unterschiedlicher Gebäude andeuten.

An der C339 (etwa 22 km von Ronda la Vieja entfernt) liegt die Cueva de la Pileta mit ihren prähistorischen Höhlenzeichnungen von etwa 25 000 v. Chr. *(siehe S. 42)*.

Im Detail: Ronda ㉑

Handbemalter Teller, Ronda

Ronda thront auf einem Felsplateau über einer steil abfallenden Schlucht. Aufgrund seiner uneinnehmbaren Lage war es eine der letzten maurischen Bastionen Spaniens. An der Südseite liegt ein klassisches maurisches *pueblo blanco (siehe S. 175)* mit gepflasterten Gässchen, Fenstergittern und blendender Kalktünche – hier in der Altstadt finden sich auch die meisten Sehenswürdigkeiten. Die andere Seite der Schlucht nimmt die Neustadt El Mercadillo mit einer der ältesten Stierkampfarenen Spaniens ein.

★ Puente Nuevo
Der Bau der »Neuen Brücke« über die fast 100 Meter tiefe Schlucht war eine Meisterleistung des Ingenieurwesens im ausgehenden 18. Jahrhundert.

Casa del Rey Moro
Von diesem auf dem Fundament eines maurischen Palasts gebauten Herrenhaus führen 365 Stufen zum Fluss hinunter.

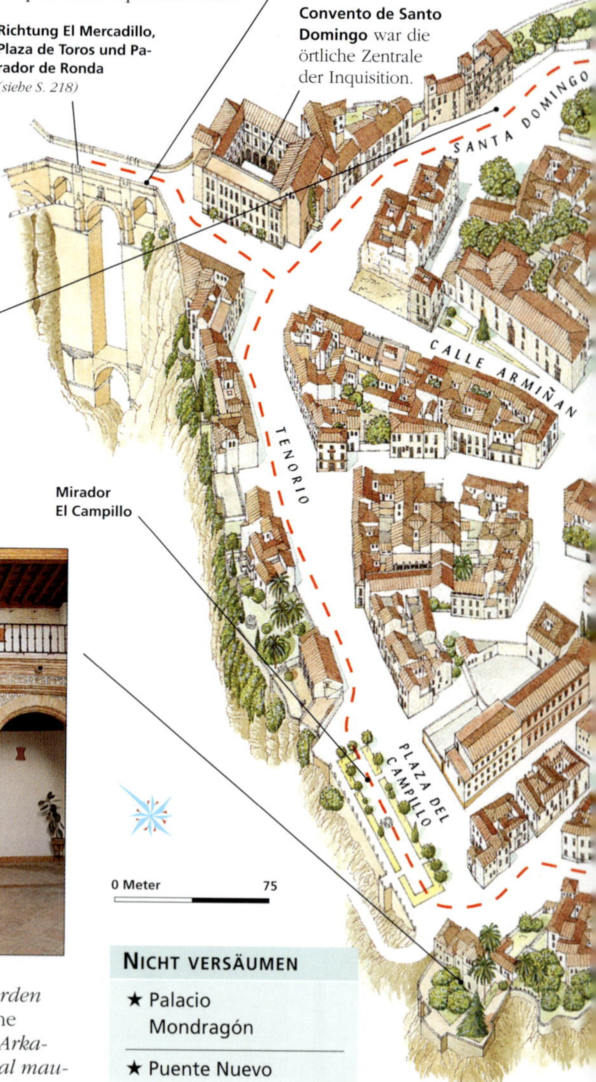

Richtung El Mercadillo, Plaza de Toros und Parador de Ronda *(siehe S. 218)*

Convento de Santo Domingo war die örtliche Zentrale der Inquisition.

Mirador El Campillo

★ Palacio Mondragón
Große Teile des Palasts wurden nach der Reconquista (siehe S. 48f) *wiedererbaut. Sein Arkadeninnenhof ist mit original maurischen Mosaiken geschmückt.*

NICHT VERSÄUMEN

- ★ Palacio Mondragón
- ★ Puente Nuevo

Palacio del Marqués de Salvatierra
Bizarre Bilder biblischer Szenen und südamerikanischer Indianer schmücken die Fassade des im Renaissance-Stil erbauten Palasts.

INFOBOX

Málaga. **Straßenkarte** C3. *36 000.* *Avda Andalucía s/n. 952 87 16 73.* *Pl Concepción García Redondo s/n, 952 87 22 60.* *Paseo de Blas Infante s/n, 952 18 71 19.* *So.* *Fiesta Romería Virgen de la Cabeza (Mai), Feria de Málaga (Aug), Feria de Pedro Romero (Sep).* **Casa del Rey Moro** *nur Gärten.* **Palacio del Marqués de Salvatierra** *für die Öffentlichkeit.* **Palacio Mondragón** *tägl.* **Plaza de Toros** *und* **Museo Taurino** *tägl.* **Baños Árabes** *tägl.* **www.**turismoderonda.es

Santa María la Mayor
Ein Minarett und eine Gebetsnische überdauerten die alte Moschee (13. Jh.), die einst an der Stelle der Kirche stand.

Ayuntamiento
Das Rathaus umfasst Gebäudeteile unterschiedlichen Alters. Es hat eine Zwillingsbogenfassade und eine Mudéjar-Decke.

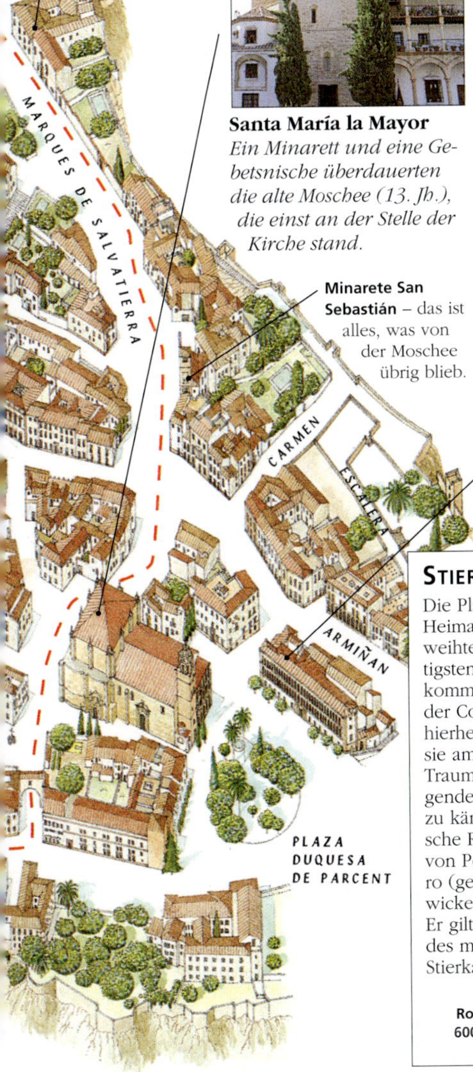

Richtung Puente Viejo, Baños Árabes

Minarete San Sebastián – das ist alles, was von der Moschee übrig blieb.

LEGENDE

– – – Routenempfehlung

STIERKAMPF IN RONDA

Die Plaza de Toros von Ronda ist die geistige Heimat des Stierkampfs. Diese 1785 eingeweihte Arena ist eine der ältesten und wichtigsten in Spanien. Fans aus dem ganzen Land kommen wegen der einzigartigen Atmosphäre der Corrida Goyesca *(siehe S. 36)* hierher, und Millionen verfolgen sie am Fernseher. Es ist der Traum eines jeden aufsteigenden Matadors, in Ronda zu kämpfen. Der klassische Ronda-Stil war von Pedro Romero (geb. 1754) entwickelt worden. Er gilt als »Vater« des modernen Stierkampfs.

Romero, der über 6000 Stiere tötete

Parque Natural Sierra de las Nieves ㉒

Straßenkarte C3. *Palacio de Mondragón, Plaza de Mondragón, Ronda. 952 87 84 50.*

Die von der UNESCO als Biosphärenreservat ausgewiesene Sierra de las Nieves erstreckt sich südöstlich von Ronda zwischen Parauta (im Osten), Tolox (Westen), El Burgo (Norden) und Istán (Süden). Das Gebiet weist extreme Höhenunterschiede auf: Der Gipfel des Torrecilla erreicht 1919 Meter. Mit dem Kürzel GESM wird eines der tiefsten Erdlöcher der Welt (1100 m) bezeichnet. Höhlenwanderungen und Bergsteigen sind die Hauptattraktionen der Sierra, zudem gibt es markierte Wanderwege.

Im Süden der Sierra liegt bei Ojén der hübsche Refugio de Juanar. Hier führen schöne Wanderwege durch Mischwälder bis zu einem Aussichtspunkt mit Blick aufs Meer.

Olivenhain zwischen den Orten Álora und Antequera

Álora ㉓

Málaga. **Straßenkarte** C3. *13 000. Avenida Constitución s/n. 952 49 55 77. Mo.*

Das im Tal des Guadalhorce liegende Álora ist ein wichtiges Landwirtschaftszentrum. Das klassische weiße Dorf *(pueblo blanco, siehe S. 174f)* liegt an einem Berghang und überblickt weite Weizenfelder, Zitrusplantagen und schattige Olivenhaine.

Die kopfsteingepflasterten Straßen gehen sternförmig von der **Iglesia de la Encarnación** des 18. Jahrhunderts aus. Auf dem höheren der Zwillingshügel von Álora steht das **Castillo Árabe** mit Friedhof. Hier sind die Grabnischen in Steinblöcke eingelassen.

Castillo Árabe
Calle Ancha. *952 49 83 80 (Informationsbüro). tägl.*

Die Garganta del Chorro erhebt sich mächtig über dem Guadalhorce

Garganta del Chorro ㉔

Málaga. **Straßenkarte** C3.
El Chorro. Parque Ardales.
Avenida Constitución s/n.
952 49 83 80.

Etwa zwölf Kilometer nördlich von Álora findet man im fruchtbaren Tal des Río Guadalhorce die Garganta del Chorro – eine immense Schlucht von über 180 Metern Tiefe, die in einem schroffen Kalksteingebirge klafft. Unten ist sie an manchen Stellen nur zehn Meter breit. Der Guadalhorce fließt in Stromschnellen dahin. Am Ausgang der Schlucht steht ein Wasserkraftwerk, das die Wildheit und natürliche Schönheit des Ortes leider etwas stört.

Der nahe gelegene Ort **El Chorro** im Süden der Garganta bietet seinen Besuchern viele Wander- und Ausflugsmöglichkeiten.

Fuente de Piedra ㉕

Málaga. **Straßenkarte** C3.
C/Castillo 1. 952 73 54 53.

Der größte der in einem Feuchtgebiet nördlich von Antequera liegenden Seen, die Laguna de la Fuente de Piedra, wimmelt im Frühjahr von Vögeln, darunter riesige Flamingoscharen. Jeden März brüten 25 000 Tiere hier, bevor sie im Herbst wieder nach Westafrika fliegen. Während einer (immer häufiger vorkommenden) Dürreperiode brüten hier deutlich weniger Vögel. Außer Flamingos kann man hier Kraniche, Reiher, Bienenfresser sowie viele Enten- und Gänsearten bewundern. Ihre Zahl hat sich durch Tierschutzgesetze, Jagdverbot und die Erklärung der Region zum Naturschutzgebiet stark erhöht.

Eine Seitenstraße der N334 führt an den See. Von mehreren Standorten aus können die Vögel beobachtet werden. Besucher sollten jedoch sehr zurückhaltend vorgehen: Es ist untersagt, sich den Vögeln zu sehr zu nähern. Viele nützliche Informationen über See, Flora und Fauna sind beim Besucherzentrum nahe dem Dorf Fuente de Piedra erhältlich.

Der triumphale Arco de los Gigantes (16. Jh.), Antequera

Antequera ㉖

Málaga. **Straßenkarte** D3. 41 000. *Plaza San Sebastián 7. 95 270 25 05.* **www**.antequera.es

Als emsige Marktstadt im Tal des Guadalhorce war Antequera lange strategisch wichtig – zunächst als römisches Anticaria und später als maurische Grenzfestung zur Verteidigung Granadas.

Nicht versäumen sollte man die **Iglesia de Nuestra Señora del Carmen** mit ihrem riesigen barocken Altarbild. Westlich von hier, am anderen Ende der Stadt, befindet sich die **Plaza de Toros** mit einem Stierkampfmuseum. Auf einem Berg über der Stadt thront das **Castillo Árabe**, eine maurische Burg (13. Jh.) auf

Kalksteinformationen im Parque Natural del Torcal

den Grundmauern eines römischen Forts. Die Innenräume sind nicht zugänglich. Durch den **Arco de los Gigantes** (16. Jh.) gelangt man auf die Mauern. Eine schöne Aussicht hat man von der **Torre del Papabellotas.** Der **Palacio de Nájera** (18. Jh.) beherbergt das Stadtmuseum mit der 2000 Jahre alten Bronzestatue eines römischen Jünglings.

Die drei prähistorischen Dolmen außerhalb der Stadt waren vermutlich die Grabstätte von Stammesführern. Die Cuevas Viera und Menga liegen 100 Meter voneinander entfernt; letztere, die älteste und beeindruckendste von allen, ist 4000 bis 4500 Jahre alt. Ein Stück weiter weist der Dolmen de Romeral einen langen Gang auf, der zur zentralen Grabkammer führt.

Plaza de Toros
Crta de Sevilla. *952 70 81 42.*
Di–So. **Museo Taurino**
Sa, So, Feiertage.

Palacio de Nájera
Coso Viejo. *952 70 40 21.*
Di–So. *Dolmen.*
Di–Sa 9–18 Uhr, So 9.30–14.30 Uhr. *Di.*

El Torcal ㉗

Málaga. **Straßenkarte** D3. *Antequera.* *Antequera. 952 70 25 05.*

Das riesige, durch Wind und Wetter bizarr geformte Felsenmeer, der **Parque Natural del Torcal**, ist bei Wanderern sehr beliebt. Die meisten folgen markierten Pfaden, die vom Besucherzentrum ausgehen. Es gibt Kurzwanderungen bis zu zwei Stunden (gelbe Pfeile) oder längere Wanderungen (rote Pfeile). Zu sehen sind Cañons, Höhlen, pilzförmige Felsen und andere geologische Kuriositäten. Der Park ist mit seinen Fuchs- und Wieselpopulationen sowie Adlern, Falken und Geiern auch ein Tummelplatz für Naturkundler.

Archidona ㉘

Málaga. **Straßenkarte** D3. *8800.* *Plaza Ochavada 2. 952 71 64 79.* *Mo.*

Die außergewöhnliche **Plaza Ochavada** ist einen Besuch wert. Sie ist ein achteckiger, im französischen Stil gehaltener, aber mit traditionellen andalusischen Elementen versehener Platz. Von der **Ermita Virgen de Gracia** hat man eindrucksvolle Ausblicke über die sanfte hügelige Landschaft.

Die achteckige Plaza Ochavada (18. Jh.) in Archidona

Nerja ㉙

Málaga. **Straßenkarte** D3. *21 000.* *Calle Puerta del Mar 2. 95 252 15 31.* *Di.* **www**.nerja.es

Dieser angesagte Badeort am östlichen Ende der Costa del Sol liegt idyllisch am Fuß der Sierra de Almijara. Er befindet sich auf einer Klippe über einer Reihe von Sandbuchten. Die wichtigsten Aktivitäten konzentrieren sich in dieser Gegend um die Promenade, die sich an einem Vorgebirge, dem **El Balcón de Europa** (der Balkon Europas) entlangzieht. Sie ist von Cafés und Restaurants mit Tischen im Freien gesäumt und gibt den Blick nach allen Seiten auf die Küste frei. Am Stadtrand breiten sich Ferienvillen aus, viele mit Swimmingpool und grünem Rasen. Ebenso gibt es neu gebaute Apartmentblocks.

Nerja mit Blick auf das Meer vom El Balcón de Europa aus

Östlich der Stadt liegen die **Cuevas de Nerja**, riesige, archäologisch interessante Höhlen, die 1959 entdeckt wurden. Das Alter der Höhlenmalereien *(siehe S. 42)* wird auf rund 20 000 Jahre geschätzt, sie können jedoch nicht besichtigt werden. Nur wenige der kathedralenartigen Räume sind der Öffentlichkeit zugänglich. Einer ist in ein Auditorium für Hunderte von Besuchern umgestaltet worden. Im Sommer finden hier Konzerte statt.

Cuevas de Nerja
Carretera de las Cuevas de Nerja.
95 252 95 20. *tägl.*

Málaga ㉜

Málaga. **Straßenkarte** D3.
566 000. *Pasaje de Chinitas 4. 951 30 89 11.*
So. **www**.malaga.eu

Detail, Kathedrale von Málaga

Mit seinem florierenden Hafen ist Málaga Andalusiens zweitgrößte Stadt. Erste Eindrücke sind hässliche Vororte, schäbige Hochhäuser und Reihen rostender Kräne. Doch das täuscht darüber hinweg, dass die Stadt über Denkmäler und vor allem über viel Potenzial für die Zukunft verfügt.

Malaca, die phönizische Stadt *(siehe S. 42f)*, war einst ein bedeutender Handelshafen der iberischen Halbinsel. Nach dem Sieg Roms über Karthago 206 v. Chr. *(siehe S. 44)* wurde sie zum wichtigen Hafen für den römischen Handel mit Byzanz. Ihre Blütezeit fiel jedoch in die Jahre nach 711, als die Stadt an die Mauren fiel und Versorgungshafen für Granada wurde. Nach blutiger Belagerung wurde sie 1487 von den Christen zurückerobert. Die verbleibenden Mauren wurden nach einem Aufstand vertrieben *(siehe S. 50f)*.

Nach einer langen Zeit des Verfalls blühte die Stadt im 19. Jahrhundert wieder auf, als der Málagawein eines der beliebtesten Getränke Europas wurde. Leider gelangte die Reblaus, die Europas Weinbaugebiete heimsuchte, auch nach Málaga und zerstörte den Weinanbau. Zu dieser Zeit begannen Urlauber – vor allem Engländer – hier zu überwintern.

Die Altstadt im Herzen Málagas breitet sich von der **Kathedrale** aus. Diese wurde 1528 von Diego de Siloé begonnen, ist jedoch ein bizarres Stilgemisch. Der Bau stürzte 1680 durch ein Erdbeben ein. Der zweite Turm blieb unvollendet, als 1765 die Mittel ausgingen, und führte zum Spitznamen der Kathedrale: La Manquita (Die Einarmige).

Málagas ehemaliges Museo de Bellas Artes wurde umgebaut

La Axarquía ❸⓪

Málaga. **Straßenkarte** D3. *Avda de la Constitución, Cómpeta. 952 55 36 85.* **www**.competa.es

Die Berge hinter Torre del Mar und Nerja bilden das idyllische Hochland der Axarquía. Ihr Hauptort, **Vélez-Málaga**, bietet alte, enge Gässchen und die Überbleibsel einer Burg.

Eine gute Basis für Ausflüge ist die hübsche Weinstadt **Cómpeta**. Sie liegt 20 Kilometer von der Küste entfernt am Ende kurvenreicher Bergstraßen. Hier beginnt die interessante »Mudéjar-Route«, sie führt von den Bergen hinunter ins Tal nach **Archez** und **Salares**. Die Kirchtürme dieser Ortschaften sind kaum veränderte Minarette des 15. bzw. 13. Jahrhunderts.

Zwei weitere Orte lohnen einen Besuch: **Frigiliana** liegt nahe zur Küste und ist von Nerja gut zu erreichen. **Comares**, nordöstlich von Vélez-Málaga, klammert sich an einen gewaltigen Felsen und bietet eine tolle Aussicht.

Enges Sträßchen im Barrio de San Sebastián, Vélez-Málaga

Montes de Málaga ❸①

Málaga. **Straßenkarte** D3. *nach Colmenar. Lagar de Torrijos, an der C345, km 544,3. 95 104 51 00.*

Nördlich und östlich von Málaga erstrecken sich die Montes de Málaga. Ein weites Gebiet steht unter Wiederaufforstung und bildet den **Parque Natural de Montes de Málaga**. Der Duft von Kräutern und Lavendel erfüllt die Luft. Ab und zu sind Wildkatzen, Steinmarder, Wildschweine, Adler und andere Raubvögel zu sehen.

Wanderer nutzen die markierten Wege. Ein restauriertes Bauernhaus ist in ein Völkerkundemuseum umgewandelt worden. Auf der C345 zwischen Málaga und dem Park genießt man sensationelle Ausblicke auf das Meer.

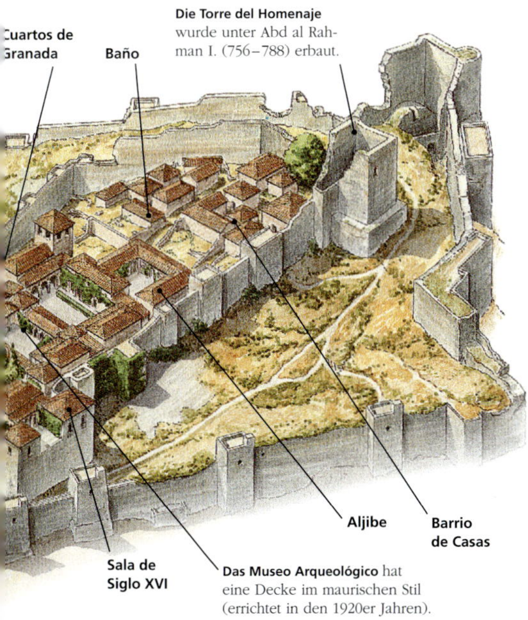

Die Alcazaba von Málaga

Die mächtige Alcazaba wurde zwischen dem 8. und 11. Jahrhundert auf einer römischen Siedlung erbaut. Außerhalb des Eingangs liegt das 1951 entdeckte und nur teilweise ausgegrabene römische Amphitheater. Die Überreste der maurischen Wälle können besichtigt werden, doch die Hauptattraktion ist das Museo Arqueológico mit seinen Sammlungen phönizischer, römischer und maurischer Artefakte sowie schöner Keramik.

und beherbergt das neue **Museo de Picasso**, das viele Werke des von hier stammenden Künstlers *(siehe S. 54)* zeigt. Die **Casa Natal de Picasso**, wo der Künstler seine frühen Jahre verbrachte, ist jetzt Sitz der Picasso-Stiftung.

Auf dem Hügel direkt hinter der Alcazaba liegen die Ruinen der Maurenfestung **Castillo de Gibralfaro** (14. Jh.). Sie hat einen doppelten Befestigungsring. Man gelangt durch einige schöne Gärten hindurch zu ihr. Ausblicke gibt es auf Altstadt, Hafen und die Stierkampfarena. Die Straße zum Parador de Málaga führt ebenfalls diesen Hügel hinauf.

Museo de Picasso
C/San Agustín 8. *95 260 27 31.* *Di–Do, So 10–20, Fr, Sa 10–21 Uhr.*

Casa Natal de Picasso
Plaza de la Merced 15. *95 221 50 05.* *Mo–So 9.30–20 Uhr.*

Castillo de Gibralfaro
Di–So 9–18 Uhr.

Alcazaba
Calle Alcazabilla s/n. *95 221 60 05.* *Di–So 9.30–19 Uhr.*

Museo Arqueológico
Calle Alcazabilla. *95 221 60 05.* *Di–So 9.30–19 Uhr.*

Torremolinos, Tourismushochburg an der Costa del Sol

Torremolinos ㉝

Málaga. **Straßenkarte** D3. *63 000. Plaza Blas Infante 1. 952 37 95 12. Do.* **www**.ayto-torremolinos.es

Torremolinos entwickelte sich in den 1950er Jahren aus einem Dorf zu einem der hektischsten Feriengettos der Costa del Sol, wo britische und in einem geringeren Ausmaß deutsche Gäste ihren Pauschalurlaub genießen. Sie umfasst auch ein Stricherviertel, um den Matrosen der US-Kriegsmarine im Hafen von Málaga »Entspannung« und »Erholung« zu bieten. Vor Kurzem hat die Stadt eine Säuberung im Rahmen eines Programms erlebt, das Riesensummen für neue Plätze, Grünflächen und eine Strandvergrößerung verschlang.

Obwohl Torremolinos noch immer sehr viele von Immigranten geführte englische Bars hat, ist heute die Atmosphäre weniger auffällig, vor allem am Carihuela Beach nahe dem Badeort Benalmádena. Bajondilla liegt näher zum Stadtzentrum.

Benalmádena ㉞

Málaga. **Straßenkarte** D3. *55 000. Avenida Antonio Machado 10. 952 44 24 94.* **www**.benalmadena.com

Eine weitere Hochburg des Tourismus, wie er seit den 1960er Jahren an der spanischen Mittelmeerküste massiv gefördert wurde, ist Benalmádena. Die kleine, durchaus hübsche Altstadt des Orts ist umzingelt von zahllosen Urlaubsanlagen, die sich nicht unbedingt sehr harmonisch in die Landschaft Andalusiens eingefügt haben.

Überraschendes Detail: Im Jahr 2003 hat die buddhistische Gemeinschaft des Orts einen Tempel eingeweiht, der als größter seiner Art in Europa gilt.

Fuengirola ㉟

Málaga. **Straßenkarte** C4. *53 000. Avda Jesús Santos Rein 6. 952 46 74 57. Di, Sa, So.* **www**.fuengirola.org

Ein weiterer Ferienort der Billigpreisklasse ist Fuengirola. In den letzten Jahren hat sich die wildere Sorte ihrer meist britischen Klientel neue Jagdgründe gesucht. Heute verbringen hier vorwiegend Familien ihren Urlaub. In den milden Wintermonaten kommen Rentner aus Großbritannien, die auf der Promenade flanieren, Bars besuchen und sich nachmittags beim Hoteltanz vergnügen.

Frischer Fisch, Fuengirola

Marbella ㊱

Málaga. **Straßenkarte** C4. *130 000. Glorieta de la Fontanilla s/n, Paseo Marítimo. 952 77 14 42. Mo, Sa (Puerto Banús).* **www**.marbella.es

Marbella ist eines der exklusivsten europäischen Seebäder. Filmstars, Mitglieder

Im exklusiven Yachthafen von Marbella, der Sommerresidenz des internationalen Jetsets

Lithografie des Hafens von Málaga (19. Jh.)

Leben in der Sonne

Das idealisierte Bild der Costa del Sol ist das von idyllischen Fischerdörfern. Tatsache ist, dass sich die lokale Wirtschaft von Fischfang und Landwirtschaft abgewandt hat und viele Naturschönheiten durch die Erschließungen verunstaltet sind. Doch sollte jeder Standpunkt die von der Schriftstellerin Laurie Lee 1936 beschriebene Situation berücksichtigen: »... Salzfisch-Dörfler, hager, das Meer hassend und ihren Platz in der Sonne verfluchend.« Heute verfluchen nur wenige Andalusier ihren neuen Wohlstand.

des spanischen Königshauses und andere Reiche und Berühmte verbringen hier den Sommer in schicken Villen oder in einem der noblen Fünf-Sterne-Luxushotels. Im Winter ist Golf die Hauptattraktion *(siehe S. 32f)*.

Neben Stadtteilen mit modernen Wohn- und Geschäftsgebäuden hat Marbella eine gut erhaltene, reizende Altstadt. Von der Hauptstraße, der Avenida Ramón y Cajal, führen mehrere Gassen zur **Plaza de los Naranjos**, die mit namensgebenden Orangenbäumen bepflanzt ist.

Die Reste der maurischen Stadtmauern säumen die Calle Carmen, die zur **Iglesia de Nuestra Señora de la Encarnación** (17. Jh.) führt. Das nahe gelegene **Museo del Grabado Contemporaneo** zeigt zeitgenössische Kupferstiche und Grafiken, darunter Arbeiten von Miró und Picasso.

Auf der anderen Seite der Avenida Ramón y Cajal erstreckt sich der **Paseo de la Alameda**. Die Bänke des Parks sind mit herrlicher Keramik geschmückt. Von hier führt die Avenida del Mar zum Strand. Statuen nach Motiven von Salvador Dalí säumen die Straße.

Die Avenida Ramón y Cajal verläuft nach Westen als N340. Der erste Abschnitt wird wegen seiner hohen Grundstückspreise auch »Golden Mile« genannt. Am anderen Ende der Straße liegt Puerto Banús, Spaniens exklusivster Yachthafen.

Jenseits von Puerto Banús ist **San Pedro de Alcántara** eine eigenständige Stadt, gehört aber offiziell zu Marbella. Hier geht es wesentlich ruhiger zu, selbst auf der zentralen Plaza de la Iglesia.

Museo del Grabado Contemporáneo
C/Hospital Bazán s/n. *952 76 57 41.* *Di–Sa.* *Feiertage.*

Estepona 37

Málaga. **Straßenkarte** C4. *62 000.* *Avda San Lorenzo 1, 952 80 09 13.* *Mi, So.*
www.estepona.es

Der auf halber Strecke zwischen Marbella und Gibraltar gelegene Ort wurde zwar durch den Tourismusboom verändert, aber nicht völlig zerstört. Auf den ersten Blick ist Estepona mit seinen großen Hotels und Apartmentblocks im belebten Urlauberviertel nicht sehr attraktiv. Dahinter gibt es jedoch typisch Spanisches zu entdecken: Orangenbäume entlang den Straßen oder die hübschen und ruhigen Plätze **Plaza Arce** und **Plaza de las Flores**, wo alte Leute Zeitung lesen, während die Kinder Fußball spielen. Es gibt auch einige gute, ziemlich preiswerte Fischrestaurants und Tapas-Bars. Der Strand von Estepona ist recht angenehm. Die Abende in der Stadt sind eher ruhig, was für Familien mit kleinen Kindern von Vorteil ist.

Nicht weit von Estepona entfernt liegt der bekannte Nacktbadestrand Costa Natura *(siehe S. 32f)*.

Die lauschige, versteckte Plaza de las Flores in Estepona

Ausruhen in San Pedro de Alcántara

Granada und Almería

Der Osten Andalusiens wird von der Sierra Nevada geprägt, Spaniens höchstem Gebirge. An ihrem Fuß liegt wie aus Tausendundeiner Nacht *Granada, einst maurisches Königreich, mit seinem Königspalast, der Alhambra. Verfallene Festungen, Relikte aus vergangenen Kriegszeiten, dominieren die Städte der Provinz Granada. In Almerías Hinterland haben Filmregisseure an Arabien oder den Wilden Westen erinnernde Landschaften gefilmt.*

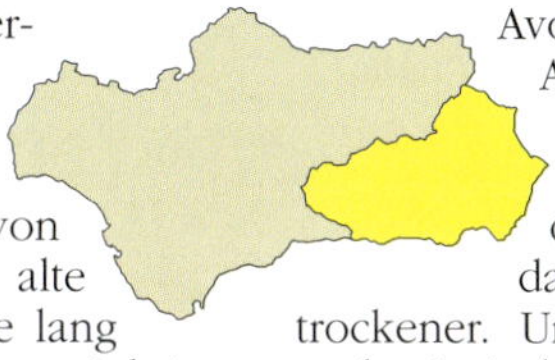

Wo die Ausläufer der Sierra Nevada 670 Meter über dem Meeresspiegel auf die Ebene treffen, erstreckt sich die von den Iberern gegründete alte Stadt Granada. 250 Jahre lang war sie das Zentrum des mächtigen maurischen Königreiches, dessen Grenzen die Provinzen Almería und Málaga einschlossen. Auf einem Gebirgsausläufer über der Stadt erhebt sich die königliche Zitadelle der Alhambra, einer Anlage von weitläufigen Palästen und Wassergärten.

Inmitten der Schluchten, Felsspitzen und terrassierten Felder von Las Alpujarras an der Südflanke der Sierra Nevada scheinen die Dörfer an den schroffen Hängen zu kleben. Am Küstenstreifen der Provinz Granada gedeihen in subtropischem Klima Avocados und Zimtäpfel. Aber auch Hotels, Villen und Ferienapartmentblöcke sind hier zu finden. Östlich von Granada wird die Landschaft trockener. Um die in phönizischen und römischen Zeiten gegründete Stadt Guadix leben Tausende von Menschen in Höhlenwohnungen. Die Statue einer iberischen Göttin aus vorrömischen Zeiten wurde in Baza gefunden. In Los Millares bei Almería gibt es Spuren einer etwa 4000 Jahre alten Besiedlung.

Almería, zur Zeit der Mauren ein blühender Hafen, wurde durch eine neue Landwirtschaftsform revitalisiert. Gewächshäuser bedecken weite Flächen des umgebenden Landes und sorgen für eine Ganzjahresproduktion von Früchten und Gemüse.

Renaissance-Schloss von La Calahorra am Fuße der Sierra Nevada ***(siehe S. 197)***

◁ **Patio de los Leones, Alhambra, Granada** ***(siehe S. 194f)*****: Der Brunnen wird von zwölf Marmorlöwen getragen**

Überblick: Granada und Almería

Granada mit der Alhambra ist zweifellos der Höhepunkt dieser Gegend – aber nur ein Teil ihres Reizes. Auf den ausgebauten Straßen lassen sich die meisten Orte in wenigen Stunden erreichen. Von Granada aus kann man die Sierra Nevada erkunden, in das klare Wasser der Costa Tropical springen oder durch spektakulär gelegene Städte wie Montefrío oder Alhama de Granada schlendern. Von Almería aus ist es nicht weit zur Landschaft um Tabernas, wo Italowestern gedreht wurden, oder zu den Stränden des Parque Natural de Cabo de Gata. Alle dazwischenliegenden Städte und weiß getünchten Dörfer haben ihren eigenen Charme.

Die Alhambra mit der schneebedeckten Sierra Nevada im Hintergrund

Sehenswürdigkeiten auf einen Blick

- Alhama de Granada 3
- *Almería S. 200f* 18
- Almuñécar 6
- Baza 14
- *Granada S. 190–196* 5
- Guadix 13
- La Calahorra 12
- Lanjarón 8
- Loja 2
- Mojácar 23
- Montefrío 1
- Níjar 21
- Parque Natural de Cabo de Gata 19
- Poqueira-Tal 10
- Roquetas de Mar 17
- Salobreña 7
- San José 20
- Santa Fé 4
- Sierra Nevada 11
- Sorbas 22
- Tabernas 16
- Vélez Blanco 15

Tour

- Las Alpujarras 9

Legende

- Autobahn
- Autobahn (im Bau)
- Hauptstraße
- Nebenstraße
- Panoramastraße
- Eisenbahn (Haupts
- Eisenbahn (Nebens
- Provinzgrenze
- Gipfel

Weitere Zeichenerklärungen *siehe hintere Umschlagklappe*

Avenida de Andalucía, die Hauptstraße in Lanjarón

Landschaft bei Tabernas, Schauplatz von Italowestern

In Granada und Almería unterwegs

Die A92 verläuft westwärts nach Guadix und dann südwärts nach Almería. Die A92N führt westlich von Guadix in Richtung Lorca. Die N340 folgt der Küste in Richtung Almería und Costa Tropical. Die N323 verbindet die Küste mit Granada, während die A348 die Dörfer der Alpujarras untereinander verbindet. Täglich verkehren zwischen Granada und Almería vier Züge. Busse fahren auf den Hauptstrecken.

Von Olivenhainen umgebene, weiß getünchte Häuser am Rande der Schlucht von Alhama de Granada

Montefrío ❶

Granada. **Straßenkarte** D3.
6300. Plaza España 1. 958 33 60 04. Mo.

Von Süden bietet Montefrío einen wundervollen Anblick: Ziegelgedeckte, weiß getünchte, sich steil zur Felsspitze hinaufziehende Häuser bestimmen das Ortsbild. Oberhalb von Montefrío erheben sich die Ruinen einer Maurenfestung und die gotische – dem Baumeister Diego de Siloé zugeschriebene – **Iglesia de la Villa** (16. Jh.). In der Stadtmitte steht die klassizistische, von Ventura Rodríguez (1717–1785) gestaltete **Iglesia de la Encarnación**. Montefrío ist für seine Schweinefleischprodukte bekannt.

Glockenturm des Templo de San Gabriel in Loja

Loja ❷

Granada. **Straßenkarte** D3.
22 000. Calle Comedias s/n. 958 32 3949. Mo.
www.aytoloja.org

Oberhalb der gewundenen Sträßchen erhebt sich die maurische Burgruine von Loja, der alten, am Río Genil erbauten Stadt. Der **Templo de San Gabriel** (1566) hat eine schöne, von Diego de Siloé gestaltete Fassade. Loja, »die Stadt des Wassers«, besitzt auch einige schöne Springbrunnen. Östlich der Stadt durchquert der Río Genil die Schlucht **Los Infiernos**. Im Westen fließt der **Riofrío**, dessen Forellen in den Restaurants serviert werden.

Alhama de Granada ❸

Granada. **Straßenkarte** D3.
6000. Paseo Montes Jovellar s/n. 958 36 06 86. Fr.
www.turismodealhama.org

Alhama ist ein charmantes Städtchen oberhalb einer Schlucht. Bei den Arabern war es als *Al hamma* (»heiße Quellen«) bekannt. Seine Bäder kann man im **Hotel Balneario** am Stadtrand bewundern. Die Eroberung Alhamas durch die Christen 1482 führte 1492 zum Niedergang des Nasriden-Reichs in Granada *(siehe S. 48)*.

Die **Iglesia de Carmen** (16. Jh.) hat eine Reihe sehr schöner Kuppelgemälde, die nach dem spanischen Bürgerkrieg *(siehe S. 54f)* restauriert werden mussten. Enge weiße Straßen führen zur **Iglesia de la Encarnación**, die unter den Katholischen Königen *(siehe S. 48f)* im 16. Jahrhundert erbaut wurde. Einige der heute von Priestern getragenen Messgewänder sind angeblich von Königin Isabella bestickt worden. Die Kirche hat einen von Diego de Siloé gestalteten Glockenturm. Daneben steht das **Hospital de la Reina** (16. Jh.), heute Bücherei, mit einer *artesonado*-Decke.

Hotel Balneario
Calle Balneario. 958 35 00 11. Apr–Nov.

Hospital de la Reina
Calle Vendederas s/n. 958 36 06 43. Di–Fr 11–13.30, 16–20 Uhr, Sa 10–13 Uhr.

Santa Fé ❹

Granada. **Straßenkarte** D3.
12 500. Arco de Sevilla, Calle Isabel la Católica 7. 958 44 12 58. Do.

Die Armee der Katholischen Könige kampierte hier, als sie Granada belagerte *(siehe S. 48)*. Das Feldlager brannte nieder, als eine Magd in Isabellas Zelt eine Kerze an einen Vorhang brachte. Ferdinand ordnete den Bau einer Modellstadt an. Ihr Name, »Heiliger Glaube«, stammt von Isabella. November 1492 kapitulierten die Mauren von Santa Fé. Von hier aus unterstützte das Königspaar auch die Reise von Kolumbus *(siehe S. 127)*. 1806 wurde ein Teil der Stadt durch ein Erdbeben zerstört. Ein steinerner Maurenkopf schmückt den Turmhelm der Pfarrkirche.

Kirchturmspitze, Santa Fé

Granada ❺

Siehe S. 190–196.

Almuñécar ❻

Granada. **Straßenkarte** D3.
27 000. *Avenida Europa s/n. 958 63 11 25.* *Fr.*
www.almunecar.info

Almuñécar liegt am imposantesten Küstenabschnitt Südspaniens, der **Costa Tropical** *(siehe S. 32)*, wo das Gebirge über 2000 Meter aufsteigt. Die erste Siedlung der Phönizier hier hieß Sexi. Die Römer bauten einen noch heute benutzten Aquädukt. Als die englische Schriftstellerin Laurie Lee 1936 quer durch Spanien reiste, beschrieb sie Almuñécar als »ein steil abfallendes kleines Dorf ... mit einem Streifen grauen Sands, von dem einige hofften, dass er für Touristen attraktiv sei«. In den 1950er Jahren fand Lee einen Ort vor, der sich noch mit dem Bürgerkrieg *(siehe S. 54f)* auseinandersetzte, was sie in *Eine Rose für den Winter* erzählt.

Almuñécar ist heute ein Ferienort. Oberhalb der Altstadt steht das **Castillo de San Miguel**, umgeben von botanischen Gärten, dem **Parque Ornitológico** und einer römischen Fisch-Salzfabrik. Im **Museo Arqueológico Cueva de Siete Palacios** stehen phönizische Artefakte.

Castillo de San Miguel über dem Dorf Almuñécar

Castillo de San Miguel
Di–So.

Parque Ornitológico
Plaza de Abderraman s/n.
958 63 11 25. *tägl.*

Museo Arqueológico Cueva de Siete Palacios
Casco Antiguo. *Di–So.*

Salobreña ❼

Granada. **Straßenkarte** E3.
12 000. *Plaza de Goya s/n. 958 61 03 14.* *Di, Fr.*

Von der Küstenebene aus gleicht Salobreña einem weißen Schiff über einem Meer von Zuckerrohr. Enge Sträßchen winden sich den Hügel hinauf, der von den Phöniziern befestigt wurde. Später wurde er Standort des **Castillo Árabe**, das Ausblicke auf die Sierra Nevada *(siehe S. 197)* bietet. Moderne Bauten, Bars und Restaurants säumen den Strand.

Castillo Árabe
Falda del Castillo, Calle Andrés Segovia. *958 61 03 14.*
Di–So.

Salobreña, von einem Zuckerrohrfeld aus gesehen

Lanjarón ❽

Granada. **Straßenkarte** E3.
3900. *Ayuntamiento, Plaza de la Constitución 29. 958 77 00 02.* *Di–Fr.*

Der Ort an der Schwelle zu Las Alpujarras *(siehe S. 198f)* hat eine lange Geschichte als Kurort: Dutzende von Quellen plätschern an den Hängen der Sierra Nevada. Von Juni bis Oktober strömen die Besucher wegen des Wassers in die Stadt und genießen Wasserbehandlungen gegen Arthritis, Fettsucht, Verspannungen und andere Leiden. Das abgefüllte Lanjarón-Wasser wird in ganz Spanien verkauft.

Die Stadt ist hübsch, kann jedoch etwas schwermütig wirken. Aber zum Festival de San Juan *(siehe S. 35)* ist das anders: Da tost eine Wasserschlacht in den Straßen. Wer sich jetzt hinauswagt, bekommt reichlich Wasser ab.

Balneario
Balneario de Lanjarón. *958 77 01 37.* *tägl.* *Mitte Dez–Mitte Feb.*

Granada 5

Relief im Museo Arqueológico

Der Gitarrist Andrés Segovia beschrieb Granada als »Ort der Träume, wo der Herr das Samenkorn der Musik in meine Seele legte«. Die Stadt wurde ab 1238 von der Dynastie der Nasriden *(siehe S. 48f)* regiert, 1492 fiel Granada an die Katholischen Könige. Bis dahin trugen Künstler, Händler, Gelehrte und Wissenschaftler zum kulturellen Ruf der Stadt bei. Unter christlicher Herrschaft wurde sie Mittelpunkt der Renaissance-Welt. Nach einer Periode des Verfalls ist Granada in letzter Zeit Gegenstand neu erwachten Interesses. Deshalb werden Anstrengungen zur Erhaltung des historischen Erbes unternommen.

Alhambra und Generalife
Siehe S. 194–196

Fassade, Kathedrale von Granada

Catedral
C/Gran Vía de Colón 5.
958 22 29 59.
Auf Anordnung der Katholischen Könige begann 1523 die Arbeit nach Plänen von Enrique de Egas. Sie wurde unter Diego de Siloé fortgesetzt, der die Fassade gestaltete. Korinthische Säulen tragen die runde Capilla Mayor. Unter ihrer Kuppel schildern Glasfenster von Juan del Campo (16. Jh.) *Die Passion*. Die barocke Westfront wurde von Alonso Cano entworfen. Sein Grab und viele seiner Arbeiten befinden sich in der Kathedrale. Am Eingang stehen die von Pedro de Mena 1677 geschnitzten Holzstatuen der Katholischen Könige.

Capilla Real
C/Oficios 3. *958 22 92 39.*
Die Königskapelle wurde zwischen 1505 und 1507 von Enrique de Egas für die Katholischen Könige gebaut. Ein Gitterwerk *(reja)* von Bartolomé de Jaén umschließt die Mausoleen und den Hochaltar. Der Altaraufsatz des Bildhauers Felipe de Vigarney erzählt die Geschichte des Falls von Granada *(siehe S. 48f)*. Die von Domenico Fancelli 1517 gestalteten Figuren von Ferdinand und Isabella ruhen neben den von Bartolomé Ordóñez geschaffenen Skulpturen ihrer Tochter Juana la Loca (die Wahnsinnige) und deren Gatten Felipe el Hermoso (der Hübsche).

Stufen führen zur Krypta, wo die Leichname in Bleisärgen liegen. In der Sakristei gibt es Gemälde von van der Weyden und Botticelli, die Krone Isabellas, das Schwert Ferdinands sowie Schlachtenbanner zu sehen.

Palacio de la Madraza
Calle Oficios 14. *958 24 34 84.*
Mo–Fr.
Der Palast war einst arabische Universität, später Rathaus. Die Fassade stammt aus dem 18. Jahrhundert. Im Inneren gibt es einen maurischen Saal mit einer Gebetsnische.

Eingang zur maurischen Gebetsnische im Palacio de la Madraza

Corral del Carbón
Calle Mariana Pineda s/n. *958 22 59 90.* *Mo–Fr 10.30–13, 17–20 Uhr, So 10.30–13 Uhr.*
Der galerieartige Innenhof ist ein einzigartiges Relikt aus der Maurenzeit. Ursprünglich ein Lagerhaus und Gasthaus, war er in Christenzeiten ein Theater. Heute beherbergt er Kunsthandwerksläden und ein Kulturzentrum.

Casa de los Tiros
Calle Pavaneras 19. *958 22 10 72.* *Mo–Fr 14.30–20 Uhr.*
Feiertage.
Der festungsartige Palast im Renaissance-Stil (16. Jh.) gehörte einst der Familie, der nach dem Fall von Granada *(siehe S. 48f)* der Generalife zuerkannt wurde. In ihrem Besitz befand sich auch ein Schwert von Boabdil *(siehe S. 49)*. Es ist zusammen mit Statuen von Herkules, Merkur, Theseus, Hektor und Jason an der Fassade angebracht. Das Gebäude verdankt seinen Namen den Musketen an den Zinnen: *tiro* bedeutet Schuss.

Reja **von Maestro Bartolomé de Jaén um den Altar der Capilla Real**

Mirador de San Nicolás

An diesem Platz lassen sich schöne Sonnenuntergänge erleben. Die Ziegeldächer fallen zum Fluss Darro ab, an dessen Ufer die Alhambra steht. Die Sierra Nevada bietet den effektvollen Hintergrund.

El Bañuelo

Carrera del Darro 31. *958 22 97 38.* *Di–Sa 10–14 Uhr.* *Feiertage.*
Diese arabischen Bäder mit Backsteinbogen entstanden im 11. Jahrhundert. Römische, westgotische und arabische Kapitelle wurden in die Säulen der Bäder eingefügt.

Museo Arqueológico

Carrera del Darro 43. *958 22 56 40.* *Di 15–20, Mi–Sa 9–20, So 9–14.30 Uhr.* *Feiertage.*
Die Casa de Castril, ein Renaissance-Bau mit plateeskem Portal, beherbergt iberische, phönizische und römische Antiquitäten aus der Provinz Granada.

Kuppel im Altarraum des Monasterio de la Cartuja

Palacio Carlos V

Alhambra. *958 02 79 00.* *Di–Sa 9–14 Uhr.* *Feiertage.*
Dieser Palast in der Alhambra beherbergt sowohl das Museo Hispano-Musulmán als auch das Museo de Bellas Artes. Höhepunkt der muslimischen Sammlung ist eine erlesene Vase (15. Jh.) aus der Alhambra mit blauen und goldenen Verzierungen.

Monasterio de la Cartuja

958 16 19 32. *tägl.*
El Gran Capitán stiftete – dafür, dass er das Gefecht mit den Mauren überlebte – das Land, auf dem 1516 das Kloster entstand. Eine Kuppel von Antonio Palomino krönt den Altarraum. Die Sakristei im churrigueresken Stil *(siehe S. 25)* stammt von Luis de Arévalo und Luis Cabello.

Zentrum von Granada

Alhambra ④
El Bañuelo ③
Capilla Real ⑦
Casa de los Tiros ⑩
Catedral ⑥
Corral del Carbón ⑨
Mirador de San Nicolás ①
Museo Arqueológico ②
Palacio Carlos V ⑤
Palacio de la Madraza ⑧

Legende

Detailkarte *siehe S. 192f*

Zeichenerklärung *siehe hintere Umschlagklappe*

Im Detail: Albaicín

Schmucktafel für ein Haus im Albaicín

In diesem am Hügel gegenüber der Alhambra gelegenen Stadtteil fühlt man sich der maurischen Vergangenheit am nächsten. Hier wurde im 13. Jahrhundert eine Festung erbaut. Es gab über 30 Moscheen, von denen noch einige auszumachen sind. Die engen Gässchen säumen reizende *cármenes,* Villen mit maurischen Verzierungen und Gärten, durch hohe Mauern von der Außenwelt abgeschirmt. Machen Sie abends einen Spaziergang zum Mirador de San Nicolás. Hier erleben Sie einen zauberhaften Sonnenuntergang.

Straße im Albaicín
Steil und gewunden bilden die Sträßchen des Albaicín ein echtes Labyrinth. Viele Straßennamen beginnen mit Cuesta, *was Hang heißt.*

Real Chancillería
Der Königliche Gerichtshof der Katholischen Könige entstand 1530. Der Patio wird de Siloé zugeschrieben.

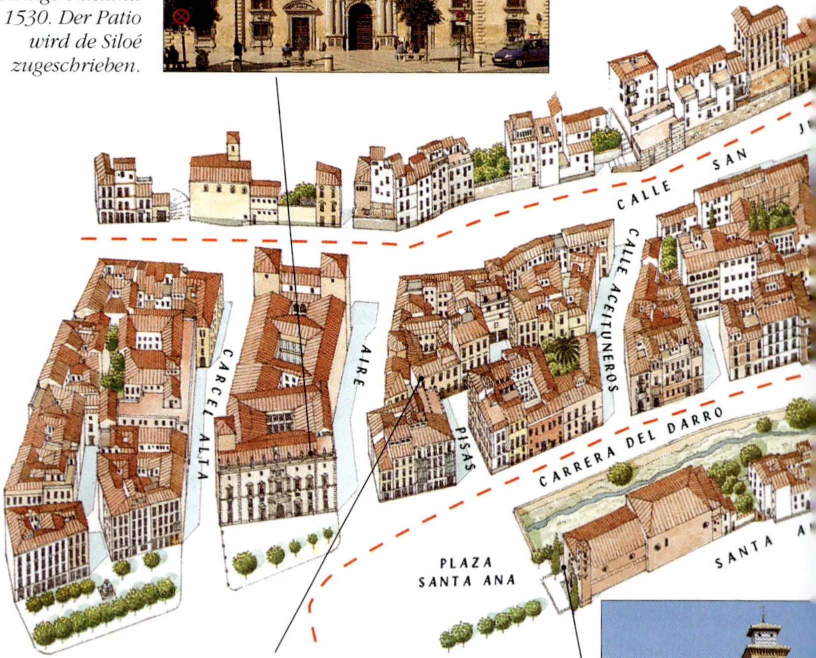

0 Meter 50

Casa de los Pisas stellt Kunstwerke der Johanniter aus, des von Juan de Dios gegründeten Ordens (16. Jh.).

★ Iglesia de Santa Ana
Am Ende der Plaza Nueva steht diese Backsteinkirche im Mudéjar-Stil (16. Jh.). Sie hat ein elegantes platereskes Portal und im Inneren eine Kassettendecke.

NICHT VERSÄUMEN

- ★ El Bañuelo
- ★ Iglesia de Santa Ana
- ★ Museo Arqueológico

Carrera del Darro
Die Straße am Río Darro führt an schönen Fassaden und zerfallenden Brücken vorbei. Vom Café am oberen Ende blickt man auf die Alhambra.

INFOBOX

Granada. **Straßenkarte** D3. *236 000. 12 km SO der Stadt. Avenida de Andalucía s/n, 902 24 02 02. Carretera de Jaén s/n, 958 18 54 80. Plaza de Mariana Pineda 12. 958 24 71 28; C/Virgen Blanca 9. 902 40 50 45. Sa, So. Día de la Cruz (3. Mai), Corpus Christi (Mai/Juni).*
www.granadatur.com

LEGENDE

— — — Routenempfehlung

★ Museo Arqueológico
Die Fassade dieses Museums trägt platereske Verzierungen sowie Reliefs mythologischer Figuren.

Der Convento de Santa Catalina de Zafra wurde 1521 gegründet.

SACROMONTE

Granadas Zigeuner lebten früher in den Höhlen, die den Berg wabenartig durchsetzen. Reisende wie Washington Irving *(siehe S. 53)* kamen hierher, um spontanen Flamenco zu erleben. Heute sind fast alle Zigeuner abgewandert, doch wird hier abends noch für Urlauber Flamenco unterschiedlicher Qualität gezeigt *(siehe S. 244)*. Das Benediktinerkloster Abadía del Sacromonte thront auf dem Berg. Hier wird die Asche von San Cecilio, Granadas Schutzpatron, aufbewahrt.

Zigeuner beim Flamenco (19. Jh.)

★ El Bañuelo
Sternförmige Öffnungen in den Gewölben lassen Licht in diese maurischen Bäder, die im 11. Jahrhundert entstanden.

Granada: Alhambra

Die märchenhafte Gestaltung aus Raum, Licht, Wasser und Schmuck zeichnet diese große Schöpfung architektonischer Kunst aus. Sie entstand unter Ismail I., Yusuf I. und Muhammad V., Kalifen der Nasriden-Dynastie *(siehe S. 48)* in Granada. Um die Vorstellung von schwindender Macht Lügen zu strafen, schufen sie ein Paradies auf Erden. Fliesen, Stuckgips und Nutzholz wurden äußerst fantasievoll verarbeitet. Obwohl die Alhambra dem Verfall ausgesetzt war, wurden in letzter Zeit umfangreiche Restaurierungen vorgenommen, deren feine Kunstfertigkeit das Auge noch immer blendet.

★ Salón de Embajadores
Die Decke dieses luxuriösen, zwischen 1334 und 1354 erbauten Thronsaals stellt die sieben Himmel des muslimischen Kosmos dar.

★ Patio de Arrayanes
Das von Myrtenhecken und dem Säulengang gesäumte Wasserbecken wirft sein Licht in die umliegenden Säle.

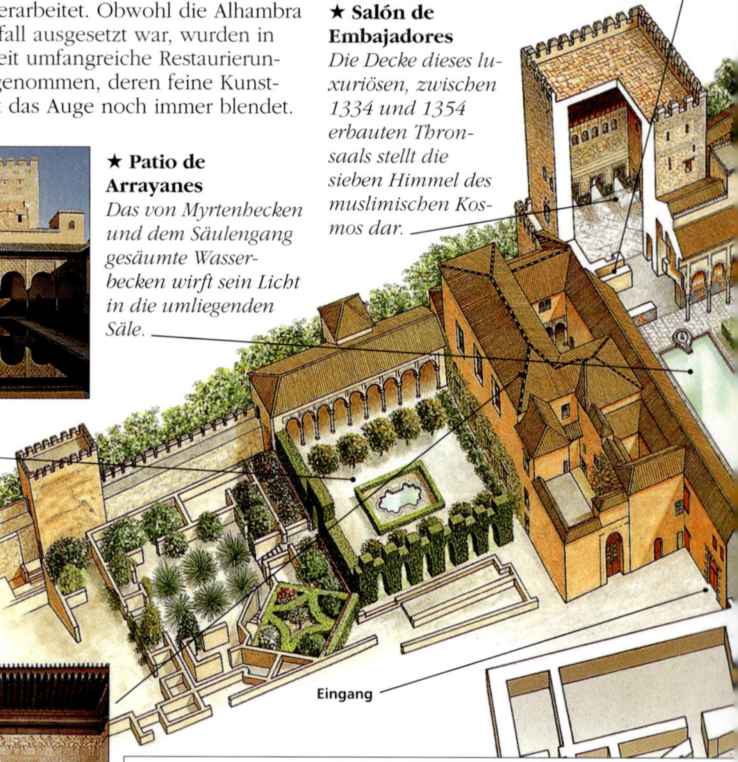

Patio del Mexuar
In diesem 1365 vollendeten Sitzungssaal befasste sich der regierende Sultan mit den Petitionen seiner Untertanen und hielt Rat mit seinen Ministern.

Plan der Alhambra

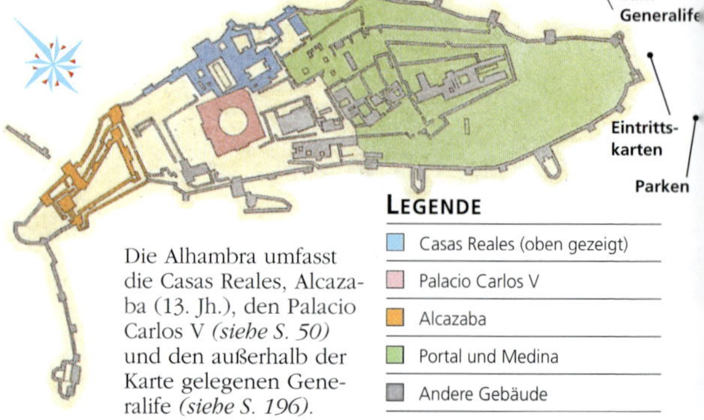

Die Alhambra umfasst die Casas Reales, Alcazaba (13. Jh.), den Palacio Carlos V *(siehe S. 50)* und den außerhalb der Karte gelegenen Generalife *(siehe S. 196)*.

Legende

- Casas Reales (oben gezeigt)
- Palacio Carlos V
- Alcazaba
- Portal und Medina
- Andere Gebäude

Palacio del Partal
Ein Turm und Seitenflügel mit Säulengang ist alles, was von dem ältesten Teil der Alhambra übrig ist.

INFOBOX

Granada. *Info: 902 44 12 21; Buchung: 902 88 80 01 (Spanien), 0034 93 492 37 50 (Ausland) oder Internet.* 2. *tägl. 8.30–20 Uhr (Winter: bis 18 Uhr).* **Abendöffnung:** *Sommer: Di–Sa 22–23.30 Uhr; Winter: Fr, Sa 20–21.30 Uhr.*
www.alhambra-patronato.es;
www.alhambra-tickets.es

Die Sala de las Dos Hermanas mit ihrer wabenförmigen Kuppel gilt als das schönste Beispiel spanisch-islamischer Architektur.

Sala de los Reyes
Dieser Bankettsaal diente extravaganten Festen und Feiern. Wundervolle Deckengemälde auf Leder (14. Jh.) beschreiben Jagdszenen und Szenen von Ritterlichkeit.

★ Sala de los Abencerrajes
Der Saal ist nach einer mit Boabdil (siehe S. 48f) *rivalisierenden Adelsfamilie benannt, die der Sage nach hier niedergemetzelt wurde. Das Muster des Stalaktitengewölbes wurde durch den Lehrsatz von Pythagoras inspiriert.*

Der **Palacio Carlos V** *(siehe S. 50)*, ein schöner Renaissance-Bau, wurde 1526 der Alhambra beigefügt.

★ Patio de los Leones
Der Patio wird von einem Arkadengang umrahmt, der auf 124 Marmorsäulen ruht. Im Zentrum tragen zwölf Marmorlöwen ein Brunnenbecken.

NICHT VERSÄUMEN

- ★ Patio de Arrayanes
- ★ Patio de los Leones
- ★ Sala de los Abencerrajes
- ★ Salón de Embajadores

Granada: Generalife

Der nordwestlich der Alhambra gelegene Generalife war die Sommerresidenz der Nasriden. Hier konnten sie den Palastintrigen entkommen und hoch über der Stadt die Ruhe genießen. Der Name »Generalife« oder »Yannat al Arif« hat mehrere Auslegungen, wovon die netteste »der Garten des erhabenen Paradieses« ist. Die im 13. Jahrhundert begonnenen Gärten haben sich im Lauf der Jahre verändert. Ursprünglich enthielten sie Obstgärten und Tierweiden. Der Generalife ist eine zauberhafte Kulisse für das jährliche Internationale Musik- und Tanzfestival *(siehe S. 35)*.

Patio de la Acequia
Dieser orientalische Garten ordnet sich um ein Wasserbecken mit grazilen, Bogen beschreibenden Wasserstrahlen.

Die **Escalera del Ag** ist ein Treppenauf mit sanft herabplät- scherndem Wasser.

Der **Patio de los Cipreses** bzw. Patio de la Sultana war der geheime Treffpunkt von Soraya, Frau des Sultans Abu I. Hasan, und ihrem Geliebten, dem Anführer der Abencerrajes.

Der **Patio de Polo** war der Innenhof, in dem die berittenen Besucher ihre Pferde abstellten.

Patio del Generalife
Von der Alhambra hinauf zum Generalife liegen die Jardines Bajos (Untere Gärten). Oberhalb, kurz vor dem Hauptgelände, befindet sich der Patio del Generalife.

Die majestätischen, teils über 3000 Meter hohen Gipfel der Sierra Nevada

Las Alpujarras ❾

Siehe S. 198f.

Poqueira-Tal ❿

Barranco de Poqueira, Granada. **Straßenkarte** E3. *Plaza de la Libertad 7, Pampaneira.*

Die meisten Besucher der Alpujarras fahren nicht weiter als in dieses abgelegene, abschüssige Tal oberhalb von Orgiva – für einen kurzen Besuch sicherlich die beste Wahl. Drei reizende, gut erhaltene Dörfer klammern sich an seine Hänge: **Pampaneira**, **Bubión** und **Capileira**. Sie sind perfekte Beispiele für den einzigartigen Architekturstil der Alpujarras, der am ehesten mit dem im marokkanischen Atlasgebirge vergleichbar ist. Die weiß getünchten Häuser scheinen ohne Plan auf engstem Raum errichtet worden zu sein. Aus den grauen Flachdächern wachsen jede Menge schmaler Schornsteine empor. Die Straßen verlaufen zwischen den Häusern im seltensten Fall geradlinig, oft haben sie Stufen, verengen sich unvermittelt oder führen durch kurze Tunnels.

In der herrlichen Naturlandschaft zwischen den Orten kann man wandern und auf dem Pferd ausreiten. Trockenmauern parzellieren die Hänge terrassenartig. Mittels eines ausgeklügelten Bewässerungssystems wird das Schmelzwasser von den Bergen auf die Felder geleitet. Halb verwitterte Mühlen und alte Dreschplätze erzählen dem Besucher von längst vergessen geglaubten Zeiten.

Sierra Nevada ⓫

Granada. **Straßenkarte** E3. *ab Granada.* *Parque Nacional Sierra Nevada, Centro de Visitantes »El Dornajo«, Carretera de Sierra Nevada km 23, Güéjar Sierra. 958 34 06 25.* **http**://reddeparquesnacionales.mma.es/parques/sierra/index.htm

Vierzehn über 3000 Meter hohe Gipfel krönen die Sierra Nevada. Der Schnee liegt teilweise bis Juli und beginnt im Spätherbst erneut zu fallen. Europas höchste Straße führt zum Skiort Solynieve (2100 m) und entlang den zwei höchsten Gipfeln **Pico Veleta** (3398 m) und **Mulhacén** (3482 m). Die Höhe und die Nähe zum Mittelmeer erklären die Vielfalt der Flora und Fauna in dieser Gebirgsgegend. Sie ist das Habitat des Steinadlers, seltener Schmetterlinge und Pflanzen.

1999 wurde die Sierra Nevada zum Nationalpark, der Zugang wurde reglementiert. Die Parkbehörden bieten geführte Minibus-Touren in die höheren Regionen hinauf an. Startpunkte sind die Kontrollstellen zu beiden Seiten der Sierra Nevada: Hoya de la Mora (oberhalb der Skistation auf der Granada-Seite) und Hoya del Portillo (oberhalb von Capileira in den Alpujarras). Das Observatorium der Sierra Nevada befindet sich an der Nordseite in einer Höhe von 2800 Metern.

La Calahorra ⓬

Granada. **Straßenkarte** E3. *Guadix.* *Rathaus, Plaza Ayuntamiento 1. 95 867 71 32.* *Mi 10–13, 16–18 Uhr.*

Mächtige Mauern umgeben die Burg oberhalb des Dorfes. Rodrigo de Mendoza, Sohn des Kardinals Mendoza, ließ sie zwischen 1509 und 1512 für seine Braut von Baumeistern aus Italien bauen. Im Inneren befindet sich ein verzierter, zweigeschossiger Innenhof mit Stufen und Säulen aus Carrara-Marmor.

Burg La Calahorra oberhalb des gleichnamigen Dorfs

Weiß getünchte Höhlenwohnungen im Höhlenviertel von Guadix

Guadix ⓭

Granada. **Straßenkarte** E3.
20 000. *Avenida Mariana s/n. 958 66 26 65.* *Sa.*
www.guadixymarquesado.org

Das Höhlenviertel mit rund 2000 bewohnten Höhlen ist die größte Attraktion von Guadix. Die Bewohner leben in den Höhlen, weil hier die Innentemperatur konstant bleibt. Das **Cueva-Museo Al Fareria** und das Museum **Municipal Etnologica** beschreiben diese Lebensform.

Vor etwa 2000 Jahren hatte Guadix Eisen-, Kupfer- und Silberminen. Das Städtchen blühte unter den Mauren und auch nach der Rückeroberung *(siehe S. 48f)*, verfiel jedoch im 18. Jahrhundert. Die Reliquien von San Torcuato befinden sich im Museum der Kathedrale. Die von Diego de Siloé 1594 begonnene **Catedral** wurde zwischen 1701 und 1796 von Gaspar Cayón und Vicente de Acero vollendet. Bei der **Alcazaba** (9. Jh.) steht die **Iglesia de Santiago** (Mudéjar-Stil) mit ihrer schönen Kassettendecke. Der **Palacio de Peñaflor** (16. Jh.) ist vollständig restauriert.

Cueva-Museo Al Fareria
C/San Miguel 46. *tägl.*

Municipal Etnologica
Ermita Nueva s/n. *tägl.*

Baza ⓮

Granada. **Straßenkarte** E2.
23 000. *Plaza Mayor s/n. 958 86 13 25.* *Mi.*
www.ayuntamientodebaza.es

Ein eindrucksvolles Zeugnis alter Kulturen rund um Baza kam 1971 ans Licht, als

Tour durch Las Alpujarras ❾

Las Alpujarras ist eine Bergkette im Süden der Sierra Nevada. Die Dörfer liegen an von Eichen und Walnussbäumen bewachsenen Talseiten. Ihre Flachdachhäuser sind einzigartig. Die Küche ist rustikal – Spezialität ist *plato alpujarreño*, Bratwurst mit gebratenen Paprikaschoten und Spiegelei, wozu man einen Rosé aus den Contraviesa-Bergen trinkt. In der Gegend werden handgewebte Teppiche *(siehe S. 242)* und Vorhänge mit maurisch beeinflussten Mustern hergestellt.

Trevélez ④
Trevélez, im Schatten des Mulhacén, ist im typischen Alpujarras-Stil erbaut. Der Ort ist für seine geräucherten Schinken bekannt.

Orgiva ①
Dies ist die größte Stadt der Gegend. Highlight ist die Barockkirche. Der Markt am Donnerstag ist pittoresk.

Poqueira-Tal ②
Drei für Las Alpujarras typische Dörfer in diesem malerischen Tal sind Capileira, Bubión und Pampaneira.

Fuente Agria ③
Die Leute kommen von nah und fern, um hier das eisenhaltige, natürliche Kohlensäure enthaltende Wasser zu trinken.

eine große, sitzende weibliche Figur in einer Totenstadt gefunden wurde. Sie stellt die Dama de Baza *(siehe S. 43)* dar, vermutlich eine iberische Göttin, die 2400 Jahre alt geschätzt wird. Die Plastik steht im Museo Arqueológico in Madrid. Eine Nachbildung kann im **Museo Arqueológico** in Baza besichtigt werden.

Die **Colegiata de Santa María** hat einen plateresken Eingang und einen schönen Turm (18. Jh.).

Anlässlich der großen *fiesta (siehe S. 36)* Anfang September versucht ein Abgesandter (El Cascamorras) der Nachbarstadt, ein Bild der Jungfrau aus dem **Convento de la Merced** von Baza zu entführen. Er wird mit Öl überschüttet und nach Guadix zurückgetrieben. Dort wird er verspottet.

Museo Arqueológico
Plaza Mayor s/n. *958 86 19 47.*
Mo–Fr 10–14, 17–18 Uhr, Sa, So 11–14 Uhr.

Vélez Blanco ⓯

Almería. **Straßenkarte** F2. *2200.* *Vélez Rubio.* *Centro de Visitantes Almacén del Trigo, Avenida Marqués de los Vélez s/n. 950 41 53 54.* *Mi.*

Das Dorf wird vom **Castillo de Vélez Blanco** dominiert. Es entstand zwischen 1506 und 1513, Bauherr war der Marquis de Los Vélez. Die

Die Burg (16. Jh.) überragt das Dorf Vélez Blanco

Innenräume veredelten italienische Handwerker im Renaissance-Stil. Leider wurde die ganze Pracht herausgerissen und ins Metropolitan Museum in New York verfrachtet. Einer der Innenhöfe wurde jedoch rekonstruiert.

Eine Mischung aus Gotik, Renaissance und Mudéjar-Stil *(siehe S. 24f)* findet sich in der **Iglesia de Santiago** an der Hauptstraße des Ortes.

Außerhalb liegt die **Cueva de los Letreros** mit Höhlenmalereien (um 4000 v. Chr.). Ein Bild zeigt einen Mann mit Hörnern, der Sicheln in den Händen hält, ein anderes eine Gottheit namens Indalo – sie ist in Almería noch immer allgegenwärtiges Symbol.

Castillo de Vélez Blanco
607 41 50 55.
Mi–So.

Cueva de los Letreros
Camino de la Cueva de los Letreros. *617 88 28 08.*
tägl. 12–16 Uhr.

Yegen ⑥
Ein Schild markiert das Haus, in dem Gerald Brenan, Autor von *Südlich von Granada,* in den 1920er Jahren lebte.

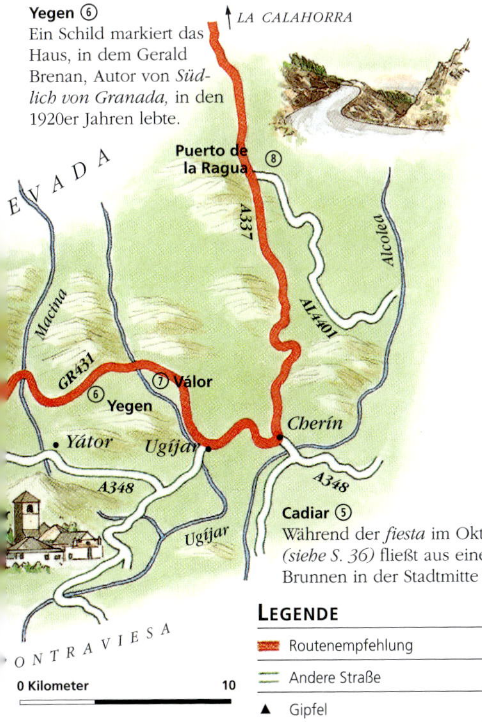

Puerto de la Ragua ⑧
Dieser fast 2000 Meter hohe und im Winter oft zugeschneite Pass ist der Gebirgszugang nach Guadix.

Válor ⑦
Abén Humeya, Anführer des Maurenaufstands *(siehe S. 50)*, wurde hier geboren. Jedes Jahr Mitte September wird die Schlacht zwischen Mauren und Christen nachgestellt *(siehe S. 36)*.

Cadiar ⑤
Während der *fiesta* im Oktober *(siehe S. 36)* fließt aus einem Brunnen in der Stadtmitte Wein.

Legende

- Routenempfehlung
- Andere Straße
- ▲ Gipfel

Routeninfos

Länge: *85 km.*
Rasten: *In Orgiva und Trevélez gibt es Bars, Restaurants und Hotels* (siehe S. 219). *Bubión hat Hotels und ein gutes Restaurant* (siehe S. 237). *Capileira bietet Bars und Restaurants. In Orgiva ist die letzte Tankstelle vor Cadiar.*

Almería ⓲

Verschnaufpause auf der Plaza Vieja

Eine gewaltige Festung zeugt vom Goldenen Zeitalter Almerías, als der Ort für das Kalifat von Córdoba ein wichtiger Hafen war. Als al Mariyat (»Spiegel des Meeres«) war die Stadt Zentrum für Handel und Textilindustrie. Nachdem sie 1489 von den Katholischen Königen *(siehe S. 48f)* erobert worden war, verfiel sie in den folgenden 300 Jahren. Während des 19. und frühen 20. Jahrhunderts erlebte die Stadt durch den Bergbau und einen neuen Hafen einen erneuten Aufschwung, der jedoch durch den Bürgerkrieg *(siehe S. 54f)* ein abruptes Ende fand. Noch heute verspürt man in Almería allerorts ein nordafrikanisches Flair, da Fähren zwischen der Stadt und Marokko verkehren.

Detail des Renaissance-Portals der Kathedrale von Almería

Die Alcazaba (10. Jh.), hoch über der Altstadt von Almería

Alcazaba

C/Almanzor s/n. ☎ *950 27 16 17.*
◯ *Di–So.* ● *25. Dez, 1. Jan.*

Die 1000 Jahre alte maurische Festung bietet schöne Ausblicke über die Stadt. Sie wurde kürzlich restauriert und besitzt schöne Gärten und eine Mudéjar-Kapelle. Mit einer Gesamtfläche von mehr als 25 000 Quadratmetern war sie die größte Festung der Mauren. Die Länge der Mauern beträgt 430 Meter. Abd al Rahman III. begann 955 mit dem Bau, der später erhebliche Erweiterungen erfuhr. Die Festung überstand zwei Belagerungen, fiel jedoch 1489 an die Katholischen Könige *(siehe S. 48f)*. Ihr Wappen befindet sich an der Torre del Homenaje, die während der Königsherrschaft entstand.

Früher wurde in der Alcazaba eine Glocke geläutet, damit die Bauern in der Umgebung wussten, dass jetzt das Bewässern erlaubt war. Glocken wurden auch geläutet, wenn Piraten in Küstennähe gesichtet wurden.

Besucher sollten nach Einbruch der Dunkelheit nicht um die Alcazaba wandern.

Catedral

Berberpiraten aus Nordafrika überfielen Almería häufig. Dementsprechend gleicht die Kathedrale mit ihren Türmen und dicken Mauern mehr einer Festung als einem Gotteshaus. Einst stand hier eine Moschee, die später in eine christliche Kirche verwandelt wurde, aber 1522 einem Erdbeben zum Opfer fiel. Mit dem heutigen Bau wurde unter der Leitung von Diego de Siloé 1524 begonnen. Juan de Orea gestaltete die Renaissance-Fassade und das Chorgestühl. Das Mittelschiff und der Hochaltar sind gotisch.

Templo San Juan

Hier finden sich noch Spuren der wichtigsten Moschee Almerías: Eine Wand der heutigen Kirche ist maurisch. In ihrem Inneren befindet sich eine Gebetsnische mit Kuppel (Mihrab, 12. Jh.). Die über die Moschee gebaute Kirche wurde im Bürgerkrieg beschädigt und lag bis 1979 brach.

Plaza Vieja

Dieser auch als Plaza de la Constitución bekannte Platz hat einen Arkadengang (17. Jh.). An einer Seite steht das Rathaus, ein prächtiges Gebäude mit creme- und rosafarbener Fassade (1899).

Plaza Vieja (17. Jh.), die von Arkaden gesäumte Fußgängerzone

Hotels und Restaurants in Granada und Almería *siehe Seiten 218f und 236f*

Puerta de Purchena

Die Puerta de Purchena im Herzen der Stadt war einst eines der Haupttore in der Stadtmauer. Von hier gehen mehrere Einkaufsstraßen und der Paseo de Almería ab: Die Geschäfts- und Flanierstraße ist Mittelpunkt des Stadtlebens mit Cafés, Teatro Cervantes und nahem Markt.

Centro Rescate de la Fauna Sahariana

C/General Segura 1. *950 28 10 45. Mo–Fr 8–15 Uhr.*

Im hinteren Teil der Alcazaba residiert dieses Zentrum zum Schutz gefährdeter Tierarten der Sahara. Einige der im trockenen Klima Almerías aufgewachsenen Tiere sind nach Afrika in dortige Naturschutzgebiete zurückgebracht worden.

Museo de Almería

Carretera de Ronda 91. *950 17 55 10. Di 14.30–20.30 Uhr, Mi–Sa 9–20.30 Uhr, So 9–14.30 Uhr. (für EU-Bürger frei).*

Bunter Eingang einer Zigeunerhöhle im La-Chanca-Distrikt

Das Museum für Archäologie in Almería beschäftigt sich vor allem mit den beiden prähistorischen Zivilisationen in der Region, Los Millares und El Algar. Aus einer Sammlung von ungefähr 80 000 Exponaten werden jeweils 900 gezeigt.

Saharagazelle

Umgebung: Eines der wichtigsten Siedlungsbeispiele der Kupferzeit (Chalkolithikum) in Europa ist das nördlich von Almería liegende **Los Millares**. Von 2700 bis 1800 v. Chr. *(siehe S. 42f)* bewohnten 2000 Menschen diesen 1891 entdeckten Ort. Seitdem sind Überreste von Häusern, Wällen und einer Totenstadt mit über 100 Gräbern freigelegt worden.

Die Siedlungsgemeinschaft lebte von der Landwirtschaft, schmiedete aber auch Werkzeuge, Waffen und Zierrat aus dem in der Sierra de Gador geförderten Kupfer.

Los Millares

Santa Fé de Mondújar. *677 90 34 04. Mi–So 10–14 Uhr.*

INFOBOX

Almería. **Straßenkarte** F3.

185 000. Plaza de la Estación, 902 24 02 02. Plaza de la Estación, 950 27 37 06.

Parque Nicolás Salmerón s/n. 950 27 43 55. Di, Fr, Sa. Semana Santa (Ostern), Feria de Almería (letzte Woche im Aug).

www.aytoalmeria.es

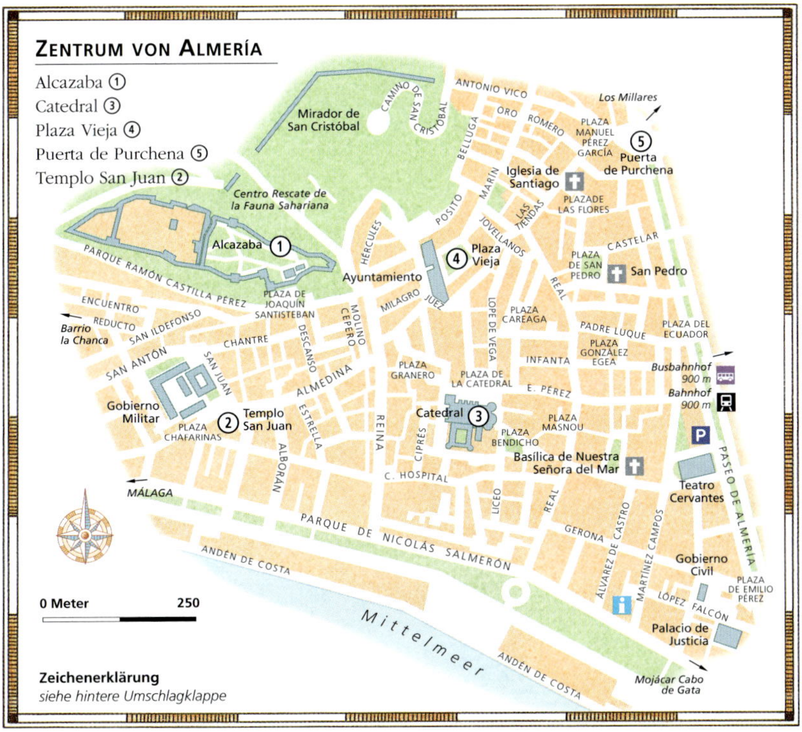

***Für eine Handvoll Dollar* von Sergio Leone**

ITALOWESTERN

Zwei Wildweststädte liegen abseits der N340 westlich von Tabernas. Hier können Besucher Filmszenen nacherleben oder Stuntmen bei Banküberfällen und Schlägereien beobachten. Die Poblados del Oeste wurden während der 1960er und 1970er Jahre gebaut, als günstige Preise und ewiger Sonnenschein Almería zum idealen Drehort für Italowestern machten. Sergio Leone, Regisseur von *Zwei glorreiche Halunken*, baute hier eine Ranch mitten in der Wüste. Noch heute werden hier gelegentlich TV-Werbespots und -Serien gedreht. Auch Regisseur Steven Spielberg hat die Kulissen schon genutzt.

Tabernas ⓰

Almería. **Straßenkarte** F3. *3000.* *an der Hauptstraße. 950 52 50 30.* *Mi.*

Eine maurische Festung thront über der Stadt und über dem kaktusübersäten Land aus erodierten Hügeln und ausgetrockneten Flussbetten. Die Landschaft war oft Hintergrund von Italowestern.

Nicht weit von Tabernas entfernt steht eine Solarenergie-Anlage, in der Hunderte von Heliostaten die Bahn der sengenden andalusischen Sonne verfolgen.

Roquetas de Mar ⓱

Almería. **Straßenkarte** F3. *39000.* *Avenida Mediterráneo 2. 950 33 32 03.*

Ein Großteil der küstennahen Gebiete um Almería ist mit Plastikplanen überzogen, unter denen Obst und Gemüse gedeihen, die vorwiegend für den Export bestimmt sind. Diese schier endlose Ödnis durchbricht Roquetas de Mar. Der Urlaubsort bietet eine Burg des 17. Jahrhunderts und einen Leuchtturm, die beide für Ausstellungen genutzt werden. In Roquetas de Mar gibt es zudem ein Aquarium mit vielen tropischen und heimischen Meeresbewohnern.

Almería ⓲

Siehe S. 200f.

Parque Natural de Cabo de Gata ⓳

Almería. **Straßenkarte** F3. *nach San José.* *Centro de Visitantes de las Amoladeras, Carretera Cabo de Gata, km 6. 950 16 04 35.*
Park *tägl. 10–15 Uhr.*

In dem 29000 Hektar großen Naturpark finden sich hoch aufragende Klippen aus Vulkangestein, Sanddünen, Salzbänke, versteckte Buchten sowie einsame Fischersiedlungen. Am Ende des Kaps, nahe dem Arrecife de las Sirenas (Sirenenriff) steht ein Leuchtturm. Der Naturpark umfasst auch eine etwa zwei Kilometer breite Fläche Meeresgrund zum Schutz von Flora und Fauna. Das klare Wasser lockt Taucher und Schnorchler an.

Das zwischen dem Kap und der Playa de San Miguel gelegene Gebiet von Dünen und Salzpfannen ist mit dornigen Brustbeerenbäumen bewachsen. Hier rasten Tausende von Zugvögeln auf ihrem Weg von und nach Afrika. Unter den etwa 170 bekannten Vogelarten gibt es Flamingos, Säbelschnäbler und Weißkopfgeier. Zudem wird versucht, die Mönchsrobbe wieder anzusiedeln. Am Nordende des Parks, wo die Kormorane fischen, liegt die Punta de los Muertos (»Stelle der Toten«). Hier sollen nach Schiffbrüchen die Leichen von Matrosen angeschwemmt worden sein.

San José ⓴

Almería. **Straßenkarte** F3. *1000.* *Calle Correos s/n. 950 38 02 99.* *So (Ostern u. im Sommer).*

Das in einer Sandbucht gelegene San José ist ein Seebad im Parque Natural de Cabo de Gata. Dahinter erhebt sich die Gebirgskette der **Sierra de Cabo de Gata**. In der Nähe gibt es schöne Strände,

Leuchtturm auf den Klippen des Parque Natural de Cabo de Gata

Hafen des traditionellen Fischerdorfs La Isleta

z. B. die Playa de los Genoveses *(siehe S. 33)*. An der Küste liegen auch **Rodalquilar**, eine einst für den Goldabbau wichtige Stadt, sowie **La Isleta**, ein kleines Fischerdorf.

Níjar ㉑

Almería. **Straßenkarte** F3. *3000.* *Plaza García Blanes, Bajo. 950 36 01 23.* *Mi.* **www**.nijar.es

Mitten in einer Oase mit Zitrusbäumen am Rand der kargen Sierra Alhamilla liegt das für seine farbenprächtigen Töpferwaren und handgewebten Teppiche und Decken *(jarapas)* bekannte Níjar. Sein historisches Viertel mit den engen Straßen und blumengeschmückten schmiedeeisernen Balkonen ist typisch andalusisch.

Die **Iglesia de Nuestra Señora de la Anunciación** (16. Jh.) besitzt eine Mudéjar-Kassettendecke mit Intarsien. Dank der Bewässerung erblüht die Ebene zwischen Níjar und dem Meer seit Kurzem. Die Spanier verbinden den Namen »Níjar« mit einem ergreifenden Ereignis, das sich in den 1920er Jahren hier abspielte und später Thema eines Stücks von Federico García Lorca wurde.

Sorbas ㉒

Almería. **Straßenkarte** F3.
3000. *Centro de Visitantes los Yesares, Calle Terraplen 9. 950 36 44 76.* *Do.*

Am Rand einer tiefen Kluft thront Sorbas hoch über dem weit unten fließenden Río de Aguas. Es gibt zwei sehenswerte Bauten: die **Iglesia de Santa María** (16. Jh.) und ein Herrenhaus (17. Jh.), angeblich die Sommerresidenz des Herzogs von Alba.

Interessant sind zudem die traditionellen rustikalen, von einheimischen Töpfern produzierten Tonwaren.

In der Nähe von Sorbas liegt das bizarre Naturschutzgebiet **Yesos de Sorbas**, eine ungewöhnliche Karstregion, wo das Wasser Hunderte von unterirdischen Gängen und Kammern in die Kalkstein- und Gipsschichten gegraben hat. Selbst Forscher dürfen die Höhlen nur mit Erlaubnis des Umweltschutzreferats von Andalusien erkunden. Oben zieht sich das grüne, fruchtbare Tal des Río de Aguas durch die trockenen, verwitterten Hügel, wo sich u. a. Schildkröten und Wanderfalken aufhalten.

Mojácar ㉓

Almería. **Straßenkarte** F3.
7000. *Calle Glorietta 1. 950 61 50 25.* *Mi, So.*

Aus der Ferne schimmert das Dorf Mojácar wie die Fata Morgana einer maurischen Zitadelle – mit weißen Häusern, die sich über einen hohen Bergrücken hinziehen. 1488 wurde das Dorf von den Christen erobert, später vertrieb man die Mauren. In den Jahren nach dem spanischen Bürgerkrieg *(siehe S. 54f)* verfiel der Ort völlig. In den 1960er Jahren wurde Mojácar vom Tourismus entdeckt. Das alte Tor in der Stadtmauer gibt es noch immer, doch ansonsten ist das Dorf völlig neu erbaut worden.

Fassade einer *pensión* im malerischen Dorf Mojácar

Bluthochzeit in Níjar

Bodas de Sangre (Bluthochzeit), das Drama von Federico García Lorca *(siehe S. 55)*, basiert auf einem Vorfall, der sich 1928 nahe Níjar ereignete. Eine Frau namens Paquita la Coja stimmte auf Druck ihrer Schwester zu, den Freier Casimiro zu heiraten. Einige Stunden vor der Hochzeit floh sie jedoch mit ihrem Cousin. Casimiro fühlte sich gedemütigt, und Paquitas Schwester war rasend. Man fand den Cousin erschossen und Paquita halb erdrosselt. Paquitas Schwester und deren Mann wurden des Verbrechens für schuldig befunden. Beschämt über die Tat, hielt sich Paquita bis zu ihrem Tod 1987 vor der Welt versteckt. Lorca, der Níjar nie besucht hatte, schrieb das Stück nach Zeitungsartikeln.

Der Dramatiker Federico García Lorca (1899–1936)

LLEVE 3
Y PAGUE 2
Cruzcampo

Zu Gast in Andalusien

Hotels

Einige der bezauberndsten Unterkünfte Spaniens finden sich in Andalusien: von restaurierten Burgen bis zu Familienpensionen, von einem der luxuriösesten Hotels Europas bis zur biodynamischen Farm. Preisgünstiges Wohnen bieten Pensionen und Jugendherbergen, für Wanderer gibt es Berghütten. Übernachtung mit Frühstück in einer Privatunterkunft wird auch in ländlichen Regionen immer öfter angeboten. Wohnungen und Dorfhäuser können überall von Selbstversorgern wochenweise gemietet werden. Das Klima Andalusiens ist auch ideal zum Campen.

Portier, Hotel Alfonso XIII

Die Auflistungen auf den Seiten 212–219 beschreiben einige empfehlenswerte Hotels in jeder Stilrichtung und allen Preiskategorien.

Hospedería de San Francisco in Palma del Río ***(siehe S. 216)***

Hotelsuche

Sevilla hat seine schönsten Übernachtungsmöglichkeiten im Stadtzentrum, besonders um das Viertel Santa Cruz *(siehe S. 70–83)*. Wie in den meisten Städten übernachtet man am billigsten in kleinen Pensionen in Seitenstraßen. Das Parken im Stadtzentrum ist problematisch. Suchen Sie sich ein Hotel mit Garage oder privatem Stellplatz. Fragen Sie im Hotel nach, ob man Ihnen einen überwachten Parkplatz in Hotelnähe empfehlen kann. Als Autofahrer können Sie sich auch in den Vororten der Stadt umsehen. Sinnvoll ist es, z. B. in Carmona *(siehe S. 132f)* abzusteigen.

Granada hat zwei Hotelviertel: ein ruhiges um die Alhambra *(siehe S. 194f)* und ein lebhafteres und billigeres im Zentrum. Zentral gelegene Hotels sind am besten für nächtliche Stadtbesuche.

In Córdoba ist die Judería *(siehe S. 140f)* die beste Übernachtungsgegend, wenn Sie die Stadt zu Fuß erkunden wollen. Mit einem Auto sind Sie mit Hotels am Stadtrand besser bedient.

Die Hotels in den andalusischen Badeorten gehören meist zu Ketten, die sich an Pauschalurlauber wenden. Es finden sich jedoch auch einige kleine, familiengeführte Häuser am Meer. Abseits der oft vollen Urlaubsorte empfehlen sich gute kleine Hotels im Hinterland – das Angebot ist reichlich. Sehen Sie sich in den weißen Dörfern zwischen Arcos de la Frontera *(siehe S. 175)* und Ronda *(siehe S. 176f)* sowie bei Cazorla *(siehe S. 156)* um.

Zwei kleine Hotelketten in Privatbesitz verfügen über eine wachsende Zahl von Hotels im Westen Andalusiens: die eher hochpreisige Fuerte-Gruppe und die preiswerte Tugasa-Gruppe.

Hotelkategorien und Ausstattung

Den Hotels in Andalusien werden von der regionalen Fremdenverkehrsbehörde Kategorien und Sterne zuerkannt. Hotels (abgekürzt H) erhalten einen bis fünf Sterne, Pensionen (P) einen oder zwei Sterne. Dieses Sterne-System taxiert eher die Quantität der Ausstattung eines Hotels (z. B. Lift oder Klimaanlage) als die Qualität des Service. Die Restaurants der meisten Hotels können auch

Auf der Terrasse des Alhambra Palace Hotels mit Blick über Granada

◁ **Bar in der Calle Gerona, Sevilla**

von nicht im Hotel wohnenden Gästen besucht werden. Hotel-Residencias (HR) haben jedoch keine Speiseräume, auch wenn sie Frühstück anbieten.

Paradores

Paradores sind staatliche Hotels der Drei- bis Fünf-Sterne-Kategorie. Die besten befinden sich in historischen Stätten wie Burgen, Klöstern, Palästen und alten Jagdhäusern, aber es gibt auch etliche neu erbaute in attraktiven Gegenden. Auch wenn ein Parador nicht immer das beste Hotel der Stadt ist, so verfügt er doch stets über ein hohes Komfortniveau: Auf der Speisekarte finden sich immer Regionalgerichte, die Zimmer sind grundsätzlich komfortabel und meist geräumig. Die Schlafzimmermöblierung ist meist hochwertig, wenn auch mitunter veraltet.

Wenn Sie während der Hauptsaison in Paradores übernachten wollen, empfiehlt sich eine Vorbestellung auf der Website oder bei den entsprechenden Agenturen *(siehe S. 208)*.

Preise

Hotels sind verpflichtet, ihre Preisliste an der Rezeption und in jedem Zimmer auszuhängen. In der Regel zahlen Sie umso mehr, je mehr Sterne ein Hotel hat. Die Preise für ein Doppelzimmer liegen zwischen 40 Euro pro Nacht in der Ein-Stern-Pension und 380 Euro pro Nacht in einem Fünf-Sterne-Hotel.

Die Preise variieren je nach Zimmergröße und -ausstattung, Gegend und Saison. Landhotels sind meist billiger. Alle auf den Seiten 212–219 genannten Preise betreffen die Mittel- oder Hauptsaison. Hauptsaison ist im Juli und August, sie kann aber auch von April bis Oktober dauern. Hotels erhöhen ihre Preise während der *fiestas*, etwa der Semana Santa *(siehe S. 38)*. Ostern ist in ganz Spanien eine sehr beliebte Reisezeit, weshalb diese Wochen preislich der Hochsaison zugerechnet werden. Rechtzeitige Reservierung ist in dieser Zeit dringend zu empfehlen.

Zu beachten ist, dass die meisten Hotels die Zimmerpreise und die Preise für den Verzehr ohne Mehrwertsteuer *(IVA)* angeben.

Pool im Innenhof des Hotels Alfaros in Córdoba *(siehe S. 215)*

Restaurant-Logo eines Luxushotels

Reservierung und Einchecken

Wenn Sie außerhalb der Saison im ländlichen Andalusien reisen, müssen Sie nicht vorbestellen, es sei denn, Sie wollen ein bestimmtes Hotel. In der Hauptsaison jedoch ist es ganz wichtig, telefonisch, per Internet oder über ein Reisebüro zu reservieren. Vorbestellungen sind unerlässlich, wenn ein spezielles Zimmer mit schöner Aussicht, mit einem Doppelbett (zwei Einzelbetten sind die Norm) oder in ruhiger Lage gewünscht wird. In vielen Badeorten schließen Hotels den Winter über, klären Sie dies also vor der Reise.

Manche Hotels verlangen in Spitzenzeiten und bei längerem Aufenthalt eine Anzahlung von 20 bis 25 Prozent. Das lässt sich – auch bei kleineren Hotels – bequem mit der Kreditkarte erledigen. Stornieren Sie ein Zimmer mindestens eine Woche vorher, sonst verlieren Sie einen Teil oder die gesamte Anzahlung. Ein reserviertes Zimmer wird bis 20 Uhr frei gehalten, es sei denn, Sie kündigen Ihre verspätete Ankunft an. Für die Registrierung benötigen Sie einen Pass oder Personalausweis. Sie erhalten ihn zurück, sobald eine Kopie angefertigt worden ist. Das Zimmer muss bis mittags verlassen werden, sonst wird eine weitere Nacht berechnet. Das Gepäck können Sie meist für einige Stunden aufbewahren lassen.

Beeindruckende Eingangshalle eines Hotels in Sevilla

Mosaikkacheln im *patio* eines Hotels

Bezahlung

Heutzutage kann man in den meisten Hotels mit Kreditkarte bezahlen, nur kleine Pensionen bestehen oft noch auf Barzahlung. In großen Hotels können Sie bei der Ankunft an der Rezeption gebeten werden, einen Blankokreditkartenstreifen zu unterschreiben; dies ist nach spanischem Recht Betrug. Die Bezahlung mit Maestro-/EC-Karte ist nur in den seltensten Fällen möglich.

Es ist üblich, dem Zimmermädchen und dem Portier ein Trinkgeld zu hinterlassen – etwa ein bis zwei Euro. Im Restaurant gibt man etwa fünf bis zehn Prozent des Rechnungsbetrags – auch wenn der Service inklusive ist.

Ferienwohnungen

Wochenweise zu mietende Villen und Ferienwohnungen gibt es an der Costa del Sol und an den Küsten Granadas und Almerías reichlich. Auch in den Städten wächst das Angebot an Ferienwohnungen stetig. Sie sind in der Regel billiger als ein vergleichbares Hotelzimmer. Bei der Vermittlung hilft das örtliche Fremdenverkehrsbüro gerne weiter.

Auch im Landesinneren können immer mehr Dorf- und Bauernhäuser gemietet werden. Erkundigen Sie sich in Ihrem Reisebüro nach Veranstaltern und Organisationen. Viele der Anbieter gehören der Organisation **RAAR** (Red Andaluza de Alojamientos Rurales bzw. Andalusian Rural Accomodation Network) an, bei der man auch direkt buchen kann.

Die Preise für Ferienwohnungen variieren manchmal beträchtlich, je nach Saison, Lage und Art des Objekts. Eine Villa für vier Personen mit Swimmingpool kostet auf dem Land oft nur 240 Euro pro Woche, aber bis zu 950 Euro und mehr in erstklassiger Lage am Meer.

Eine andere Möglichkeit ist die *villa turística* (Feriendorf), halb Hotel und halb Ferienwohnung. Die Urlauber können Räume mit Küche mieten, zudem aber auch ein Restaurant benutzen.

Zimmer mit Frühstück

Andalusiens mehr als 500 *casas rurales*, die Zimmer mit Frühstück bieten, sind sehr unterschiedlich und bieten für jeden etwas. Die Bandbreite reicht von *cortijos* (Landhäusern) bis hin zu biodynamischen Farmen. Erwarten Sie keinen Hotelservice oder besondere Einrichtungen. Dafür ist der Kontakt zwischen Vermieter und Gästen sehr persönlich.

Auf einen Blick

Hotels

Asociación de Hoteles de Sevilla
Calle San Pablo 1, 41001 Sevilla. ☎ *95 422 15 38.*
www.hotelesdesevilla.com

Asociación de Hoteles Rurales de Andalucía (AHRA)
Avda Niceto Alcalá Zamora 12, 14800 Priego de Córdoba. ☎ *95 754 08 01.*
www.ahra.es

Fuerte Hotels
www.fuertehoteles.com

Tugasa Hotels
www.tugasa.com

Paradores

Central de Reservas
Calle Requena 3, 28013 Madrid. ☎ *902 54 79 79.*
www.parador.es

Ferienwohnungen & Zimmer mit Frühstück

RAAR
Sagunto 8-10-3, 04004 Almería. ☎ *902 44 33 22.*
www.raar.es

Jugendherbergen

Central de Reservas de Inturjoven
Calle Miño 24, 41011 Sevilla. **Stadtplan** 3 A4.
☎ *90 251 00 00.*
www.inturjoven.com

Schutzhütten im Gebirge

Federación Andaluza de Montañismo
Calle Santa Paula 23, 18001 Granada.
☎ *958 29 13 40.*
www.fedamon.com

Camping

Club de Camping y Caravanning de Andalucía
Calle Francisco Carrión Mejias 13, 41003 Sevilla.
☎ *95 422 77 66.*

Deutscher Campingclub
Mandlstr. 28, 80802 München.
☎ *(089) 380 14 20.*
www.camping-club.de

Behinderte Reisende

COCEMFE
Calle Luis Cabrera 63, 28002 Madrid.
☎ *91 744 36 00.*
www.cocemfe.es

IHD
EURL, Boîte Postale 62, 83480 Puget-sur-Argens, France.
☎ *(0494) 81 61 51.*

Viajes 2000
Paseo de la Castellana 228–230, 28046 Madrid.
☎ *91 323 10 29 (Madrid).*
☎ *95 428 11 77 (Sevilla).*
www.viajes2000.com

Allgemeine Informationen

Dirección General de Turismo, Junta de Andalucía
Avenida de la Constitución 21bis, 41001 Sevilla.
☎ *954 22 14 04.*
www.juntadeandalucia.es
www.andalucia.org

Ländliche Jugendherberge am Rande des Naturschutzgebiets, Cazorla

Zimmer mit Frühstück können bei **RAAR** oder direkt beim Anbieter gebucht werden. Buchungen vom Ausland aus erfordern meist eine Anzahlung und einen Mindestaufenthalt von zwei Nächten.

Jugendherbergen und Berghütten

Um das engmaschige Netz der *albergues juveniles* (Jugendherbergen) nutzen zu können, müssen Sie einen internationalen Jugendherbergsausweis vor Ort kaufen oder einen aus dem eigenen Land vorweisen. Zimmer mit Frühstück kosten zwischen fünf und zehn Euro pro Person. Ein Bett oder Zimmer kann in einer Jugendherberge oder über die Buchungsstelle **Central de Reservas de Inturjoven** gebucht werden.

Logo eines Fünf-Sterne-Hotels

Beim Wandern im Gebirge bieten sich die *refugios* an, Schutzhütten mit Küche und Schlafraum. Sie sind auf allen guten Berg- und Nationalparkkarten angegeben, die es bei der **Federación Andaluza de Montañismo** gibt.

Camping

Es gibt mehr als 100 über Andalusien verteilte Campingplätze, viele entlang der Küste, einige aber auch im Hinterland. Die meisten verfügen über Strom und fließendes Wasser, manche auch über Waschsalons, Restaurants, Läden, Spielplätze und Schwimmbecken.

Für Camper empfiehlt es sich, ein Camping-*carnet* mitzunehmen. Damit kann an den Plätzen eingecheckt werden. Zudem gewährt es eine Haftpflichtversicherung. Solche *carnets* gibt es bei Camping- und Caravanclubs im Heimatland, aber auch direkt vor Ort.

Campings en Andalucía, eine Karte mit allen Campingplätzen, wird von der **Dirección General de Turismo, Junta de Andalucía** regelmäßig herausgegeben.

Behinderte Reisende

Hotelmanager informieren über Rollstuhleingänge, das Personal ist gern behilflich. Einrichtungen für Behinderte und behindertengerechte Unterkünfte wurden in den letzten Jahren deutlich verbessert. Die größeren Hotels und vor allem Jugendherbergen haben ihre Einrichtungen behindertengerecht modernisiert.

In Spanien selbst informieren die Confederación Coordinadora Estatal de Minusválidos Físicos de España, auch als **COCEMFE** *(siehe S. 257)* bekannt, sowie **Viajes 2000** über andalusische Hotels mit behindertengerechten Einrichtungen.

IHD (Internationale Hilfe für Behinderte) organisiert für behinderte Besucher der Costa del Sol geeignete Unterkünfte, Pfleger, Transportmöglichkeiten und anderes mehr.

Zusatzinformationen

Einmal im Jahr veröffentlicht die **Dirección General de Turismo** ihren *Guía de Hoteles, Pensiones, Apartamentos, Campings y Agencias de Viajes*. Dieser listet die Anzahl der Sterne auf und bietet eine Zusammenfassung der Einrichtungen aller Hotels, Pensionen, Campingplätze und Jugendherbergen der Region.

Nach Wahl der Unterkunft und des Standorts empfiehlt es sich, per Internet bzw. E-Mail, Telefon oder Fax aktuelle Informationen über Preis und Ausstattung abzufragen. Die in der Hotelauflistung *(siehe S. 212–219)* genannten Preise gelten für die Hochsaison. In der Nebensaison können die Preise für Zimmer oder Apartments zum Teil deutlich niedriger liegen.

Hübsches einfaches Zimmer in einer Frühstückspension

Highlights: Paradores

Parador ist ein altes spanisches Wort für das Absteigequartier angesehener Reisender. In den späten 1920er Jahren wurde eine Kette staatlicher Hotels, die Paradores, eingerichtet. Viele davon sind ehemalige Burgen, Paläste oder Klöster, doch manche sind auch eigens in beliebten Urlaubsregionen entstanden. Die Paradores sind gewöhnlich sehr gut ausgeschildert, also schnell zu finden. Allen gemeinsam ist ein hoher Standard an Komfort und Service. Sie bieten auch Restaurants mit regionaler Küche.

Parador de Ronda
Dieser Parador liegt am Rand der Guadalevín-Schlucht, gegenüber der Altstadt von Ronda. Einige Zimmer bieten unvergleichliche Ausblicke (siehe S. 218).

Parador de Carmona
Carmonas Parador im maurischen Stil im Palast Pedros des Grausamen ist ein erholsamer Platz zur Erkundung des nahe gelegenen Sevilla (siehe S. 214).

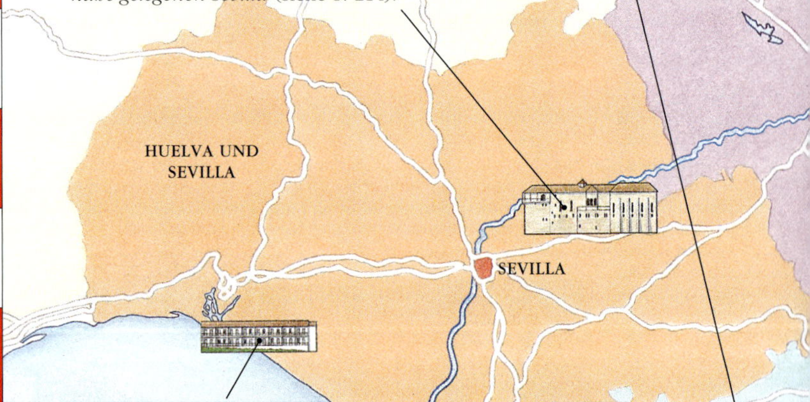

Parador de Mazagón
Der an einem ruhigen, malerischen Fleckchen nahe dem langen Sandstrand errichtete Parador ist ein angenehmer Ausgangsort zur Erkundung des Parque Nacional de Doñana (siehe S. 215).

Parador de Arcos de la Frontera
Der in einem pueblo blanco *gelegene Parador hat eine große Terrasse mit Blick über den Fluss Guadalete* (siehe S. 216).

Parador de Jaén
Der Parador, eine umgestaltete Festung mit Bogenfenstern und Gewölbezimmern, thront auf einer Bergspitze über der Stadt (siehe S. 216).

Parador de Cazorla
Cazorlas Parador ist ein abgeschiedenes Berghotel inmitten eines dichten Waldes. Es befindet sich in einem Naturschutzgebiet nahe der Quelle des Guadalquivir (siehe S. 215).

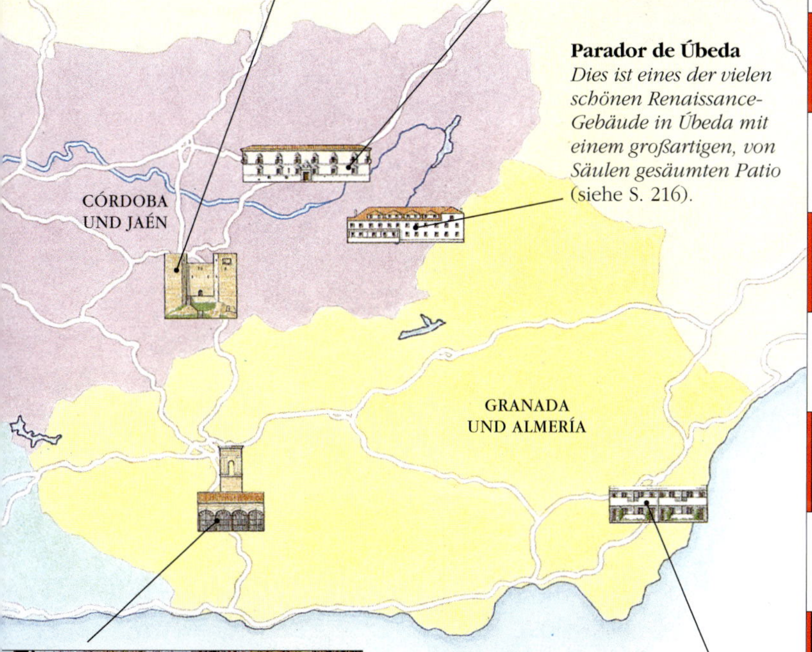

Parador de Úbeda
Dies ist eines der vielen schönen Renaissance-Gebäude in Úbeda mit einem großartigen, von Säulen gesäumten Patio (siehe S. 216).

Parador de Granada
Für diesen romantischen Parador, ein ehemaliges Kloster (15. Jh.), ist unbedingt eine Reservierung erforderlich. Das Gebäude wurde auf Anordnung der Katholischen Könige in den Gärten der Alhambra errichtet (siehe S. 219).

Parador de Mojácar
Der mit einer großen Sonnenterrasse versehene Parador ist ein modernes weißes Gebäude im kubistischen Stil der Architektur Mojácars (siehe S. 219).

Hotelauswahl

Nachfolgende Hotels wurden wegen ihres Preis-Leistungs-Verhältnisses, ihrer schönen Lage und ihres Komforts ausgewählt. Alle Zimmer verfügen über Bad, Fernseher sowie Klimaanlage und sind für behinderte Gäste geeignet, sofern nicht anders vermerkt. In den meisten Häusern ist ein Internet-Anschluss vorhanden.

PREISKATEGORIEN
Die Preise beziehen sich auf ein Doppelzimmer pro Nacht während der Hochsaison, inklusive sind Service und Steuern.

€ unter 75 Euro
€€ 75–125 Euro
€€€ 125–175 Euro
€€€€ 175–225 Euro
€€€€€ über 225 Euro

SEVILLA

EL ARENAL Taberna del Alabardero — €€€

C/Zaragoza 20, 41001 Tel. *954 50 27 21* FAX *954 56 36 66* ***Zimmer*** *7* ***Stadtplan*** *3 B1 (5 B3)*

In dem einstigen Wohnhaus des sevillanischen Dichters J. Antonio Cavestany residiert das kleine Hotel zusammen mit einem der besten Restaurants der Stadt *(siehe S. 228)*. Jedes Zimmer ist individuell mit Antiquitäten und hübschen Stoffen eingerichtet. Herrlich auch der Patio. **www.tabernadelalabardero.com**

EL ARENAL Vincci la Rabida — €€€

C/Casterlar 24, 41001 Tel. *954 50 12 80* FAX *954 21 66 00* ***Zimmer*** *81* ***Stadtplan*** *3 B1 (5 C4)*

Der Palast des 18. Jahrhunderts im Viertel El Arenal wurde 2003 renoviert und als Vier-Sterne-Hotel wiedereröffnet. Von hier sind Geschäfte, Restaurants und Stierkampfarena nicht weit. Die Zimmer kombinieren Erdtöne mit dunkler Möblierung und schmiedeeisernen Betten, manche mit Blick auf den Innenhof. **www.vinccihoteles.com**

EL ARENAL Hotel Melia Colon — €€€€

Canalejos 1, 41001 Tel. *954 50 55 99* FAX *595 22 09 38* ***Zimmer*** *217* ***Stadtplan*** *3 B1 (5 B3)*

Das Luxushotel in der Altstadt ist in der Welt des Stierkampfs verwurzelt, nicht zuletzt aufgrund seiner Lage zwischen La Giralda, der Kathedrale, der Torre del Oro und der Stierkampfarena. Zahlreiche Restaurants und Bars liegen in seiner Nähe. Während der Semana Santa steigen hier viele spanische Prominente ab. **www.solmelia.com**

EL ARENAL Hotel Montecarlo — €€€€

Gravina 51, 41007 Tel. *954 21 75 03* FAX *954 21 68 25* ***Zimmer*** *51* ***Stadtplan*** *1 B5 (5 B2)*

Prächtige Stadtvilla des 18. Jahrhunderts mit zwei Innenhöfen, kunstvollen schmiedeeisernen Toren und Geländern und bezaubernden Kacheln. Sie liegt im schönsten Teil der Stadt in Fußnähe zu vielen Sehenswürdigkeiten, dem Einkaufsviertel und zum Guadalquivir. Exquisites Restaurant. **www.hotelmontecarlosevilla.com**

LA CAMPANA Hotel Cervantes — €€€€

C/Cervantes, 10, 41004 Tel. *954 90 02 80* FAX *954 90 05 36* ***Zimmer*** *46* ***Stadtplan*** *6 D1*

Das elegante Haus der Kette Best Western wurde 2003 renoviert. Es liegt in der quirligen Gegend La Campana und günstig zu den Sehenswürdigkeiten, zum Themenpark Isla Mágica geht man 20 Minuten. Viel Licht fällt durch die Glaskuppel ins Innere mit dem typisch andalusischen Innenhof. **www.hotel-cervantes.com**

LA CARTUJA Barcelo Renacimiento — €€€€

Isla de la Cartuja, 41092 Tel. *954 46 22 22* FAX *954 46 04 28* ***Zimmer*** *295* ***Stadtplan*** *1 B2*

Das avantgardistische Top-Hotel liegt 20 Minuten von der Altstadt entfernt auf der Isla de la Cartuja. Vielen gilt es als beste Adresse in der Stadt für Kongresse, Konferenzen und andere Geschäftstermine. Zimmer und Meeting-Räume verfügen über WLAN und anderen Komfort. **www.barcelo.com**

LA MACARENA Patio de la Cartuja — €€

C/Lumbreras 8 & 10, 41002 Tel. *954 90 02 00* FAX *954 90 20 56* ***Zimmer*** *56* ***Stadtplan*** *1 C4*

Ungewöhnliches Apartmenthotel im Künstlerviertel von La Macanera, dem einige alte Herrenhäuser mit großen Innenhöfen als Baugrundlage dienten. Die Apartments sind einfach, aber gut ausgestattet. Das Hotel ist nur einen kurzen Fußweg von der Kathedrale und dem Viertel Santa Cruz entfernt. Parkplatz. **www.patiosdesevilla.com**

LA MACARENA Alcoba del Rey de Sevilla — €€€

C/Bécquer 9, 41002 Tel. *954 91 58 00* FAX *954 91 56 75* ***Zimmer*** *15* ***Stadtplan*** *2 D3*

Kleines, feines Hotel mit überraschenden Details, die zusammengenommen eine romantische Atmosphäre schaffen. Jedes der elegant möblierten Zimmer ist nach einer Persönlichkeit aus der arabischen Epoche benannt, die Einrichtung besteht aus Glasarbeiten, Fliesen, Seidenkissen, Kunstobjekten – alles zu verkaufen! **www.alcobadelrey.com**

LA MACARENA Baco — €€€

Plaza Ponce de León 15, 41003 Tel. *954 56 50 50* FAX *954 56 36 54* ***Zimmer*** *25* ***Stadtplan*** *2 E5 (6 E2)*

Das alte Haus wurde 2003 komplett renoviert und in ein modernes Hotel im typischen Sevilla-Stil umgewandelt. Von der Rezeption führt eine Wendeltreppe in die Obergeschosse. Die ruhigeren Zimmer überblicken kleine mit Fliesen und Topfpflanzen geschmückte Innenhöfe. **www.hotelbaco.es**

Zeichenerklärung *siehe hintere Umschlagklappe*

LA MACARENA Casa Romana Hotel Boutique €€€
C/Trajano 15, 41003 ☎ 954 91 51 70 FAX 954 37 31 91 **Zimmer** 26 **Stadtplan** 1 C5 (5 C1)

Die Zimmer dieses Vier-Sterne-Hotels verteilen sich um einen schönen Innenhof und sind mit allem Komfort eines Hotels dieser Klasse ausgestattet. Sie sind sehr geschmackvoll und elegant eingerichtet, einige haben sogar Jacuzzi. Die Website bietet spezielle Angebote, z. B. Flamenco-Tickets mit Platzreservierung. **www.hotelcasaromana.com**

LA MACARENA Hotel Tryp Macarena €€€
San Juan de Ribera, 2, 41009 ☎ 954 37 58 00 FAX 954 38 18 03 **Zimmer** 331 **Stadtplan** 2 E3

Trotz seiner Lage etwas abseits des alten Stadtzentrums ist das Hotel eine durchaus attraktive Alternative. Der Bus in die Stadt hält gleich um die Ecke. Im Pool auf dem Dach lässt es sich wunderbar entspannen. Manchmal ist es etwas laut in der Gegend, aber schön ist die Lage direkt am Guadalquivir. **www.solmelia.com**

MAESTRANZA Picasso €
Calle San Gregorio 1, 41004 ☎ & FAX 954 21 08 64 **Zimmer** 15 **Stadtplan** 3 C2 (6 D5)

Das Picasso liegt mitten im Stadtkern von Sevilla. Während der Semana Santa führt hier die Prozession entlang, die man von den Zimmern aus am Balkon verfolgen kann. In der Osterzeit ist deshalb kaum ein Zimmer zu bekommen. Viele Sehenswürdigkeiten der Stadt liegen in unmittelbarer Nähe zum Hotel. **www.grupo-piramide.com**

SANTA CRUZ Hostería del Laurel €€
Plaza de los Venerables 5, 41004 ☎ 954 22 02 95 FAX 954 21 04 50 **Zimmer** 20 **Stadtplan** 4 D2 (6 E4)

Im Herzen von Santa Cruz in einem historischen Gebäude eingerichtet, wird das Hotel mit Bar und Restaurant *(siehe S. 229)* gerne von Einheimischen besucht. Es liegt optimal zu Läden sowie zum Real Alcázar, der Kathedrale und der Stierkampfarena. In der Umgebung kann man wunderbar flanieren. **www.hosteriadellaurel.com**

SANTA CRUZ Hotel Alcántara €€
C/Ximénez de Enciso 28, 41004 ☎ 954 50 05 95 FAX 954 50 06 04 **Zimmer** 21 **Stadtplan** 4 D2 (6 E4)

Der Gast gelangt durch den ehemaligen Kutschereingang in dieses moderne, freundliche Hotel, das in einem Stadthaus aus dem 18. Jahrhundert untergebracht ist. Die Zimmer sind einfach eingerichtet, aber komfortabel und sauber. Sie sind unterschiedlich groß, einige sind besonders für Familien geeignet. **www.hotelalcantara.net**

SANTA CRUZ La Casa del Maestro €€€
C/Almudena 5, 41002 ☎ 954 50 00 07 FAX 954 50 00 06 **Zimmer** 11 **Stadtplan** 6 E2

Das ehemalige Haus des Flamenco-Gitarristen Niño Ricardo ist in den Farben Ocker-Gelb gehalten, der Innenhof sprießt über vor Pflanzen und Blumen. Die Zimmer sind nicht ganz so fantastisch, aber man findet kleine Aufmerksamkeiten wie z. B. einen Krug Eiswasser. Sehr schöne Dachterrasse. **www.lacasadelmaestro.com**

SANTA CRUZ Hotel Casa de los Mercaderes €€€
C/Alvarez Quintero 9–13, 41003 ☎ 954 22 58 58 FAX 954 22 98 84 **Zimmer** 47 **Stadtplan** 3 C1 (6 D3)

Das bezaubernde Hotel im Stadtzentrum ist nach den Kaufleuten benannt, die im 18. Jahrhundert in dieser Gegend lebten. Der Innenhof des Hauses hat viel von seinem alten Glanz bewahrt. Für Gäste organisiert man gerne Ausflüge zu Sehenswürdigkeiten und Orten in der nahen Umgebung. **www.casasypalacios.com**

SANTA CRUZ Casa Numero Siete €€€€
C/Virgenes 7, 41004 ☎ 954 22 15 81 FAX 954 21 45 27 **Zimmer** 7 **Stadtplan** 3 D1 (6 E3)

Eines der reizendsten und romantischsten Hotels in Sevilla. Das elegante Gästehaus ist in einer ehemaligen Stadtvilla untergebracht und hat gerade einmal eine Handvoll Zimmer. Die Einrichtung besteht aus Antiquitäten und Familienerbstücken. Großzügiger Aufenthaltsraum mit Bar, hervorragendes Frühstück. **www.casanumero7.com**

SANTA CRUZ Las Casas del Rey de Baeza €€€€
Plaza Jesús de la Redención 2, 41003 ☎ 954 56 14 96 FAX 954 56 14 41 **Zimmer** 41 **Stadtplan** 4 D1 (6 E4)

Dieses Hotel liegt in einzigartiger Umgebung und vereint Vergangenheit und Gegenwart: Die weißen, sonnengebleichten Mauern harmonieren mit dem Ocker und Rot des Innenhofs. Die Flure, mit kühlem Steinfußboden ausgelegt, führen zu den Zimmern, deren schickes Interieur unaufdringlich modern ist. **www.hospes.es**

SANTA CRUZ Hotel Inglaterra €€€€
Plaza Nueva 7, 41001 ☎ 954 22 49 70 FAX 954 56 13 36 **Zimmer** 90 **Stadtplan** 3 B1 (5 C3)

Das heutige Gebäude stammt von 1967, das Hotel selbst wurde 1857 eröffnet und war damals der Stolz der Stadt. *Azulejos*, Antiquitäten und Gemälde tragen viel zum Charme des Hauses mit Blick auf die Plaza Nueva und das Rathaus bei. Kathedrale und Giralda sind zu Fuß in zwei Minuten zu erreichen. **www.hotelinglaterra.es**

SANTA CRUZ Petit Palace Santa Cruz €€€€
C/Muñoz y Pavón 18, 41004 ☎ 954 22 10 32 FAX 954 22 50 39 **Zimmer** 46 **Stadtplan** 6 E3

Das kleine Hotel wurde 2006 in einem typisch andalusischen Haus eröffnet und präsentiert sich in einem geschmackvollen, modernen Ambiente. Die geräumigen Zimmer verfügen über Komfortmerkmale wie WLAN, Flat-TV und flauschige Bademäntel. **www.hthoteles.com**

SANTA CRUZ Los Seises €€€€
C/Segovia 6, 41004 ☎ 954 22 94 95 FAX 954 22 43 34 **Zimmer** 42 **Stadtplan** 6 D4

Der Palast des 16. Jahrhunderts liegt ideal im Barrio de Santa Cruz. Anfang der 1990er Jahre wurde er restauriert. Dabei legte man römische Mosaike, eine Renaissance-Täfelung und arabische Fliesen frei. Die Architektur des Hauses ist beeindruckend, die Zimmer allerdings könnten einen neuen Anstrich vertragen. **www.husa.es**

Stadtplan Sevilla *siehe Seiten 108–117*

SANTA CRUZ Alfonso XIII €€€€€

C/San Fernando 2, 41004 954 91 70 00 FAX 954 91 70 99 **Zimmer** 147 **Stadtplan** 3 C3

Sevillas legendäres Grandhotel, erbaut als Gästehaus im Neo-Mudéjar-Stil, genügt immer noch höchsten Ansprüchen. Eleganz und Service sind selbstverständlich, die Zimmer sind perfekt ausgestattet, die Gemeinschaftsräume strotzen vor Kristalllüstern, Marmorsäulen und Palmen. Fantastische Cocktailbar **www.hotel-alfonsoxiii.com**

TRIANA Abba Triana Hotel €€

Plaza Chapina, 41010 954 26 80 00 **Zimmer** 137 **Stadtplan** 3 A1 (5 A3)

Das neue Hotel bietet eine tolle Aussicht auf den Guadalquivir, es verfügt über neueste technische Errungenschaften und ein modernes Dekor sowie über einen Pool auf dem Dach. Vom Abba Triana aus sind alle wichtigen Sehenswürdigkeiten zu Fuß erreichbar. **www.abbatrianahotel.com**

Huelva und Sevilla

ALCALÁ DE GUADAIRA Hotel Oromana €€

Av de Portugal, 41500 955 68 64 00 FAX 955 68 64 08 **Zimmer** 31

Am Rand der historischen Stadt Alcalá, etwa 15 Kilometer südlich von Sevilla, ist dieses Landhotel in einem charmanten Herrenhaus aus den 1920er Jahren untergebracht. Es liegt inmitten eines großen Gartens mit Pool. Das Personal ist freundlich, das Restaurant bietet regionale Spezialitäten. **www.hoteloromana.com**

ARACENA Sierra de Aracena €

Gran Vía 21, 21200 959 12 61 75 FAX 959 12 62 18 **Zimmer** 43

Mitten im Zentrum der attraktiven Stadt Aracena befindet sich dieses ruhige, moderne Hotel, dessen Design viele arabisierende Elemente enthält. Die Zimmer sind gut eingerichtet, manche blicken auf das Schloss. Das Personal arrangiert Outdoor-Aktivitäten wie Wanderungen, Radtouren oder Reitausflüge. **www.htsierradearacena.com**

ARACENA Finca Buen Vino €€

Los Marines, 21293 959 12 40 34 FAX 959 50 10 29 **Zimmer** 4

Elegante Villa auf einem Hügel inmitten von Oliven- und Zitrushainen. Ein wunderbares Gästehaus, dessen Eigner Naturprodukte biodynamisch anpflanzen – die beim Frühstück, Nachmittagstee und Abendessen (nur für Gäste) Verwendung finden. Außer dem Haupthaus gibt es weitere Nebengebäude. **www.fincabuenvino.com**

AYAMONTE Riu Atlantico €€€€

Punta del Moral, 21470 959 62 10 00 FAX 959 62 10 03 **Zimmer** 359

Das Strandhotel liegt unweit der Grenze zu Portugal und gleich beim berühmten Golfplatz Isla Canela. Eine Oase der Ruhe mit erstklassigem Service, herrlichen Pools und einer tropischen Landschaft. Den Gästen steht ein Wellness-Center mit Gymnastik und Sauna zu Verfügung. Frühstück und Abendessen im Preis inbegriffen. **www.riu.com**

CARMONA Casa de Carmona €€€

Plaza de Lasso 1, 41410 954 19 10 00 FAX 954 19 01 89 **Zimmer** 34

Dieser Palast aus dem 16. Jahrhundert war nach seiner Umwandlung in ein Hotel in vielen Modemagazinen abgebildet. Die luxuriösen Zimmer und Suiten sind in einer Mischung aus verschiedenen Stilen und Kunstrichtungen eingerichtet. Sehr gutes Restaurant. Ideale Basis, um die Provinz Sevilla zu erkunden. **www.casadecarmona.com**

CARMONA Parador de Carmona €€€

C/Alcázar, 41410 954 14 10 10 FAX 954 14 17 12 **Zimmer** 63

Der heutige Parador auf einer Bergspitze wurde von den Mauren als Festung erbaut und diente später als Palast von Pedro dem Grausamen. Die luxuriösen Zimmer sind mit Gobelins und Antiquitäten eingerichtet, sie bieten einen herrlichen Blick auf die Landschaft. Großer Außenpool und eines der besten Restaurants der Region. **www.parador.es**

CASTILLEJA DE LA CUESTA Hacienda de San Ignacio €€€

C/Real 190, 41950 954 16 92 90 FAX 954 16 14 37 **Zimmer** 13

Ursprünglich ein Jesuitenkloster, dann eine *hacienda*, heute ein reizendes Hotel hinter weiß getünchten Wänden. Den Innenhof beschatten riesige Palmen, das gute Restaurant ist in der ehemaligen Olivenmühle eingerichtet. Die schlichten Zimmer sind funktionell, die Salons dagegen üppig ausgestattet. **www.haciendasanignacio.com**

CAZALLA DE LA SIERRA Las Navezuelas €

Ctra Cazalla–Ed Pedroso, 41370 954 88 47 64 FAX 954 88 45 94 **Zimmer** 10

Die großen Zimmer dieses familiengeführten Gutshofes sind mit handgewebten Stoffen geschmückt. Der Aufenthalt gewährt dem Gast Einblick in das Leben auf einem authentischen andalusischen *cortijo* (Bauernhof). Die Zimmer blicken auf Olivenbäume und Korkeichen. Hausgemachte Mahlzeiten werden serviert. **www.lasnavezuelas.com**

CAZALLA DE LA SIERRA Hospedería La Cartuja €€

Ctra Cazalla–Constantina km 2,5, 41370 954 88 45 16 FAX 954 88 47 07 **Zimmer** 12

Altes, von seinem Besitzer als Zufluchtsort für Künstler umgestaltetes Kloster. Hier haben Maler, Bildhauer und Musiker gewohnt und dafür mit ihren Kunstwerken bezahlt, die in der Galerie des Hotels gekauft werden können. Wählen Sie zwischen Zimmern, Suiten und einem kleinen, separaten Cottage. **www.cartujadecazalla.com**

Preiskategorien *siehe S. 212* **Zeichenerklärung** *siehe hintere Umschlagklappe*

MAZAGÓN Parador de Mazagón €€€

Ctra San Juan de Puerto–Matalascañas km 30, 21130 959 53 63 00 FAX 959 53 62 28 ***Zimmer*** *63*

Der moderne Parador liegt direkt an der Küste von Huelva inmitten großer Gärten. Er bietet helle, moderne Zimmer und ist gut gelegen, um die Wildreservate des Doñana-Nationalparks zu erreichen. Gästen stehen viele Sportaktivitäten wie Radfahren, Reiten, Golf und Windsurfing zu Verfügung. **www.parador.es**

EL ROCÍO Hotel Toruño €€

Plaza Acebuchal 22, 21750 959 44 23 23 FAX 959 44 23 38 ***Zimmer*** *30*

Charmante weiße Villa unweit der Einsiedelei, die das Bildnis der Jungfrau von El Rocío birgt, in der Nähe des Doñana-Nationalparks, einem der wichtigsten Feuchtgebiete und Wildreservate Europas. Bei Vogelbeobachtern sehr beliebt. Die Preise verdoppeln sich während der Pilgerfahrt El Rocío. **www.toruno.es**

Córdoba und Jaén

BAEZA Hotel Fuentenueva €€

Calle del Carmen 15, 23440 953 74 31 00 FAX 953 74 32 00 ***Zimmer*** *13*

Ungewöhnliches Hotel in einem ehemaligen Frauengefängnis. Es bietet alle heute üblichen Standards wie z. B. eine Bücherecke, eine Cafeteria, einen Konferenzsaal, einen japanischen Garten und WLAN. Die Zimmer sind modern ausgestattet, die Badewannen haben Unterwassermassage. **www.fuentenueva.com**

CAZORLA Molino de la Farraga €

Camino de la Hoz, 23470 & FAX 953 72 12 49 ***Zimmer*** *9*

200 Jahre alte, kürzlich renovierte Mühle am Rand des schönen Dorfes Cazorla. Perfekt für Urlauber, die vor allem Ruhe suchen. Die weiße Mühle ist umgeben von üppigem Grün, die Zimmer sind zwar einfach, aber sehr hübsch. Auch ein Anbau kann gemietet werden. 10. Dez–1. März geschlossen. **www.molinofarraga.com**

CAZORLA Parador de Cazorla €€€

Sierra de Cazorla, 23470 953 72 70 75 FAX 953 72 70 77 ***Zimmer*** *34*

Die Wälder und Berge der Sierra de Cazorla, einem größeren andalusischen Naturreservat, bilden den Hintergrund für diesen modernen Parador, der sich perfekt in die Landschaft fügt. Von den gut ausgestatteten Zimmern hat man eine wunderbare Aussicht. Das Restaurant serviert Wild in der Saison. **www.parador.es**

CÓRDOBA Maestre €

C/Romero Barros 4–6, 17003 957 47 24 10 FAX 957 47 53 95 ***Zimmer*** *26*

Einfaches, preiswertes Hotel nahe der Mezquita im Zentrum von Córdoba, perfekter Ausgangspunkt für die Stadtbesichtigung. Es ist um mehrere schöne andalusische Patios mit farbigen Fliesen, Brunnen und Kletterpflanzen angeordnet. Es gibt Zimmer und Apartments mit Selbstverpflegung. Privater Parkplatz. **www.hotelmaestre.com**

CÓRDOBA Casa de los Azulejos €€

C/Fernando Colón 5, 14002 957 47 00 00 FAX 957 47 54 96 ***Zimmer*** *8*

Das »Haus der Fliesen« stammt aus dem 17. Jahrhundert und hat den typischen Patio: Fliesen, geschmiedetes Eisen und üppiges Grün. Die Zimmer sind sachlich und modern, mit Extras wie z. B. Internet. Das ausgezeichnete Restaurant serviert einen Mix aus andalusischer und südamerikanischer Küche. **www.casadelosazulejos.com**

CÓRDOBA Hotel Eurostar Las Adelfas €€€

Avenida de la Arruzafa, 14012 957 27 77 20 FAX 957 27 27 94 ***Zimmer*** *128*

Dank seiner Lage in der exklusiven Wohngegend von El Brillante eines der ruhigsten Quartiere in der Stadt und dennoch nur zehn Minuten vom Zentrum entfernt. Die Hotelküche hat einen ausgezeichneten Ruf, auf der Terrasse kann man herrlich speisen. Eine weitere Terrasse umgibt einen großen Pool. **www.eurostarslasadelfas.com**

CÓRDOBA Hotel Hesperia €€€

Avenida Fray Albino, 1, 14009 957 42 10 42 FAX 957 29 99 97 ***Zimmer*** *108*

Das Hesperia liegt am Guadalquivir mit schöner Sicht auf die Stadt. Das Zentrum des alten andalusischen Patios ist ein herrlicher Pool. Die Café-Bar La Azotea auf der Dachterrasse ist ein einzigartiger Ort in der Stadt. Die Gästezimmer bieten eine moderne Ausstattung sowie kostenloses WLAN. **www.hesperia-cordoba.com**

CÓRDOBA Maciá Alfaros €€€

C/Alfaros 18, 14001 957 49 19 20 FAX 957 49 22 10 ***Zimmer*** *133*

Das Alfaros liegt in einer lauten Straße, ist aber mit Schallschutzfenstern ausgestattet. Ein gepflegtes, zeitgemäßes Hotel, erbaut um drei Innenhöfe im Neo-Mudéjar-Stil. Der Swimmingpool ist in einem der Höfe. Für Geschäftsreisende geeignet, bietet es u.a. WLAN. Die Zimmer und Suiten sind komfortabel. **www.maciahoteles.com**

CÓRDOBA Occidental €€€

C/Poeta Alonso Bonilla 3, 14012 957 76 74 76 FAX 957 40 04 39 ***Zimmer*** *153*

Modernes Hotel im Norden der Stadt, umgeben von großen Gärten. Üppige Einrichtung mit Marmorfußböden, Kassettendecken und schönen Messinglampen. Die Zimmer sind geschmackvoll eingerichtet mit Holzmöbeln und schönen Stoffen. Die Restaurants blicken auf den Garten bzw. den Pool. **www.occidental-hoteles.com**

Stadtplan Sevilla *siehe Seiten 108–117*

CÓRDOBA Eurostar Ciudad de Córdoba €€€€

Avenida de Cádiz, 14003 ☎ *957 10 36 00* FAX *957 10 36 01* ***Zimmer*** *90*

Ein neues Hotel mit angenehmer Ausstattung im historischen und kulturellen Zentrum der Stadt. Mit dem Taxi ist man in zehn Minuten im Einkaufs- und Geschäftszentrum von Córdoba. Das Hotel wird von Geschäftsleuten geschätzt und bietet regelmäßig Kunst- und Fotografie-Ausstellungen. **www.eurostarsciudaddecordoba.com**

JAÉN Hotel Husa Europa €€

Plaza de Belén 1, 23001 ☎ *953 22 27 04* FAX *953 22 26 92* ***Zimmer*** *38*

Das friedliche Hotel an der alten andalusischen Renaissance-Route Jaén–Baeza–Úbeda liegt unweit vieler Restaurants und Tapas-Bars. 1999 wurde es renoviert, Geschäftsleute und Urlauber fühlen sich gleichermaßen wohl. Der Sportpark um die Ecke verfügt über einen beheizten Pool. Das Frühstück gibt sich eher bescheiden. **www.husa.es**

JAÉN Parador de Jaén €€€

Castillo de Santa Catalina, CP, 23009 ☎ *953 23 00 00* FAX *953 23 09 30* ***Zimmer*** *71*

Die mittelalterliche Burg thront in den Bergen oberhalb von Jaén mit weitem Blick über die Sierra Morena. Mit ihren massiven Mauern und Zinnen beschwört sie das Mittelalter. Genießen Sie die lokale Küche im guten Restaurant, das viele arabische Elemente trägt. Exzellente Basis für Wandertouren. **www.parador.es**

PALMA DEL RÍO Hospedería de San Francisco €€

Av de Pío XII 35, 14700 ☎ *957 71 01 83* FAX *957 71 02 36* ***Zimmer*** *35*

Dieses Hotel wurde im 15. Jahrhundert als Franziskanerkloster erbaut und liegt mitten in Palma del Río. Einige Zimmer sind in früheren Mönchszellen untergebracht und mit handbemalten Waschbecken und von Nonnen gewebten Bettdecken ausgestattet. Küche mit Bio-Produkten, die im Refektorium serviert werden. **www.casasypalacios.com**

ÚBEDA María de Molina €€

Plaza del Ayuntamiento, 23400 ☎ *953 79 53 56* FAX *953 79 36 94* ***Zimmer*** *27*

Mitten im historischen Kern von Úbeda, neben dem Rathaus ist dieses Hotel in einem Palast aus dem 16. Jahrhundert untergebracht. Die Zimmer im Stil der Renaissance liegen um den Zentralhof mit Marmorspringbrunnen und haben alle modernen Annehmlichkeiten. Die Cafeteria bietet lokale Gerichte an. **www.hotel-maria-de-molina.com**

ÚBEDA Parador de Úbeda €€€

Plaza Vázquez de Molina 1, 23400 ☎ *953 75 03 45* FAX *953 75 12 59* ***Zimmer*** *36*

Der Parador an Úbedas monumentalem Hauptplatz war im 16. Jahrhundert ein Fürstenpalais. Das Haus umschließt einen zweistöckigen Renaissance-Innenhof, blaue und weiße Fliesen schmücken die Fassade. Die geräumigen, hohen Zimmer sind mit traditionellen Möbeln eingerichtet, das Restaurant serviert Regionalküche. **www.parador.es**

ZUHEROS Zuhayra €

C/Mirador 10, 14870 ☎ *957 69 46 93* FAX *957 69 47 02* ***Zimmer*** *18*

Den Charme dieses einfachen Landhotels macht seine Lage in einer weißen Stadt am Rand einer Hügelkette aus. Das moderne Gebäude imitiert den Stil der vornehmen Villa, die hier früher stand. Perfekte Basis für Wanderungen in die Sierra Subbética; Mountainbike-Verleih. Das Restaurant bietet lokale Spezialitäten. **www.zercahoteles.com**

Cádiz und Málaga

ARCOS DE LA FRONTERA Casa Grande €€

C/Maldonado 10, 11630 ☎ *956 70 39 30* FAX *956 71 70 95* ***Zimmer*** *7*

Charmantes, kleines, familiengeführtes Hotel in einem ehemaligen Landsitz aus dem 18. Jahrhundert, das immer noch die Erinnerung an seinen Erbauer in sich trägt. Alle Zimmer haben ihre individuelle Note, die Sicht von der Dachterrasse ist großartig. Gutes Frühstück mit Marmeladen aus Eigenherstellung. **www.lacasagrande.net**

ARCOS DE LA FRONTERA Parador de Arcos de la Frontera €€€

Plaza del Cabildo, 11630 ☎ *956 70 05 00* FAX *956 70 11 16* ***Zimmer*** *24*

In dem Anwesen oberhalb der Stadt lebte einst ein Richter, heute dient es als Parador. Von der riesigen Terrasse hat man eine spektakuläre Aussicht auf die Dächer der Stadt. Die Zimmer sind um mehrere wunderschöne Innenhöfe herum verteilt. Sie sind üppig und komfortabel ausgestattet, manche haben sogar Jacuzzi. **www.parador.es**

CÁDIZ Hostal Centro-Sol €€

Manzanares, 7, 11010 ☎ *&* FAX *956 28 31 03* ***Zimmer*** *19*

Die freundliche kleine Pension liegt im malerischen Teil der Stadt. Das klassizistische Gebäude mit seinem beeindruckenden Portal wurde kürzlich renoviert. Busse und Bahnhof sind schnell erreichbar, zum Strand bei Santa María del Mar braucht man etwa 15 Minuten. **www.hostalcentrosolcadiz.com**

CÁDIZ Hotel Fuerte Grazalema €€

Baldío de los Alamillos Carretera A-372, 11610 ☎ *956 13 30 00* FAX *956 13 30 01* ***Zimmer*** *77*

Im Herzen des Naturparks Grazalema und unweit des gleichnamigen Städtchens gelegen, ist das 2002 eröffnete Hotel ideal für Naturfreunde. Es bietet seinen Gästen Fahrräder, Ausrittmöglichkeiten und organisierte Trekking-Touren. Die Küche ist regional orientiert. Auch für den Internet-Anschluss ist gesorgt. **www.fuertehoteles.com**

Preiskategorien *siehe S. 212* **Zeichenerklärung** *siehe hintere Umschlagklappe*

CÁDIZ Hotel Playa Victoria €€€€

Glorieta Ingenerio La Cierva, 4, 11010 956 20 51 00 FAX 956 26 33 00 **Zimmer** 188

Das Hotel an der Uferpromenade ist stolz auf seine ökologische Ausrichtung. Das Haus ist eine faszinierende Kombination aus lokalem Stein und blauem Glaß mit viel Marmor und Holz in den Räumen. Designer-Möbel zieren die Salons, von der Decke hängt spektakulär eine Skulptur. **www.palafoxhoteles.com**

CÁNOS DE MECA La Breña €€

Av Trafalgar 4, 11160 (Cádiz) & FAX 956 43 73 68 **Zimmer** 7

Die Strände an der Costa de la Luz gehören zu den schönsten und unberührtesten Spaniens. Das Strandhotel ist in kräftigem Blau und Weiß gestrichen. Einfache und geräumige Zimmer und Suiten, die meisten mit Seeblick. Das exzellente andalusische Restaurant hat auch eine Terrasse. Nov–Jan geschlossen. **www.hotelbrena.com**

CASTELLAR DE LA FRONTERA Casa Convento La Almoraima €

Finca La Almoraima, 11350 956 69 30 02 FAX 956 69 32 14 **Zimmer** 23

Das ehemalige Kloster steht in einem idyllischen Korkeichenhain und wurde in ein stilles Landhotel umgebaut. Aus dem Kreuzgang wurde ein blumengeschmückter Innenhof, die Gemeinschaftsräume sind mit Antiquitäten eingerichtet. Einfache Zimmer. Das Hotel arrangiert Ausflüge in die Region. **www.la-almoraima.com**

CORTES DE LA FRONTERA Casa Rural Ahora €

C/Lepanto 40, Bda El Colmenar, 29013 & FAX 952 15 30 46 **Zimmer** 7

Ein stiller Rückzugsort in einem malerischen Tal unweit des Flusses. Das Hotel Ahora ist eine kleine, komfortable Villa mit rustikalem Dekor. Ein Zentrum für Naturtherapie bietet Schlammpackungen, Massagen, Sauna und türkische Bäder an. Wochenendangebote kombinieren Therapieangebote mit Essen im Restaurant. **www.ahoraya.es**

EL PUERTO DE SANTA MARÍA Monasterio de San Miguel €€€€

C/Virgen de los Milagros 27, 11500 956 54 04 40 FAX 956 54 05 25 **Zimmer** 150

Das Barockkloster des 18. Jahrhunderts ist eine gute Basis für Ausflüge nach Cádiz, zu den Bodegas von Jerez und den Tapas-Bars des quirligen Puerto de Santa María. Die Zimmer sind im Vergleich zu den opulenten Salons eher bescheiden. Großer Garten, gute Ausstattung. Die Fahrt zum Strand ist kostenlos. **www.jale.com**

GIBRALTAR The Rock €€€€€

3 Europa Road, Gibraltar 956 77 30 00 FAX 956 77 35 13 **Zimmer** 104

Das 1932 vom Herzog von Bute gegründete Fünf-Sterne-Hotel besitzt immer noch alten Kolonialstil und -service. In den Felsen gebaut, überblickt es Hafen und Stadt. Alle vorstellbaren Komfortmerkmale, vom Schönheits-Center bis zum Casino, beliebt bei Geschäftsreisenden und Urlaubern. **www.rockhotelgibraltar.com**

MÁLAGA Don Curro €€

C/Sancha de Lara 7, 29015 952 22 72 00 FAX 952 21 59 46 **Zimmer** 118

Von außen wirkt das Hotel nicht sonderlich einladend, doch es hat seinen eigenen Charme und ist wirklich gemütlich. Die Zimmer sind geschmackvoll in dunklem Holz und Marmor gehalten. Einige gute Extras, wie z. B. Parkservice, machen es besonders bei Geschäftsreisenden beliebt. Einfaches Bar-Restaurant. **www.hoteldoncurro.com**

MARBELLA El Fuerte €€€

Av El Fuerte, 29602 952 92 00 00 FAX 952 82 44 11 **Zimmer** 263

El Fuerte war das erste in Marbella gebaute Hotel, und es ist immer noch eines der besten. Das große, pinkfarbene Gebäude inmitten tropischer Gärten ist nicht zu übersehen. Einige Zimmer öffnen sich auf die Berge, aber die meisten haben Meerblick. Beheizter Innenpool, Außenpool, Fitnessraum und Beauty-Center. **www.fuertehoteles.com**

MARBELLA Marbella Club Hotel €€€€€

Blvr Príncipe von Hohenlohe, 29600 952 82 22 11 FAX 952 82 98 84 **Zimmer** 137

Der ultraluxuriöse Strandkomplex mit zwei Pools und einem subtropischen Garten wurde in den 1950er Jahren für einen Prinzen erbaut. An der Goldenen Meile zwischen Marbella und Puerto Banús gelegen, bietet es einen Weltklasse-Golfplatz und ein Spa. Zimmer, Suiten und Privatvillen haben eigenen Pool. **www.marbellaclub.com**

MIJAS Club Puerta del Sol €€

Ctra Fuengirola–Mijas km 4, 29650 952 48 64 00 FAX 952 48 54 62 **Zimmer** 130

Ein weißer, moderner Hotelkomplex zu Füßen der Sierra de Mijas. Große Zimmer, beeindruckender Blick auf Fuengirola und die Küste. Tennisplätze, Fitnessraum, Außen- und Innenpool und andere Sportaktivitäten. Sehr kinderfreundlich. Viele Strände in der Nähe. **www.hotelclubpuertadelsol.com**

NERJA Hostal Miguel €

C/Almirante Ferrádiz 31, 29780 & FAX 952 52 15 23 **Zimmer** 9

Erst kürzlich (2004) renoviertes, freundliches *hostal* mit marokkanischem Touch aus den 1960er Jahren. Die Einrichtung der Zimmer ist aus vielen Stilen zusammengesetzt. Alle haben Deckenventilatoren, Mini-Kühlschrank und Balkon. Frühstück auf der Dachterrasse, Lounge mit vielen Büchern und Zeitschriften. **www.hostalmiguel.com**

OJÉN La Posada del Ángel €€

C/Mesones 21, 29610 952 88 18 08 **Zimmer** 17

Das 2001 errichtete Haus verfügt über 17 sorgfältig im andalusischen Stil eingerichtete Zimmer, jedes davon mit ganz eigener Note. Das Hotel liegt 15 Minuten von Marbella entfernt in dem bezaubernden Ort Ojén in der Sierra de las Nieves. Großes Freizeitangebot, darunter Malkurse. **www.laposadadelangel.com**

RINCÓN DE LA VICTORIA Molino de Santillán €€

Ctra de Macharavíaya km 3, 29730 ☎ 952 40 09 49 FAX 952 40 09 50 ***Zimmer*** *22*

Die traditionelle andalusische *finca* auf einem bewaldeten Hügel ist zu einem reizenden Hotel erweitert worden. Die Zimmer sind in warmen Farben gehalten und bieten eine herrliche Aussicht. Großes Angebot in Aktivitäten im Freien; Strandnähe. Das Restaurant verwendet Produkte aus eigenem Anbau. **www.molinodesantillan.es**

RONDA Parador de Ronda €€€

Plaza España, 29400 ☎ 952 87 75 00 FAX 952 87 81 88 ***Zimmer*** *78*

Der moderne Parador direkt an Rondas berühmtem Felsen, aber nahe dem Stadtzentrum bietet einen wunderbaren Blick in die Schlucht, besonders von den Suiten im obersten Stockwerk. Die hellen Zimmer sind geschmackvoll eingerichtet. Der Parador liegt inmitten großer Gärten, der Außenpool ist direkt am Felsrand. **www.parador.es**

SANLÚCAR DE BARRAMEDA Los Helechos €

Plaza Madre de Dios 9, 11540 ☎ 956 36 13 49 FAX 956 36 96 50 ***Zimmer*** *54*

Los Helechos, dekoriert mit Fliesen und Pflanzen, ist ein erholsames Hotel am Meer. Die Zimmer sind hell, groß und hübsch, wenn auch einfach eingerichtet. Das freundliche Personal ist hilfreich und arrangiert gerne Besuche des nahe gelegenen Doñana-Nationalparks. **www.hotelloshelechos.com**

TARIFA Hurricane €€€

Ctra N340 km 77, 11380 ☎ 956 68 49 19 FAX 956 68 03 29 ***Zimmer*** *33*

Tarifa ist ein Mekka für Windsurfer, und das Hurricane ist ein Tempel dieses Sports. Fantasievolles Gebäude in subtropischen Gärten, die bis zum Strand reichen. Zimmer in andalusischem Stil. Eine der am wenigsten überlaufenen Ecken der spanischen Küste mit wunderbarem Blick über das Meer bis nach Afrika. **www.hotelhurricane.com**

TOLOX Cerro de Hijar €€

Cerro de Hijar, 29019 ☎ 952 11 21 11 FAX 952 11 97 45 ***Zimmer*** *18*

Dieses Hotel mit großen Zimmern bietet einen wunderbaren Blick auf die umliegende Natur und das weiß getünchte Dorf Tolox. Das Anwesen ist in andalusischem Stil um einen Innenhof erbaut. Verschiedenste Freizeitaktivitäten, z. B. Reiten, werden arrangiert. Das Restaurant bietet lokale Spezialitäten und eigene Weine an. **www.cerrodehijar.com**

TORREMOLINOS Hotel Miami €

C/Aladino 14, 29019 ☎ & FAX 952 38 52 55 ***Zimmer*** *26*

Das Hotel Miami ist eine willkommene Abwechslung vom Trubel der Costa del Sol. Sonnengebleichte Mauern, Fliesen, Eisengitter, Balkone und Topfpflanzen schaffen eine ganz eigene Atmosphäre. Die Zimmer sind einfach, aber komfortabel und variieren in der Größe. Freundliches und hilfreiches Personal, Pool. **www.residencia-miami.com**

VEJER DE LA FRONTERA Casa Cinco €€

C/Sancho IV El Bravo 5, 11150 ☎ 956 45 50 29 FAX 956 45 11 25 ***Zimmer*** *4*

Dieses schöne, kleine *hostal* auf dem Stadtberg regt alle fünf Sinne an. Jedes Zimmer ist individuell mit traditionellen wie modernen Gegenständen aus der ganzen Welt eingerichtet. Kleine Details wie z. B. CD-Player tragen zum Charme bei. Es müssen mindestens zwei Übernachtungen gebucht werden. **www.hotelcasacinco.com**

Granada und Almería

ALMERÍA AM Torreluz €€

Plaza Flores 5, 4001 ☎ 950 23 49 99 FAX 950 23 47 09 ***Zimmer*** *109*

Dieses moderne Hotel ist das beste der Torreluz-Hotels, die alle im Zentrum von Almería gelegen sind. Eine Wendeltreppe schwingt sich zu den Zimmern hinauf, die mit allem Komfort ausgestattet sind, u. a. mit interaktiven Fernsehgeräten. Dachpool und Sonnenterrasse. Die anderen Hotels der Kette sind günstiger. **www.amhoteles.com**

GRANADA Pensión Landázuri €

Cuesta de Gomérez 24, 18009 ☎ 958 22 14 06 ***Zimmer*** *15*

Das wohl schönste Budgethotel in Granada hat zwei Terrassen, die die Stadt überblicken. Die Zimmer der kleinen Pension sind einfach, aber überraschend groß. Die im oberen Stock (im Voraus buchen!) blicken auf die mächtige Alhambra. Nicht alle Zimmer haben ein Bad, die ohne sind extrem günstig. **www.pensionlandazuri.com**

GRANADA Posada Pilar del Toro €€

C/Elvira 25, 18010 ☎ 958 22 73 33 FAX 958 21 62 18 ***Zimmer*** *15*

Rustikaler Charme verbindet sich in diesem einladenden Hotel in einem Gebäude von 1862 mit modernem Komfort. Nach umfassender Renovierung eröffnete es 2006 wieder. In der näheren Umgebung sind Albaicín, Plaza Nueva (wo der Bus zur Alhambra abfährt) und die Kathedrale. Internet in allen Zimmern. **www.posadapilardeltoro.com**

GRANADA Room Mate Migueletes €€€

C/Benalúa 11, 18010 ☎ 958 21 07 00 FAX 958 21 07 02 ***Zimmer*** *25*

Das kleine, exklusive Hotel liegt nur wenige Schritte von der Plaza Nueva entfernt im Albaicín. Unter den insgesamt 25 Zimmern finden sich zwei Suiten: eine mit Jacuzzi und Blick auf die Alhambra; die andere in einem Turm öffnet sich auf die Altstadt und die Alhambra – romantisch und komfortabel. **www.casamigueletes.com**

GRANADA Parador de Granada €€€€€

C/Real de la Alhambra, 18009 958 22 14 40 FAX 958 22 22 64 **Zimmer** 36

Dieser elegante Parador liegt in den nach Jasmin duftenden Gärten der Alhambra. Das ehemalige Kloster wurde in eine Oase voller Blumen und Bäume verwandelt. Von den eleganten Zimmern genießt man herrliche Blicke auf die Stadt und den alten Palast. Hier muss man Monate im Voraus buchen. **www.parador.es**

LOJA La Bobadilla €€€€€

Finca La Bobadilla, 18300 958 32 18 61 FAX 958 32 18 10 **Zimmer** 62

Das eher wie ein labyrinthisches andalusisches Dorf aussehende Hotel liegt auf einem riesigen Grundstück und ist eines der luxuriösesten Hotels in ganz Europa. Die Zimmer und Suiten sind individuell, aber mit allem Komfort ausgestattet. Riesiger Pool. Großes Angebot an sportlichen und anderen Aktivitäten. **www.barcelolabobadilla.com**

MECINA BOMBARÓN Casas Rurales Benarum €

C/Casas Blancas 1, 18450 958 85 11 49 **Zimmer** 12

Im Bergdorf Mecina Bombarón verstecken sich diese rustikalen, aber dennoch eleganten Hütten für bis zu fünf Personen. Sie sind ausgestattet mit Küche, Wohnzimmer mit Kamin, Fernsehen und DVD-Player, die Badezimmer haben Massagedusche. Pool und Spa auf dem Gelände, Outdoor-Aktivitäten möglich. **www.benarum.com**

MOJÁCAR Parador de Mojácar €€€

Playa de Mojácar, 04638 950 47 82 50 FAX 950 47 81 83 **Zimmer** 98

Die Architektur dieses Parador an der regenarmen, sonnigen Küste von Almería nimmt die Bauweise der strahlend weißen Häuser im nahen Mojácar auf. Großes Wassersportangebot. Die hellen Zimmer haben Terrasse mit einem wunderbaren Blick auf das Meer, das Restaurant bietet viele lokale Spezialitäten an. **www.parador.es**

MONACHIL La Almunia del Valle €€€

Camino de la Umbria, 18193 & FAX 958 30 80 10 **Zimmer** 11

Hoch in den Bergen der Sierra Nevada findet man dieses stilvolle ländliche Gasthaus mit seinem weitläufigen Garten. Im Winter braucht man ca. 20 Minuten mit dem Auto bis zu den Skipisten. Im Sommer speist man am Pool, genießt die Aussicht auf die Berge und spaziert durch den Garten. **www.laalmuniadelvalle.com**

MOTRIL Casa de los Bates €€€

Ctra Nacional 340 km 329,5, 18600 958 34 94 95 FAX 958 83 41 31 **Zimmer** 4

Die Landvilla liegt inmitten von wunderbaren Gärten, mit herrlichem Blick auf das Meer, die Berge und die Burg von Salobreña. Gediegene Einrichtung mit Antiquitäten, alten Familienporträts und sogar einem Flügel. Die Zimmer sind in warmen Pastelltönen gehalten, zum Frühstück gibt es frische tropische Säfte. **www.casadelosbates.com**

NIGUELAS Alquería de Los Lentos €€

Camino de los Molinos, 18657 958 77 78 50 FAX 958 77 78 48 **Zimmer** 16

Ein wunderbarer Zufluchtsort für Urlauber, die die Alpujarras, die Sierra Nevada und Granada erkunden wollen. Die Gästeunterkünfte sind Suiten, bestens ausgestattet und schön eingerichtet. Romantikern sei der separate, überaus bequeme »Corral de la Luna« (Stall des Mondes) empfohlen. **www.loslentos.com**

ORGIVA Taray €€

Ctra A-348 km 18 (Tablate–Abuñol), 18400 958 78 45 25 FAX 958 78 45 31 **Zimmer** 15

Ein Landhotel inmitten herrlicher Gärten mit Oliven- und Orangenbäumen. Die Zimmer haben Apartmentgröße, aber es gibt noch größere Suiten. Gute Ausgangsbasis für Wanderungen und andere Outdoor-Aktivitäten wie z. B. Reiten. Das Hotel ist behindertengerecht gebaut, mit speziell ausgestatteten Zimmern. **www.hoteltaray.com**

PECHINA Balneario de Sierra Alhamilla €€

Pechina, 4359 950 31 74 13 FAX 950 31 75 51 **Zimmer** 19

Kurhotel aus dem 18. Jahrhundert in den Bergen der Sierra de Alhamilla, das wieder in seinem alten Glanz erstrahlt. Die gesundheitsfördernden Eigenschaften des hiesigen Thermalwassers wurden schon von den Römern und Arabern genutzt. Natürlich beheizter Außen-Thermalpool mit Unterwassermassagen; Schlammpackungen.

ROQUETAS DE MAR Hotel Playa Luna €€€€

Urb. Playa Serena, Roquetas de Mar, 04740 950 18 48 00 FAX 950 18 48 14 **Zimmer** 496

Das Hotel direkt am Serena-Strand verfügt über einen großen Pool, für den (gebührenfrei) Badetücher bereitliegen. Für Kinder wird je nach Altersstufe in drei Clubs gesorgt. Zur Anlage gehören ein Internet-Raum und ein Wellness-Center. »All-inclusive« kann gebucht werden; bei Internet-Buchung Vergünstigungen. **www.hotelesplaya.com**

SAN JOSÉ Cortijo El Sotillo €€€

Ctra San José, 04118 950 61 11 00 FAX 950 61 11 05 **Zimmer** 20

Inmitten der wunderschönen Naturparks von Cabo de Gata und Níjar steht dieses elegante ehemalige Bauernhaus des 18. Jahrhunderts. Es eignet sich perfekt für Wanderungen in den nahen Vulkanbergen. Schöne Strände sind auch nicht weit. Das Restaurant verarbeitet eigene Produkte; Behinderteneingang. **www.elsotillo.org**

TURRE El Nacimiento €

Cortijo El Nacimiento, 4639 950 39 06 73 **Zimmer** 5

Ein freundliches Ehepaar betreibt dieses abgelegene, ehemalige Bauernhaus in unberührter, hügeliger Landschaft. Es gibt Frühstück und vegetarische Abendessen (auf Anfrage) mit den Bio-Produkten der Farm. Die hübschen Zimmer sind gemütlich, schöner Blick von der Terrasse. Das Beste ist der natürliche Pool. Mitte Jan–Mitte Feb geschlossen.

Restaurants

Essen ist schon allein wegen der Geselligkeit der andalusischen Bevölkerung eine wahre Freude. Familien mit Freunden und oft mit Kindern im Schlepptau gönnen sich schon vormittags ein paar Tapas und essen für gewöhnlich bis nach Mitternacht. Die

Hinweis auf Hausspezialitäten

Küche hat regionalen Einschlag. Die auf den Seiten 228–237 gelisteten Restaurants sind nach ihrem Essen und der Atmosphäre ausgewählt. Speisen und Getränke werden auf den Seiten 222–227 vorgestellt, einschließlich einem Tapas-Glossar auf den Seiten 224f.

Im Restaurant El Churrasco in Córdoba *(siehe S. 232)*

Andalusische Küche

Die andalusische Küche teilt sich in zwei Kategorien: Küste und Inland. Fünf der acht Provinzen haben Meeresküsten, eine sechste, Sevilla, einen Gezeitenfluss und mehrere Meereshäfen in der nahen Umgebung (Cádiz, Sanlúcar, Barbate und Zahara). Die Küche der Küstenregionen zeichnet sich durch eine Fülle von Fisch und Schaltieren aus. Berühmt: *pescaíto frito* (gebratener Fisch). Fisch ist ein wichtiger Bestandteil der andalusischen Küche, während Fleisch deutlich seltener auf den Tisch kommt. Schinken und preiswerteres Fleisch wird für die Zubereitung von zum Teil raffinierten Tapas verwendet.

Im Inland werden reichhaltige Eintöpfe mit Schinken und Würsten sowie Gerichte mit Wild, Schwein, Lamm und Huhn serviert. Gemüse und Salate sind ausgezeichnet, Gleiches gilt für die berühmte kalte Gemüsesuppe *gazpacho*. Andalusien ist einer der größten Produzenten von hochwertigem Olivenöl, dessen Aroma seine Küche prägt.

Essenszeiten

In Spanien gibt es zweimal Frühstück *(desayuno)*: Das erste ist ein leichtes mit geröstetem Brot, Olivenöl oder Butter, Marmelade und Milchkaffee *(café con leche)*. Das zweite ist gehaltvoller und wird zwischen 10 und 11 Uhr eingenommen – ein Sandwich oder Muffin *(bocadillo* bzw. *mollete)* mit Schinken, Wurst oder Käse, ein Stück Kartoffelomelett *(tortilla de patatas)* oder süße Biskuitrollen *(suizo* bzw. *torta de aceite)*. Frittierte Teigstreifen *(churros)* werden an Ständen verkauft. Dazu trinkt man heiße Schokolade.

Gegen 13 Uhr nehmen einige Spanier in einer Bar ein Bier oder ein Glas *(copa)* Wein mit Tapas zu sich. Gegen 14 bzw. 14.30 Uhr schließen die Büros und Läden zum Mittagessen *(el almuerzo)*, der Hauptmahlzeit des Tages, die gegen 15 Uhr eingenommen wird. Danach ist Siesta. Gegen 18 Uhr füllen sich die Cafés, Teesalons *(salones de té)* und Konditoreien *(pastelerías)* zum Tee *(la merienda)* mit Feingebäck, Kuchen, Sandwiches, Kaffee, Tee oder Fruchtsaft. Gegen 20 Uhr beleben sich die Tapas-Bars. Das Abendessen *(la cena)* erfolgt ab 21 Uhr, obwohl manche Restaurants wegen der Urlauber früher öffnen. Im Sommer wird meist noch später gegessen, auf dem Land schließen allerdings viele Lokale gegen 23 Uhr.

Tapas genießt man im Stehen

Kleidung

Obwohl Jackett und Krawatte selten obligatorisch sind, kleiden sich die Spanier chic. In Badeorten geht es lässiger zu, doch Shorts sind abends nicht gern gesehen.

Speisekarte

Speisekarte heißt auf Spanisch *la carta*. Das *menú* ist ein Festpreismenü des Tages. Die Tagesspezialitäten stehen oft mit Kreide auf

Bar in der Calle Gerona, hinter der Iglesia de Santa Catalina *(siehe S. 91)*

einer Tafel oder auf einem gesonderten Zettel in der Speisekarte. Einige bessere Restaurants bieten ein *menú de degustación,* eine Auswahl von sechs oder sieben empfohlenen Gerichten.

La carta beginnt mit Suppen *(sopas),* Salaten *(ensaladas),* Vorspeisen *(entremeses),* Eiern und Omeletts *(huevos y tortillas)* und Gemüsegerichten *(verduras y legumbres).* Viele Salate, Eier- und Gemüsegerichte sind für Vegetarier geeignet, obwohl manche einige Stückchen Schinken enthalten können.

Hauptgerichte sind Fisch und Schaltiere *(pescados y mariscos)* sowie Fleisch und Geflügel *(carnes y aves).* Paella und andere Reisgerichte kommen oft als erster Gang.

Nachspeisen laufen unter *postres,* doch werden frische Früchte in Andalusien als Nachspeise bevorzugt.

Die Speisefolge der Karte ist nicht zwingend, Sie können auch zwei Vorspeisen hintereinander bestellen.

Mit Kindern essen

Kinder sind in Restaurants allgemein willkommen, doch gibt es selten spezielle Einrichtungen für sie. Restaurants auf dem Land *(ventas)* sind die Ausnahme, sie haben oft Spielplätze.

Stilvoller Speiseraum im exklusiven Egaña Oriza, Sevilla *(siehe S. 230)*

Rauchen

Seit 2006 gilt in ganz Spanien ein strenges Anti-Tabakgesetz. In Restaurants mit mehr als 100 Quadratmetern Fläche darf nur in abgetrennten Räumen geraucht werden, in der Tapas-Bar darf der Wirt (noch) selbst bestimmen.

Behinderte Reisende

Da Restaurants selten rollstuhlgerecht sind, sollten Sie zur Reservierung anrufen und den Zugang zu Lokal und Toiletten besprechen. Das spanische Gesetz schreibt vor, dass alle öffentlichen Neubauten behindertengerechte Eingänge aufweisen müssen, dazu zählen auch Restaurants und Bars. In neueren Hotels kann man entsprechende Zimmer und Einrichtungen in den Salons erwarten.

Entspannte Atmosphäre in der Manolo Bar im Parque María Luisa *(siehe S. 98f)*, Sevilla

Weinauswahl

Trockene *fino*-Weine passen ausgezeichnet zu Schaltieren, *Serrano*-Schinken und Suppen. Tafelweine kommen meist aus Ribera del Duero, Rioja, Navarra oder Penedés. Eine Tapas-Bar serviert Valdepeñas- oder La-Mancha-Weine. Liebliche *Oloroso*-Weine werden oft als Aperitif genommen. *(Siehe auch »Getränke«, S. 226f, und »Land des Sherrys«, S. 30f.)*

Preise

Gewöhnlich ist das Essen in Tapas-Bars und kleineren, familiengeführten Lokalen *(bar-restaurantes)* am preiswertesten. Ein täglich oder wöchentlich wechselndes Tagesmenü *(menú del día)* wird in den meisten Restaurants angeboten. Es hat für gewöhnlich drei Gänge und kostet viel weniger als Gerichte der *carta.*

Eine Bestellung nach Karte kann teuer werden. Wenn sie »Sonderpreise« für Fisch aufführt, dann ist er wahrscheinlich gefroren. Schaltiere wie Hummer und große Garnelen sowie Fische wie Seezunge, Barsch und Goldbrasse werden nach Gewicht berechnet. Die Rechnung *(la cuenta)* beinhaltet den Service und manchmal eine geringe Gebühr pro Gedeck. Die Mehrwertsteuer *(IVA)* wird erst am Schluss dazugerechnet. Trinkgelder sind eine Ermessensfrage. Die Spanier geben selten mehr als fünf Prozent, runden oft die Rechnung nur auf. Gleichwohl wird auch in Spanien ein guter Service mit entsprechend viel Trinkgeld honoriert.

Kreditkarten werden in allen Restaurants akzeptiert, allerdings nicht in den Tapas-Bars oder in Cafés.

Die Küche Andalusiens

Andalusien grenzt auf der einen Seite ans Mittelmeer und auf der anderen an den Atlantik. Das Landesinnere ist von Bergen und Hügelketten mit endlosen Olivenhainen und Sonnenblumenfeldern gekennzeichnet. Die Küche ist so abwechslungsreich wie die Landschaft und bietet eine Vielfalt an Meeresfrüchten, Fleisch- und Wildgerichte sowie sonnengereiftes Obst und Gemüse. Das *tapeo* (Tapas-Bar-Tour) ist hier ein Muss. An der Küste, besonders der Costa del Sol, sind mit den Urlaubern zwar internationale Restaurants gekommen, aber im Landesinnern wird in den altmodischen Gasthöfen noch traditionell gekocht.

Oliven und Olivenöl

Köstliche Auswahl an Tapas in einer typischen Bar

Tapas

Das *tapeo*, also die Tapas-Tour, ist fester Bestandteil des Alltags in Andalusien. Jede Bar hat ihre eigene Spezialität. Eine ist zum Beispiel für hausgemachte *croquetas* (mit Schinken oder Kabeljau gefüllte Kroketten) berühmt, die andere serviert hervorragende Schinken, wieder eine andere macht die besten *albóndigas* (Fleischklöße) des Viertels. Zu den Tapas trinkt man ein Glas gekühlten Sherry oder kaltes Bier vom Fass *(una caña)*. Früher waren Tapas umsonst, aber diese Tradition ist weitgehend ausgestorben.

Meeresfrüchte

Bei der langen Küste verwundert es nicht, dass Südspanien jedwede Art von Fisch und Meeresfrüchten wie Kabeljau, Seehecht, Garnelen, Krebs, Venusmuscheln, Schwertmuscheln, Oktopus, Tintenfisch, Seezunge und Thunfisch bietet. In fast jedem Badeort bekommen Sie *pescaíto frito*. Es wird aus dem Fang des Tages zubereitet. In Cádiz wird es in einer Papiertüte serviert. Im Sanlúcar müssen Sie die *langostinos* (Riesengarnelen) probieren.

Auswahl von *embutidos* (Wurstwaren)

Typische Gerichte Andalusiens

Granatäpfel

Andalusien steht für vieles, was als typisch spanisch gilt – die feurigen Rhythmen des Flamenco, die weißen Dörfer und die Stierkämpfe. Nicht zu vergessen die Tapas, mit denen man in Andalusien eine ganze Mahlzeit bestreiten kann. Jede Bar bietet eine exzellente Auswahl davon. Unbedingt probieren sollten Sie die zarten Schinken aus Jabugo und Trevélez oder frisch gebratenen Fisch mit viel Zitronensaft. Eiskalter Sherry (der Name leitet sich von Jérez ab, wo der meiste Sherry hergestellt wird) ist in der sengenden Sommerhitze eine köstliche Erfrischung und das Getränk bei Fiestas im Süden. Das beliebteste Fleisch ist Rind, zumal als geschmorter Ochsenschwanz, aber es gibt in dieser Region auch Ente, Schweinefleisch und Lamm, das mit Lorbeer gewürzt wird.

Gazpacho *Die gekühlte Suppe enthält Olivenöl, Gurken, reife Tomaten, Knoblauch, Zwiebeln und roten Paprika.*

Ein andalusischer Gemüseverkäufer präsentiert seine frische Ware

Fleisch und Wild

In Andalusien wird Rind ganz groß geschrieben. Weite Felder voller glänzender Stiere (von denen manche dem Stierkampf geweiht sind, die meisten aber der Fleischgewinnung dienen), so weit das Auge reicht, prägen die Landschaft. Eines der beliebtesten Gerichte ist *rabo de toro* (Ochsenschwanz). Die berühmten Schinken aus Jabugo (im Südwesten) und Trevélez (bei Granada) gehören zu den besten Spaniens, ihr Fleisch stammt von frei laufenden, mit Eicheln genährten Schweinen. Diverse Wurstspezialitäten werden nach alten, über Jahrhunderte unveränderten Rezepten hergestellt. In den wilden Sierras gibt es viel Wild sowie Lamm und Hase.

Großes Angebot an Garnelen und Sardinen auf dem Fischmarkt

Obst und Gemüse

Wunderbare Olivenhaine bedecken die weiten, andalusischen Felder und Hügel. Die besten Öle werden ähnlich hoch gehandelt wie erlesene Weine. Olivenöl wird in der andalusischen Küche großzügig verwendet. Das typische Frühstück im Süden besteht aus geröstetem, mit dünnen Tomatenscheiben belegtem und mit Olivenöl beträufeltem Landbrot. Das heiße Klima bietet ideale Bedingungen für Gemüse und Obst, wie etwa Pfirsiche, Papayas und Mangos sowie Tomaten, Spargel, Auberginen und Artischocken. Der *gazpacho*, eine gekühlte Tomatensuppe, ist ein Klassiker, genauso wie der mit hart gekochtem Ei und Schinken garnierte *salmorejo*.

Auf der Speisekarte

Chocos con habas Kabeljau mit Bohnen, Weißwein und viel Lorbeerblättern.

Pato a la Sevillana Saftige Ente wird mit Zwiebeln, Lauch, Karotten, Lorbeer und einem Schuss Sherry zubereitet – eine Spezialität aus Sevilla.

Rabo de Toro Dieser andalusische Klassiker besteht aus Ochsenschwanz mit Gemüse, Lorbeer und Sherry und wird langsam gegart.

Salmorejo Cordobés Cremiger Tomatendip, mit Brotkrumen angedickt.

Torta de Camarones Köstliches, mit ganzen Shrimps gefülltes Schmalzgebäck.

Tortilla del Sacromonte Diese Spezialität aus Granada ist ein Omelett mit Hirn, Niere oder anderen Innereien sowie Peperoni und Erbsen.

Huevos a la Flamenca *Im Tontopf mit Gemüse, geräuchertem Schinken und Chorizo gebackene Eier.*

Pescaíto frito *Die kleinen, im Teigmantel frittierten Fische und Meeresfrüchte sind besonders an der Küste beliebt.*

Tocino de Cielo *Der Name dieses cremigen Puddingdesserts mit Karamell bedeutet »Himmelsspeckchen«.*

Tapas

Tapas, mitunter auch *pinchos* genannt, sind kleine Leckereien aller Art. Sie stammen aus Andalusien, wo man sie im 19. Jahrhundert gratis zu Sherry und anderen Getränken servierte. Damals bedeckte der Wirt das Glas zum Schutz vor Fliegen mit einer Untertasse, einer *tapa*. Heute zahlt man in der Regel für den Genuss. Tapas werden in den verschiedensten Variationen angeboten – von köstlichen appetitanregenden Spezialitäten, beispielsweise (kaltem) Fleisch oder Käse, über verschiedene Meeresfrüchte bis hin zu warmen Tapas mit Gemüse.

Auswahl grüner Oliven

Patatas bravas, *in Fett gebratene Kartoffeln mit pikanter Tomatensauce.*

Albondigas *(Fleischbällchen) sind herzhafte Köstlichkeiten in würziger Tomatensauce.*

Almendras fritas *sind geröstete und gesalzene Mandeln.*

Banderillas *sind auf Zahnstocher gespießte bunte Appetithappen. Sie schmecken frisch am besten.*

Calamares fritos *sind Tintenfischringe und -tentakel, die mit Mehl bestäubt und dann in Olivenöl gebraten werden. Darüber gibt man ein paar Spritzer Zitronensaft.*

Jamón serrano *ist geräucherter Schinken, abgehangen in gebirgiger* (serrano) *Luft.*

An der Tapas-Theke

Alcachofas Eingelegte Artischocken

Almejas Venusmuscheln

Berenjenas rebozadas Gebratene Auberginen

Boquerones al natural Sardellen, eingelegt in Knoblauch und Öl

Buñuelos de bacalao Gebackene Kabeljau-Bällchen

Cacahuetes Erdnüsse

Calamares a la romana Gebratene Tintenfischringe

Callos Kutteln

Caracoles Schnecken

Carne en salsa Fleisch in dicker (Tomaten-)Sauce

Champiñones Gebratene Pilze in Weißwein und Knoblauch

Chiporones a la plancha Gegrillte kleine Tintenfische mit einer Knoblauch-Petersilie-Sauce

Chopitos Gebackener Tintenfisch

Chorizo al vino Chorizo, in Rotwein gegart

Chorizo diablo Chorizo, mit Brandy flambiert

Costillas Gebratene Rippchen

Criadillas Stierhoden

Croquetas Kroketten, gefüllt mit Ei oder Fleischpaste

Ensaladilla Rusa Russischer Salat, mit Gemüse und Mayonnaise

Gambas pil pil Mit viel Knoblauch gebratene Garnelen

Habas con jamón Saubohnen, gebraten mit *jamón serrano*

Magro Schwein in Paprika und Tomatensauce

Manitas de cerdo Eintopf

Mejillones Miesmuscheln

Merluza a la romana Gebackener Seehecht

Tapas-Bars

Jedes Dorf Spaniens hat seine Stammbar, in der sich die Einwohner gern auf ein paar Tapas treffen, um Neuigkeiten auszutauschen oder einfach nur zu plaudern. An Sonn- und Feiertagen kommen ganze Familien. In größeren Orten zieht man meist von Bar zu Bar, um die jeweiligen Spezialitäten zu probieren. Eine *tapa* ist eine einzelne Portion, eine *ración* besteht aus zwei oder drei Portionen. Tapas isst man in der Regel im Stehen am Tresen oder an einem kleinen Tisch, falls vorhanden.

Mittagsgäste in einer Tapas-Bar

Chorizo, *eine pikante Wurst mit Knoblauch und Paprika, wird meist kalt gegessen, kann aber auch warm serviert werden.*

Salpicón de mariscos *ist eine kalte Salatplatte mit edlen Meeresfrüchten und einer würzigen Vinaigrette.*

Gambas a la plancha *sind äußerst wohlschmeckende gegrillte Garnelen.*

Tortilla española *ist ein sehr beliebtes dickes Eieromelett mit Kartoffeln und Zwiebeln.*

Queso manchego *ist ein Schafskäse aus La Mancha.*

Pollo al ajillo *besteht aus kleinen Hähnchenstücken (meist vom Schlegel) und einer appetitanregenden Knoblauchsauce.*

Migas Weißbrotstückchen, aromatisiert und geröstet

Montaditos Mini-Sandwiches mit verschiedenen Füllungen

Morcilla Blutwurst

Muslitos del mar Kroketten aus Krabbenfleisch

Orejas de cerdo Schweineohren

Paella Reisgericht mit Fleisch, Meeresfrüchten und Gemüse

Pan de ajo Knoblauchbrot

Patatas a lo pobre Kartoffelstücke, sautiert mit Zwiebeln und Paprika

Patatas alioli Kartoffelstücke in Knoblauchmayonnaise

Pescaditos Gebratene Fischhappen

Pescaíto frito Mit wenig Mehl bestäubte, gebratene Fischchen

Pimientos Gebratene Paprikaschoten

Pimientos rellenos Gefüllte Paprikaschoten

Pinchos morunos Schweinespieß

Pulpo Oktopus

Quesos spanische Käsesorten

Rabo de toro Ochsenschwanz

Revueltos Rühreier mit Spargel oder Pilzen

Salmonete Meerbarbe

Sardinas Sardinen, gegrillt oder gebraten

Sepia a la plancha Gegrillter Tintenfisch

Sesos Lamm- oder Kalbshirn

Tortilla riojana Omelett aus Schinken, Wurst und Paprika

Verdura a la plancha Gegrillte Gemüse

Getränke

Eine Karaffe *sangría*

Andalusien ist Spaniens drittgrößte Weinregion, die einige der weltbekanntesten Weine produziert, vor allem Sherry *(siehe S. 30f)*. Wein ist so sehr Kulturgut, dass überall die Weinlese gefeiert wird *(vendimia; siehe S. 36)*. Bars und Cafés sind in Andalusien eine Institution, vor allem zum Morgenkaffee trifft man sich hier. Mittags trinkt man ein Gläschen Sherry oder ein Bier, zum Mittagessen meist leichten Wein. Die Mahlzeit beendet man mit einem starken Kaffee und einem Gläschen *(copa)* Brandy.

Herbstliche Weinlese, die überall in Andalusien gefeierte *vendimia*

Fino von Jerez

Manzanilla von Sanlúcar

Fino von Montilla

Fino

Fino zählt zu den traditionellen Getränken Andalusiens. Bestellen Sie *un fino* oder *una copa de vino fino*. Je nachdem, wo Sie sind, wird Ihnen ein trockener, heller Sherry von Jerez de la Frontera *(siehe S. 162)* serviert, ein trockener Montilla-Moriles-Wein aus der Provinz Córdoba oder ein trockener Manzanilla, der Sherry aus Sanlúcar de Barrameda *(siehe S. 162)*. Sie können auch einen *fino* mit Namen bestellen: z. B. Tío Pepe, ein Sherry aus der Bodega González Byass in Jerez; Gran Barquero aus Montilla *(siehe S. 147)*; oder Solear, ein Manzanilla aus der Bodega Barbadillo in Sanlúcar. Manzanilla ist das Lieblingsgetränk während der Feria de Abril in Sevilla *(siehe S. 38)*.

Fino-Wein ist Dessertwein, d. h., er hat einen höheren Alkoholgehalt als Tischwein (um 15 % Vol.). Beim Trinken sollte er leicht gekühlt sein. Er wird meist in einem kurzstieligen, nach oben verjüngten Glas serviert. Doch wird er in manchen ländlichen Bars auch im hohen, geraden Glas, *copita* bzw. *vasito*, angeboten. *Fino* wird oft zu Tapas getrunken, doch als trockener Wein passt er auch zu Speisen wie *jamón serrano* und *aceitunas aliñadas*.

Wein

Andalusien produziert einige junge Tafelweißweine, insbesondere Castillo de San Diego, Marqués de la Sierra und Weine von El Condado *(siehe S. 129)*. Die meisten Tafelweine – rot *(tinto)*, weiß *(blanco)* und rosé *(rosado)* – kommen aus anderen Teilen Spaniens. In anspruchsvolleren Häusern sind dies Rioja, Ribera del Duero, Navarra und Penedés. Auf dem Etikett findet sich die Garantie für Herkunft und Qualität *(denominación de origen)*. Junge Jahrgänge oder *cosecha*-Weine sind die billigsten; *crianza*- und *reserva*-Weine sind älter und teurer. *Cava,* Schaumweine nach der *méthode champenoise,* stammen meist aus Katalonien.

Die gewöhnlichen Valdepeñas- und La-Mancha-Weine werden in einfacheren Restaurants und Tapas-Bars ausgeschenkt. Seien Sie nicht überrascht, wenn Gäste sie mit etwas *gaseosa,* einer leicht süßen Limonade, verdünnen.

Castillo de San Diego

Bier

In Andalusien werden diverse Sorten von Lagerbier gebraut. Sie kommen meist in Flaschen, einige von ihnen werden auch vom Fass gezapft. Die Einheimischen trinken das Fassbier vor allem im Sommer zu den Tapas. Bestellen Sie *una caña*. Cruz Campo ist ein sehr gutes Bier, es gehört zu den besten Spaniens. San Miguel ist eine weitere Sorte, die Nichtspaniern eher bekannt ist.

Una caña de cerveza

Cruz Campo

Anis-Brandy *(aguardiente)*

Moscatel aus Málaga

Lepanto *coñac* aus Jerez

Weitere Aperitifs und Digestifs

Anis-Brandy, der oft *aguardiente* genannt wird, was als Bezeichnung für jeden gebrannten Alkohol gilt, kann süß oder trocken sein. Er wird vom Frühstück *(desayuno)* bis zum Spätnachmittagstee *(la merienda)* getrunken und manchmal von kleinen Kuchen begleitet. Nach dem Essen dient er auch als Digestif.

Tinto de verano, Rotwein mit Eis und *gaseosa,* ist ein Sommergetränk. *Sangría* ist eine Rotweinbowle mit Früchten. Probieren Sie Tapas statt mit *fino* mit einem der weichen Aperitifweine wie *amontillado, oloroso* oder *palo cortado (siehe S. 30)*. Zum Nachtisch können Sie einen *moscatel* – der bekannteste ist ein Málaga-Wein aus Pedro-Ximénez- oder Muskateller-Trauben – nehmen. Oder Sie probieren einen süßen »Cream«-Sherry aus Jerez. Nach dem Abendessen trinkt man zum Kaffee einen Brandy. Der spanische Brandy kommt hauptsächlich aus den Sherry-*Bodegas* in Jerez und wird *coñac* genannt. Ein guter Brandy aus dem Mittelbereich des Regals ist Magno. Ganz oben stehende Marken sind Lepanto und Larios 1886.

Wenn Sie z. B. in einen Nachtclub gehen, ist es üblich, einen Longdrink zu nehmen – Whisky mit Eis und Wasser, Gin mit Tonic oder Rum mit Sodawasser.

Amontillado aus Jerez, ein Aperitifwein

Kaffee

Morgens trinken die Spanier *café con leche*, halb heiße Milch, halb Kaffee, der meist im Glas serviert wird. Kinder und unter Schlaflosigkeit Leidende ziehen stattdessen eine *sombra* mit viel heißer Milch und einem Schuss Kaffee vor. Die umgekehrte Variante heißt *cortado.* Nach dem Abendessen sollten Sie *café solo* trinken, einen espressoartigen Kaffee, der in einer winzigen Tasse oder auch in einem kleinen Glas serviert wird. Der spanische Kaffee wird in Espresso-Maschinen aus dunkel gerösteten Bohnen *(torrefacto)* gemacht und erhält mit etwas Zucker seinen speziellen Geschmack.

Café con leche

Café solo

Weitere Getränke

In den meisten Bars und Cafés gibt es auch Kräutertees *(infusiones)*. Mit zu den besten zählen Minze *(poleo-menta),* Kamille *(manzanilla)* und Lindenblüte *(tila)*. Frisch gepresster Orangensaft *(zumo de naranja natural)* ist ausgezeichnet, aber teuer und nicht überall erhältlich. Traubensaft heißt *mosto*. Das Leitungswasser ist zwar genießbar, doch die Andalusier kaufen lieber Quellwasser in Flaschen, z. B. Lanjarón *(siehe S. 189)*, als stilles Wasser *(sin gas)* oder mit Kohlensäure *(con gas)*. In vielen Dörfern gibt es frische Ziegenmilch.

Mineralwasser aus Lanjarón

Frischer Orangensaft

Kamillentee *(manzanilla)*

Heisse Schokolade

Heiße Schokolade

Die ursprünglich aus Mexiko stammende Schokolade wurde durch die Konquistadoren nach Europa gebracht. *Xocolatl,* ein bitteres, scharfes Getränk, wurde von den Azteken während religiöser Zeremonien getrunken. In den spanischen Kolonien in Übersee lebende Nonnen fügten Zucker hinzu und kreierten so ein für den europäischen Geschmack angenehmeres Getränk. Während des 16. Jahrhunderts wurde die Schokolade zunehmend beliebt. Spanien hatte ein Monopol auf die Ausfuhr von Kakaobohnen, und die »Formel« für Schokolade war über ein Jahrhundert lang Staatsgeheimnis. Bis heute ist Schokolade bei den Spaniern außerordentlich beliebt.

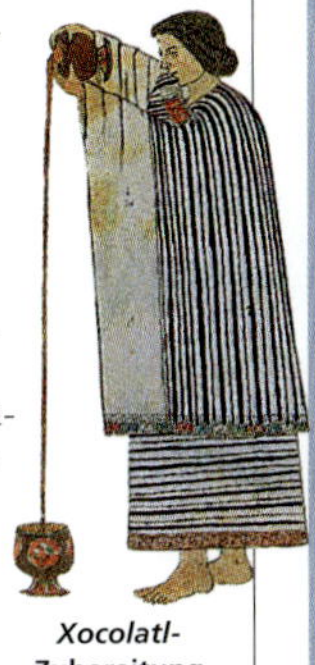

Xocolatl-Zubereitung

Restaurantauswahl

Nachfolgende Restaurants wurden wegen ihres guten Preis-Leistungs-Verhältnisses, ihrer Qualität und ihrer interessanten Lage ausgewählt. Sie sind nach Regionen aufgeführt. Innerhalb dieser Abschnitte finden Sie die Häuser alphabetisch innerhalb ihrer Preiskategorie sortiert, von preiswert bis teuer.

Preiskategorien
Die Preise beziehen sich auf ein dreigängiges Menü mit einer halben Flasche Hauswein, inklusive Steuern und Service.

€ unter 25 Euro
€€ 25–35 Euro
€€€ 35–45 Euro
€€€€ über 45 Euro

Sevilla

ALAMEDA Casa Manolo Leon €€
Calle Guadalquivir 12, 41004 ☎ *954 37 37 35* **Stadtplan** 1 C4

Das elegante Restaurant liegt versteckt zwischen Macarena-Uferpromenade und Torre de Don Fadrique. Bei gutem Wetter kann man im herrlichen Garten speisen. Zehn Menüs widmen sich den Küchen Spaniens, von Galicien bis Andalusien, über Madrid, Kantabrien und Extremadura, darunter Dorade aus Bilbao und Schwein aus Kastilien.

EL ARENAL Mesón de la Infanta **Tapas** €
C/Dos de Mayo 26, 41002 ☎ *954 56 15 54* **Stadtplan** 3 B2 (5 C5)

Historisches Gebäude im Herzen des lebendigen Arenal-Viertels. Der Mesón de la Infanta bietet eine sehr gute Auswahl an traditionellen Gerichten wie z. B. hervorragende *guisos*. Die Tapas-Bar ist ein Klassiker auf der Tapas-Route durch Sevilla. Es gibt jede Menge lokale Schinken und *embutidos* (Würste) und alle anderen bekannten Sorten.

EL ARENAL El Cabildo €€
Plaza del Cabildo, 41001 ☎ *954 22 79 70* **Stadtplan** 3 C2 (5 C4)

In diesem herrlich altmodischen Restaurant finden sich noch Teile der arabischen Grundmauern. Es gibt viele andalusische Spezialitäten, alle hervorragend frisch mit lokalen Zutaten zubereitet: Fisch, *revueltos* (Rührei mit diversen Füllungen). Probieren Sie dazu einen Wein aus der Region.

EL ARENAL La Eslava **Tapas** €€
C/Eslava 3, 41002 ☎ *954 90 65 68* **Stadtplan** 1 C4

Das La Eslava ist sehr beliebt und verzichtet auf Schnickschnack, um Touristen anzulocken. Stattdessen genießen Sie hier gute andalusische Küche mit kreativem Touch. Im Speisesaal bekommen Sie guten Fisch und exzellente Salate sowie an der Bar gute Tapas. Kommen Sie früh, um sich einen Tisch zu sichern. So abends & Mo geschlossen.

EL ARENAL Enrique Becerra **Tapas** €€€
C/Gamazo 2, 41001 ☎ *954 21 30 49* **Stadtplan** 3 B1 (5 C4)

Die Restaurant-Bar residiert in einem schön renovierten Haus aus dem 19. Jahrhundert und bietet neben der wechselnden Tageskarte viele Fisch- und Fleischgerichte. Nehmen Sie als klassischen Aperitif einen wunderbaren Manzanilla-Sherry und danach Tapas oder Spezialitäten wie Lammbraten mit Pinienkernen. So geschlossen.

EL ARENAL La Isla **Tapas** €€€
C/Arfe 25, 41001 ☎ *954 21 26 31* **Stadtplan** 3 B2 (5 C4)

Attraktives, zentral gelegenes Lokal mit superben Fisch-Spezialitäten aus Galicien, wie z. B. Steinbutt, Seebrasse und Delikatessen wie *percebes* (Entenmuscheln), oder andalusischen Gerichten wie Rindseintopf. Kleine Tapas-Bar mit wunderbaren Shrimps, Austern und diversen Schinkenspezialitäten.

EL ARENAL El Burladero **Tapas** €€€€
Hotel Colón, C/Canalejas 1, 41001 ☎ *954 50 55 99* **Stadtplan** 3 B1 (5 B3)

Nettes Hotelrestaurant in einem Gebäude des 19. Jahrhunderts. Die Speiseräume sind mit Stierkampf-Andenken geschmückt. Neben Kaviar und *Filet mignon* werden auch regionale Gerichte wie *puchero* (Fleischeintopf) sowie der Klassiker *rabo de toro* (Stierschwanz) serviert. Im ersten Stock residiert eine (teure) Tapas-Bar.

EL ARENAL Taberna del Alabardero **Tapas** €€€€
C/Zaragoza 20, 41001 ☎ *954 50 27 21* **Stadtplan** 3 B1 (5 C3)

In einem schmucken, mit Fliesen verzierten Haus findet man eines der besten und auch schönsten Restaurants von Sevilla. Das Menü bietet exzellente zeitgenössische Gerichte aus Spanien unter Verwendung von frischesten Zutaten. Deutlich preiswerter ist das angeschlossene Bistro, zudem gibt es eine kleine Bar.

LA MACARENA El Rinconcillo €
Calle Gerona 42, 41003 ☎ *954 22 31 83* **Stadtplan** 6 E2

Das angeblich älteste Restaurant der Stadt (1670 eröffnet) verlässt sich auf Traditionelles: Schinken und Fleisch aus Huelva, aber auch Vegetarisches wie Spinat und Kichererbsen sowie die Spezialität des Hauses: fangfrischer Fisch aus Cádiz. Versuchen Sie das *menú de degustación* mit den Tagesspezialitäten. Gutes Weinangebot.

Zeichenerklärung *siehe hintere Umschlagklappe*

LA MACARENA Con Tenedor €€
San Luis 50, 41003 954 91 63 33 **Stadtplan** *2 E4*

Direkt bei der Kirche San Luis im Viertel La Macarena serviert man in diesem schicken, freundlichen Restaurant frische Marktprodukte und verbindet dabei inspiriert traditionelle Gerichte mit vielfältigen Einflüssen. Montags und sonntags trifft man sich zu Kunstausstellungen. Semana Santa, Feria de Abril und Aug geschlossen.

SANTA CRUZ El Rincón de Anita *Tapas* €
Plaza del Cristo de Burgos 23, 41004 954 21 74 61 **Stadtplan** *6 E2*

Freundliches kleines Restaurant mit farbigen Kacheln, vielen Pflanzen, poliertem Holz und Bildern der Semana-Santa-Prozessionen. Bestellen Sie andalusische Spezialitäten wie *cola de toro* (Ochsenschwanz), Nierchen in Sherry und die hausgemachten Desserts. An der Bar gibt es klassische Tapas.

SANTA CRUZ Doña Elvira €€
Plaza de Doña Elvira 6, 41004 954 21 54 83 **Stadtplan** *3 C2 (6 D5)*

Ein weiteres Restaurant, das auf die Legende von Don Juan Bezug nimmt. Tische finden sich innen, aber auch im Freien unter Bäumen: Die Küche ist traditionell: *gazpacho*, Paella, Eintöpfe, Thunfisch, Garnelen und eine ausgezeichnete *fritura de pescados*. Kommen Sie frühzeitig oder reservieren Sie einen Tisch.

SANTA CRUZ El Giraldillo €€
Plaza Virgen de los Reyes 2, 41004 954 421 45 25 **Stadtplan** *3 C2 (6 D4)*

Das Restaurant liegt so nahe bei der Giralda, dass man fast in ihr speist. Die Küche ist hochwertiger als vergleichbare Lokale der Gegend, ein paar Tische an der Straße drängen sich an die Mauern. Das Speiseangebot gibt sich traditionell: Paella, gebratener Fisch, geschmorter Ochsenschwanz, aber auch Muschelsuppe und gute Desserts.

SANTA CRUZ La Albahaca €€€
Plaza de Santa Cruz 12, 41004 954 22 07 14 **Stadtplan** *4 D2 (6 E4)*

Das La Albahaca überblickt einen charmanten Platz, der von einem großen schmiedeeisernen Kreuz bestimmt wird. Es ist eines der authentischsten Restaurants im *barrio* Santa Cruz. Die Villa aus den 1920er Jahren ist mit Antiquitäten eingerichtet; baskisch beeinflusste Küche und exzellente lokale Speisen. So geschlossen.

SANTA CRUZ Becerrita *Tapas* €€€
C/Recaredo 9, 41004 954 41 20 57 **Stadtplan** *2 E5 (6 F3)*

Das Becerrita ist ein gemütliches Restaurant im andalusischen Stil. Hier gibt es köstliche andalusische Spezialitäten wie z. B. außergewöhnlich gute Kroketten aus Ochsenschwanz oder Schweinebraten mit Thymian. An der Bar serviert man eine große Auswahl an Tapas, die je nach Saison variieren. So abends & Aug geschlossen.

SANTA CRUZ Casa Imperial *Tapas* €€€
Calle Imperial 29, 41003 954 50 03 00 **Stadtplan** *4 D1 (6 E3)*

Das Restaurant des gleichnamigen Fünf-Sterne-Hotels eignet sich hervorragend für ein gediegenes Mittag- oder Abendessen abseits des Gewimmels von Santa Cruz. In den eleganten Innenhöfen des Palasts des 16. Jahrhunderts sind sowohl die Bar als auch das Restaurant untergebracht. Auf der Speisekarte: Tapas und moderne Gerichte.

SANTA CRUZ Casa Robles €€€
C/Álvarez Quintero 58, 41001 954 56 32 72 **Stadtplan** *3 C1 (6 D3)*

Im Herzen von Sevilla nahe der Kathedrale liegt dieses elegante Restaurant mit Ölgemälden, Fotografien und schönen Farbkacheln. Obwohl die Speisekarte mehr zu Fisch und Meeresfrüchten tendiert, gibt es auch eine große Auswahl an gut zubereiteten Fleischgerichten. Besonders die Desserts sind kleine Kunstwerke.

SANTA CRUZ Corral del Agua €€€
Callejón del Agua 6, 41004 954 22 48 41 **Stadtplan** *3 C2 (6 D/E5)*

Hier dinieren Sie in einem kühlen Innenhof des Real Alcázar, inmitten von Pflanzen, romantischem Schmiedeeisen und einer leise plätschernden Marmorquelle. Antike Möbel und Gemälde zieren den Speisesaal, die Speisekarte bietet saisonal bestimmte Gerichte im traditionellen Stil. So geschlossen.

SANTA CRUZ Don Raimundo €€€
Argote de Molino 26, 41004 954 22 33 55 **Stadtplan** *3 C2 (6 D4)*

Das ehemalige Kloster des 17. Jahrhunderts mit seinen massiven Mauern und prächtigen Lüstern dient als Hintergrund für die Spezialitätenküche. *Langostinos* sind hier ausgezeichnet, traditionell Andalusisches wird mit Köstlichkeiten wie *costillitas* oder Wild, im Ofen gegart, und Tortilla mit *camarones* variiert. So geschlossen.

SANTA CRUZ La Hostería del Laurel *Tapas* €€€
Plaza de los Venerables 5, 41004 954 22 02 95 **Stadtplan** *4 D2 (6 E4)*

Die *hostería* gehört zum Hotel Laurel *(siehe S. 213)* . Hier schrieb angeblich José Zorrilla die Geschichte von Don Juan Tenorio. Restaurant wie Tapas-Bar bieten köstliche Bergschinken und Fleisch aus Huelva, der Fisch kommt von der Küste vor Cádiz. In einem der besten Lokale von Santa Cruz speisen Einheimische wie Urlauber.

SANTA CRUZ La Judería €€€
Calle Caño y Cueto 13 954 41 20 52 **Stadtplan** *4 D2 (6 E4)*

Das traditionelle Restaurant liegt etwas abseits des Trubels von Santa Cruz. Auf den Tisch kommen typische Speisen Andalusiens, aber auch bestes Lamm aus Kastilien und zartes Rindfleisch aus Ávila. Versuchen Sie eine der vielen Tagesspezialitäten wie die frischen Pasteten oder die feinen Fischgerichte.

Stadtplan Sevilla *siehe Seiten 108–117*

SANTA CRUZ Santa Cruz €€€

Plaza de los Venerables, 41004 954 22 35 83 **Stadtplan** 4 D2 (6 E4)

Das weitläufige, gut erhaltene Herrenhaus hat drei Bereiche: die herrlichen Innenräume, eine große, belebte Terrasse und den Salón Taurino, ein kleines, dem Stierkampf gewidmetes »Museum« mit viel Kunst. Die Karte umfasst traditionelle Gerichte wie zarten geschmorten Ochsenschwanz und viel frischen Fisch.

SANTA CRUZ Los Seises €€€

Calle Segovias 6, 41004 954 22 94 95 **Stadtplan** 3 C1 (6 D3)

Zweifellos der ungewöhnlichste Ort in Sevilla, um zu speisen: Die Überreste aus römischer und arabischer Zeit fanden sich unter den Grundmauern des Vier-Sterne-Hotels Los Seises *(siehe S. 213)* und wurden in die Gasträume integriert. Traditionell andalusische Gerichte mit mancher moderner Variante; Höhepunkt ist allerdings der Ort selbst.

SANTA CRUZ Egaña Oriza €€€€

C/San Fernando 41, 41004 954 22 72 11 **Stadtplan** 3 C3 (6 D5)

Das Egaña Oriza liegt versteckt an die Gartenmauern des Alcázar gelehnt in einer Villa aus dem frühen 20. Jahrhundert. Der Speisesaal ist ein lichterfüllter Wintergarten. Die feine baskische Küche tendiert stark zu Fisch, aber Fleischgerichte und Desserts sind ebenso vorzüglich, genauso wie die Weinkarte. Sa mittags & So geschlossen.

SANTA CRUZ Salvador Rojo €€€€

C/San Fernando 23, 41004 954 22 97 25 **Stadtplan** 3 C2 (6 D5)

Modernes kleines Restaurant gegenüber der alten Fábrica de Tabacos. Das Salvador Rojo bietet zeitgenössische spanische Küche mit frischesten lokalen Produkten. Versuchen Sie die frittierten Shrimps mit Thai-Reis und lassen Sie Platz für die tollen Desserts. Klassische spanische Weine und ausgefallenere Sorten. So geschlossen.

TRIANA Kiosko de las Flores *Tapas* €

C/Betis (Triana), 41010 954 27 45 76 **Stadtplan** 3 A2 (5 A5)

Vom diesem altmodischen Lokal am Ufer des Guadalquivir hat man eine wunderbare Aussicht auf die Altstadt. In der historischen *freiduría* serviert man gewaltige Platten mit verschiedenen gebratenen Fischsorten – seit mehr als 70 Jahren der Klassiker des *kiosko*. Kommen Sie rechtzeitig. Mo geschlossen.

TRIANA María Angeles €

Puente Isabel II 954 33 74 98 **Stadtplan** 3 A2 (5 A4)

Das andalusisch-baskische Restaurant mit seiner einzigartigen Lage mit Blick auf den Guadalquivir und den Puente Isabel II ist preiswerter als die übrigen Lokale in der Umgebung. Wählen Sie einen Tisch am Fenster oder auf der Dachterrasse. Viel Fisch und Meeresfrüchte. Spezialität sind die *chipirones* in der eigenen Tinte.

TRIANA Casa Cuesta *Tapas* €€

Calle Castilla 1, 41010 954 33 33 35 **Stadtplan** 3 A2

Exzellentes Lokal in den Straßen von Triana, in der Nähe des Puente Isabel II. Die Casa Cuesta ist bis 1 Uhr nachts geöffnet. Seit seiner Eröffnung im Jahr 1880 hat sich hier nicht viel verändert, erhalten sind die Original-Fliesen und die Barausstattung. Hausmannskost mit Bergschinken und frischem Fisch von der nahen Küste.

ABSTECHER (OSTEN) Tribeca €€€€

Calle Chavez Nogales 3, 41003 954 42 60 00 **Stadtplan** 4 E2

Ein Hauch Manhattan bringt das Tribeca als eines der stilvollsten Lokale vor Ort nach Sevilla. Das Menüangebot der Küchenchefs Pedro und Jaime Giménez ist so wie das Ambiente: modern-minimalistisch. Traditionelle Gerichte werden mit viel Verstand variiert (Lamm ist die Spezialität), frischer Fisch kommt von der Costa de la Luz. So geschlossen.

Huelva und Sevilla

ALJARAQUE Las Candelas €€€

Av de Huelva 3, 21110 959 31 84 33

Das traditionsreiche Las Candelas liegt in einem Dorf sechs Kilometer von Huelva entfernt. Seine mediterran ausgerichtete Speisekarte listet hauptsächlich Fisch und Meeresfrüchte, mit Delikatessen wie Seeteufel in Mandelsauce. Es gibt auch ein paar Fleischgerichte sowie traditionelle spanische Weine. So & 24.–25., 31. Dez geschlossen.

CARMONA Ancla *Tapas* €€

C/Bonifacio IV 8, 41410 954 14 38 04

Hier wird gekocht wie zu Hause. Freundliches, familiengeführtes Restaurant, das zu Recht stolz auf seine frischen Zutaten ist. Sie können hier ein exzellentes Mittagsmenü auf der Terrasse genießen oder Spezialitäten wie Shrimps in Knoblauchsauce, Lammbraten, *pescaíto frito* (frittierter Fisch) und köstliche Desserts. Mi geschlossen.

CARMONA San Fernando €€

C/Sacramento 3, 41410 954 14 35 56

Elegantes Restaurant in einer exquisiten Villa aus dem Jahr 1700. Es bietet frische Saisonküche nach Rezepten der Region. Die *salmorejo*, eine dicke Tomatensuppe mit gekochtem Ei und Schinken, ist besonders gut, aber es gibt auch viele *bacalao*-Gerichte, z. B. mit Tintenfischtinte und Knoblauchsauce. Abends & Mo geschlossen.

Preiskategorien *siehe S. 228* **Zeichenerklärung** *siehe hintere Umschlagklappe*

CARMONA Casa de Carmona €€€€

Plaza de Lasso 1, 41410 *954 19 10 00*

Großartiges Ambiente in einem alten Palacio mit Innenhof, moderne Speisekarte: Thunfisch mit Limone und Thymian, Entenbrust in einer Nuss-Honig-Sauce. Der Borschtsch mit Melonenbällchen, Trauben und Sauerrahm ist sehr zu empfehlen. Ein elegantes Lokal ohne starre Kleiderordnung.

HUELVA Farqueo *Tapas* €€

Glorieta de las Canoas, Muelle de Levante, 21003 *959 25 26 90*

Das Farqueo liegt direkt am Hafen und bietet eine wunderbare Aussicht. Im oberen Stockwerk gibt es ein gutes Restaurant, das moderne andalusische Gerichte wie z. B. Stockfisch mit einer Sauce aus Schaltieren serviert. In der beliebten Bar im Erdgeschoss gibt es gute Tapas und am Donnerstag Jazz-Sessions. So, 15.–30. Juli geschlossen.

HUELVA El Portichuelo *Tapas* €€€

Avda Vázquet López 15, 21110 *959 24 57 68*

Einfaches Lokal in der Stadtmitte mit traditioneller andalusischer Küche im Speisesaal und an der Bar, wo Sie eine Auswahl an Tapas bekommen. Versuchen Sie den feinen Schinken oder Fisch und Schaltiere. Es gibt keine kulinarischen Überraschungen, sondern einfache, aber gute Gerichte. Freundliches Personal. So geschlossen.

HUELVA Las Meigas €€€

Avda Guatamala 44, 21003 *959 27 19 58*

In diesem noblen galicischen Restaurant bekommen Sie garantiert frische Meeresfrüchte. Die Galicier sind im ganzen Land für ihr Geschick im Umgang mit Fisch bekannt. Er wird ganz einfach zubereitet – gegrillt oder im Salzmantel gebacken –, damit man seine Frische schmeckt! Wunderbare Desserts. So geschlossen.

ISLA CRISTINA Casa Rufino *Tapas* €€

Av de la Playa, 21410 *959 33 08 10*

Das Strandlokal ist zu Recht für seine Meeresfrüchte- und Fischgerichte bekannt. Das Menü *El tonteo* für vier Personen besteht aus acht Fischsorten mit acht unterschiedlichen Saucen. Exzellente Weinkarte mit allen Klassikern. 22. Dez–2. Feb & abends (außer Juli–Okt) & Ostern geschlossen.

JABUGO Mesón 5 Jotas *Tapas* €€

Ctra San Juan del Puerto, 21290 *959 12 10 71*

Das Bar-Restaurant ist ein guter Platz, um den köstlichen Jabugo-Schinken zu kosten, der hier hergestellt wird. Der *mesón* ist das Stammhaus einer spanischen Tapas-Kette. Neben Schinken- und Wurstspeisen sollten Sie auch die Schweinefleischgerichte probieren wie z. B. *presa de paletilla al mesón*.

OSUNA Dona Guadalupe €€

Plaza de Guadalupe 6–8, 41640 *954 81 05 58*

Der traditionelle Familienbetrieb im Herzen der historischen Altstadt von Osuna verfügt über eine nette Terrasse und Tische im Freien. Das Menü orientiert sich an klassischen andalusischen Gerichten: *rabo de toro* (Ochsenschwanz) und Fasan mit Wildreis sind zwei der hervorragenden Spezialitäten.

OSUNA Casa del Marqués €€€

Calle San Pedro 20, 41640 *954 81 22 23*

Die Casa del Marqués, ein Luxushotel im historischen Osuna, ist in einem üppigen Barockpalais untergebracht und bietet hervorragende kreative andalusische Küche nach alten Rezepten. Sautierte Muscheln mit Bohnen und Schinken sowie Kabeljaufilet mit Baby-Tintenfisch sind die Spezialitäten. Mo abends geschlossen.

PALOS DE LA FRONTERA El Bodegón *Tapas* €€

C/Rábida 46, 21810 *959 53 11 05*

Ehemaliger Weinkeller mit gemütlicher Atmosphäre. Das Restaurant bietet lokale Traditionsspeisen wie z. B. Fisch in Salzkruste oder über dem Eichenfeuer gegrilltes Fleisch. Kleine Speisekarte, aber alles wird mit großer Sorgfalt und frischen lokalen Produkten zubereitet, köstlich. Di & 16.–30. Sep geschlossen.

SANLÚCAR LA MAYOR La Alquería *Tapas* €€€€

Hacienda de Benazuza, C/Virgen de las Nieves, 41800 *955 70 33 44*

Luxuriöses Hotel (Teil des El-Bullí-Imperiums) mit spektakulärem Restaurant, in dem der gefeierte Koch Ferran Adrià sein kulinarisches Feuerwerk abbrennen lässt. Erwarten Sie Unerwartetes: Nehmen Sie das *menú de degustación*, eine Serie von Miniaturkunstwerken. So & Mo geschlossen; Öffnungszeiten variabel; informieren Sie sich vorab!

Córdoba und Jaén

BAEZA Juanito €€

Paseo Arca del Agua, 23440 *953 74 00 40*

Das gemütliche, familiengeführte Hotel mit Restaurant im Herzen des Oliven-Anbaugebietes bietet gute Hausmannskost nach traditionellen regionalen Rezepten mit viel Olivenöl. Probieren Sie die Artischocken oder *patatas a lo pobre*, ein leckeres Kartoffelgericht mit Schinken. Die Desserts sind unwiderstehlich. So abends & Mo geschlossen.

Stadtplan Sevilla *siehe Seiten 108–117*

BAEZA Vandelvira €€

Calle San Francisco 14, 23440 953 74 81 72

Wunderschönes, klassisch dekoriertes Restaurant in einem Kloster aus dem 16. Jahrhundert, das von Andrés de Vandelvira, Jáens Renaissance-Architekten, erbaut wurde. Es gibt typische regionale Gerichte: *cardos* (eine Artischockenart) in cremiger Sauce, Rebhuhn-Salat oder köstliches Eis mit Pinienkernen zum Dessert.

BAILÉN Zodíaco Libra *Tapas* €€

Antigua Ctra Madrid–Cádiz, km 294, 23710 953 67 10 58

Modernes Hotel mit großem und beliebtem Restaurant. Im Sommer bieten sich die erfrischenden kalten Suppen der Speisekarte an, wie z. B. *ajo blanco* aus Knoblauch und Mandeln. Andere Spezialitäten sind Rührei mit Schinken, Spargel, Shrimps und Rebhuhn. Nette Gartenterrasse mit Schatten spendenden Bäumen (nur im Sommer).

CÓRDOBA Almudaina €€€

Jardines de los Santos Mártires 1, 14004 957 47 43 42

Im einstigen Palast des Bischofs Leopold von Österreich genießt man heute ausgezeichnete Speisen, die von den verschiedenen Kulturen Córdobas geprägt sind. Das *salmorejo* hier ist wirklich außergewöhnlich, oder probieren Sie Süßwasserfisch mit gebackenen Tomaten. So abends geschlossen.

CÓRDOBA Caballo Rojo *Tapas* €€€

C/Cardenal Herrero 28, 14003 957 47 53 75

Gleich neben der Mezquita liegt dieses nette Restaurant mit einem Patio, dessen gusseiserne Balkone mit schönen Blumen geschmückt sind. Die Gerichte basieren auf alten Rezepten, viele aus der Zeit der Mauren. Genießen Sie Lamm mit Honig oder koscheren Salat mit Waldpilzen, Spargel, gerösteten Paprika und Salzfisch.

CÓRDOBA El Blasón *Tapas* €€€

C/José Zorrila 11, 14008 957 48 06 25

Ein typisch andalusisches Haus mit großem Innenhof, der mit bunten Kacheln glänzt. Wählen Sie aus einer Vielzahl an Spezialitäten aus Córdoba: schmackhaft zubereiteter Fisch, herzhafte Fleischeintöpfe und wunderbare Desserts. Zum Haus gehören eine lebhafte und beliebte Tapas-Bar sowie ein Café.

CÓRDOBA El Churrasco *Tapas* €€€

C/Romero 16, 14008 957 29 08 19

Traditionelles andalusisches Haus mit Fleisch-Spezialitäten vom Holzkohlengrill. Die Gemüsegerichte und Suppen wie *salmorejo* sind ebenfalls gut. Die Speiseräume liegen um zwei Patios herum; im Patio del Limonera können Sie unter Zitronenbäumen speisen! Genießen Sie einen Aperitif im Weinkeller. Ostern, Aug & Weihnachten geschlossen.

CÓRDOBA Taberna Pepe de la Judería *Tapas* €€€

C/Romero 1, 14003 957 20 07 44

Dieses Restaurant wurde schon 1928 eröffnet und ist seitdem eines der beliebtesten in Córdoba. Speisen Sie hier im wunderbar mit Blumen geschmückten Patio oder im Speisesaal, der mit Fotos von berühmten Gästen glänzt. Versuchen Sie *flamenquín* (frittierte Kalbsrolle mit Schinken) oder einen Kirsch-*gazpacho* mit Minze.

JAÉN Casa Vicente *Tapas* €€

C/Francisco Martín Mora 1, 23002 953 23 22 22

Klassisches Restaurant mit Stierkampf-Dekor in einem andalusischen Haus, in dem Sie typische Gerichte aus Jaén bekommen. Gutes *menú de degustación* mit lokalen Spezialitäten wie Lammtopf oder Artischocken in einer delikaten Sauce. Nehmen Sie einen Aperitif an der Bar, wo Sie auch einige Sorten Tapas probieren sollten.

JAÉN Casa Antonio €€€€

C/Fermín Palma 3, 23008 953 27 02 62

Elegantes Restaurant mit zeitgenössischer Kunst an den Wänden. Die Küche ist exzellent, zeitgenössisch, andalusisch. Traditionelle Rezepte werden hier ganz neu erfunden: Probieren Sie die *carpaccios* (Huelva-Shrimps oder -Thunfisch). Außergewöhnliches *menú de degustación*. So abends & Mo geschlossen.

PALMA DEL RÍO El Refectorio (Hospedería de San Francisco) €€€

Av Pío XII 35, 14700 957 71 01 83

Dinieren Sie einmal in einem Refektorium aus dem 15. Jahrhundert: Dieses elegante, etwas abseits gelegene Hotel war früher ein Kloster. Das Restaurant hat eine oft wechselnde Speisekarte mit andalusischen Gerichten, die für die Region Córdoba typisch sind. Im Herbst und Winter viel Wild. Im Sommer dinieren Sie im kerzengeschmückten Patio.

ÚBEDA El Seco *Tapas* €€

C/Corazón de Jesús 8, 23400 953 79 14 52

Ein überraschender Fund in der schönen Renaissance-Stadt Úbeda. Charmantes, familiengeführtes Restaurant mit einfachem Speiseraum und frischen hausgemachten Gerichten wie leckere Kroketten, Wild (in der Saison) sowie Eintöpfe und Suppen. Mittags täglich; Fr abends & Sa abends geöffnet. So abends & Juli geschlossen.

ÚBEDA La Abadía €€€

Calle San Juan de la Cruz 10, 23400 953 79 26 45

Moderne Einrichtung und Architektur des 16. Jahrhunderts verbinden sich zum einem der schönsten Speiselokale in Úbeda. Beginnen Sie mit einer *pâté* aus Waldpilzen und Anchovis mit gegrillten Paprikaschoten. Das übersichtliche, aber exzellente Angebot an Hauptgerichten trägt sein Übriges zu einem gelungenen Abend bei.

Preiskategorien *siehe S. 228* **Zeichenerklärung** *siehe hintere Umschlagklappe*

Cádiz und Málaga

ARCOS DE LA FRONTERA El Convento €€

C/Marqués de Torresoto 7, 11630 956 70 32 22

Charmantes Restaurant in einem Palast des 17. Jahrhunderts mit schönem Patio. Es gibt unübliche lokale Spezialitäten wie »Fasan im Paradies« (in Sherry gekocht) und *abajao*, eine Suppe aus wildem Spargel und Eiern. Das Restaurant gehört zu einem ebenfalls empfehlenswerten Hotel. 1.–7. Nov, 7.–21. Jan & 1.–7. Juli geschlossen.

LOS BARRIOS Mesón El Copo €€€

Autovía Cádiz–Málaga km 111 Palmones, 11370 956 67 77 10

An diesem Küstenabschnitt in Palmones, neun Kilometer von Los Barrios, ist das Mesón El Copo eines der besten Restaurants mit guten Fischgerichten, z. B. frittierten Anchovis (Sardellen), Hummer und Seebarsch. Zu empfehlen sind Schaltiere als Vorspeise, gefolgt von *dorada al horno* (Doraden-Kasserolle mit Kartoffeln). So geschlossen.

BENAHAVÍS Los Abanicos €€

C/Málaga 15, 296 79 952 85 51 31

Das bekannte und stets gute Restaurant ist mit schön bemalten *abanicos* (Fächern) dekoriert. Es liegt mitten im Dörfchen Benahavís und bietet schmackhafte regionale Speisen. Die Hausspezialität ist *paletilla de cordero* (Lammschulter). Sehr beliebt am Sonntagmittag, also bitte früh buchen. Di (außer Juli & Aug) geschlossen.

BENAOJÁN Molino del Santo €€

Bda Estación, 29370 952 16 71 51

In einer Bergidylle steht diese alte Mühle mit Tischen unter alten Weidenbäumen unweit eines rauschenden Flusses. Auf den Tisch kommen regionale wie internationale Gerichte sowie gute vegetarische Alternativen unter Verwendung örtlicher Produkte. Abends wird es schnell voll, reservieren Sie deshalb rechtzeitig. Nov–März geschlossen.

CÁDIZ Freiduría Cervecería Las Flores *Tapas* €

Plaza Topete 4, 11009 956 22 61 12

Das klassische andalusische Gericht ist *pescaíto frito*, und jede Stadt hat seine *freiduría* (Laden für frittierten Fisch). Das hier ist die beste in Cádiz. Ihr Fisch (alles, von Hai bis Tintenfisch) wird frisch frittiert und zum Mitnehmen für Sie eingepackt. Sie können auch auf der Terrasse essen. Als Tapas reicht man Kroketten und *empanadas*.

CÁDIZ Balandro €€€

C/Alameda Apodaca 22, 11004 956 22 09 92

Das Balandro ist ein elegantes Restaurant mit kreativer und feiner Küche. Hausspezialität sind fangfrische Meeresfrüchte aus der Bucht von Cádiz. Es gibt auch viele (vor allem Rind-)Fleischgerichte. Versuchen Sie den Oktopussalat und die Rindermedaillons mit Portweinsauce. So abends & Mo (außer Juli & Aug) geschlossen.

CÁDIZ El Faro *Tapas* €€€

C/San Félix 15, 11011 902 21 10 68

Das El Faro ist ein Restaurant im alten Fischerviertel von Cádiz. Die Speisekarte, eine wunderbare Mischung aus Alt und Modern, wechselt täglich. Hauptsächlich gibt es Gerichte mit Meeresfrüchten, wie *tortillitas de camarones* (kleine Teigtaschen mit Shrimps) oder Reisgerichte. Zum Restaurant gehört eine populäre Tapas-Bar.

CÁDIZ Ventorillo del Chato €€€€

Vía Augusta Julia, 11011 956 25 00 25

Pittoreskes Lokal am Meer in einer Kutschenstation aus dem 18. Jahrhundert mit andalusischer Küche. Es werden nur frischer Fisch aus der Bucht, lokale Fleischsorten und frische Gemüse verwendet, die man zu einem der *guisos* des Restaurants vereint. Gerade sonntagmittags sehr beliebt, wenn ganze Familien vom Strand kommen.

EL PUERTO DE SANTA MARÍA El Faro del Puerto €€€

Ctra de Fuentebravía km 0,5, 11500 956 87 09 52

Zusammen mit dem El Faro und dem Ventorrilo del Chato in Cádiz bildet dieses Restaurant ein Trio. Dieses ist das nobelste der drei, eine elegante Villa inmitten eines Gartens. Die Speisekarte bietet ausgefeilte Interpretationen moderner Gerichte. Verpassen Sie nicht die Desserts, besonders nicht die Eiscreme aus *oloroso*-Sherry.

EL PUERTO DE SANTA MARÍA Casa Flores *Tapas* €€€€

C/Ribera del Río 9, 11500 956 54 35 12

Das familiengeführte, traditionelle Restaurant verfügt über mehrere Speiseräume, die mit schönen Kacheln, alten Gemälden und Stierkampf-Memorabilien ausgestattet sind. Fisch und Krustentiere sind die Grundlagen für einige ausgezeichnete Hausspezialitäten, daneben gibt es auch eher unübliche Delikatessen wie Seegurken.

ESTEPONA La Alborada €€

Puerto Deportivo de Estepona, 29680 952 80 20 47

Dieses Lokal am Kai bietet exzellente Paella und andere Reisgerichte wie *arroz a la banda* (eine Art Fischrisotto). Es gibt auch köstliche *pescaíto frito* und viele schmackhafte Desserts wie *pudín de almendras* (Mandelpudding). Von der Terrasse haben Sie einen schönen Blick auf den Yachthafen. Mo geschlossen.

ESTEPONA Lido €€€€

Hotel Las Dunas, Urb La Boladilla Baja, 29680 952 79 43 45

In der opulenten Umgebung des Hotels Las Dunas finden Sie dieses schicke Restaurant mit zeitgenössischer internationaler Küche. Bei schönem Wetter steht eine Terrasse mit Blick auf den Garten zur Verfügung; ansonsten speisen Sie in einem Wintergarten. Versuchen Sie Gänselebermousse und Meeresfrüchte-Cannelloni. Mo & Di geschlossen.

FUENGIROLA Portofino €€

Edificio Perla 1, Paseo Maritimo 29, 29640 952 47 06 43

Beliebtes Restaurant am Meer mit freundlichem Service und gutem internationalem Essen wie Fisch-Brochette oder leckeren Nudeln mit diversen Saucen. Sie bekommen hier auch traditionelle andalusische Gerichte, alle in großen Portionen. Die Terrasse blickt auf den Hafen mit seinen vielen Yachten. Mo & Juli geschlossen.

GAUCÍN La Fructuosa €€

Calle Convento 67, 29480 617 69 27 84/952 15 10 72

Warten Sie in Gaucín mit Ihrem Hunger bis freitagmittags oder -abends oder samstagmittags, denn nur dann servieren die Besitzer Luis Ruibérriz de Torres und Jesús Balsa Pascual ihre exzellenten, modernen mediterranen und marokkanischen Gerichte. Von den Tischen auf der Terrasse blickt man auf die afrikanische Küste. Nov–Jan geschlossen.

GIBRALTAR The Rib Room Restaurant €

Rock Hotel, Europa Road 73000

Eine Institution in Gibraltar, besonders sonntagmittags: Der Rib Room verbindet englische Gerichte mit spanischen Einflüssen und einem Hauch Afrika. Etwas gehobener als andere Lokale der Gegend: Roastbeef mit Pilzen, Schweinemedaillons mit gegrilltem Paprika, Seebarbe, Seezunge sowie einige vegetarische Speisen.

GIBRALTAR The Waterfront €

Queensway Quay, Marina Bay 45666

Das Lokal mit Aussicht auf den Yachthafen von Gibraltar eignet sich vor allem für einen leichten Mittagstisch oder ein Abendessen bei Sonnenuntergang. Die internationale Karte reicht von Cajun-Hühnchenflügel bis zu Curry-Gerichten, daneben gibt es viele Burger, Pasta und Steaks. An milden Abenden wird draußen gegrillt. Di geschlossen.

JEREZ DE LA FRONTERA Bar Juanito *Tapas* €€

C/Pascaderia Vieja 8, 11403 956 33 48 38

Tapas-Bar und Restaurant mit viel Atmosphäre und außergewöhnlich großen Tapas-Portionen. Das Angebot ist umfangreich, die hiesigen Artischocken aber bleiben das Beste. Wenn Sie größeren Hunger haben, probieren Sie traditionelle Eintöpfe und Kasserollen oder das gute *pescaíto frito*. So abends & Mo geschlossen.

JEREZ DE LA FRONTERA La Mesa Redonda €€

C/Manuel de la Quintana 3, 11402 956 34 00 69

Charmantes, familiengeführtes Restaurant, das wegen der Qualität seiner Küche sehr beliebt ist. Die einfallsreiche Speisekarte wechselt mit der Saison und bietet Fisch, Fleischgerichte und Wild. Probieren Sie *mojama* (gebeizter Thunfisch) zur Vorspeise, gefolgt von Rinder-*salteado* (sautiert mit Blutwurst). 15. Juli–16. Aug geschlossen.

MÁLAGA Antigua Casa de Guardia *Tapas* €

C/Alameda Principal 18, 29015 952 21 46 80

Málagas älteste Bar liegt in einem früheren Wachposten, der ihm seinen Namen gab. Spezialität ist Sherry, der direkt vom Fass gezapft wird. Genießen Sie dazu ein paar einfache Tapas – Shrimps oder Muscheln oder die leckeren *boquerones* (Anchovis), die nichts mit ihren salzigen Schwestern zu tun haben. So geschlossen.

MÁLAGA Mesón Astorga *Tapas* €

C/Gerona 11, 29006 952 34 25 63

Hier werden die hervorragenden lokalen Produkte Málagas mit Flair zubereitet, das macht dieses klassisch eingerichtete, typisch andalusische Restaurant so populär. Versuchen Sie frittierte Auberginen in Sirup oder Salat von frischem Thunfisch mit Sherry-Dressing. In der beliebten Tapas-Bar bekommen Sie große *raciones*. So geschlossen.

MÁLAGA Café de Paris €€€€

C/Vélez-Málaga 8, 29016 952 22 50 43

Lassen Sie sich von dem unscheinbaren Äußeren dieses eleganten, klassischen Restaurants nicht täuschen. Hier bekommen Sie verfeinerte, zeitgenössische spanische und mediterrane Küche, die exquisit präsentiert wird. Probieren Sie das außergewöhnliche *menú de degustación*. Hervorragende Weine, sehr guter Service. So geschlossen.

MANILVA Macues €€€

Puerto Deportivo de la Durquesa Local 13, 26961 952 89 03 95

Gutes Restaurant ganz an der Spitze der Costa del Sol, mit guten internationalen und spanischen Gerichten, die Sie auf der schattigen Terrasse mit Blick auf den romantischen Yachthafen zu Ihren Füßen genießen können. Hausspezialitäten sind Fisch im Salzmantel und saftiges Fleisch vom Holzkohlengrill. Nur abends geöffnet. Mo geschlossen.

MARBELLA Altamirano €

Plaza Altamirano 3, 29600 952 82 49 32

Mitten in Marbellas Altstadt finden Sie dieses freundliche, familiengeführte Restaurant mit hübscher Terrasse. Die Speisekarte dominieren eindeutig Fisch und Meeresfrüchte, darunter große Platten mit frisch frittiertem Fisch aus der Region. Freundliches Personal, sehr gutes Preis-Leistungs-Verhältnis. Mi & 8. Jan–15. Feb geschlossen.

Preiskategorien *siehe S. 228* **Zeichenerklärung** *siehe hintere Umschlagklappe*

MARBELLA Areté €€
Calle Mediterráneo 1, 29600 952 77 73 34

Das modern gestaltete Lokal an einem Ende des Paseo Maritimo bietet *nueva cocida andaluz* und legt Wert auf gesunde Speisen (einer der Besitzer ist Arzt). Die Speisekarte wechselt monatlich mit aktuellen Tagesspezialitäten, die Gerichte sind allesamt leicht und bekömmlich. An den Wänden hängen Arbeiten von Künstlern der Region.

MARBELLA La Comedia €€
Plaza de la Victoria, 29600 952 77 64 78

Das Lokal ist seit 1998 im Casco Antiguo ansässig, hat aber vor Kurzem den Besitzer gewechselt. Nach wie vor gilt jedoch: »Einmal um die Welt in drei Gängen« mit entsprechend internationaler Küche, die aber auch andalusische Klassiker zuzubereiten weiß. Herrlicher Blick auf einen der schönsten Plätze der Stadt. Fr geschlossen.

MARBELLA Garum €€
Paseo Maritimo 3, 29600 952 85 88 58

Timo Hamalainen kochte zuvor im La Comedia. Dessen internationale Ausrichtung übertrug er auf ein helles Lokal am Meer mit großer Terrasse. Neben Gerichten wie Lachs 'n' Chips und Burger findet man traditionell Andalusisches *(rosada, solomillo)* sowie Exotisches aus Thailand und Mexiko auf der Karte.

MARBELLA El Portalón *Tapas* €€€€
Ctra Cádiz–Málaga (N340) km 178, 29600 952 86 10 75

Klassisches andalusisches Restaurant mit eleganten Speiseräumen und Blick auf einen blumengeschmückten Garten. Spezialitäten sind Fleischgerichte und Fisch aus dem traditionellen Steinofen; in der benachbarten netten Vinoteca bekommen Sie Tapas und ein Glas lokalen Weins. So (außer Aug) geschlossen.

MARBELLA Santiago *Tapas* €€€€
C/Paseo Maritimo 5, 29600 952 77 00 78

Das Santiago ist vielleicht das beste Fischrestaurant an der Costa del Sol. Täglich gibt es 40 bis 50 Gerichte, alle mit frischem Fisch oder frischen Krustentieren. Hier isst man seit 50 Jahren gut; buchen Sie rechtzeitig. An der Bar bekommen Sie Tapas, die benachbarte Tabernita de Santiago hat allerdings eine weitaus größere Auswahl.

MARBELLA Toni Dalli €€€€
El Oasis, Ctra de Cádiz km 176, 29600 952 77 00 35

Hübscher, weißer Palast mit Palmen, der zum Ausgehen einlädt; ein Klassiker an Marbellas Goldener Meile seit 1981. Die Gerichte sind italienisch beeinflusst, wie z. B. hausgemachte Nudeln, Fleisch und Fisch. Toni, der Besitzer, hatte früher eine eigene Fernsehshow in Kalifornien und singt heute hier, wenn Sie Glück haben. Nur abends geöffnet.

MIJAS El Castillo €€
Plaza de la Constitución, Pasaje de los Pescadores 2, 29650 952 48 53 48

Rustikales Restaurant direkt am Hauptplatz dieses hübschen kleinen Dorfes. Es bietet sowohl typisch andalusische wie auch internationale Küche, die Sie auf der Terrasse genießen können. An bestimmten Abenden (meistens Di, Do und So, aber informieren Sie sich vorher) gibt es eine Flamenco-Show. Fr geschlossen.

RONDA Del Escudero €€€
Paseo de Blas Infante 1, 29400 952 87 13 67

In einem unvergleichlichen Garten nahe der Stierkampfarena von Ronda gelegen, bietet dieses elegante Restaurant einen spektakulären Blick auf das Tal und traditionelle andalusische Küche. Nehmen Sie zum Mittagessen das Menü und genießen Sie es auf der hübschen Gartenterrasse. So abends geschlossen.

RONDA Pedro Romero €€€
C/Virgen de la Paz 18, 29400 952 87 11 10

Das Pedro Romero liegt gegenüber Rondas Stierkampfarena und ist mit Gemälden und Fotografien berühmter Toreros, historischen Kostümen und Stierköpfen dekoriert. Gute Speisen, natürlich geschmorter Ochsenschwanz; Kaninchen mit Thymian sowie traditionelle Eintöpfe und Kasserollen. Gute Auswahl an spanischen Weinen.

RONDA Tragabuches €€€€
Calle José Aparacio 1, 29400 952 19 92 01

Grandioses Restaurant mit Backsteinwänden in einer gelungenen Fusion mit Industrie-Schick. Die andalusische *cuisine* ist hier einfach superb, das *menú de degustación* (ca. 70 Euro) bringt die gestalterische Kraft des Küchenchefs vollends zur Geltung. So abends & Mo geschlossen.

SAN FERNANDO Venta de Vargas *Tapas* €
Plaza de San Juan Vargas, 11100 956 88 16 22

Beliebtes Kleinstadtlokal mit Flamenco-Atmosphäre, unsterblich gemacht durch den legendären Camarón de la Isla. Bestellen Sie *raciones* von Klassikern wie *aliñadas* (Kartoffelsalat) oder typische lokale Eintöpfe sowie frischen Fisch von der Bucht und zum Dessert cremigen *tocino de cielo* (»himmlischer Speck«). Mo geschlossen.

SAN ROQUE Villa Victoria (Los Remos Rest) €€€€
Ctra San Roque–La Línea 351 km 2,8, Campamento, 11314 956 69 84 12

Dieses Restaurant in einer restaurierten viktorianischen Villa bietet außergewöhnlich exquisite Speisen und Gerichte. Der Fokus liegt auf erstklassigen Fischgerichten. Versuchen Sie das *menú de degustación* mit Shrimps und allerlei Seefischen. Viele saisonale Spezialitäten wie z. B. Waldpilze. So abends & Mo geschlossen.

SANLÚCAR DE BARRAMEDA Casa Bigote *Tapas* €€€

C/Bajo de Guia, 11540 956 36 26 96

In ganz Andalusien legendäre Fischertaverne an der Mündung des Río Guadalquivir. Die Tapas-Bar ist voller Schinken und alter Holzfässer und bietet wunderbare Fisch-Tapas. Oder Sie gehen in den holzgetäfelten *comedor* und genießen *langostinos de Sanlúcar* (Langusten) oder frischen Fisch. So & Nov geschlossen.

TARIFA (CÁDIZ) Arte-Vida €€

Ctra N340 km 79,3, 11380 956 68 52 46

Schönes Hotel in den Dünen direkt am endlosen Strand von Tarifa. Nettes Restaurant-Café mit einfachem Blau-Weiß-Dekor. Es gibt frische Salate und gegrillten Fisch oder exotischere Gerichte wie z. B. Kokosnuss-Suppe (Thai). Es gibt auch Kuchen, leckere Brownies und Kaffee. Von hier schauen Sie bis nach Afrika.

TARIFA (CÁDIZ) Mesón de Sancho *Tapas* €€€

Ctra Cádiz–Málaga km 94, 11380 956 68 49 00

Klassisches Speiselokal außerhalb von Cádiz an der Straße nach Algeciras. Es ist warm und freundlich im typischen *mesón*-Stil eingerichtet und bietet Gerichte wie z. B. andalusisches Rind mit Pilzen. An der Bar bekommen Sie auch große *raciones*. Das Sancho ist bei Familien beliebt, vor allem zum ausführlichen Sonntagmittagessen.

TORREMOLINOS Bar Restaurante Casa Juan *Tapas* €€€

C/San Gines 18–24, 29620 952 37 35 12

Populäres Restaurant an der See mit großer Terrasse mit hausgemachten Spezialitäten wie z. B. Fisch im Salzmantel und *fritura Malagueña*, alles nach alten Familienrezepten (von Juans Mutter und Großmutter). Dieses Restaurant gibt es, seit der Touristenboom dieses ehemalige Fischerdorf vollständig verändert hat.

TORREMOLINOS Frutos *Tapas* €€€€

Av de la Riviera 80, 29620 952 38 14 50

Die *grande dame* der Restaurants an der Costa del Sol mit hervorragendem Fisch und Fleisch. Es gibt eine Terrasse und zwei helle Speiseräume, wo Sie Jungschweinebraten und zum Dessert *arroz con leche* genießen können. Der Weinkeller ist zu besichtigen. Leichtere Speisen an der Tapas-Bar am Eingang. So abends geschlossen.

VEJER DE LA FRONTERA Venta Pinto *Tapas* €€€

La Barca de Vejer, 11150 956 45 08 77

Véjer de la Frontera ist eine magische Stadt an der Costa de la Luz mit vielen schattigen Gassen, die seine maurische Vergangenheit widerspiegeln. Schönes Restaurant in einer ehemaligen Kutschenstation drei Kilometer vom Stadtzentrum; es bietet kreative Versionen lokaler Gerichte und eine beliebte Tapas-Bar mit lokalen Spezialitäten zum Verkauf.

ZAHARA DE LOS ATUNES Casa Juanito *Tapas* €€

C/Sagasta 7, 11393 956 43 92 11

In einem schönen Fischerdorf und einfachem Erholungsgebiet gelegenes, typisch andalusisches Restaurant mit großer, heller Terrasse nur ein paar Meter vom Strand. Fisch ist die Hausspezialität; besonders Thunfisch, der der Stadt ihren Namen gab. Zum Lokal gehört eine Tapas-Bar. Mi (außer Aug), Nov, Dez & Jan geschlossen.

Granada und Almería

ALMERÍA Rincón de Juan Pedro *Tapas* €

C/Federico Castro 2, 04130 950 23 58 19

In Almería findet man eine lebendige Tapas-Szene. Die beliebte Bar hat eine große Vielfalt an Tapas – die immer noch im Preis eines Getränks enthalten sind. Oder bestellen Sie *raciones* mit Fleisch- und Meeresfrüchte-Spezialitäten oder aber lokale Gerichte wie *trigo a la cortijera* (Wurst- und Fleischeintopf). So; Mo abends geschlossen.

ALMERÍA Casa Sevilla *Tapas* €€

Calle Rueda López, 04001 950 27 29 12

Der Familienbetrieb ist immer voll. Einmal im Monat werden die Tapas-Bar sowie vier angrenzende Privaträume zu einem Weinclub, wo man unzählige edle Tropfen aus Andalusien und dem übrigen Spanien probieren kann. An anderen Tagen genießt man einen der vielen Weine zu fangfrischem Fisch in köstlichen Varianten.

ALMERÍA Club de Mar €€

Playa de la Almadrabillas 1, 04007 950 23 50 48

Genießen Sie frischen Fisch und Schaltiere direkt am Meer im Yachtclub von Almería, wo reiche Leute und Skipper zusammen auf der Terrasse sitzen. Die Gerichte sind so gut wie der Blick auf die Bucht; *bullabesa* (spanische Bouillabaisse) und *fritura* (frittierter Fisch) sind die Spezialitäten. Preiswertes Mittagsmenü.

ALMERÍA Valentin €€

Calle Tenor Iribarne 19, 4001 950 26 44 75

Unweit der zentralen Puerta Purchena ist das Valentin das wohl köstlichste Fischlokal der Stadt. Die ausgewiesene *marisquería* bietet Fisch und vor allem Meeresfrüchte in unzähligen Variationen, neben *gambas* und *bogavante* (Hummer) alles, was der nahe Fischmarkt verkauft. Mo geschlossen.

Preiskategorien *siehe S. 228* **Zeichenerklärung** *siehe hintere Umschlagklappe*

ALMERÍA Bodega Bellavista €€€

Urbanización Bellavista, Llanos del Alquián, 04130 950 29 71 56

In einem Wohngebiet nahe dem Flughafen serviert dieses charmant altmodische Restaurant eine Vielzahl klassischer und innovativer andalusischer Gerichte mit frischen Zutaten. Fisch und Schaltiere dominieren, aber es gibt auch gute Fleischspeisen. Große Auswahl an Weinen aus ganz Spanien. So abends & Mo geschlossen.

BUBIÓN Teide *Tapas* €

C/Carretera 70, 18412 958 76 30 84

Weitab in der Wildnis der Alpujarras finden Sie dieses einfache Restaurant inmitten eines netten Gärtchens mit Topfpflanzen und Schatten spendenden Bäumen. Es gibt traditionelle Gerichte wie Spanferkel und große Salatportionen. Wenn Sie ein Getränk bestellen, bekommen Sie nach alter andalusischer Sitte eine Tapa dazu.

GRANADA Bodegas Castañeda *Tapas* €

C/Almireceros 1–3, 18010 958 21 54 64

Das Castañeda mit seinen alten Kacheln und großen Holzfässern ist eine der unterhaltsamsten und authentischsten Tapas-Bars von Granada. Versuchen Sie den köstlichen Trevélez-Schinken (mit eigener *denominación de origen)* oder eine der vielen Fisch-Spezialitäten. Beginnen Sie hier Ihren Abend mit einem Glas eiskalten Sherry!

GRANADA Chikito *Tapas* €€

Plaza del Campillo 9, 18009 958 22 33 64

In dem Café, das hier früher stand, haben sich Lorca und seine Zeitgenossen getroffen. Das Chikito bietet Bohnen mit Schinken oder Sacromonte-Omelett (mit Hirn; schmackhafter, als Sie denken) als Spezialität. Probieren Sie auch die *piononos* (Kuchen mit Anis). Tapas genießen Sie am besten an der Bar. Mittwochs geschlossen.

GRANADA Mirador de Morayma €€

C/Pianista Garcia Carrillo 2, 18010 958 22 82 90

Mitten im Albaicín mit Blick auf die Alhambra bietet dieses charmante Patio-Restaurant typische Gerichte aus Granada wie *remojón* (Salat mit Orangen und Stockfisch) oder sautiertes Lamm mit Knoblauch. Auf der Weinkarte finden Sie Öko-Weine vom eigenen Gut. Dienstags Flamenco, mit verschiedenen Anfangszeiten. So abends geschlossen.

GRANADA Ruta del Veleta €€€

Ctra Sierra Nevada 136, km 5,4, Cenes de la Vega, 18190 958 48 61 34

An der alten Straße in die Sierra Nevada, fast schon außerhalb von Granada, liegt dieses traditionelle Restaurant mit bester Reputation für seine herzhafte regionale Küche. Die Ausstattung mit typischen Stoffen der Region und Tonkrügen entspricht den Speisen wie z. B. Spanferkel und Fisch. Wild in der Saison. So abends geschlossen.

GRANADA Velázquez *Tapas* €€€

C/Profesor Emilio Orozco 1, 18010 958 28 01 09

Genießen Sie in angenehmem Ambiente moderne Interpretationen maurischer Gerichte wie *pastela*, eine Taubenpastete mit Pinienkernen und Mandeln, oder die cremige Mandelcremesuppe. Das Velázquez hat auch eine quirlige Tapas-Bar mit guten lokalen Weinen und Sherrys. So & Aug geschlossen.

GRANADA Carmen de San Miguel €€€€

Plaza Torres Bermejas 3, 18009 958 22 67 23

Die andalusischen Spezialitäten dieses hübschen Restaurants im maurischen Stil sind u.a. Seebarsch mit Auberginen und das Gänselebergebäck mit Mango-Chutney. Alles wird vom jungen Chefkoch frisch und mit Elan zubereitet. Von der Terrasse haben Sie einen wunderbaren Blick auf die weiße Schönheit des Albaicín.

LOJA La Finca €€€€

Hotel La Bobadilla, Autovía Granada–Sevilla, 18300 958 32 18 61

Dieses exzeptionelle Restaurant in einem Luxushotel ist den Abstecher von der Autovía wert. Der Küchenchef zaubert Gerichte aus feldfrischem Gemüse, Kapaun, Schwein, Wild (in der Saison) und Fisch. Leisten Sie sich das wunderbare *menú de degustación* und genießen Sie dabei die Atmosphäre auf der Terrasse. Nur abends geöffnet.

MOTRIL Tropical €€

Av Rodríguez Acosta 23, 18600 958 60 04 50

Einfaches *hostal* mit gutem Restaurant, das viele typisch andalusische Speisen in einem schönen Ambiente bietet. Es gibt sowohl Fisch, wie z. B. Seebarsch mit *ajo verde* (grüner Knoblauch), als auch Fleisch, z. B. *choto a la brasa* (Spanferkel), zum Dessert Sorbet aus *chirimoya* (Apfelcreme). So & Juni geschlossen.

ORGIVA El Limonero €

Calle Yáñez 27, 18400 958 78 51 57

Seit zwölf Jahren eine Institution in der Hauptstadt der Alpujarras. Der Schwerpunkt liegt auf Fleischgerichten, aber auch Meerbrasse und der geräucherte Lachs können sich sehen lassen. Auf gesunde Speisen wird großer Wert gelegt (und Rauchern die Tür gewiesen), das zeigt sich an den vielen Salaten. Nur abends ab 19 Uhr und So mittags.

VERA Terraza Carmona *Tapas* €€€

C/Manuel Giménez 1, 04620 950 39 07 60

Einfaches Hotel mit gutem Restaurant, das schon mehrfach ausgezeichnet wurde. Spezialität sind die exzellenten Fischgerichte und ungewöhnliche regionale Rezepte wie *gurullos con conejo* (Nudeln mit Kaninchen). In der Saison viel Wild wie z. B. Wildeber mit Oliven und Mandeln. Außerdem schöne Tapas-Bar. Mo & 8.–21. Jan geschlossen.

Shopping

Shopping in Andalusien ist eine angenehme Sache, vor allem wenn Sie das in typisch spanischer Manier tun. Hier passt sich der Einkaufsbummel dem Klima und der Siesta an und ist eine entspannte Aktivität – von vielen Kaffeepausen, Tapas und dem Nachmittagstee unterbrochen.

Obwohl eine Reihe europäischer Ketten und Lizenzunternehmen Niederlassungen in Spanien haben, gibt es in den Städten und Dörfern des Südens eine erfreuliche Fülle typischer Geschäfte und Unternehmen.

Traditionelles Flamenco-Kleid

Die Region ist bekannt für ihr erstklassiges Kunsthandwerk. Es gibt eine übergroße Auswahl an Keramiken, Lederwaren, Silberschmuck, Intarsienarbeiten, Süßigkeiten und Keksen. Weltberühmte Weine gibt es in den Bodegas von Jerez, Montilla, Málaga und Sanlúcar de Barrameda. Der Besuch einer Bodega ist ein Erlebnis. In vielen Geschäften findet man charmante Bedienungen. Obwohl in den Läden nur wenige Leute eine Fremdsprache sprechen, sind die meisten doch sehr nett.

Calle de las Sierpas, eine der Einkaufsstraßen in Sevilla

Öffnungszeiten

Spanische Geschäfte schließen gewöhnlich während der Nachmittagssiesta (außer Kaufhäuser und Souvenirläden in Großstädten). Die meisten Geschäfte öffnen um 9.30 Uhr und schließen um 13.30 Uhr. Meist öffnen sie wieder um 16.30 bzw. 17 Uhr und bleiben bis etwa 20 Uhr offen. Doch variieren die Zeiten von Geschäft zu Geschäft. Boutiquen z. B. öffnen selten vor 10 Uhr. Auch im Sommer gibt es unterschiedliche Zeiten. So schließen manche Läden in der Nachmittagshitze, während andere länger offen bleiben, um von den Besuchern zu profitieren. Viele Läden schließen samstagnachmittags, vor allem in Kleinstädten; dies ändert sich jedoch allmählich. Schlussverkauf ist im Januar und Juli, obwohl Läden auch vor Weihnachten Preisnachlässe geben oder mit dem Ausverkauf Ende Dezember beginnen.

Bezahlung

Unter den Spaniern ist es noch üblich, bar zu bezahlen. Und obwohl viele Läden bekannte Kreditkarten akzeptieren, nehmen nur wenige Reiseschecks.

Sie können Waren umtauschen, wenn Sie im Besitz einer Rechnung sind. Dies gilt jedoch nicht für Ausverkaufsware. Kaufhäuser geben gern Gutscheine statt Bargeld zurück. Es empfiehlt sich, mit den Verkäufern die Handhabung zu klären, bevor Sie etwas kaufen.

Eine der in Sevilla hergestellten Tellerarten

Fachgeschäfte

Fachgeschäfte sind oftmals Familienbetriebe. *Panaderías* sind Bäckereien, die Brot und Brötchen verkaufen. Kuchen und Gebäck erhält man in *pastelerías*.

Frisches Fleisch kauft man am besten in der *carnicería*, Aufschnitt hingegen holt man in der *charcutería*, die meist auch Käse verkauft. *Charcuterías* findet man in der Regel in der näheren Umgebung von Markthallen. *Pescaderías* verkaufen Fisch und Schaltiere, obwohl man die besten Fische meist direkt auf dem Markt bekommt.

Früchte und Gemüse der Saison gibt es in der *frutería* oder in der *verdulería*.

Fächerparade bei Díaz, Calle de las Sierpes, Sevilla

Elegante Hüte der Sombrerería Hermanos de J. Russi in Córdoba

Sevilla

Das Gebiet um die Calle Tetuán und die Fußgängerzone Calle de las Sierpes *(siehe S. 74)* vereint die besten alten und neuen Läden Sevillas – ein schicker Bereich belebter Straßen, wo Sie ein ausgewähltes Warenangebot finden. Dies umfasst Schuhe (**Pilar Burgos** und **Pineda** sind zwei der besten) und typisch andalusische Artikel wie kunstvoll gearbeitete Fächer von **Díaz**, *cordobés*-Hüte der Spitzenklasse von **Maquedano** und einige handgestickte Schultertücher von **Foronda**.

Kleidung mit ausgeprägt andalusischem Stil ist bei den Designern **Victorio & Lucchino** ausgestellt, während der elegante **Loewe** Gepäck und Ledertaschen, Kleidung und Accessoires anbietet.

Die Straßen um die Plaza Nueva sind voller Geschäfte wie Massimo Dutti, **Adolfo Dominguez** und **Marisa Martín**, die schick geschneiderte Kleidung verkaufen, neben malerischen Läden mit religiösen Artikeln. Darunter finden sich **Casa Rodríguez** und **Velasco**, die auf edle Besätze für Kirchenroben und auf Heiligenbilder spezialisiert sind. **Marco y Ana** führen exquisite Babybekleidung, **Agua de Sevilla** die klassischen Jasminparfums.

Um das Barrio de Santa Cruz gibt es einige interessante Läden. Im **Supermercado Baco** bekommen Sie spanische Delikatessen und Weine. Die Calle Hernando Colón hat einige Sammlerläden mit Kinderspielzeug über Antiquitäten bis hin zu Briefmarken. Hier ansässig ist auch **El Postigo**, ein Kunstgewerbezentrum mit einer guten Auswahl handgefertigter Artikel.

Sevillarte, nahe dem Real Alcázar *(siehe S. 82f)* gelegen, und **Martián** bieten attraktive Keramiken an, sowohl für den Alltagsgebrauch als auch zur Dekoration. Besuchen Sie jedoch für einige der schönsten andalusischen Keramikwaren Triana *(siehe S. 102)*. Gehen Sie zu **Cerámica Santa Ana**, **Antonio Campos** und den vielen kleinen Werkstätten der Calle Covadonga. Triana ist auch ein guter Platz für Flamenco-Ausstattungen; bei **Juan Osete** finden Sie eine große Auswahl an schönen *feria*-Accessoires.

Jeder, der sich ernsthaft mit dem Sammeln von Antiquitäten beschäftigt, sollte auch bei **Antigüedades Angel Luis Friazza** vorbeischauen, der auf spanisches Mobiliar spezialisiert ist.

In der Glasfabrik **La Trinidad** kostet Sevillas berühmtes blaues Glas weniger als in Geschenkboutiquen.

Mueblos Ceballos in der belebten Calle de la Feria ist einer von diversen Läden, die auf handgeflochtene Korbwaren spezialisiert sind.

La Trinidad, Hersteller von Sevillas blauen Glaswaren

Córdoba

Die faszinierendste Einkaufsgegend Córdobas liegt im Judenviertel *(siehe S. 140)*. Hier betreibt die **Zoco Municipal** eine Reihe von Kunstwerkstätten, die Spezialitäten von Córdoba wie Filigransilberschmuck, handbemalte Keramiken, Lederwaren und wundervoll bemalte Masken herstellen.

Keramik, Lederwaren und Kunstgegenstände aus Holz finden Sie auch bei **Artesanos Cordobeses**.

Das Gebiet um die Mezquita *(siehe S. 144f)* ist voll von Souvenirboutiquen, die neben den üblichen Anhängern ein gutes kunsthandwerkliches Sortiment anbieten. **Meryan** z. B. ist auf geprägte Lederwaren spezialisiert.

In der Gitarrenwerkstatt von **Manuel Reyes Maldonado** können Sie spezialgefertigte Gitarren erwerben, von denen viele in den Händen von international anerkannten Musikern landen.

Einer der berühmtesten Huthersteller Spaniens ist die **Sombrerería Hermanos de J. Russi**. Sie können hier einen der typischen *cordobés*-Hüte günstiger als sonstwo erstehen.

Manuel Reyes Maldonado in seiner Gitarrenwerkstatt in Córdoba

Einlegen von Intarsien in einer Werkstatt in Granada

Granada

Die typisch kalten Winter sorgen dafür, dass Läden in Granada eine gute Auswahl schicker Winterkleidung und -schuhe haben.

Julio Callejón hat eine große Auswahl an Schuhen, **Zara** bietet Herren- und Damenbekleidung. **Cortefiel** ist ein Qualitätskaufhaus für Kleidung und Accessoires. Wegen der nahen Sierra Nevada wird Skikleidung in vielen Geschäften verkauft.

Korbwaren aus Alhama de Granada

Das Stadtzentrum ist voller Überraschungen, darunter der **Mercado Árabe**, eine lange Säulenhalle mit Läden, die marokkanisch beeinflusste Kleidung und Accessoires anbieten. **Artesanía Francisco Mariscal** ist auf Intarsienarbeiten und *mantillas* spezialisiert. **Tienda La Victoria** verkauft Drucke, Kuriositäten und Möbel. Um die Gran Vía liegen schicke Geschäfte mit guter Silberware *(platerías)*.

Andalusien

In Andalusien fährt man extra in Städte, die für einen bestimmten Artikel bekannt sind, wie z. B. Olivenöl, Wein, Teppiche oder Möbel. Wenn Sie Zeit zum Entdecken haben, bietet Ihnen die Region zahllose Spezialitäten.

Das beste reine Olivenöl gibt es in Baena *(siehe S. 147)* und Segura de la Sierra *(siehe S. 156)*. Mit das beste Olivenöl in der Provinz Sevilla wird im Dorf Ginés verkauft. Viele Klöster bieten eigene Süßwaren und Kekse an.

Es gibt diverse Bodegas, die einen Besuch wert sind, besonders in Jerez *(siehe S. 162)*, Sanlúcar de Barrameda *(siehe S. 162)*, Montilla *(siehe S. 147)* und in Málaga *(siehe S. 180f)*. Keramikkrüge mit Schnabel *(botijos)* sind eine Spezialität der Stadt La Rambla, 30 Kilometer südlich von Córdoba gelegen. In Lucena *(siehe S. 147)* lassen sich gut Keramiken und Schmiedeeisenarbeiten einkaufen.

Ronda *(siehe S. 176)* hat einige Geschäfte mit rustikalen Möbeln. In Guarromán, in der Provinz Jaén, gibt es Antikmöbel bei **Trastos Viejos** in einem alten Gehöft *(cortijo)*. In der Provinz Granada sind die Dörfer von Las Alpujarras *(siehe S. 198f)* berühmt für Flickenteppiche *(jarapas)*, Korbflechterei und Heilkräuter. In Jún, nördlich von Granada, sammelt und verkauft **Cerámica Miguel Ruiz** mit die schönsten, in ganz Andalusien hergestellten Keramiken. Exquisite Schultertücher gibt es bei **Angeles Espinar** in Villamanrique de Condesa bei Sevilla.

Obst- und Gemüsemarkt in Vélez Blanco *(siehe S. 199)*

Märkte

Die Märkte der andalusischen Städte bieten eine gute Gelegenheit, die jeweiligen Spezialitäten kennenzulernen, z. B. die unterschiedlichen Würste, Käsesorten und Räucherschinken.

Die meisten Märkte verkaufen oft von allem ein wenig. Doch Sevilla hat einige Spezialmärkte. Dazu gehört auch ein Donnerstagsmarkt für Antiquitäten und Nippsachen auf der Calle Feria. Sonntags findet auf der Plaza del Alfalfa der Los-Pájaros-Tiermarkt statt, und Briefmarken und Münzen gibt es auf der Plaza del Cabildo. Jede Art von Nippes wird auf der Charco de la Pava in La Cartuja verkauft. Ein Flohmarkt *(rastro)* findet im Parque Alcosa, nordöstlich vom Zentrum, statt.

Die Lebensmittelmärkte auf der Plaza de la Encarnación und in El Arenal sind sehr gut.

Córdoba hat samstags und sonntags einen faszinierenden Flohmarkt auf der Plaza de la Corredera (16. Jh.).

An der Costa del Sol sind Märkte für Autos beliebt. Der beste findet samstags neben der Arena am Puerto Banús, außerhalb von Marbella, statt.

Töpferei-Marktstand an der Plaza de la Corredera in Córdoba

Auf einen Blick

Sevilla

Antiquitäten

Antigüedades Angel Luis Friazza
Calle Zaragoza 48. **Stadtplan** 3 B1 (5 B3). *95 422 35 67.*

Essen und Wein

Hornos San Bernado
Marqués de Parada 51. **Stadtplan** 3 B1 (5 B3). *95 421 09 26.*

Hornos de San Buenaventura
Calle Carlos Cañal 28. **Stadtplan** 3 B1 (5 B3). *95 422 33 72.*

Supermercado Baco
Calle Cuna 4. **Stadtplan** 3 C1 (6 D2). *95 421 66 73.*

El Torno
Plaza del Cabildo s/n. **Stadtplan** 3 C2 (5 C4). *95 421 91 90.*

Flamenco

Calzados Mayo
Plaza del Alfalfa 2. **Stadtplan** 3 C1 (6 D3). *95 422 55 55.*

Díaz
Calle de las Sierpes 67. **Stadtplan** 3 C1 (5 C3). *95 422 81 02.*

Foronda
Calle de las Sierpes 67. **Stadtplan** 3 C1 (5 C3). *95 422 17 27.*

Juan Osete
Calle Castilla 10. **Stadtplan** 3 A1. *95 434 33 31.*

Kaufhäuser

El Corte Inglés
Pl Duque de la Victoria 10. **Stadtplan** 1 C5 (5 C2). *95 459 70 00.* **www**.elcorteingles.es

Kindermode

Marco y Ana
Calle Cuna 24. **Stadtplan** 4 C1 (6 D3). *95 421 30 38.*

Kunsthandwerk

Antonio Campos
C/Alfarería 22, Triana. **Stadtplan** 3 A2. *95 434 33 04.*

Cerámica Santa Ana
Calle San Jorge 31, Triana. **Stadtplan** 3 A2 (5 A4). *95 433 39 90.*

Martián
Calle de las Sierpes 74. **Stadtplan** 3 C1 (5 C3). *95 421 34 13.*

Muebles Ceballos
Calle de la Feria 49. **Stadtplan** 2 D4. *95 490 17 54.*

El Postigo
Calle Arfe s/n. **Stadtplan** 3 B2 (5 C4). *95 456 00 13.*

Sevillarte
Calle Vida 13. **Stadtplan** 3 C2 (6 D5). *95 421 03 91.* **www**.sevillarte.com

La Trinidad
Avda de Miraflores 18–20. **Stadtplan** 2 F4. *95 435 31 00.*

Mode und Accessoires

Adolfo Dominguez
Calle de las Sierpes 2. **Stadtplan** 3 C1 (5 C2). *95 422 65 38.* **www**.adolfo-dominguez.com

El Caballo
Plaza Nueva 12. **Stadtplan** 5 C2. *95 450 08 42.*

Loewe
Plaza Nueva 12. **Stadtplan** 3 B1 (5 C3). *95 422 52 53.* **www**.loewe.com

Maquedano
Calle de las Sierpes 40. **Stadtplan** 3 C1 (5 C3). *95 456 47 71.*

Marisa Martín
C/Argote de Molina 21. **Stadtplan** 4 C1 (6 D4). *95 421 93 12.*

Victorio & Lucchino
Plaza Nueva 10. **Stadtplan** 3 B1 (5 C3). *95 450 26 60.* **www**.victorioylucchino.com

Zara
Calle Jose de Velilla 2–4. **Stadtplan** 3 B1 (5 C2). *95 456 00 96.* **www**.zara.es

Parfums

Agua de Sevilla
San Fernando 3. **Stadtplan** 3 C3 (5 D5). *95 450 15 38.* **www**.aguadesevilla.es

Religiöse Objekte

Casa Rodríguez
Calle Francos 35. **Stadtplan** 3 C1 (6 D3). *95 422 78 42.*

Velasco
Calle Chapineros 4 (bei der Calle Francos). **Stadtplan** 3 C1 (6 D3). *95 422 60 38.*

Schuhe

Pilar Burgos
La Campana 3. **Stadtplan** 3 B1 (5 C2). *95 422 68 45.*

Pineda
Plaza Nueva 12. **Stadtplan** 3 B1 (5 C3). *95 456 42 49.*

Córdoba

Kunsthandwerk

Artesanos Cordobeses
Calle Judios s/n (Zoco). *957 20 40 33.*

Manuel Reyes Maldonado
Calle Armas 4. *957 47 91 16.*

Meryan
Calleja de las Flores 2. *957 47 59 02.*

Sombrerería Hermanos de J. Russi
Calle Gondomar 4. *957 47 10 88.*

Zoco Municipal
Calle Judíos s/n. *957 29 05 75.*

Mode

Mango
Avda Gran Capitán 14–16. *957 48 53 54.* **www**.mango.com

Granada

Antiquitäten

Antiquedades Gonzalo Reyes
Meson Placeta de Cauchiles 1. *958 52 32 74.*

Essen und Wein

Flor y Nata
Avda Constitución 13. *958 27 23 45.*

Kunsthandwerk

Artesanía Beas
Santa Rosalia 20. *958 12 00 34.*

Artesanía Francisco Mariscal
Calle Alcaicería 2–11. *958 22 30 11.*

Mercado Árabe
La Alcaicería.

Mode, Schuhe und Accessoires

Adolfo Dominguez
Calle Alhondigas 5. *958 52 31 32.*

Cortefiel
Gran Vía de Colón 1. *958 22 93 99.*

Julio Callejón
Calle Mesones 36. *958 25 87 74.*

Tienda La Victoria
Calle Estribo 8 *958 22 23 47.*

Zara
Calle Recogidas 8. *958 25 80 05.*

Andalusien

Angeles Espinar
Calle Pascual Márquez 8, Villamanrique de Condesa, Sevilla. *95 575 56 20.*

Cerámica Miguel Ruiz
Camino Viejo de Jún s/n, Jún, Granada. *958 41 40 77.*

Trastos Viejos
Autovía E5 km 280, Aldea de los Rios, Guarromán, Jaén. *953 61 51 26.*

Stadtplan Sevilla *siehe S. 108–117*

Souvenirs

Filigransilberarmband

Die starke und dynamische Kultur Andalusiens spiegelt sich in den Artikeln der Märkte und Läden der Region wider. Andalusien hat eine lange Tradition im Kunsthandwerk, sodass seine Städte und Dörfer eine Fülle handgemachter, oft exquisiter Waren herstellen. Viele Städte haben Spezialitäten, so ist Granada z. B. für seine Intarsienarbeiten und im maurischen Stil bemalten Keramiken berühmt, Sevilla für Fächer und *mantillas*, Montilla und Málaga für ihre Weine und Córdoba für Filigransilber, Lederarbeiten und Gitarren.

Traditionelle glasierte Tonkannen aus Úbeda *(siehe S. 154f)* in der Provinz Jaén

Andalusiens Keramiken

Die fruchtbare tonhaltige Erde Andalusiens wurde jahrhundertelang zur Herstellung praktischer und dekorativer Keramiken genutzt. Dazu gehören einfache Tontöpfe *(cazuelas)*, Trinkkrüge *(botijos)*, dekorativ bemalte Fliesen *(azulejos)* sowie Küchen- und Tischgeschirr. Sie können in den Werkstätten oder, viel billiger, auf Regionalmärkten erworben werden.

Keramikschale, mit traditionellen Farben bemalt

Blau-grün gesprenkelte Schale aus Ronda

Schüssel im traditionellen Design aus Córdoba

Nachbildungen von Fliesen (18. Jh.) aus Triana *(siehe S. 102)*

Teppiche

Die andalusische Kunst der Teppichherstellung hat sich über die Jahrhunderte entwickelt. Das berühmteste Gebiet liegt in den Alpujarras (siehe S. 198f), *wo die Teppiche aus verschiedenen Fasern hergestellt werden. In den Farbarrangements dominieren Erd- und Blautöne.*

Lederwaren

Taschen und Gürtel können überall in Andalusien gekauft werden. Geprägtes Leder ist jedoch eine Spezialität von Córdoba (siehe S. 140–146).

Intarsienkästchen

Intarsienarbeiten werden in Granada (siehe S. 190–196) *hergestellt. Kunsthandwerker fertigen u. a. Möbel mit Einlegearbeiten aus Elfenbein und buntem Holz nach maurischer Art.*

Kastagnetten
Die Kastagnetten, ein klassisches Flamenco-Musikinstrument, gibt es in diversen Größen.

Gitarren
Im Land des Flamenco sind Gitarren ein Spezialartikel. Werkstätten in Córdoba stellen erstklassige Einzelstücke her, die hier Gitarristen in Auftrag geben.

Fächer
In der brütenden Hitze Andalusiens ist der Fächer sehr nützlich. Die schönsten sind aus Holz geschnitzt und handbemalt.

Mantillas
Eine mantilla *ist eine Kopfbedeckung aus Spitze, die über einen verzierten Kamm aus Holz oder Plastik drapiert wird.*

Gaumenfreuden Andalusiens

Die Küche Andalusiens bedient sich lokaler Produkte. Es gibt eine Vielfalt von Olivenölen, und der Weinanbau liefert sowohl Sherry-Essig als auch einige der typischsten Weine *(siehe S. 226)* Spaniens. Aus Mandeln entstehen köstliche Süßigkeiten, z. B. eine Nougatart *(turrón)*.

Olivenöl aus den Provinzen Córdoba und Sevilla

Sherry-Essig aus den Sherry-*bodegas*

***Yemas*, im Convento de San Leandro *(siehe S. 77)* hergestellte Süßigkeiten**

Marmelade aus dem Convento de Santa Paula *(siehe S. 90)* in Sevilla

Kräuter und Düfte

Nahezu 800 Jahre maurischer Herrschaft in Andalusien prägten die Küche der Region entscheidend. Viele Gerichte sind mit duftenden, aus Asien eingeführten Gewürzen zubereitet – z. B. mit Kreuzkümmel, Koriander, Paprika und Safran. Die Märkte bieten exotische Gewürze und einheimische, nach Gewicht verkaufte Kräuter.

Safranfäden

Pimentón (Paprika)

Korianderkörner

Kreuzkümmel

Unterhaltung

Das Leben in Andalusien spielt sich auf der Straße ab. Flanieren und Besuche von Tapas-Bars gehören zum Tagesablauf. Als Urlauber übernimmt man diese angenehmen Gepflogenheiten denn auch sehr gerne.

Südspanien hat freilich weitaus mehr zu bieten. Für traditionelle *fiestas* gibt es das ganze Jahr über genügend Anlässe *(siehe S. 38f)*, daneben finden jede Menge Kulturfestivals *(siehe S. 34–37)*, Stierkämpfe *(siehe S. 26f)* und Sportveranstaltungen statt. Musik und Tanz, allen voran der berühmte Flamenco, gehören in Andalusien zum Alltag.

Plakat des Tanzfestivals in Itálica

Wenn im Sommer die Temperaturen tagsüber teilweise bis auf 45 °C klettern, verlagert sich das Leben in den späten Abend. Entsprechend spät beginnen auch viele der genannten Veranstaltungen und Aktivitäten.

Flamenco-Gitarrist bei einem Festival im Teatro de la Maestranza, Sevilla

Information

Die Büros der Fremdenverkehrsämter informieren über alle aktuellen Veranstaltungen vor Ort. Außerdem gibt es zwei überaus nützliche Magazine für Event-Tipps: *El Giraldillo* wird in Sevilla gedruckt, *Qué Hacer/What's On* kommt aus Málaga. Beide erscheinen monatlich, sind kostenlos und bieten Infos für ganz Andalusien.

Jede größere Stadt hat eine eigene Website, der zahlreiche nützliche Informationen zu entnehmen sind. Websites wie die von **Lanetro** und **Guía del Ocio** stellen Infos für ganz Spanien bereit. Wählen Sie einfach aus dem entsprechenden Aufklappmenü die gewünschte Provinz aus.

Kartenvorverkauf

Kartenvorbestellungen für größere Sportereignisse, Opern, Konzerte und Festivals sind meist möglich: an Ticketschaltern, telefonisch oder online. Außerdem bieten spezielle Vorverkaufsstellen diesen Service für fast alle Events überregional an, z. B. **ServiCaixa** und **Entradas.com**.

Flamenco

Sowohl Sevilla als auch Jerez de la Frontera beanspruchen für sich, Geburtsort des Flamenco *(siehe S. 28f)* zu sein. In beiden Städten gibt es *tablaos*, Flamenco-Bars mit Restaurantbetrieb, wo der Eintritt ein Abendessen oder zumindest ein Getränk beinhaltet. In Sevilla findet man die besten *tablaos* im Barrio de Santa Cruz. Ausgezeichnete Vorführungen sieht man in der Regel im **Museo del Baile Flamenco** *(siehe S. 75)*. Empfehlenswert sind außerdem **La Carbonería** und **La Casa de la Memoria de Al Andalus**.

Jerez hat das **Centro Andaluz de Flamenco** sowie andere *tablaos*. In Granada sind die traditionsbewussten Lokale in Sacromonte *(siehe S. 193)* und im Albaicín beheimatet, z. B. **Sala Albayzín** und **Zambra María La Canastera**. Versuchen Sie es in Córdoba im **El Cardenal** sowie im **La Bulería**.

Die zwei wichtigsten Flamenco-Festivals sind die **Bienal de Flamenco** in Sevilla, die in Jahren mit gerader Jahreszahl stattfindet, sowie der **Concurso Nacional de Arte Flamenco** in Córdoba, der alle drei Jahre gefeiert wird (2010, 2013 usw.).

Theater

Fast alle Bühnenstücke werden in Andalusien natürlich auf Spanisch aufgeführt, das sollte allerdings nicht von einem Besuch abhalten. Neben Schauspiel kommen auch klassische Musik, Tanz und Oper auf die Bühne. Sevillas wichtigste Theater sind das **Teatro de la Maestranza** *(siehe S. 68f)*, das **Teatro Lope de Vega** *(siehe S. 97)* und das **Teatro Central**.

In Córdoba besucht man das **Gran Teatro**. Granadas zwei Hauptbühnen sind **Teatro Alhambra** und das **Teatro Isabel La Católica**. Málaga hat das **Teatro Cánovas** und das **Teatro Cervantes**.

Gran Teatro, eines der führenden Theater in Córdoba

Rosario Flores, Andalusiens berühmter Gesangsstar, bei einem ihrer Auftritte

Kino

Ausländische Filme werden in Spanien in den großen Kinos meist synchronisiert gezeigt. Filme in der Originalversion (VO für *versión original)* bringen Kinos wie **Avenida Cines** in Sevilla, die **Filmoteca de Andalucía** in Córdoba und der **Complejo Cinematográfico Gran Marbella** an der Costa del Sol. Von Juni bis Ende August kann man bei *cine de verano* Kino unter freiem Himmel genießen.

Oper und klassische Musik

In Sevilla kommen Opern meist im **Teatro Lope de Vega** oder im **Teatro de la Maestranza** *(siehe S. 68)* zur Aufführung. Spanien hat seine eigene Form der Oper entwickelt: Die Zarzuela ist nicht so sehr Hochkultur und entspricht eher unserer Operette.

Jede der großen Städte leistet sich ihr eigenes Orchester, in Sevilla ist es das **Real Orquesta Sinfónica de Sevilla**. Granada hat eine große Klassik-Kultur: Neben dem **Centro Cultural Manuel de Falla** ist hier das **Festival Internacional de Música y Danza** *(siehe S. 35)* beheimatet, dessen Konzerte nicht zuletzt durch die tolle Kulisse bezaubern.

Rock, Pop und Jazz

International erfolgreiche Rock- und Popbands treten in Spanien vor allem in Madrid und Barcelona auf, aber Andalusien wird für sie immer wichtiger. Für Konzerte nutzt man meist die Fußballstadien oder die Stierkampfarenen. Spaniens Rockszene ist einmalig. Musiker aus Andalusien verleugnen keineswegs ihre Flamenco-Wurzeln, sondern verschmelzen sie mit aktuellen Rock-Harmonien. Auch Einflüsse aus Nordafrika und Südamerika sind deutlich herauszuhören.

Jazz wird in Andalusien seit Langem geschätzt: Sevilla hat das **Naima Jazz Café**, Granada das **Festival de Jazz**. In Tageszeitungen und auf Flyern wird auf aktuelle Konzerte hingewiesen.

La tuna, Traditionssänger in Santa Cruz, Sevilla

Eine interessante wie einzigartige Musiktradition in Spanien bewahren die Mitglieder einer *tuna*: Gruppen von Studenten verkleiden sich als Minnesänger und singen, begleitet von Laute und Mandoline, abends Lieder in den Straßen.

Nachtleben

Das Nachtleben beginnt in Andalusien spät und dauert nicht selten bis zum Morgengrauen. Erster Anlaufpunkt ist meist eine *bar de copas*, in der im Gegensatz zur Tapas-Bar nur getrunken wird. Am Wochenende heizt hier ein DJ ein. Nächster Halt ist dann die *discoteca*, die nicht vor Mitternacht öffnet und sich erst gegen 2 Uhr füllt. Einige Clubs findet man im Stadtzentrum, meist sind sie jedoch am Stadtrand angesiedelt, wo sie keine Anwohner vom Schlaf abhalten.

Wohin man geht, hängt vom Alter, vom Musikgeschmack und nicht zuletzt von den sexuellen Präferenzen ab: In jeder Stadt gibt es Clubs für Schwule und Lesben. Wer nicht zwingend in *dem* In-Club gesehen werden will, der findet gute Discos auch im Viertel Santa Cruz in Sevilla, in der Judería von Córdoba sowie um die Plaza del Realejo und dem unteren Albaicín (z. B. Carrera del Darro und Paseo de los Tristes) in Granada.

Die Sommernächte in den Urlaubsorten der Costa del Sol gestalten sich zum Teil völlig anders als in den Städten Andalusiens. In *bares de copa* und *discotecas* versucht man vor allem den Erwartungen der Urlauber gerecht zu werden. Eine interessante Alternative ist ein Abend im Casino. Abendgarderobe und Ausweis sind hier Pflicht.

Flamenco in einer Bar in Sevilla

Real Escuela Andaluza de Arte Ecuestre, Jerez de la Frontera

Stierkampf

Die Stierkampfarena Maestranza *(siehe S. 68)* von Sevilla ist legendär. Einige der wichtigsten *corridas* der Saison finden hier während der Feria de Abril *(siehe S. 38)* statt. Ronda *(siehe S. 176f)*, Córdoba und Granada haben jeweils ihre eigene Arena.

Gewöhnlich dauert die Stierkampfsaison von April bis Oktober. Unerlässlich ist die Kartenvorbestellung bei dem Auftritt bekannter Matadore und empfehlenswert, wenn Sie im Schatten sitzen wollen *(sombra)*. Leichter kommen Sie an Karten für *novilladas* mit noch nicht ganz qualifizierten Matadoren. Karten werden an der Kasse *(taquilla)* der Arena verkauft.

Fussball

Fußball ist die beliebteste Sportart in Spanien. Sevilla hat zwei rivalisierende Teams: FC Sevilla spielt im **Estadio Ramón Sánchez Pizjuán**, Betis hat im **Estadio Manuel Ruiz de Lopera** Heimspiel.

Weitere erfolgreiche Clubs der Region kommen aus Cádiz und Málaga. Recreativo de Huelva ist der älteste Fußballclub des Landes.

Die spanische Fußballliga wird in drei *divisiones* eingeteilt. Ligaspiele finden zwischen September und Juni sonntagabends statt, einige auch am Samstag. Zeitgleich laufen der Liga-Cup der Copa del Rey und internationale Wettbewerbe, deren Spiele meist in der Wochenmitte ausgetragen werden. Wichtige Begegnungen werden im Fernsehen übertragen, wenn auch oft nur im Bezahl-Fernsehen. Um ein Spiel im Stadion erleben zu können, muss man sich rechtzeitig um Karten kümmern.

Emblem des Clubs Betis Sevilla

Spass für Kinder

Spanier nehmen ihre Kinder in der Regel überallhin mit, selbst abends. Das Unterhaltungsangebot speziell für Kinder ist in Andalusien beachtlich. Die **Isla Mágica** *(siehe S. 104)* in Sevilla ist Andalusiens größter Themenpark. Die **Tivoli World** an der Costa del Sol bietet Spaß für Groß und Klein. In jeder Stadt und überall an der Küste gibt es einen Wasserpark, der sich vor allem an größere Kinder richtet *(siehe S. 249)*. Die Seilbahn **Teleférico Benalmádena** fährt von Tivoli World auf den 800 Meter hohen Monte Calamorro. Auch in Gibraltar gibt es eine Seilbahn *(siehe S. 172f)*.

In Sevilla befahren zahlreiche Ausflugsschiffe den Guadalquivir. Viel Vergnügen bereitet auch eine Fahrt mit dem *vaporcito (siehe S. 165)* durch die Bucht von Cádiz. In Marbella und Sevilla kann man sich in der Kutsche durch die Straßen fahren lassen. In vielen Urlaubsorten an der Küste übernehmen das die kleinen Elektrozüge.

Die Wüste im Hinterland von Almería diente einst als Drehort für Westernfilme *(siehe S. 202)*. Die Stunt-Vorführungen in der Wild-West-Stadt **Mini-Hollywood** bei Tabernas begeistern auch Kinder. Beeindruckend sind die Dressur-Shows der **Real Escuela Andaluza de Arte Ecuestre** *(siehe S. 162)* in Jerez de la Frontera. In Jerez gibt es zudem Andalusiens wohl schönsten **Zoo Botánico**. Der Safaripark **Selwo Aventura** außerhalb von Estepona ist ebenfalls einen Besuch wert. Aquarien gibt es in Roquetas de Mar *(siehe S. 202)* in Almería und Benalmádena. In der **Selwo Marina** von Benalmádena sind Delfine und Pinguine zu bestauen.

Gibraltars Hafen, von der Seilbahn aus gesehen

Auf einen Blick

Information

El Giraldillo
www.elgiraldillo.es

Guía del Ocio
www.guiadelocio.com

Lanetro
www.lanetro.com

Kartenvorverkauf

Entradas.com
☎ *902 22 16 22.*
www.entradas.com

ServiCaixa
www.servicaixa.com

Flamenco

Sevilla

Bienal de Flamenco
www.bienal-flamenco.org

La Carbonería
Calle Levies 18.
Stadtplan 4 D1 (6 E4).
☎ *954 21 44 60.*

Casa de la Memoria de Al Andalus
Calle Ximénez de Enciso 28. **Stadtplan** 4 D2 (6 E4). ☎ *954 56 06 70.*

Córdoba

La Bulería
Calle Pedro López 3.
☎ *957 48 38 39.*

El Cardenal
Calle Torrijos 10.
☎ *957 48 31 12.*
www.tablaocardenal.com

Concurso Nacional de Arte Flamenco
☎ *957 48 06 44.*
www.flamencocordoba.com

Granada

Sala Albayzín
Carretera de Murcia, Mirador San Cristóbal.
☎ *958 80 46 46.*
www.flamencoalbaycin.com

Zambra María La Canastera
Camino del Sacromonte 89. ☎ *958 12 11 83.*
www.granadainfo.com/canastera

Jerez de la Frontera

Centro Andaluz de Flamenco
Palacio de Pemartín, Plaza San Juan 1. ☎ *856 81 41 32.* **www**.centroandaluzdeflamenco.es

Theater

Sevilla

Teatro Central
Avenida José Gálvez, Isla de la Cartuja.
Stadtplan 1 C2.
☎ *955 03 72 00.*
www.teatrocentral.com

Córdoba

Gran Teatro
Avenida Gran Capitán 3.
☎ *957 48 02 37.*
www.teatrocordoba.com

Granada

Teatro Alhambra
Molinos 56.
☎ *958 22 04 47.*

Teatro Isabel La Católica
Acera del Casino.
☎ *958 22 29 07.*

Málaga

Teatro Cánovas
Plaza de El Ejido.
☎ *951 30 89 02.*
www.teatro-canovas.es

Teatro Cervantes
Calle Ramos Marín.
☎ *952 22 41 09.*
www.teatrocervantes.com

Kino

Sevilla

Avenida Cines
Marqués de Paradas 15.
☎ *954 29 30 25.*

Córdoba

Filmoteca de Andalucía
Medina y Corella 5.
☎ *957 48 18 35.*
www.filmotecadeandalucia.com

Marbella

Complejo Cinematográfico Gran Marbella
☎ *952 81 64 21.*
www.cinesgranmarbella.com

Oper und klassische Musik

Sevilla

Teatro de la Maestranza
Paseo de Colón 22.
Stadtplan 3 B2.
☎ *954 22 33 44.*
www.teatromaestranza.com

Real Orquesta Sinfónica de Sevilla
☎ *954 56 15 36.*
www.rossevilla.com

Granada

Centro Cultural Manuel de Falla
Paseo de los Mártires.
☎ *958 22 21 88.*
www.manueldefalla.org

Festival Internacional de Música y Danza
☎ *958 22 18 44.*
www.granadafestival.org

Rock, Pop, Jazz

Sevilla

Naima Jazz Café
Calle Trajano 47.
Stadtplan 1 C5 (5 C1).
☎ *954 38 24 85.*
www.naimacafejazz.com

Granada

Festival de Jazz de Granada
Casa Morisca, Horno del Oro 14.
☎ *958 21 59 80.*
www.jazzgranada.net

Nachtleben

Sevilla

Fun Club
Alameda de Hércules 86.
☎ *650 48 98 58.*
www.salafunclub.com

Gran Casino Aljarafe
Avenida de la Arboleda, Tomares. ☎ *902 42 42 22.* **www**.grancasinoaljarafe.com

Benalmádena

Casino Torrequebrada
Avenida del Sol. ☎ *952 44 60 00.* **www**.casinotorrequebrada.com

Granada

Granada 10
Cárcel Baja 10.
☎ *958 22 40 01.*

Marbella

Casino Nueva Andalucía
Hotel Andalucía Plaza.
☎ *952 81 40 00.*
www.casinomarbella.com

Puerto de Santa María

Casino Bahía de Cádiz
☎ *956 87 10 42.* **www**.casinobahiadecadiz.es

Stierkampf

Córdoba

Plaza de Toros
Avenida de Gran Vía Parque.
☎ *957 45 60 81.*

Granada

Plaza de Toros
Avenida Doctor Olóriz 25.
☎ *958 27 24 51.*

Fussball

Estadio Manuel Ruiz de Lopera (Real Betis)
Avenida Heliópolis, Sevilla.
☎ *954 61 03 40.*
www.realbetisbalompie.es

Estadio Ramón Sánchez Pizjuán (FC Sevilla)
Avenida Eduardo Dato, Sevilla. **Stadtplan** 4 F2.
☎ *902 51 00 11.*
www.sevillafc.es

Spass für Kinder

Benalmádena

Selwo Marina
Parque de la Paloma.
☎ *902 19 04 82.*
www.selwomarina.com

Teleférico Benalmádena
Explanada de Tivoli.
☎ *902 19 04 82.*
www.teleferico.com

Tivoli World
Arroyo de la Miel.
☎ *952 57 70 16.*
www.tivoli.es

Estepona

Selwo Aventura
Autovía Costa del Sol, Las Lomas del Monte.
☎ *902 19 04 82.*
www.selwo.es

Jerez de la Frontera

Zoo Botánico
Calle Taxdirt.
☎ *956 15 31 64.*
www.zoobotanicojerez.com

Tabernas

Mini-Hollywood
Tabernas, Almería.
☎ *950 36 52 36.*

Stadtplan Sevilla *siehe S. 108–117*

Aktivurlaub und Themenferien

Andalusiens Klima eignet sich bestens für einen erlebnis- wie abwechslungsreichen Aktivurlaub: wenig kalte Tage, wenig Regen, fast ganzjährig Sonnenschein. Seine Küsten sind Wassersportparadiese, vom Windsurfen an der Atlantikküste bis zum Gerätetauchen im klaren, ruhigen Wasser des Mittelmeers. Im Hinterland gibt es ausgezeichnete Golfplätze sowie wunderbare Landschaften zum Wandern, Reiten und Klettern. Die beeindruckende Sierra Nevada ist Europas südlichstes Skigebiet und dennoch schneesicherer als viele Regionen der Alpen.

Heißluftballon über Andalusien

Wandern und Trekking

Andalusiens vielfältige Landschaften eignen sich bestens zum Wandern, ob an der Küste, in Wäldern oder Gebirgszügen. Der Frühling gilt dabei als beste Jahreszeit, wenn die Temperaturen noch einigermaßen mild sind und die Pflanzenwelt erblüht. Angesichts der großen Hitze sollte man den Hochsommer für Touren meiden.

Zwei beliebte Regionen für Bergwanderungen sind die Alpujarras *(siehe S. 198f)* und die Sierra de Grazalema *(siehe S. 174)*. In den regionalen Nationalparks gibt es markierte Wanderwege.

Denken Sie an gutes Kartenmaterial. Das spanische Militär (Servicio Geográfico del Ejército) veröffentlicht Karten im Maßstab 1:50 000, noch besser sind die Karten im Maßstab 1:25 000 des Centro Nacional de Información Geográfica (CNIG). Denken Sie an ausreichende Kopfbedeckung, Wanderschuhe und lange Hosen zum Schutz vor dornigen Sträuchern. In höhere Regionen sollten Sie eine warme Jacke mitnehmen. Sorgen Sie für genügend Trinkwasser.

Weitere Informationen bietet die **Federación Andaluza de Montañismo**. Unternehmen wie **Andalucian Adventures** *(siehe S. 250)* und **Spanish Steps** bieten geführte Wanderungen durch die Berge an.

Fahrradfahren

Das Terrain in Andalusien ist vorwiegend bergig und stellt an Radfahrer enorme Anforderungen. Ein Übriges tun die Hitze und wenig rücksichtsvolle Autofahrer. Allerdings werden immer mehr aufgegebene Zugstrecken in »Grüne Wege« *(vías verdes)* umgestaltet: Zwölf verkehrsfreie Routen sind bisher entstanden, etwa die 55 Kilometer lange Vía Verde del Aceite zwischen Jaén und Alcaudete. Informieren Sie sich auf der Website der **Fundación de los Ferrocarriles Españoles** nach dem Streckenverlauf. Organisierte Fahrradferien mit Unterkunft und Verpflegung bietet z. B. **Biking Andalucia** an.

Abstieg von der Sierra Nevada durch die wilden Alpujarras

Angeln an Andalusiens herrlicher Mittelmeerküste

Angeln

An Andalusiens Küste kann man ausgezeichnet angeln, an Flüssen und Seen ist das Angeln wegen chronischen Wassermangels und diverser Naturschutzbestimmungen hingegen nur begrenzt möglich, z. B. im Schutzgebiet der Sierra de Cazorla *(siehe S. 156)*. Informationen über Angelgebiete und Genehmigungen erteilt die **Federación Andaluza de Pesca Deportiva**.

Tier- und Vogelbeobachtung

Einen Einblick in Andalusiens Tier- und Pflanzenwelt bekommt man im Nationalpark Doñana *(siehe S. 130f)*, aber auch andere Schutzgebiete eignen sich für die Tier- und Vogelbeobachtung. **Iberian Wildlife** organisiert Führungen. Mehrere Veranstalter in Tarifa *(siehe S. 169)* bieten Bootsausflüge zur Walbeobachtung, z. B. **Foundation for Information and Research on Marine Mammals**.

Reitsport

Der Reitsport hat in Andalusien eine lange Tradition. Ohne Pferde sind die Feria de Abril in Sevilla *(siehe S. 38)*, Wallfahrt von El Rocío *(siehe S. 38)* und viele andere *fiestas* nicht denkbar. Hauptstadt des Reitsports in Andalusien ist Jerez de la Frontera *(siehe S. 162)* mit der Real Escuela Andaluza de Arte Ecuestre und ihren einmaligen Dressur-Vorführungen.

Bei einem Tagesausritt erlebt man die Landschaften der Region auf einzigartige Weise. Zahlreiche Ställe bieten Kurzausritte und längere Touren auf dem Pferd an. Versuchen Sie es in den Alpujarras bei **Dallas Love** oder bei **Los Alamos** an der Costa de la Luz. Die **Federación Andaluza de Hípica** ist der regionale Dachverband für Reitsport und hält zahlreiche nützliche Informationen bereit.

Zu Pferd an der einsamen Atlantikküste von Zahara bei Cádiz

Golfanlage La Cala de Mijas unweit der Strände von Málaga

Golf

Mehr als 90 Golfanlagen gibt es in Andalusien. Sie konzentrieren sich vor allem an der Costa del Sol (gerne auch »Costa Golf« genannt) und in der Umgebung großer Städte. Meist handelt es sich um 18-Loch-Plätze, die auch Nichtmitglieder gegen eine Gebühr benutzen dürfen. Reservieren Sie rechtzeitig.

Der größte Club ist **La Cala de Mijas** mit einem 6-Loch- und drei 18-Loch-Plätzen. Eine weitere gute Anlage ist **Montecastillo** in Jerez de la Frontera, auf dem die Volvo Masters und andere Turniere ausgetragen werden. Den nächstgelegenen Golfplatz nennt Ihnen die **Federación Andaluza de Golf**.

Tennis

Tennis ist ein weiterer beliebter Sport in Andalusien. Ein Tennisplatz findet sich fast überall. Viele große Hotels bieten ihren Gästen Plätze und Unterricht an, auch Privatclubs stehen Urlaubern offen. Billiger ist es, einen Platz in einer Sportanlage stundenweise zu mieten. Informieren Sie sich bei der **Federación Andaluza de Tenis**.

Wassersport

Die Urlaubsorte an den Küsten bieten vom Kajakfahren bis zum Wasserski alle erdenklichen Wassersportarten an. In den meisten Häfen können seetüchtige Boote gemietet werden. Weitere Informationen erteilt die **Real Federación Española de Vela**.

Die Küste vor Tarifa *(siehe S. 169)* hat ideale Bedingungen zum Surfen. Das Hotel Hurricane *(siehe S. 218)* informiert über Schulen und Ausrüstungsverleih. Die Küsten vor La Herradura in der Provinz Granada und am Cabo de Gata in Almería sind gute Tauchgebiete. Die **Federación Española de Actividades Subacuáticas** nennt Ihnen die nächstgelegene Tauchschule, ob Sie nun einen Einführungs- oder einen Intensivkurs buchen wollen.

In Andalusien gibt es zehn Wasserparks *(parques acuáticos)* mit Rutschen und Pools, die besonders Kindern Spaß machen. Parks finden Sie in Torre del Mar, Torremolinos, Granada, Mijas, Córdoba, Sevilla, Almuñécar, Puerto de Santa María, Huelva und Vera (in Almería).

Flugsport

Erste Anlaufstelle für Flugsport-Enthusiasten ist in Andalusien die **Federación Andaluza de los Deportes Aéreos**.

Die Wetterbedingungen in Andalusien sind fast ganzjährig gut, weshalb viele Sportler zum Gleitschirmfliegen und Fallschirmspringen kommen: **Skydive Spain** hat eine reservierte Sprungzone bei Sevilla und bietet Kurse für Anfänger sowie Tandemsprünge. **Glovento Sur** fliegt stundenweise mit dem Ballon über Granada.

Skifahren

Die **Sierra Nevada** *(siehe S. 197)* ist Europas südlichstes Skigebiet. Die Basisstation liegt auf 2100 Höhenmetern, die höchste Abfahrt beginnt auf 3300 Metern. 80 Pisten stehen zu Verfügung, die längste Abfahrt, die Pista del Águila, misst annähernd sechs Kilometer.

Gleitschirmsurfen ist an den windigen Stränden von Tarifa beliebt

Beeindruckende arabische Bäder in Granada

FKK

Oben-ohne-Baden wird in allen Küstenorten stillschweigend hingenommen, viele haben zudem abgeschiedenere Strandabschnitte für Anhänger der Freikörperkultur eingerichtet. Das Hotel **Vera Playa Club** in Almería richtet sich speziell an Nudisten. Das **Costa Natura** bei Estepona ist ein Urlaubsdorf für Freikörperkultur. Weitere Informationen erhalten Sie bei **Asociación Naturista-Nudista de Andalucía**.

Wellness und Arabische Bäder

Andalusiens traditionelle Heilbäder liegen meist etwas abgelegen. Hier bieten Hotel-Sanatorien ihren Gästen zahlreiche Behandlungen auf der Grundlage der örtlichen Thermalquellen an. Die wichtigsten Heilbäder sind Alhama de Almería, Sierra Alhamilla (Almería), Alhama de Granada, Alicún de las Torres (Granada), Graena (bei Guadix), Lanjarón (in den Alpujarras), San Andrés (Jaén), Carratraca (Málaga), Fuente Armaga bei Tolox (Málaga) und Fuente Amarga bei Chiclana in Cádiz. Die **Asociación Nacional de Estaciones Termales** informiert Sie gerne über das Angebot.

Kurhotels erfreuen sich seit einigen Jahren wachsender Beliebtheit. Diese Häuser sind meist größer und oft luxuriös, liegen in Küstennähe und verfügen über einen Golfplatz. Die Kureinrichtungen sind in der Regel Hotelgästen vorbehalten. Hier geht es weniger um gesundheitliche Aspekte als vielmehr um Wellness- und Schönheitsbehandlungen.

Das **Gran Hotel Guadalpin Byblos** (Mijas Costa) hat sich auf Naturtherapien mit Meerwasser spezialisiert. Charakteristisch: Gesichtsmasken mit Produkten von La Prairie, die zum Teil Kaviar enthalten. Die Gäste des **Hotel La Fuente de la Higuera** in Ronda genießen Gesichtsmasken, Körperpackungen sowie Massagen und Waschungen im türkischen Bad. Das **Incosol Hotel** in Marbella setzt auf Wellness mit Schlankheitskur und Anti-Stress-Behandlung. Das abgeschiedene Kurhotel **Las Dunas** bei Estepona benutzt ausschließlich Produkte aus der Karibik. Das **Marbella Club Hotel** *(siehe S. 217)* liegt direkt am Strand und verweist auf insgesamt 99 verschiedene Thalasso-, Körper- und Schönheitstherapien, darunter eine Gesichtsmassage mit Muschelschale. Das Elysium Spa des **NH Sotogrande** in Sotogrande setzt Behandlungsmethoden wie Unterwassermassage und Farbentherapie ein.

Unter der Herrschaft der Mauren entstanden in Andalusien viele öffentliche Badehäuser, vergleichbar dem türkischen Bad oder Hamam. Die letzten schlossen im 17. Jahrhundert. Neuerdings lassen private Unternehmer diese Kultur wieder aufleben. In Sevilla, Córdoba, Málaga und Granada gibt es entsprechende Einrichtungen mit Massagen, Waschungen und Dampfbad. Der Besuch muss vorab angemeldet werden.

Themenferien

Ein Urlaub in Andalusien lässt sich durchaus mit etwas Nützlichem verbinden. Hierfür bieten Themenferien den passenden Rahmen. Wer etwa tiefer in die Seele des Landes vordringen möchte, kann einen Flamenco-Tanzkurs bei einem Anbieter wie **Cortijo del Caño** in Granada belegen.

Auch beim Kochen lernt man sein Urlaubsland intensiver kennen. **Alhambra Travel** bietet Kurse in mediterranem Kochen an, während man bei **L'Atelier** in den Alpujarras lernt, wie man vegan und vegetarisch auf Spanisch kocht.

Ein Sprachurlaub ist die wohl nachhaltigste Art, die freie Zeit des Jahres auszuschöpfen. In Andalusien allerdings läuft man Gefahr, sich statt des Hochspanischen den regionalen Akzent anzueignen. Viele Privatschulen bieten Sprachkurse zwischen einer Woche und mehreren Monaten an. Ausgezeichnet sind die Kurse derjenigen Institution, die sich ganz offiziell um die Pflege der spanischen Sprache und Kultur bemüht, das renommierte **Instituto Cervantes**.

Weniger spezifisch andalusisch sind die Mal-, Fotografie- und Yoga-Kurse im Angebot von **Andalucian Adventures**. **Complejo Turístico Salitre** gibt in seinem Observatorium hinter Estepona eine überaus interessante Einführung in die Geheimnisse und Schönheiten des Nachthimmels und seiner Sterne.

Landschaftsmalerei in Nerja an der Costa del Sol

Auf einen Blick

Wandern und Trekking

Federación Andaluza de Montañismo
Camino de Ronda 101 (Edificio Atalaya) 7-G, Granada.
958 29 13 40.
www.fedamon.com

Spanish Steps
Calle Carreteria 6, Cómpeta (Málaga).
952 55 32 70.
www.spanish-steps.com

Fahrradfahren

Biking Andalucia
Apartado de Correos 124, Orgiva (Granada).
676 00 25 46.
www.bikingandalucia.com

Fundación de los Ferrocarriles Españoles
www.viasverdes.com

Angeln

Federación Andaluza de Pesca Deportiva
Calle Leon Felipe 2, Almería.
950 15 17 46.
www.fapd.org

Tier- und Vogelbeobachtung

Foundation for Information and Research on Marine Mammals
Pedro Cortés 4, Tarifa.
956 62 70 08.
www.firmm.org

Iberian Wildlife
Apartado de Correos 59, Potes (Kantabrien).
942 73 51 54.
www.iberianwildlife.com

Reitsport

Los Alamos
Apartado 56, Barbate (Cádiz). *956 43 74 16.*
www.losalamosriding.co.uk

Dallas Love Stables
Bubión (Alpujarras).
958 76 30 38.
www.spain-horse-riding.com

Federación Andaluza de Hípica
954 21 81 46.
www.fah.es

Golf

La Cala Resort
La Cala de Mijas, Mijas Costa.
952 66 90 33.
www.lacala.com

Federación Andaluza de Golf
952 22 55 90.
www.fga.org

Montecastillo Barceló Golf Resort
Carretera de Arcos, Jerez de la Frontera.
956 15 12 00.
www.barcelo.com

Tennis

Federación Andaluza de Tenis
954 44 44 33.
www.fatenis.com

Wassersport

Federación Española de Actividades Subacuáticas
950 27 06 12.
www.fedas.es

Real Federación Española de Vela
915 19 50 08.
www.rfev.info

Flugsport

Federación Andaluza de los Deportes Aéreos
Estadio de la Cartuja, Sevilla.
954 32 54 38.
www.feada.org

Glovento Sur
Placeta Nevot 4, Granada.
958 29 03 16.
www.gloventosur.com

Skydive Spain
Apartado de Correos 66, Bolullos de la Mitación.
687 72 63 03.
www.skydivespain.com

Skifahren

Sierra Nevada
902 70 80 90.
www.sierranevada.es

FKK

Asociación Naturista-Nudista de Andalucía
628 80 62 50.
www.naturismo.org/anna

Costa Natura
Carretera de Cádiz km 151, Estepona.
952 80 80 65.
www.costanatura.com

Vera Playa Club
Carretera de Garrucha a Villaricos, Vera (Almería).
950 46 74 75.
www.playahoteles.com

Wellness

Asociación Nacional de Estaciones Termales
915 49 03 00.
www.balnearios.org

Las Dunas Beach Hotel & Spa
Urb. La Boladilla Baja, Ctra de Cádiz km 163,5, 29689 Estepona, Marbella.
952 80 94 00.
www.las-dunas.com

Gran Hotel Guadalpin Byblos
Urbanización Mijas Golf, 29650 Mijas Costa, Málaga.
952 47 30 50.
www.guadalpinbyblos hotel.com

Hotel La Fuente de la Higuera
Partido de los Frontones, 29400 Ronda, Málaga.
952 11 43 55.
www.hotellafuente.com

Incosol Hotel
Urbanización Golf Rio Real, 29603 Marbella, Málaga.
952 86 09 09.
www.incosol.net

NH Sotogrande
Autovía A7, Salida 130, 11310 Cádiz.
956 69 54 44.
www.nh-hotels.com

Arabische Bäder

Córdoba
Calle Corregidor Luis de la Cerda 51.
957 48 47 46.
www.hammamspain.com

Granada
Calle Santa Ana 16.
958 22 99 78.
www.hammamspain.com

Málaga
Tómas de Cozár 13.
952 21 23 27.
www.elhammam.com

Sevilla
Calle Aire 15.
955 01 00 25.
www.airedesevilla.com

Themenferien

Alhambra Travel
Casa Azahar, Calle San Luis 12, Granada.
958 20 15 57.
www.alhambratravel.com

Andalucian Adventures
www.andalucian-adventures.co.uk

L'Atelier
Calle Alberca 21, Mecina Fondales (Alpujarras).
958 85 75 01.
www.ivu.org/atelier

Complejo Turístico Salitre
952 11 70 05.
www.turismosalitre.com

Cortijo del Caño
Lanjarón (Alpujarras).
958 77 12 44.
www.toprural.com/

Instituto Cervantes
91 436 76 00.
www.cervantes.es

PARADA
Coca-Cola
BAR TERRAZA

GRUND-INFORMATIONEN

Praktische Hinweise

Die Wirtschaft Andalusiens hängt stark vom Fremdenverkehr ab. Die Schönheit der Landschaft und das reiche kulturelle Erbe ziehen ganzjährig Besucher an. Manche haben sich sogar in dieser Gegend niedergelassen, verkörpert sie doch für sie das typisch Spanische: fruchtbare Tonerdelandschaften, Olivenhaine, Stierkämpfe *(corridas)* und den Flamenco.

Logo der Junta de Andalucía

Ereignisse wie die Expo '92 in Sevilla, der 500. Geburtstag von Kolumbus, die Ski-Weltmeisterschaften in der Sierra Nevada (1996) und das für Legado Andalusí 1995 geschaffene Kulturprogramm haben zu einer Erweiterung touristischer Einrichtungen und einer verbesserten Infrastruktur geführt. Die Junta de Andalucía betreibt Fremdenverkehrsbüros in der Region, die mit Prospekten, Karten und Broschüren weiterhelfen. Nehmen Sie sich nicht zu viel auf einmal vor, sondern passen Sie sich dem gemächlicheren Landesrhythmus an.

Prospekte der Junta de Andalucía gibt es in mehreren Sprachen

Information

Die meisten Großstädte in Andalusien haben mehrere Fremdenverkehrsbüros *(Oficinas de Turismo)*. Turespaña gibt überregionale Auskünfte über Spanien, während die Büros der Junta de Andalucía über Andalusien informieren. Die auch in Kleinstädten vorhandenen Fremdenverkehrsbüros haben eigene Prospekte über ihre jeweilige Umgebung.

Die Informationsbüros sind gut organisiert und bieten u. a. Broschüren über Denkmäler, Ausflüge, Notdienste und Übernachtungen. Sie publizieren eine Reihe von Prospekten über örtliche Feste und beraten über Nachtleben, Theater und Flamenco-Shows. Weitere Informationen über Sport, Ausstellungen und Konzerte erhalten Sie aus den Tageszeitungen *(siehe S. 263)*. Wenn Sie eine Führung in einer Stadt machen wollen, wird Sie das Büro an eine Reihe mehrsprachiger Agenturen vermitteln. Das Kulturprojekt El Legado Andalusí (»Das Vermächtnis Andalusiens«) konzentriert sich auf Andalusiens maurisches Erbe in Form von Ausstellungen und geführten Kulturtouren.

Eintrittspreise

Für einige Denkmäler und Museen ist der Eintritt für Spanier und Bürger der Europäischen Union frei. Für andere wird eine geringe Gebühr erhoben (Kinder bis zwölf zahlen meist die Hälfte). Große Gruppen können 50 Prozent Nachlass erhalten. Es wird in der Regel nur Barzahlung akzeptiert.

Karten für das Hospital de los Venerables, Sevilla *(siehe S. 81)*

Öffnungszeiten

Die Öffnungszeiten für Denkmäler und Museen können beträchtlich variieren. Von Oktober bis März öffnen die meisten Museen zwischen 9.30 und 10 Uhr und schließen zur Siesta um 13.30 bzw. um 14 Uhr. Sie öffnen wieder gegen 16.30 Uhr bis 18 bzw.

Besucher auf einer geführten Tour durch Sevilla

◁ **Café und Kathedrale *(siehe S. 164)* an der Plaza del Pío XII, Cádiz**

Ein Straßenmusikant unterhält Besucher vor einer Bar

20 Uhr. Die meisten sind sonntagnachmittags geschlossen. Während der Hauptsaison sind viele Museen täglich geöffnet.

Fast alle Kirchen öffnen nur zur Messe, doch in Kleinstädten gibt es oft einen Verwalter, der Besuchern aufschließt.

Kirchenbesuche

Sonntags gibt es stündlich eine Messe, werktags nur eine, etwa zwischen 7 und 9 Uhr. In den meisten Kirchen sind Besucher während einer Messe in der Kirche ebenfalls willkommen.

Die Kleidervorschriften sind nicht so streng wie in anderen katholischen Ländern. Tragen Sie keine knappen Shorts und bedecken Sie bloße Arme.

Etikette

Der offene, freundliche Charakter der Spanier äußert sich darin, dass sich Fremde im Lift oder – in Kleinstädten – sogar auf der Straße grüßen: *¡Hola!*, *¡Buenos días!* oder *¡Buenas tardes!* Es gilt als höflich, dass sich einander bekannte Personen zur Begrüßung die Hand schütteln und dass sich Frauen auf beide Wangen küssen.

Rauchen ist in Kinos, Aufzügen oder öffentlichen Verkehrsmitteln untersagt. Nichtraucherbereiche sind seit 2006 gesetzlich vorgeschrieben. Die Spanier trinken bis nach dem Abendessen selten Alkohol, ohne etwas dazu zu knabbern. Es gilt gemeinhin als unhöflich, eine Runde Drinks zu »schmeißen« – außer man kennt die anderen Gäste sehr gut.

Während das Oben-ohne-Baden an der Costa del Sol akzeptiert ist, wird es an vielen anderen Küstenabschnitten nicht gern gesehen.

Trinkgeld

Ein Betrag für den Service *(servicio)* ist gewöhnlich in der Rechnung enthalten *(siehe S. 221)*, doch es ist üblich, bei Zufriedenheit bis zu zehn Prozent der Summe als Trinkgeld dazuzugeben.

Beschwerdebuch

Wenn Sie mit dem Service nicht zufrieden sind, dürfen Sie nach dem *Libro de Reclamaciones* verlangen. Dies ist ein offizielles Beschwerdebuch für Kunden, das regelmäßig von der Kommunalbehörde inspiziert wird. Benutzen Sie es nur bei sehr üblen Vorfällen oder drohen Sie damit, wenn Sie vermuten, betrogen zu werden.

Hinweis, dass dieses Haus ein *Libro de Reclamaciones* hat.

Toiletten

Öffentliche Toiletten sind äußerst rar. Es gibt jedoch an jeder Ecke eine Bar, und in den meisten kann man unbehelligt die *servicios* benutzen. In der Tat ist das gesetzlich festgelegt. Ein »D« an der Tür bedeutet *damas* (Damen), ein »C« dagegen heißt *caballeros* (Herren).

Münztoiletten gibt es kaum, höchstens in einigen neueren Bauten. Wo es Toilettenpersonal gibt, ist es üblich, etwas Kleingeld zu geben.

Auf einen Blick

Information

Fremdenverkehrsbüros
Avenida de la Constitución 21, Sevilla. **Stadtplan** 3 C2 (5 C4).
95 422 47 60.
Costurero de la Reina, Paseo de las Delicias 9, Sevilla.
Stadtplan 3 C4.
95 423 44 65.
Calle Torrijos 10, Córdoba.
957 35 51 79.
C/Mariana Pineda s/n, Granada.
958 24 71 28.
www.andalucia.org

Spanisches Fremdenverkehrsamt
Kurfürstendamm 63, 10707 Berlin.
01803-00 26 47.
Für andere Städte siehe unter **www**.spain.info

Gottesdienste

Katholisch
Iglesia del Señor San José
Calle San José 17, Sevilla.
Stadtplan 4 D1 (6 E4).
95 422 03 19.

Jüdisch
Sinagoga
Urbanización el Real km 184, Marbella.
95 277 40 74.

Muslimisch
Mezquita
Carretera de Cádiz km 178, Marbella.
95 277 41 43.

Eine ausländische Studentin ruht sich an einem Brunnen in Sevilla aus

Einreise und Zoll

Auch Spanien wendet das Schengen-Abkommen an, Grenzkontrollen werden nur noch ausnahmsweise durchgeführt. Bürger aus EU-Staaten und der Schweiz benötigen für die Einreise lediglich einen gültigen Personalausweis oder einen Reisepass. Deutsche Kinderausweise werden anerkannt. Kinder unter 16 Jahren können auch einreisen, wenn sie im Pass eines Elternteils eingetragen sind.

Für Bürger aus anderen EU-Ländern gibt es bei der Einreise nach Spanien keine Mengenbeschränkungen für Waren, sofern sie dem persönlichen Bedarf dienen.

Wenn Sie vorhaben, längere Zeit in Spanien zu bleiben, informieren Sie sich unbedingt rechtzeitig (d. h. einige Monate vorher) bei der Spanischen Botschaft in ihrem Heimatland über eventuell notwendige Einreisedokumente oder andere Unterlagen.

Botschaften und Konsulate

Bei Verlust Ihres Passes, bei benötigter Rechtsauskunft oder sonstiger Hilfe benachrichtigen Sie Ihre Botschaft oder Ihr Konsulat. Die meisten größeren Städte stellen Dolmetscher, die oft bei der Polizei anzutreffen sind *(siehe S. 258)*. An der Costa del Sol hilft das Ausländeramt im Rathaus *(Departamento de Extranjeros)* weiter.

Botschaften

Deutsche Botschaft
Calle Fortuny 8,
28010 Madrid. ☎ *91 557 90 00.*
www.madrid.diplo.de

Deutsches Generalkonsulat
Calle Fernández y González 2,
Edificio Allianz. ☎ *954 23 02 04.*
www.sevilla.diplo.de

Österreichische Botschaft
Paseo de la Castellana 91,
28046 Madrid. ☎ *91 556 53 15.*
www.aussenministerium.at/madrid

Schweizer Botschaft
Calle de Nuñez de Balbao 35,
28001 Madrid. ☎ *91 436 39 60.*
www.eda.admin.ch/madrid

Strom

Die Stromspannung in Spanien beträgt 230 Volt bei 50 Hz. Die zweipoligen Eurostecker passen überall.

Behinderte Reisende

Moderne Gebäude haben in der Regel für Behinderte geeignete Einrichtungen in Form von Lift, Rampe und Spezialtoiletten. Bei gewissen Sehenswürdigkeiten wird der Eintritt aufgrund der baulichen Gegebenheiten nicht möglich sein. Die Fremdenverkehrsämter oder das Personal der entsprechenden Sehenswürdigkeit geben Auskunft über Rollstuhlzugänge. Die Informationen sind leider nicht immer vollständig.

Servi-COCEMFE in Madrid informiert über Hotels, die für behinderte Reisende entsprechend ausgerüstet sind *(siehe S. 209)*. Auch **ECOM**, die Dachorganisation für private Behindertenorganisationen, kann bei der Reiseplanung weiterhelfen.

Die spanische Reiseagentur **Viajes 2000** hat sich auf die Organisation von Reisen für Behinderte spezialisiert. In Deutschland organisiert der **Bundesverband Selbsthilfe Körperbehinderter e.V.** regelmäßig Reisen ins Ausland.

Reitvergnügen in der Provinz Granada

Verkehrszeichen

Viele Straßen in andalusischen Städten sind mit schönen Schildern versehen. Sie bestehen meist aus weißen Fliesen mit einer gemalten Borte und zeigen oft das Emblem der Stadt oder der Provinz. So zeigt das Schild der Calle Barrio Alto einen Granatapfel *(granada)*, das historische Emblem der Stadt Granada.

Bunte Straßenschilder finden sich überall

Studenten

Sevilla, Granada und Córdoba sind das Ziel vieler Studentinnen und Studenten aus aller Welt, von denen viele die spanische Sprache lernen wollen. Die meisten Großstädte haben ein **Centro de Documentación y Información Juvenil** mit Informationen für Studenten und junge Leute. Ein gültiger internationaler Studentenausweis bringt einige Preisnachlässe.

Den internationalen Studentenausweis ISIC (International Student Identity Card) können Vollzeitstudenten bei ihrer Universität beantragen (Informationen unter www.isic.de).

Ortszeit

Auf dem spanischen Festland gilt dieselbe Zeit wie in Mitteleuropa (MEZ). Im Sommer werden die Uhren ebenfalls auf die Mitteleuropäische Sommerzeit (MESZ) eingestellt. Es gibt keinen Zeitunterschied zu Deutschland, Österreich und der Schweiz.

Adressen

Beim Sprechen, auf Karten und in anderen schriftlichen Formen lassen die Spanier oft das Wort *Calle* beim Straßennamen weg. Andere Bezeichnungen wie *Plaza*, *Callejón*, *Carretera* und *Avenida* bleiben jedoch unverändert. Bei Anschriften bedeutet s/n *(sin número)* nach dem Straßennamen, dass das Gebäude keine Hausnummer hat. Adressen außerhalb von Ortschaften können beispielsweise lauten: »Carretera Córdoba–Málaga, km 47« – d. h., das Gebäude befindet sich an der Carretera (Straße) von Córdoba nach Málaga bei Kilometer 47.

Mobiltelefone und Roaming

Die EU legte im Frühjahr 2009 eine weitere Begrenzung der Roaming-Gebühren in den Mitgliedstaaten fest. Der Minutenpreis beträgt demzufolge für ein abgehendes Telefonat 0,43 €, ein ankommendes Gespräch kostet 0,19 € pro Minute. Die Preisobergrenze für eine SMS beläuft sich auf 0,11 € (alle Preise zzgl. Mehrwertsteuer). Informieren Sie sich vorab über die Roaming-Tarife Ihrer Telefongesellschaft *(siehe auch S. 262)*.

Spanische **Prepaid-Karten** sind eine günstige Alternative. Oder Sie kaufen sich eine **Telefonkarte Comfort** der Deutschen Telekom, mit der Sie sich mit einem beliebigen Telefon ins spanische Telefonnetz einwählen können.

Bei Verlust Ihres Handys lassen Sie umgehend die SIM-Karte sperren (Vorwahl 0049): **T-Mobile:** 1803 302 828 bzw. 1805 229 494 (Prepaid), **Vodafone:** 172 12 12 bzw. 172 229 11 (Prepaid), **E-Plus:** 177 10 00 bzw. 177 11 50 (Prepaid), **O_2:** 1805 62 43 57 (auch für Prepaid).

Auf einen Blick

Informationen für Behinderte

Cruz Roja Española
Eduardo Dato 16, 28010 Madrid.
91 357 07 07.
www.cruzroja.es

ECOM
Gran Via de les Corts Catalanes 562,
08011 Barcelona.
93 451 55 50.
FAX *93 451 69 04.*
www.ecom.cat

Oficina de Turismo para Personas Discapacitadas
Ceadis Calle Fray Isidoro de Sevilla 1, 41001 Sevilla.
95 491 54 44.
FAX *95 491 54 45.*

Servi-COCEMFE
C/Luis Cabrera 63,
28002 Madrid.
91 744 36 00.
www.cocemfe.es

Viajes 2000
Paseo de la Castellana 228–230,
28046 Madrid.
91 323 11 07.
www.viajes2000.com

Bundesverband Selbsthilfe Körperbehinderter e.V.
Altkrautheimer Straße 20,
74238 Krautheim.
(06294) 428 10.
www.bsk-ev.org

Studenten

La Casa de la Juventud
Campo Madre de Dios s/n,
14010 Córdoba.
957 76 47 07.

Centro de Información Juvenil
Calle Castelar 22,
41001 Sevilla.
Stadtplan 2 D5 (6 E1).
955 33 63 50.
FAX *955 33 63 60.*

Centro Provincial de Documentación y Información Juvenil
Avenida de Madrid 5,
Tercera Planta,
18012 Granada.
958 02 58 50.

Sicherheit und Notfälle

Beamter der *Policía Nacional*

Andalusien ist im Großen und Ganzen für Besucher sicher. Allein reisende Frauen werden im Allgemeinen nicht belästigt, müssen aber mit »Komplimenten« von Männern rechnen. Taschendiebstahl kommt allerdings sehr häufig vor, sodass man an touristischen Plätzen und in überfüllten Bussen vorsichtig sein sollte. Tragen Sie möglichst keine teuren Gegenstände wie auffällige Uhren oder Schmuckstücke.

Wenn Sie während Ihres Aufenthalts krank werden, können Sie sich bei der nächsten Apotheke Rat holen. Empfehlenswert ist eine Reiseversicherung vor Antritt des Urlaubs.

Persönliche Sicherheit

Taschendiebe gibt es häufig in bevölkerten Gegenden, vor allem auf großen Plätzen und Märkten. Seien Sie vorsichtig bei Leuten, die nach der Zeit fragen, da Sie möglicherweise abgelenkt werden sollen, während sich jemand an Ihre Tasche oder Ihren Geldbeutel heranmacht. Wenn Sie einen Motorroller haben, sollten Sie ihn – vor allem in Sevilla und Málaga – gut mit einer Spezialkette sichern.

Geldkarten mit Geheimzahl sind im Vergleich zu Bargeld sicherer. Tragen Sie nur die Fotokopie Ihres Passes bei sich; den Originalpass lassen Sie im Hotelsafe. Wenn Sie ein Auto haben, lassen Sie keine Wertgegenstände darin und parken Sie es auf einem bewachten Parkplatz.

Als Opfer eines Raubüberfalls sollten Sie sich unverzüglich, auf alle Fälle aber innerhalb von 24 Stunden, an die Polizei wenden und Anzeige erstatten *(poner una denuncia)*. Lassen Sie sich diesen Vorgang unbedingt bestätigen.

Das bunte Straßenleben bedeutet, dass Sie selten allein (und damit gefährdet) sind. Frauen können jedoch durch Kommentare von Männern belästigt werden. Dieser unschöne Zeitvertreib *(piropo)* ist leider verbreitet, aber keine ernste Bedrohung.

In Sevilla gibt es keine besonders berüchtigten Gegenden. Verhalten Sie sich selbstsicher: Benutzen Sie nachts keine Straßenkarten und erwecken Sie den Anschein, dass Sie genau wissen, wohin Sie wollen. Wenn Sie in Granada die Sacromonte-Höhlen wegen des Zigeuner-Flamencos besuchen *(siehe S. 193)*, empfiehlt es sich, in Gruppen zu gehen und auf seine Sachen zu achten.

Benutzen Sie nur Taxis mit Lizenznummer und vermeiden Sie in der Nacht öffentliche Verkehrsmittel, wenn Sie allein sind.

Wagen der *Policía Nacional*

Streifenwagen der *Policía Local*, vorwiegend in Kleinstädten zu sehen

Berittene Polizei der *Policía Nacional*

Polizei

Es gibt drei Arten von Polizei in Spanien: die *Guardia Civil*, die *Policía Nacional* und die *Policía Local*. Wenn Sie Kontakt zur Polizei aufnehmen, dann unbedingt mit Personalausweis.

Außerhalb der Hauptstädte werden Sie meist die grün uniformierte *Guardia Civil* antreffen. Diese patrouilliert auf den Verkehrsstraßen und hilft Ihnen durchaus auch bei einer Panne *(siehe S. 271)*.

An die dunkelblau uniformierte *Policía Nacional* kann man sich am besten wenden, vor allem nach einem Verbrechen. Sie hat viele verschiedene Verantwortungsbereiche, inklusive der Beweisaufnahme. In größeren Städten schützt die *Policía Nacional* auch Einrichtungen wie Regierungsgebäude, Botschaften und Zentralbanken.

Die *Policía Local* überwacht routinemäßig die Kleinstädte und Dörfer.

Notrufnummern

Europäische Notrufnumer
(Ambulanz, Polizei, Feuerwehr)
112.

Polizei
091.

Verkehrspolizei
Sevilla *95 462 11 11.*
Córdoba *957 20 30 33.*
Granada *958 15 36 00.*

Apotheken

Gehen Sie bei kleineren Beschwerden in eine Apotheke *(farmacia)*; die Apotheker sind sehr gut ausgebildet. Sie verkaufen eine breite Palette an Medikamenten inklusive Antibiotika.

Farmacias sind mit einem grünen oder roten Neonkreuz gekennzeichnet. Auch die Dörfer sind mit Apotheken gut versorgt. Ihre Öffnungszeiten entsprechen denen der meisten anderen Läden in Andalusien (9.30–13.30 und 16–20 Uhr). Mindestens eine Apotheke hat außerhalb dieser Zeiten Notdienst *(de guardia)* sowie Nacht- und Sonntagsdienst.

Spanisches Apothekenzeichen

Medizinische Versorgung

Falls Sie weitergehende medizinische Hilfe brauchen, wenden Sie sich an die nächste *urgencias*, die Unfallstation eines Krankenhauses.

Viele Städte haben mehrere Krankenhäuser; die Costa del Sol besitzt ein an der Küstenstraße (N340), direkt östlich von Marbella gelegenes Krankenhaus. Die meisten Krankenhäuser stellen Dolmetscher, die Englisch und manchmal auch andere Sprachen sprechen.

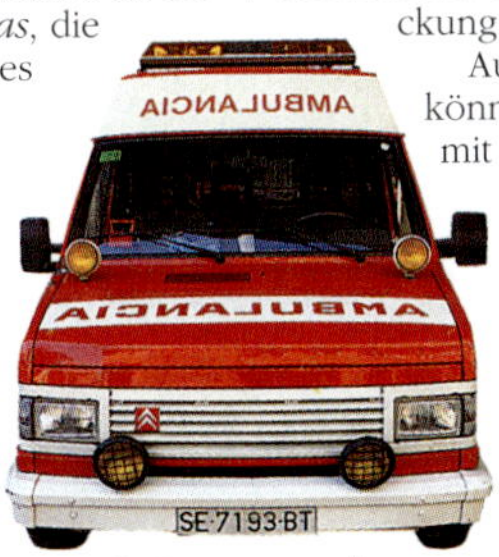

Rettungswagen des Roten Kreuzes

Das Rote Kreuz *(Cruz Roja)* hat ein ausgedehntes Netzwerk in Spanien und einen Ambulanzdienst.

Mitglieder der EU erhalten kostenlose Notfallbehandlung durch die staatliche medizinische Versorgung, jedoch nicht durch private Einrichtungen. Hierfür legt man beim Arzt oder im Krankenhaus die Europäische Krankenversicherungskarte (European Health Insurance Card, EHIC) vor – sie ist identisch mit der normalen Krankenversichertenkarte einer (gesetzlichen) Krankenversicherung. Nicht alle medizinischen Untersuchungen und Behandlungen sind mit der Karte abgedeckt. Spezielle Leistungen müssen Sie unter Umständen selbst zahlen.

Privatversicherte mit einer Auslands-Reisekrankenversicherung müssen eventuell die Behandlungskosten im Urlaubsland auslegen und später die Belege bei ihrer Versicherung einreichen.

Vorsichtsmassnahmen

Seien Sie vorsichtig in Bezug auf die Sonne, vor allem zwischen Mai und Oktober. Dann erreichen die Temperaturen bis zu 45 °C. Vermeiden Sie Spaziergänge in der Mittagssonne, bleiben Sie möglichst im Schatten. Trinken Sie viel Mineralwasser. Bei Besichtigungen sind Sonnenbrille und Kopfbedeckung wichtig.

Auf dem Land können Sie Schildern mit einem Stierzeichen oder der Bezeichnung *Toro bravo* (wilder Stier) begegnen. Nähern Sie sich diesen Stieren auf keinen Fall: Es sind extrem gefährliche Tiere.

Rechtsbeistand

Wenn Sie in einen Unfall verwickelt sind und einen Anwalt benötigen, erkundigen Sie sich bei Ihrer Botschaft oder beim Konsulat *(siehe S. 256)*. Erwarten Sie aber nicht, dass alle Anwälte Deutsch sprechen. Polizeiwachen engagieren manchmal Dolmetscher *(intérpretes)*. Gegebenenfalls kann es notwendig sein, einen gegen Bezahlung hinzuzuziehen. Dafür kommen die qualifizierten *Traductores Oficiales* oder *Jurados* infrage.

Auf einen Blick

Fundbüros

Sevilla
Oficina de Objetos Perdidos, Almansa 21.
Stadtplan 4 D3.
95 421 50 64.

Córdoba
Comisaria de Policía, Avenida Doctor Fleming 2.
957 59 45 00.

Granada
Ayuntamiento, Plaza del Carmen 5.
958 24 81 00.

Medizinische Versorgung

Cruz Roja
Hospital Victoria Eugenia, Avenida de la Cruz Roja, Sevilla.
Stadtplan 2 E4.
95 435 14 00.
www.cruzroja.es

Hospital Costa del Sol
Carretera Nacional 340, km 187, Marbella, Málaga.
95 282 82 50.
www.hcs.es

Hospital General
Avenida de las Fuerzas Armadas, Granada.
95 802 00 00.

Hospital Nuestra Señora de Valme
Carretera de Cádiz, Sevilla.
95 501 50 00.

Hospital Reina Sofía
Avenida Menéndez Pidal s/n, Córdoba.
95 701 00 01.
www.hospitalreinasofia.org

Rechtsbeistand

Asociación Profesional de Traductores e Intérpretes
Plaza de los Mostenses 1, 28615 Madrid.
91 541 07 23.
www.apeti.org.es

Banken und Währung

Es gibt in Spanien keine Devisenbeschränkungen bei Ein- oder Ausreise. Allerdings sollte jeder Betrag, der 6000 Euro übersteigt (egal ob bar oder als Scheck), deklariert werden. In größeren Läden und Restaurants werden meist die gängigen Kreditkarten akzeptiert. Fremdwährungen, etwa Schweizer Franken, wechselt man am besten in einer Bank. Selbst in kleinen Städten (wenn auch nicht unbedingt in Dörfern) gibt es eine oder zwei Banken. Andere Möglichkeiten für den Eintausch von Reiseschecks und für Geldwechsel sind die *casas de cambio*, Hotels und Reisebüros.

Öffnungszeiten

Die meisten Banken haben an Werktagen von 8 bis 14 Uhr geöffnet. Einige öffnen auch samstags bis 13 Uhr. Die Filialen großer Banken im Zentrum von Großstädten haben inzwischen verlängerte Schalterzeiten an Wochentagen – Sie sollten sich allerdings nicht darauf verlassen. Fast jede Bank bietet einen oder mehrere Geldautomaten – natürlich 24 Stunden täglich. Banken sind an öffentlichen Feiertagen *(siehe S. 37)* so gut wie immer geschlossen. Während der *Feria*-Woche einer Stadt *(siehe S. 38f)* sind sie nur von 9 bis 12 Uhr geöffnet, damit die Angestellten auch am fröhlichen Treiben teilnehmen können.

Logo der BBVA, Banco Bilbao Vizcaya Argentaria

Geldwechsel

Viele Banken haben einen mit *Cambio* oder *Extranjero* gekennzeichneten Schalter. Nehmen Sie zum Geldwechseln immer Ihren Personalausweis mit. Mit der Kreditkarte können Sie bis zu 500 Euro oder mehr abheben.

Wechselstuben mit der Aufschrift *Cambio* oder *Change* verlangen deutlich höhere Wechselgebühren als Banken. Bei *Cajas de ahorro* (Sparkassen), die in fast jedem Ort vertreten sind, können Sie ebenfalls Geld wechseln. Sie öffnen in der Regel an Werktagen von 8.30 bis 14 Uhr, donnerstags zusätzlich von 16.30 bis 19.45 Uhr.

Kreditkarten und Reiseschecks

Die wenigsten Probleme hat man mit einer Kreditkarte, sei es **MasterCard**, **Visa**, **Diners Club** oder **American Express**. Sie werden an Tausenden von Stellen (Läden, Restaurants, Museen etc.) akzeptiert. Bei Banken kann man Geld mit der Kreditkarte abheben. Wenn Sie mit der Kreditkarte bezahlen, wird sie in ein Lesegerät eingeführt. Manchmal müssen Sie jedoch zusätzlich Ihre vierstellige Geheimzahl eingeben.

Sie können mit Ihrer Maestro- bzw. EC-Karte nicht nur Geld »ziehen«, sondern vermehrt auch direkt bezahlen. Die Karte funktioniert dann als Debit-Card. Moderne Systeme akzeptieren z. T. auch schon die GeldKarte. Etwas Bargeld sollte man natürlich immer dabeihaben.

Reiseschecks finden immer weniger Verbreitung, werden aber in Spanien akzeptiert. Der Umtausch von American-Express-Schecks bei einer American-Express-Filiale ist gebührenfrei. Schecks über 3000 Euro sollten Sie bei der Bank 24 Stunden vorher anmelden. Den jeweiligen Kaufbeleg sollten Sie bis zur Heimreise bei sich haben, um Schwierigkeiten beim Zoll zu vermeiden.

Geldautomaten

Wenn Ihre Karte das **Maestro-** bzw. EC-Zeichen trägt, können Sie jederzeit an Geldautomaten Geld abheben (bis zu Ihrem individuellen Tageslimit). Fast alle Maschinen akzeptieren auch MasterCard- oder Visa-Karten (allerdings nur, wenn diese Kreditkarten mit einer PIN gekoppelt sind). Die meisten Geldautomaten bieten die Anweisungen in mehreren Sprachen (Spanisch, Deutsch, Englisch). Die Gebühren für eine Abhebung betragen etwa vier Euro, diese Gebühr ist von Bank zu Bank unterschiedlich.

An den Geldautomaten von Servi Caixa können Sie auch Tickets für Theater, Konzert oder Kino kaufen und somit oft lange Warteschlangen vermeiden. An den Geldautomaten dieser Sparkasse können Sie auch das Guthaben Ihres Prepaid-Handys nachladen.

In manchen Fällen ist eine EU-Standard-Überweisung in Betracht zu ziehen, z. B. bei der Reservierung eines Hotels oder Leihwagens. Mit dem Formular können Sie Beträge bis zu 50 000 Euro innerhalb der EU überweisen. Allerdings brauchen Sie die IBAN (International Bank Account Number) und die BIC (Bankleitzahl) des Empfängers.

Wenn Ihre Kredit- oder Maestro-Karte gestohlen wurde, rufen Sie sofort eine Notrufnummer zur Sperrung an. Damit ist Ihre Haftung meist auf 50 Euro begrenzt.

Auf einen Blick

Kartenverlust

Allg. Notrufnummer
0049 116 116.
www.116116.eu

American Express
902 37 56 37.

Diners Club
902 40 11 12.

MasterCard
900 97 12 31 (in Spanien).
001 31 42 75 66 90.

Visa
900 99 11 24.

Maestro-/EC-Karte
0049 69 740 987.

Währung

Die europäische Gemeinschaftswährung Euro (€) gilt in 16 EU-Staaten: Belgien, Deutschland, Finnland, Frankreich, Griechenland, Irland, Italien, Luxemburg, Malta, Niederlande, Österreich, Portugal, Slowakei, Slowenien, Spanien und in der Republik Zypern. Alte Peseten-Scheine und Münzen sind ungültig, können jedoch bei der Banco de España unbefristet umgetauscht werden (www.bde.es).

Alle Euroscheine sind einheitlich gestaltet, bei den Münzen prägt jedes Land unterschiedliche Rückseiten. Seit 2004 kann jeder Eurostaat einmal jährlich eine Zwei-Euro-Gedenkmünze bedeutender Ereignisse (z. B. Olympische Spiele) herausgeben. Alle diese Münzen gelten in jedem Staat der Eurozone.

Euro-Banknoten
Euro-Banknoten gibt es in sieben Werten (5, 10, 20, 50, 100, 200 und 500 €). Die unterschiedlich großen Scheine wurden von dem Österreicher Robert Kalina entworfen und zeigen Architekturelemente und Baustile verschiedener Epochen, eine Europakarte und die EU-Flagge mit den zwölf Sternen.

5-Euro-Schein (Baustil: Klassik)

10-Euro-Schein (Baustil: Romanik)

20-Euro-Schein (Baustil: Gotik)

50-Euro-Schein (Baustil: Renaissance)

100-Euro-Schein (Baustil: Barock & Rokoko)

200-Euro-Schein (Eisen- und Glasarchitektur)

500-Euro-Schein (Moderne Architektur des 20. Jhs.)

2-Euro-Münze

1-Euro-Münze

50-Cent-Münze

20-Cent-Münze

10-Cent-Münze

Euromünzen
Euromünzen gibt es in acht Werten (2€, 1€ sowie 50, 20, 10, 5, 2 und 1 Cent). Die einheitlichen Vorderseiten entwarf der Belgier Luc Luycx; die Rückseiten sind in jedem Land anders gestaltet. Auch San Marino, der Vatikanstaat und Monaco prägen eigene Münzen.

5-Cent-Münze

2-Cent-Münze

1-Cent-Münze

Kommunikation und Medien

Logo der Postämter *(correos)*

Das spanische Telefonsystem wird von der *Telefónica* betrieben. Es funktioniert reibungslos, ist aber eines der teuersten Europas. Die meisten Auslandsverbindungen sind sehr gut. Es gibt auch genügend öffentliche Telefone. Das spanische Postwesen entspricht dem europäischen Standard und arbeitet zuverlässig und schnell. Radio und Fernsehen sind sehr beliebt. Regionalzeitungen sind in Andalusien gefragter denn je, die Verkaufszahlen liegen allerdings unter dem spanischen Durchschnitt.

Telefonieren

In Spanien telefoniert man gern und viel. Folglich gibt es viele Telefonzellen *(cabinas telefónicas)* an Straßen und öffentliche Telefone in Bars, auch wenn diese im Handy-Zeitalter langsam weniger werden. Sie können auch von Kabinen der Fernsprechämter *(locutorios)* aus anrufen und danach bezahlen. Büros haben ebenfalls Telefon und Fax.

Öffentliche Telefone funktionieren mit Münzen oder Telefonkarten *(tarjetas telefónicas)*. Die Zellen *(cabinas)*

Logo der Telefongesellschaft Telefónica

an der Straße gibt es oft in doppelter Ausführung, eine für Münzen, die andere für Karten. Telefonkarten gibt es in Tabakläden *(estancos)* und an zahlreichen Kiosken.

Am einfachsten sind Ferngespräche *(conferencias interurbanas)* in *locutorios*. Ein

Die modernen blau-grünen öffentlichen Telefone von Telefónica

Anruf von einer *cabina telefónica* oder einem *locutorio* kostet 35 Prozent mehr als von einem Privattelefon. In einer Bar kann das Gespräch sehr teuer sein, da viele Einheitenzähler installieren und teils sehr hohe Gebühren verlangen. Die billigsten Ferngesprächstarife sind täglich zwischen 22 und 8 Uhr.

Münz- und Kartentelefon

1 Telefonhörer abnehmen, Signalton und die Aufforderung auf der Sichtscheibe abwarten.

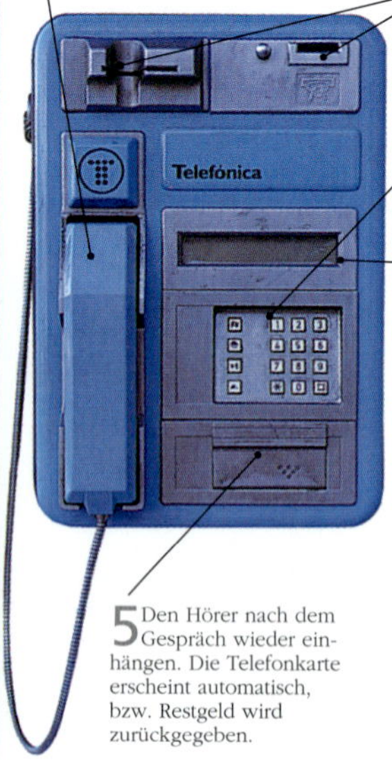

2 Entweder die Münzen *(monedas)* einwerfen – den Schalter rechts drücken (falls vorhanden) – oder die Karte *(tarjeta)* einführen.

3 Die Nummer eintippen (nicht zu schnell tippen, sondern kleine Pausen machen).

4 Die eingetippten Ziffern erscheinen auf der Sichtscheibe. Sie sehen auch, wie viel Geld bzw. Telefonkarteneinheiten noch übrig sind.

5 Den Hörer nach dem Gespräch wieder einhängen. Die Telefonkarte erscheint automatisch, bzw. Restgeld wird zurückgegeben.

Spanische Telefonkarte

Öffentliche Telefone

Die meisten neuen öffentlichen Telefonzellen haben eine Sichtanzeige. Bildhinweise zur Telefonbenutzung und Verzeichnisse der regionalen bzw. überregionalen Vorwahlnummern gibt es in den meisten Telefonzellen der Städte und Touristenzentren. Bei manchen Telefonen kann durch Drücken eines Knopfs mit Flaggensymbol die Sprache der Hinweise geändert werden.

Wenn Sie von einem öffentlichen Telefon aus anrufen, achten Sie auf Brieftasche und Tasche, da Sie in dieser Situation oft ein guter Blickfang für Taschendiebe sind.

Briefe

Der spanische Postdienst ist viel schneller und effizienter, als man ihm ständig nachsagt. Auf dem Land aufgegebene Sendungen werden allerdings etwas langsamer

Strahlend gelb: spanischer Briefkasten *(buzón)*

Standard-Briefmarken

befördert. Am Postamt aufgegebene Briefe kommen oft innerhalb kurzer Zeit an. Postkästen *(buzones)* werden tagelang nicht geleert.

Senden Sie wichtige Post als Einschreiben *(certificado)* oder Express *(urgente)*. Sie sollte in Spanien am folgenden Tag ankommen, in anderen europäischen Städten in drei bis fünf Tagen.

Kaufen Sie Briefmarken *(sellos)* auf Postämtern oder in staatlichen, mit roten und gelben Logos versehenen Tabakläden *(estancos)*. Ein Brief innerhalb Spaniens kostet 0,32 Euro, innerhalb Europas 0,62 Euro. In Spanien sind nur spanische Euro-Briefmarken gültig.

Hauptpostämter haben montags bis freitags von 8 bis 21 Uhr geöffnet, samstags von 9 bis 19 Uhr; Regionalpostämter montags bis freitags von 9 bis 14 Uhr, samstags von 9 bis 13 Uhr.

Internet

Wer unterwegs seine E-Mails abrufen will, geht in eines der vielen Internet-Cafés, die es selbst in kleinen Ortschaften gibt. Größere Hotels bieten meist einen Internet-Anschluss auf dem Zimmer (teilweise gebührenpflichtig), manche haben Hotspots für kabellosen Zugang eingerichtet.

Nützliche Telefonvorwahlnummern

- Landesvorwahl Spanien: 0034
- Auch innerhalb einer Stadt oder Provinz wählen Sie die gesamte Nummer mit Vorwahl der Provinz. Vorwahlnummern der Provinzen: Sevilla und Málaga 95, Córdoba 957, Granada 958, Cádiz 956, Huelva 959, Jaén 953, Almería 950.
- Für Gespräche von Spanien ins Ausland wählen Sie 00, dann Landesvorwahl, Ortsvorwahl und Teilnehmernummer.
- Landesvorwahlen: Deutschland 49, Österreich 43, Schweiz 41. Die 0 der Ortsvorwahl müssen Sie jeweils weglassen.
- Nationale Auskunft: 11818.
- Internationale Auskunft: 11825.
- Deutschland Direkt: 900 99 00 49 (R-Gespräch).

Fernsehen und Radio

Spanien hat zwei staatliche TV-Kanäle, TVE1 und TVE2, sowie die Stationen Antena 3 und Telecinco (5). Andalusien hat zwei zusätzliche Programme: Canal Sur und Canal 2 Andalucía. Außerdem gibt es mehrere nationale unabhängige Fernsehstationen (z. B. Antena 3, Tele-5, Cuatro und La Sexta), die vorwiegend Filme, Sport und Dokumentationen zeigen.

Der andalusische TV-Sender Canal Sur

Die besten Nachrichten gibt es auf Radio Nacional de España. BBC-World-Service-Frequenzen und Auflistungen finden Sie im Monatsmagazin *Worldwide*.

Verschiedene regionale und überregionale Zeitungen

Zeitungen und Zeitschriften

Die wichtigsten überregionalen Zeitungen sind *El País* (die täglich eine andalusische Version druckt und sozialdemokratisch orientiert ist), *ABC* (konservativ) und *El Mundo* (unabhängig). Zudem gibt es Lokalzeitungen: *Ideal* in Granada, *Diario* in Córdoba und *Sur* in Málaga. Freitags gibt es in Málaga eine kostenlose englische Version von *Sur*. Lokalzeitschriften sind *Giraldillo* in Sevilla und *Guía del Ocio* in Granada *(siehe S. 244)*.

La Tribuna, Córdobas kostenloses Wochenblatt, veröffentlicht nützliche Hinweise und gute Tipps.

Auf einen Blick

Hauptpostämter

Sevilla
Avenida de la Constitución 32.
Stadtplan 3 C2 (5 C4).
954 22 47 60.

Córdoba
Calle Cruz Conde 15.
957 49 63 42.

Granada
Puerta Real 2.
958 22 11 38.

Allgemeine Information
902 19 71 97.

Telefonämter

Sevilla
Plaza de la Gavidia 2.
Stadtplan 3 B1 (5 C3).

Córdoba
Plaza de las Tendillas s/n.

Granada
Puerta Real.

Reiseinformationen

Andalusien verfügt über ein gutes Transportnetz. Jährlich gibt es Tausende von Linien- und Charterflügen, überwiegend aus europäischen Ländern. Die meisten Fernflüge führen über Madrid oder Barcelona nach Málaga, Andalusiens verkehrsreichstem Flughafen. Málaga ist aufgrund seiner Nähe zu Marokko das Tor nach Afrika. Sevillas Flughafen ist ebenfalls international ausgerichtet. Die Stadt bietet zudem exzellente Eisenbahnverbindungen: Der AVE-Hochgeschwindigkeitszug zwischen Sevilla und anderen wichtigen Großstädten ist oft schneller als das Flugzeug (bei Berücksichtigung der Eincheckzeit). Es gibt Reisebusse aus Nordeuropa und einen Regionalservice in ganz Andalusien. Nach dem Grenzübertritt in den Pyrenäen hat man noch einmal eine zehnstündige Fahrt quer durch Spanien vor sich. Autofahren ist im Sommer jedoch nicht empfehlenswert, da sich eine riesige Blechlawine die Küstenstraße entlangbewegt.

Flugzeug der Iberia

Vier Kilometer außerhalb der Stadt: der Flughafen von Sevilla

Anreise mit dem Flugzeug

Die meisten großen europäischen Fluggesellschaften, aber auch einige aus dem Mittleren Osten und Amerika bieten Linienflüge nach Málaga, dem Hauptflughafen Andalusiens. Der größte Teil des Luftverkehrs besteht jedoch aus günstigen Charterflügen, mit denen Tausende von Urlaubern stündlich rund um die Uhr ankommen. Da Charterflüge billig sind, kann es im Sommer zu Überbuchungen kommen, was große Verspätungen nach sich zieht.

Pauschalreisen

Bei den meisten Pauschalreisen nach Andalusien handelt es sich um Strandferien. Mehrere Reisevermittler bieten jedoch auch Stadturlaube an. Einige veranstalten Städtetouren mit Start in Málaga (Sie können dorthin fliegen), von wo Sie mit dem Reisebus entlang der Costa del Sol nach Sevilla, Córdoba, Granada und Cádiz fahren.

Flughafen Sevilla

Der Flughafen von Sevilla liegt nur vier Kilometer vom Stadtzentrum entfernt und direkt an der NIV nach Córdoba und Madrid.

Täglich gibt es Linienflüge von und nach Frankfurt, London und Paris. Die Inlandsflüge führen zu Städten wie Madrid, Barcelona und Santiago de Compostela, aber auch nach Palma de Mallorca und Teneriffa.

Am Flughafen gibt es einen zeitsparenden Flugscheinautomaten für Inlandsflüge. Los Amarillos betreibt einen Busservice zum Flughafen (zwischen 6.15 und 23 Uhr). Ein Taxi in die Innenstadt kostet 17 bis 20 Euro. Benutzen Sie nur reguläre Taxis *(siehe S. 258)*.

Flughafen Málaga

Der Flughafen wird von etwa zehn Millionen Passagieren pro Jahr benutzt. Es gibt Verbindungen zu über 120 internationalen Zielen. Der Flughafen ist ganzjährig sehr geschäftig, vor allem aber in der Hauptsaison von Juni bis September. Wenn Sie einen Charterflug nach Málaga wollen, müssen Sie frühzeitig buchen. Linienflugtickets sind einfacher erhältlich. Von Deutschland aus fliegen u.a. **Lufthansa** und **Iberia**, von der Schweiz aus fliegt **Swiss**.

Der Flughafenterminal von Málaga ist riesig. Elektrische Buggys können bestellt werden. Die bekannten Autoverleihfirmen sind am Flughafen präsent. Rechtzeitige Buchung ist notwendig.

Der *tren de cercanías (siehe S. 266)* fährt zwischen 6 und 23 Uhr alle 20 Minuten nach Málaga und zur Costa del Sol bis nach Fuengirola. Mit dem Auto sind es 20 Minuten bis in die Stadt. Taxis haben Tarifinformationen neben dem Taxistand. Von 6.30 bis 24 Uhr fährt der Bus Nr. 19 alle 30 Minuten ebenfalls ins Stadtzentrum.

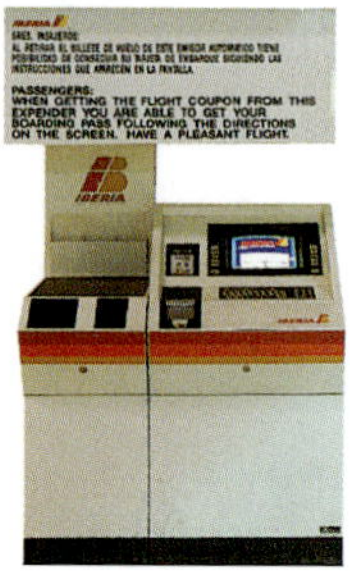
Ticketautomat der Iberia

Logo der Iberia

Flughafen Granada

Granadas Flughafen liegt 17 Kilometer südöstlich der Stadt an der Hauptstraße nach Málaga. Es gibt Pläne zur Erweiterung des Flugnetzes. Derzeit dient der Flughafen aber nur Inlandsflügen. Auch die Einrichtungen sind bescheiden. Regelmäßige Flüge gehen nach Palma de Mallorca, Teneriffa und Las Palmas, aber auch nach Barcelona, Madrid und Valencia. Der Flughafen ist von 8.30 bis 20.30 Uhr geöffnet.

Autovermietung am Flughafen

Die großen Flughäfen bieten neben internationalen Autovermietungen wie **Avis**, **Hertz** und **Europcar** auch eine Reihe inländischer Leihwagenfirmen. **Holiday Autos** ist ein preiswerter Autovermieter, dessen Fahrzeuge Sie – wie die der meisten anderen Firmen auch – bequem über das Internet buchen können. Vor allem in der Hauptsaison sollten Sie den Wagen noch vor der Abreise nach Spanien buchen. Viele deutsche, österreichische und Schweizer Reisebüros organisieren in Zusammenarbeit mit den Autovermietungen Fly-and-Drive-Arrangements, bei denen Mietautos deutlich billiger kommen.

Abstecher nach Nordafrika

Bürger der EU können im Rahmen einer Privatreise bis zu 90 Tage visumsfrei mit dem Reisepass nach Marokko reisen. Die Einreise mit dem Personalausweis ist nur bei Gruppenreisen möglich. Für die Einreise mit dem Privatfahrzeug ist die Internationale Grüne Versicherungskarte vorgeschrieben. Die Zollbestimmungen unterscheiden sich zum Teil beträchtlich von denen der EU-Länder. So müssen z.B. Gegenstände wie Videokameras deklariert werden. Der Zeitunterschied zu Deutschland beträgt minus eine Stunde, während der europäischen Sommerzeit erhöht sich der Unterschied auf zwei Stunden. Weitere Informationen finden Sie auf der Website des marokkanischen Fremdenverkehrsamts.

Am zügigsten gelangt man mit den schnellen Fährverbindungen der **Acciona Trasmediterránea** zwischen Algeciras und Ceuta *(siehe S. 171)* nach Marokko, **FRS** verbindet Tarifa mit Tanger. Beide Gesellschaften sowie **Euroferrys** und **Compagnie Marocaine de Navigation** (Comanav) bedienen die viel genutzte Route Algeciras–Tanger. Acciona Trasmediterránea hat zudem Fähren zwischen Málaga bzw. Almería und Melilla *(siehe S. 171)* sowie von Almería nach Nador im Einsatz. Comanav bietet Almería–Nador und Almería–Al Hoceima – Fahrzeit: etwa sechs Stunden.

Iberia fliegt von allen Flughäfen in Andalusien mit Zwischenstopp nach Agadir, Casablanca, Fez, Laâyoune, Marrakesch, Melilla, Ouarzazate, Ouja und Tanger. **Royal Air Maroc** (RAM) bedient die Städte ab Málaga sowie acht weitere Ziele in Marokko. **Air Europa** verkehrt zwischen Málaga und Marrakesch. **Air Nostrum** fliegt von Almería, Granada und Málaga nach Melilla, **Meliyet** von Málaga nach Melilla und Nador. **Helicópteros del Sureste** verbindet Málaga und den Heliport in Ceuta.

FRS-Fähre auf der Route Tanger–Tarifa

Auf einen Blick

Fluggesellschaften

Allg. Information
902 404 704.

Air Europa
902 40 15 01.
www.air-europa.com

Helicópteros del Sureste
www.helisureste.com

Iberia
902 400 500.
www.iberia.com

Lufthansa
902 883 882 *(Spanien).*
01805-805 805 *(Deutschland).*
www.lufthansa.com

Meliyet
www.meliyet.com

Royal Air Maroc
302 21 01 10 *(Spanien).*
www.royalairmaroc.com

Swiss
901 11 67 12 *(Spanien).*
www.swiss.com

Fähren

Acciona Trasmediterránea
www.trasmediterranea.es

Compagnie Marocaine de Navigation (Comanav)
www.comanav.co.ma

Euroferrys
www.euroferrys.com

FRS
www.frs.es

Autovermietung

Avis
902 18 08 54 *(Spanien).*
01805 21 77 02 *(Deutschland).*
www.avis.com

Europcar
902 10 50 30 *(Spanien).*
www.europcar.es

Hertz
917 49 90 69 *(Spanien).*
www.hertz.com

Holiday Autos
www.holidayautos.de

Nützliche Nummern

Konsulat des Königreichs Marokko
Camino de los Descubrimientos, Sevilla.
95 408 10 44.

Marokkanisches Fremdenverkehrsamt
www.onmt.org.ma

Mit dem Zug unterwegs

Logo der AVE-Hochgeschwindigkeitszüge

Wegen der natürlichen Barriere der Pyrenäen sind die Zugverbindungen zwischen Spanien und dem übrigen Europa etwas eingeschränkt. Eine Tochtergesellschaft der spanischen Bundesbahn RENFE unterhält eine Verbindung von Madrid und Barcelona mit Frankreich, Italien, Österreich und der Schweiz. RENFE bietet Routen durch das ganze Land. Der Málaga, Sevilla, Córdoba und Madrid verbindende Hochgeschwindigkeitszug AVE *(Tren de Alta Velocidad Española)* hat die Reisezeit um fast die Hälfte verkürzt.

AVE-Hochgeschwindigkeitszüge an der Estación de Santa Justa, Sevilla

Anreise mit der Bahn

Züge aus anderen Teilen Europas enden in Barcelona oder Madrid. Die Reise von Barcelona nach Sevilla dauert neun Stunden; von Madrid aus dauert sie mit dem AVE etwa drei Stunden.

Andalusiens wichtigste Bahnstation ist Santa Justa *(siehe S. 268)* in Sevilla. Sie hat Verbindungen zu wichtigen andalusischen Städten sowie nach Barcelona und Madrid (mit 14 täglichen AVE-Hochgeschwindigkeitszügen).

Europäische Eisenbahnpässe wie Eurail und InterRail gelten auch im spanischen Streckennetz zu den üblichen Bedingungen. Allerdings ist auch hier bei den schnelleren Zügen immer ein Zuschlag zu zahlen.

Bahnreisen in Spanien

Das Eisenbahnnetz in Spanien ist gut ausgebaut, es gibt Angebote für jeden Geldbeutel. Mit dem AVE ist die Fahrt schnell, aber teuer. Es gibt auch eine Geld-zurück-Garantie, wenn der Zug mehr als fünf Minuten Verspätung hat. Weitere Leistungen sind als *largo recorrido* bekannt. Sie folgen einer Unterteilung in Tagzeit *(diurnos)* und Nachtzeit *(nocturnos)*. Die Standardzüge der Tagzeit heißen *Intercity*. Die luxuriöseren und teureren sind die *Talgos* sowie (seit dem Jahr 2006) die modernen *Alvias*. Zu den Nachtzügen gehören *Expresos* und *Talgo cama* (*cama* heißt Bett). *Regionales* sind Tagzeit-Städtezüge in einer Region, während *cercanías* die Pendlerzüge bezeichnet, die von großen Städten zu den Orten der Umgebung fahren.

Buchen und Reservieren

Bahnreisen sollten Sie in Spanien rechtzeitig buchen, vor allem wenn Sie an Feiertagen *(días festivos)* oder verlängerten Wochenenden *(puentes)* fahren. Eine Fahrkarte kann man bis zu 60 Tage im Voraus reservieren und sie 24 Stunden vor Abreise abholen oder ins Hotel schicken lassen *(servicio a domicilio)*. Die Fahrkarten für die *regionales* können nicht vorbestellt werden. Bahnangestellte sind hilfsbereit, Deutsch sprechen aber nur die wenigsten. RENFE-Vertreter in Reisebüros sind oft die besseren Ansprechpartner.

Fahrkarten

Die Bahnpreise sind in Spanien recht vernünftig. *Largo recorrido* und *regionales* haben erste und zweite Klasse *(primera/segunda clase)*. Das Preissystem von AVE und Talgo 200 von Málaga nach Madrid beruht auf folgender Einteilung: *turista* (billig), *preferente* (mittel) und *club* (teuer) – aber auch darauf, wie ausgelastet die Züge zu gewissen Zeiten sind: *valle* (wenig), *plano* (mittel) und *punta* (hoch). Demnach sind die teuersten Tickets *club punta* und die billigsten *turista valle*.

Die Fahrkarten in Spanien tragen immer eine Sitzplatz- bzw. Bettnummer. Karten für Fernreisen werden an Haupt-

Bahnhof von El Chorro, Andalusien

Spanisches RENFE-Eisenbahnnetz

Legende

- Hauptstation
- Hauptstrecke
- AVE-Strecke
- AVE-Strecke (derzeit im Bau)

Das Eisenbahnnetz Spaniens bietet eine Fülle von Angeboten. Studieren Sie eine RENFE-Broschüre oder den Fahrplan, bevor Sie ein Ticket kaufen.

bahnhöfen, RENFE-Verkaufsstellen und einigen *cercanías*-Stationen verkauft. An einigen kleineren Bahnhöfen und an *cercanías*-Stationen werden keine Kreditkarten akzeptiert. An jedem Bahnhof stehen leicht zu bedienende Fahrkartenautomaten *(siehe unten)*. Sie können die Fahrtroute und -zeit zweimal ändern, zahlen dann aber extra.

Fahrkarten für Cercanías und Regionalzüge

Für Regionalzüge und *cercanías* können Sie ein Einzelticket kaufen oder ein *bono* für zehn Fahrten (etwa 40 Prozent Ersparnis). An der Abfahrtsstation führen Sie das *bono* in den Schlitz einer automatischen, zum Bahnsteig führenden Absperrung.

Fahrkartenautomaten

Fahrkartenautomaten für *cercanías* und Regionalzüge sind einfach zu bedienen. Ein grünes Blinklicht führt Sie durch das Menü, bis Sie alle Ihre Eingaben gemacht haben. Dann kommt die Fahrkarte heraus.

Fahrkarte

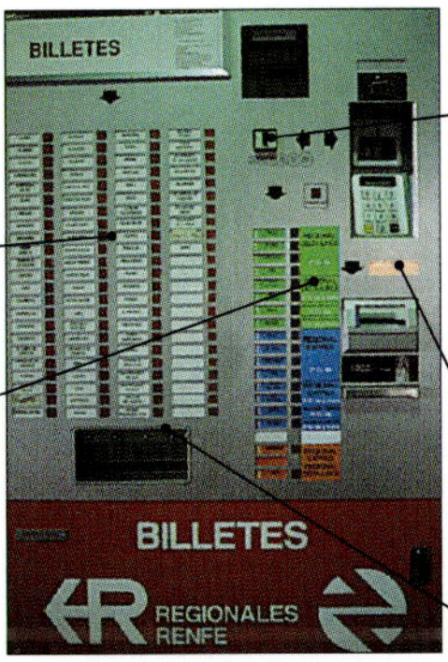

1 Wählen Sie Ihr Ziel auf der Anzeige links aus.

2 Wählen Sie die Art des Tickets: *sencillo* (einfach), *ida y vuelta* (Rückfahrkarte) oder *tarjeta dorada* (für Rentner).

3 Werfen Sie Geld ein (Münzen oder Scheine). Der Automat gibt Restgeld zurück.

4 Wenn es heißt: *Solo Monedas*, werden nur Münzen angenommen.

5 Entnehmen Sie Ihre Karte.

Fahrpläne

Andalusische Züge sind zumeist pünktlich – vor allem natürlich der AVE.

Die Gratisbroschüren mit Preisangaben und Abfahrtszeiten sind leicht verständlich. Hinweise auf Wochentage *(laborables)*, Samstage, Sonn- und Feiertage *(sábados, domingos y festivos)* stehen meist am Ende des Fahrplans.

Nützliche Telefonnummern

Verkaufsstellen der RENFE
☎ *902 24 02 02.*
www.renfe.es

Sevilla
Calle Zaragoza 1.
Stadtplan *5 C3.*
☎ *95 422 61 60.*

Córdoba
Ronda de los Tejares 11.
☎ *957 47 78 35.*

Granada
Reyes Católicos 30.
☎ *958 22 97 77.*

Málaga
Calle Trinidad Grund 2.
☎ *95 221 81 91.*

Hypermoderne Fassade des 1992 erbauten Bahnhofs Santa Justa in Sevilla

Sevilla, Santa Justa

Modern und benutzerfreundlich ist der Bahnhof Santa Justa, eines der jüngsten Wahrzeichen Andalusiens. In den Sommermonaten herrscht hier viel Betrieb – Besucher sollten auf Taschendiebe achten.

Santa Justa ist gut zu überblicken, da alle Züge und Bahnsteige durch Fenster in der Mitte des Bahnhofsgebäudes zu sehen sind. Es gibt große Fahrplananzeigen von AVE und anderen Fernzügen. Für Fahrten mit *regionales* und *cercanías* *(siehe S. 266f)* stehen Fahrkartenautomaten zur Verfügung.

Elektronische Abfahrtsanzeigen im Bahnhof Santa Justa

Fahrkartenschalter im Bahnhof Santa Justa

Der Bahnhof bietet ein Selbstbedienungsrestaurant sowie Cafés, Geschenkläden, Zeitungskioske, Geldautomaten und Wechselstuben. Das Büro *Atención al Cliente* ist zuständig für Fundsachen. Vor dem Bahnhof, der von 4 bis 24 Uhr geöffnet ist, befinden sich ein großer Taxistandplatz und ein weitläufiger Parkplatz. Von dem ansonsten etwas öden Vorort ist man in nur fünf Minuten mit Auto oder Bus im Stadtzentrum.

Logo von RENFE

Córdoba

Córdobas großer, 1994 eröffneter Bahnhof liegt im Nordwesten der Stadt und ist mit dem Auto oder Taxi vom Zentrum aus in wenigen Minuten erreichbar. Wie Santa Justa ist er groß angelegt, übersichtlich und leicht benutzbar. Die Züge fahren nach Madrid, Málaga, Barcelona, Sevilla, Jaén und Bilbao. Der AVE benötigt zwei Stunden nach Madrid und 45 Minuten nach Sevilla. Es gibt Cafés, Läden, Fahrkartenschalter und Schließfächer.

Granada

Der Bahnhof von Granada ist überraschend klein und wirkt fast provinziell. Er befindet sich in einem alten Gebäude mit nur wenigen Annehmlichkeiten, einem kleinen Café-Restaurant und einem Taxistand sowie Schließfächern. Die meisten Züge sind *regionales* und *cercanías*. Es verkehren aber auch einige Fernschnellzüge.

Der Bahnhof von Granada

Málaga

Der Bahnhof von Málaga ist ziemlich klein und belebt sich nur bei Ankunft oder Abfahrt von Zügen. Durch einen *cercanía* mit der Küste bis nach Fuengirola verbunden, ist er günstig für Besucher der Costa del Sol. Regelmäßig fahren auch Züge nach Madrid, Barcelona, Sevilla, Córdoba und Cádiz.

Bahnhöfe

Sevilla, Santa Justa
Avenida Kansas City.
Stadtplan 2 F5 u. 4 F1.

Granada
Avenida Andalucía s/n.

Córdoba
Glorieta de las Tres Culturas.

Málaga
Explanada de la Estación s/n.

Zugauskunft
902 24 02 02.
www.renfe.es

Mit dem Bus unterwegs

Die großen Busverbindungen zwischen Andalusien und dem übrigen Europa gehen nach Frankreich, Deutschland, Österreich und in die Schweiz. Innerhalb Andalusiens selbst ist das Busreisen sehr beliebt. Die meisten heute eingesetzten Reisebusse haben Klimaanlage, Video, Bar und WC. Andalusien mit dem Bus zu bereisen ist sehr preiswert und kann dank der neuerdings verbesserten Straßen schnell und schön sein. Wegen der vielen spanischen Feiertage ist das Reisen mitunter schwierig: Die Busbahnhöfe können überfüllt sein, die Abfahrten verzögern sich.

Regionalbus von Alsina Graells

Anreise mit dem Bus

Große Busbahnhöfe befinden sich in Sevilla, Granada, Córdoba und Málaga. Einige Privatgesellschaften meiden jedoch die zentralen Reisebusstationen bei ihren Ankünften und Abfahrten, vor allem in Granada, wo es eine ganze Reihe von Busunternehmen gibt.

Die Reisebusse verkehren zwischen den größeren Städten und sind manchmal auch die einzige Möglichkeit, in kleine Dörfer zu gelangen. Bei dieser Reiseform lernen Sie Andalusien von einer ganz anderen Seite kennen.

Sevilla

Der Haupt-Busbahnhof von Sevilla befindet sich im Stadtzentrum an der Plaza de Armas. Hier starten die Busse des Reiseunternehmens Alsa mit Zielen im Ausland sowie nach Madrid, Huelva, Badajoz und Extremadura. Busse zu weiteren spanischen Städten fahren am Busbahnhof Prado de San Sebastián ab.

Córdoba

Der Haupt-Busbahnhof in Córdoba wird von der Reisebusgesellschaft Alsina Graells betrieben. Er hat nur einen kleinen Wartebereich mit Café und einem Zeitungskiosk. Es gibt regelmäßige Verbindungen nach Granada, Murcia, Almería, Málaga, Algeciras, Cádiz und Sevilla.

Granada

Granada verfügt über eine verwirrende Anzahl von Busgesellschaften, von denen jede unterschiedliche Ziele anfährt. Die größte von ihnen ist Alsina Graells Sur. Ihr Bahnhof entspricht einem üblichen Haupt-Busbahnhof. Schmutzig und überfüllt, ist er kein angenehmer Ort zum Verweilen. Es empfiehlt sich daher, das Ticket vorher zu kaufen und den Busbahnhof erst einige Minuten vor der Abfahrt aufzusuchen. Von hier führen Strecken nach Murcia und durch ganz Andalusien. Busse nach Madrid fahren in der Avenida Andaluces, vor dem Hauptbahnhof, ab.

Málaga

Der Busbahnhof von Málaga befindet sich im Stadtzentrum. Von hier fahren täglich Busse zu Zielen in Spanien, inklusive Madrid, Barcelona, Valencia und Alicante sowie den Hauptstädten der andalusischen Provinzen. Julia Tours und Lineabus bieten Busreisen von Málaga nach Deutschland und in die Schweiz. Eurolines und Iberbus fahren über Madrid und Paris bis nach Großbritannien.

Busbahnhöfe

Sevilla

Estación Plaza de Armas
Plaza de Armas.
Stadtplan 1 B5 u. 5 A2.
☎ *95 490 80 40.*
Prado de San Sebastián Estación
☎ *95 441 71 11.*

Córdoba

Terminal Alsina Graells
Glorieta de las Tres Culturas.
☎ *957 40 40 40.*

Granada

Terminal Alsina Graells Sur
Carretera de Jaén, Granada.
☎ *958 18 50 10.*

Málaga

Estación de Autobuses
Paseo de los Tilos.
☎ *952 35 00 61.*

Abfahrtshalle des Busbahnhofs an der Plaza de Armas in Sevilla

Stadtplan Sevilla *siehe S. 108–117*

Mit dem Auto unterwegs

Logo einer führenden Tankstellenkette

Viele der Hauptstraßen und Autobahnen in Andalusien sind neu und in sehr gutem Zustand. Aufgrund des schnellen Straßennetzausbaus der letzten Jahre sind Straßenkarten schnell veraltet, kaufen Sie also eine neueren Datums. Außerdem sollten Sie nicht vergessen, dass Spanien in Europa an zweiter Stelle der Verkehrsunfallstatistik steht. Fahren Sie vorsichtig, besonders im Juli und August, wenn die Straßen überfüllt sind mit Urlaubern, denen die Gegend unbekannt ist. Beim Besuch von Städten und Dörfern empfiehlt es sich meist, außerhalb des Zentrums zu parken und zu Fuß zu gehen.

Typisch enge, von einem Auto blockierte Straße Andalusiens

Anreise mit dem Auto

Besucher aus anderen Ländern brauchen für die Einreise nach Spanien keine besonderen Fahrzeugpapiere. Allerdings benötigen Sie alle sonst üblichen Unterlagen: Führerschein, Kfz-Schein und Versicherungskarte. Diese Papiere sollten Sie immer mitführen. Ihre Versicherungsgesellschaft sollte die Deckung Ihrer Autoversicherung im Ausland veranlassen. Um in Spanien ein Auto zu mieten, brauchen Sie nur einen gültigen Führerschein. Achten Sie beim Abschluss des Mietvertrags darauf, dass möglichst alle Schäden versicherungstechnisch abgedeckt sind.

Die meisten spanischen Autobahnen sind mit einem SOS-Telefonnotrufnetz ausgestattet, wo Sie sofort nach der *auxilio en carretera* fragen können.

Verkehrsregeln

Bei Kreisverkehr haben die Autos auf der Kreisfahrbahn Vorfahrt. Das heißt nicht, dass sich von außen nähernde Autos immer anhalten – also Vorsicht!

In bebauten Bereichen gilt eine Geschwindigkeitsbegrenzung von 50 Kilometern pro Stunde, außerhalb davon von 90 bis 100 und auf Autobahnen von 120. Sitzgurte sind vorne und hinten Pflicht. Motorradfahrer müssen einen Sturzhelm tragen. Autofahrer müssen immer ein Warndreieck und Verbandskasten mit sich führen. Auch das Mitführen einer Warnweste und das Tragen derselben beim Verlassen des Fahrzeugs im Fall einer Panne ist Pflicht.

Verkehrszeichen

Die in Europa gebräuchlichen Verkehrszeichen gelten auch auf Andalusiens Straßen. Doch ist die Ausschilderung oft verwirrend, sodass Sie besonders achtsam beim Einfahren oder Verlassen von Städten sein müssen. Suchen Sie sorgfältig beim Verlassen einer Stadt nach Hinweisschildern in andere Städte; manche sind leicht zu übersehen. Wenn Sie sich verfahren haben, achten Sie auf die Hinweise *Cambio de Sentido*. Sie führen allgemein zu Brücken oder Unterführungen, wo Sie wenden können.

Spanische Autofahrer

Viele andalusische Fahrer ignorieren die Verkehrszeichen, und die meisten beschleunigen bei Gelb an der Kreuzung, anstatt zu halten. Sie haben allgemein die

Verkehrsschilder in Andalusien

Achten Sie auf die folgenden Verkehrsschilder: *Peligro* heißt Gefahr. *Obras* bedeutet Straßenarbeiten. *Ceda el Paso* ist Vorfahrt achten. *Cuidado* bedeutet Vorsicht.

Verkehrsschild mit Richtungshinweisen

Autobahnanzeige

Vorsicht, eventuell Stiere auf der Straße

Vorsicht, Schnee und Eis möglich

Tendenz, dicht aufzufahren, um zu signalisieren, dass sie überholen möchten. Überholende Fahrer können mit dem Arm andeuten, dass sie vorbei möchten. Blinker werden von Spaniern nicht unbedingt benutzt, seien Sie also wachsam.

Autobahnen

In Andalusien sind fast alle Autobahnen (*autovías*) gebührenfrei. Die A4 *(Autopista Mare Nostrum)* zwischen Sevilla und Málaga ist gebührenpflichtig.

An der Mautstation einer gebührenpflichtigen *autopista* reihen Sie sich in eine der Spuren zu den Häuschen ein und entnehmen das Ticket. Sie zahlen beim Verlassen der *autopista*. Achtung: Autobahnausfahrten sind nicht – wie in Deutschland – fortlaufend nummeriert, sondern nach der Kilometerzahl.

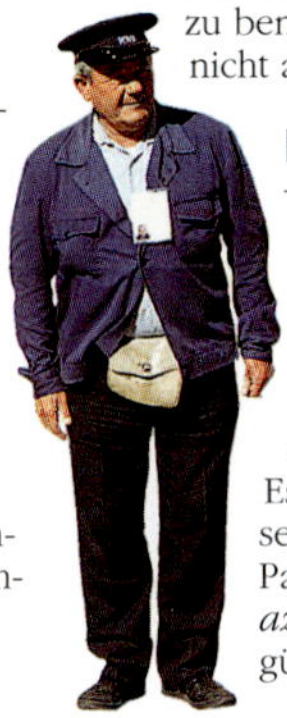

Parkwächter in Sevilla

Mit dem Auto auf dem Land

Fahren Sie von den großen, gewöhnlich sehr guten »N«-Straßen *(rutas nacionales)* nur ab, wenn Sie Zeit haben. Denn etliche der kleineren Nebenstraßen sind gewunden, steil und haben schlechten Belag. Zudem erweisen sich die angezeigten Umleitungen beim Befahren dann als unzureichend oder verwirrend ausgeschildert. Ihre Reise verlängert sich um Stunden, wenn Sie solche Nebenstraßen nehmen.

Tanken

Mehr als die Hälfte der andalusischen Tankstellen sind noch mit Bedienung, obwohl sich auch das ändert. Es gibt viele Tankstellen auch auf dem Land, die oft rund um die Uhr geöffnet sind.

An Selbstbedienungstankstellen muss das Benzin allgemein vor dem Zapfen bezahlt werden. Es gibt gewöhnlich *super*, *gasoil* (Diesel) und *sín plomo* (unverbleit). Meist werden Kreditkarten akzeptiert.

Mit dem Auto in der Stadt

Es kann sehr schwierig und stressig sein, in den größeren Städten Andalusiens Auto zu fahren. Die Zentren von Sevilla (vor allem um Santa Cruz) und Córdoba (rund um die Mezquita) haben enge, schwer zu befahrende Straßen. Dazu kommt noch das oft rücksichtslose Fahren der Einheimischen. Es empfiehlt sich, das Auto abzustellen und öffentliche Verkehrsmittel zu benutzen, solange Sie sich nicht auskennen.

Parken

Die Parksituation in Sevilla ist allgemein gar nicht so schlecht, solange Sie den verwinkelten Barrio Santa Cruz meiden. Es gibt keine ausgewiesenen Parkplätze mit Parkuhren *(zonas azules)*, aber etliche günstige Tiefgaragen.

An manchen Straßen oder Plätzen finden sich jedoch Parkplatzwächter. Sie arbeiten inoffiziell, sind aber meist ehrlich. Für ein Trinkgeld verhelfen sie Ihnen zu einem Stellplatz und bewachen den Wagen, bis Sie wiederkommen.

Sehr schwierig ist es, im Zentrum von Córdoba zu parken, aber Sie können einen Platz in der Tiefgarage neben der Mezquita finden.

Granada ist ziemlich gut mit Parkplätzen und Parkhäusern versorgt. Die Gebühr beträgt etwa einen Euro pro Stunde.

Radfahren

In Sevilla, Córdoba und Granada gibt es mittlerweile Radwege, allerdings nur außerhalb des Stadtzentrums. Im Zentrum ist der Großstadtverkehr zu schnell und chaotisch, als dass das Radfahren hier erfreulich wäre. Wer in Andalusien Rad fahren möchte, sollte auf dem Land mit Mountainbikes ausgiebige Touren unternehmen.

Auf einen Blick

Pannendienste

ADAC
935 08 28 28.
www.adac.de

RACE
(Spanischer Partnerclub des ADAC)
902 30 00 34.
www.race.es

Autovermietung in der Stadt

Avis
Sevilla 954 42 61 56.
Córdoba 957 40 14 45.
Granada 958 25 23 58.

Hertz
Sevilla 954 41 70 09.
Córdoba 957 40 20 60.
Granada 958 20 44 54.
Málaga 952 24 10 17.

Autofahren in der Sierra Nevada auf einer der höchsten Straßen Europas

Zu Fuß und mit dem Bus unterwegs

Viele andalusische Städte und Dörfer haben historische Altstädte mit engen Straßen und Plätzen. Die Sehenswürdigkeiten erkundet man hier am besten zu Fuß, zumal das Autofahren in vielen Stadtteilen den Bewohnern vorbehalten ist. Aus demselben Grund sind auch Stadtbusse nicht zu empfehlen, um zu Denkmälern zu kommen. Doch eignen sie sich, um in Einkaufsgegenden oder vom Hotel ins Stadtzentrum zu gelangen. Die Busse sind billig, sauber und sicher und meist nur zu den Stoßzeiten überfüllt.

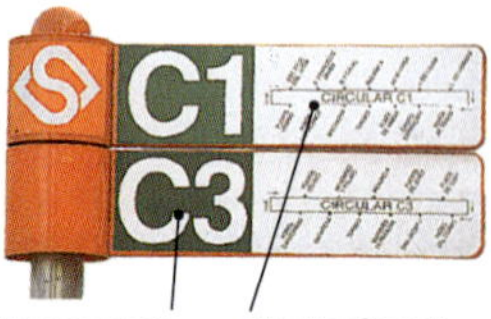

Sevilla: orangefarbener Stadtbus von Tussam

Zu Fuss

In vielen Städten Andalusiens liegen die Hauptsehenswürdigkeiten meist nur einen kurzen Spaziergang oder eine kurze Bus- oder Taxifahrt von Ihrer Unterkunft entfernt.

Die Informationsbüros in Sevilla führen die Broschüre *Paseando por Sevilla* (Flanieren in Sevilla) mit den schönsten Spazierrouten in der Stadt.

Es gibt eine Vielzahl organisierter Wandergruppen, die Exkursionen aufs Land machen. Schauen Sie im Magazin *Giraldillo (siehe S. 263)* und unter *Deportes* (Sport) nach.

Das abendliche Flanieren *(paseo)* ist eine Institution. Gruppen von Freunden, Paare und Familien machen sich fein und schlendern durch die Straßen, um einzukaufen, Kaffee zu trinken, zu sehen und gesehen zu werden und um dann etwa um 22 Uhr zu Abend zu essen.

Rote Ampel: warten; grüne Ampel: gehen, mit Vorsicht

Strassen überqueren

Spanische Autofahrer zeigen mitunter wenig Rücksicht für Fußgänger, selbst wenn diese gehen dürfen. Zebrastreifen werden von Autofahrern gerne ignoriert. Bei Übergängen mit Fußgängerampel haben die Autofahrer oft nur gelbes Blinklicht, selbst wenn die Fußgängerampel grün ist. Es ist also äußerst ratsam, Straßen sehr vorsichtig zu überqueren, wenn sich Verkehr nähert.

Stadtbusse

In spanischen Bussen steigt man vorn ein und zahlt entweder beim Fahrer oder zeigt seine Fahrkarte vor bzw. entwertet sie vorn am Entwerter. Zum Aussteigen drücken Sie den entsprechenden Knopf.

Sevillas klimatisierte Busse werden hauptsächlich von **Autobuses Urbanos Tussam** betrieben und sind orange oder rot-schwarz. Die besten Linien für Besucher sind die *circulares* mit den Nummern C1 bis C4, die um die Stadtmitte fahren. Die Busse fahren montags bis samstags ab 6 Uhr (Sonn- und Feiertage ab 7 Uhr) bis 0.30 Uhr im Sommer und 23.30 Uhr im Winter; danach fahren die Nachtbusse bis 2 Uhr.

Sehr schön und interessant ist es, mit **Sevirama City Tour** im oben offenen Doppeldeckerbus eine Stadtbesichtigung zu machen. Sie beginnt an der Torre del Oro *(siehe S. 69)* oder an der Plaza de España *(siehe S. 98)*.

In Granada sind Busse weniger nützlich, da die meisten Sehenswürdigkeiten gut zu Fuß erreicht werden können. Bus Nr. 2 bringt Sie von der Stadtmitte zur Alhambra.

Auch in Córdoba ist das Stadtzentrum auf Fußgänger eingestellt. Bus Nr. 12 bringt Fahrgäste von der Mezquita zu neueren Wohn- und Einkaufsbezirken.

Sevillanos genießen den Nationalbrauch des *paseo*

Stadtbusse

Autobuses Urbanos Tussam
Avenida de Andalucía 11, Sevilla.
Stadtplan 4 D3. *902 45 99 54.*
www.tussam.es

Sevirama City Tour
Paseo de las Delicias 1, Sevilla.
Stadtplan 3 C3. *95 456 06 93.*
www.busturistico.com

Pferdekutschen

Es gibt nichts Besseres, als die Atmosphäre der schönen Städte Andalusiens von einer altmodischen Pferdekutsche aus zu genießen. Die Tarife sind gewöhnlich an den Plätzen, wo die Kutscher mit ihren Wagen in einer Reihe stehen, angeschlagen, z. B. bei der Giralda *(siehe S. 78)* in Sevilla oder bei der Mezquita *(siehe S. 144f)* in Córdoba. Die Preise sind nicht gerade günstig, doch sind die Kutscher manchmal auch bereit, darüber zu verhandeln. Eine Kutsche kann vier Fahrgäste aufnehmen.

Pferdekutsche bei der Kathedrale in Sevilla

Einzel- und Mehrfahrtenkarten

In Sevilla kann ein *billete sencillo* bzw. *univiaje* (Einzelticket) im Bus gekauft werden. Sorgen Sie aber dafür, genügend Kleingeld bei sich zu haben, da ein Fahrer, der einen großen Schein nicht wechseln kann, Sie an der nächsten Haltestelle aussteigen lässt.

Mit einem für zehn Fahrten gültigen *Bonobús*-Ticket spart man etwa die Hälfte. Ein *Bonobús con derecho a transbordo* ist zwar etwas teurer, erlaubt Ihnen aber, innerhalb einer Stunde auf andere Busse umzusteigen.

Günstig ist auch die *tarjeta turística* (für drei oder sieben Tage) bei mehr als fünf Fahrten pro Tag, d. h., Sie können beliebig oft Bus fahren. Es gibt sie an Tussam-Kiosken, Zeitungsständen und in Tabakläden. Für Besucher mit längerem Aufenthalt in Sevilla ist ein *bono mensual* (Monatskarte) günstig. Dafür benötigen Sie eine Karte mit Foto, die Ihnen im Tussam-Zentralbüro ausgestellt wird.

Taxis

Spanische Städte haben reichlich Taxis, sodass es weder tags noch nachts ein Problem gibt. Taxis sind weiß und haben ein Logo sowie offizielle Nummern an den Türen. Die Fahrer sprechen selten Ihre Sprache, lernen Sie also genügend Spanisch, damit Sie Ihr Ziel angeben und den Preis aushandeln können. Das Taxameter zeigt den Grundpreis an. Aufpreise sind zu zahlen für *tarifa nocturna* (Nachttarif), *maletas* (Gepäck) oder *días festivos* (Feiertage). Wenn Zweifel am korrekten Preis bestehen, verlangen Sie die *tarifas* (Tarifliste).

Weißes Standardtaxi in Sevilla mit Logo und offizieller Nummer

Taxi-Ruf

Sevilla
95 485 00 00.

Córdoba
957 76 44 44.

Granada
958 28 06 54.

Fahrkartenentwerter

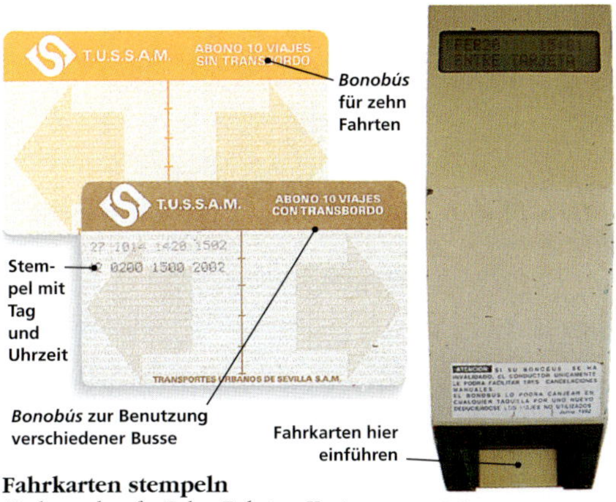

Fahrkartenentwerter

Fahrkarten stempeln
Vorher gekaufte Zehn-Fahrten-Karten (Bonobús) *sind nur abgestempelt gültig.*

Metro

Derzeit wird in Sevilla eine U-Bahn gebaut. Das geplante Netz soll die Außenbezirke der Stadt mit dem Zentrum verbinden und wird vier Linien umfassen. Die erste (Linie 1) wurde im April 2009 eröffnet. Die U-Bahn wird alle wichtigen Bus- und Eisenbahnstationen anbinden, auch eine Linie (2b) zum Flughafen ist im Bau.

Seit Mai 2007 verkehrt die erste Linie der neuen, roten **Metrocentro**, bei der es sich um eine Trambahn handelt. Sie verbindet den Prado de San Sebastián mit der Plaza Nuevo über eine 1,4 Kilometer lange Trasse.

Textregister

Die **gefetteten** Seitenzahlen beziehen sich auf die Haupteinträge

L

M

N

O

P

Danksagung und Bildnachweis

Dorling Kindersley bedankt sich bei allen, die bei der Herstellung des Buches tatkräftig mitgeholfen haben.

Hauptautoren

David Baird lebte von 1971 bis 1995 in Andalusien und schrieb viele Artikel und Bücher über Spanien, inklusive *Inside Andalusia*.

Martin Symington ist ein Reisejournalist und Autor, der sich sehr intensiv mit Spanien beschäftigt hat. Er ist regelmäßiger Mitarbeiter des *Daily Telegraph* und hat auch am Reiseführer *Vis-à-Vis Großbritannien* mitgearbeitet.

Nigel Tisdall, Mitarbeiter des Reiseführers *Vis-à-Vis Frankreich*, ist Verfasser von vielen Reiseberichten, so auch des *Insight Pocket Guide Sevilla*.

Weitere Autoren

Louise Cook, Josefina Fernández, Adam Hopkins, Nick Inman, Janet Mendel, Steve Miller, Javier Gómez Morata, Clara Villanueva, John Gill, Mari Nicholson.

Ergänzende Illustrationen

Richard Bonson, Louise Boulton, Brian Cracker, Roy Flooks, Jared Gilbey, Paul Guest, Christian Hook, Mike Lake, Maltings Partnership, John Woodcock.

Ergänzende Kartografie

James Anderson, DK Cartography, Uma Bhattacharya, Mohammed Hassan, Jasneet Kaur.

Design- und Redaktionsassistenz

Word on Spain, Eugenia Blandino, Greta Britton, Maggie Crowley, Cathy Day, Vinod Harish, Tim Hollis, Vincent Kurien, Colin Loughrey, Francesca Machiavelli, Susan Mennell, Michael Osborne, Olivia Shepherd, Azeem Siddiqui, Sylvia Tombesi-Walton.

Textregister

Helen Peters.

Weitere Fotografien

Patrick Llewelyn-Davies, David Murray, Martin Norris, Ian O'Leary, Rough Guides/Demetrio Carasco, Clive Streeter.

Foto- und Grafikberatung

Concha Moreno am Aeropuerto Málaga; Fanny de Carranza im Area de Cultura del Ayuntamiento, Málaga; Tere González im Oficina de Turismo, Ayuntamiento, Cádiz; Mitarbeiter des Castillo San Marcos, El Puerto de Santa María, Itálica, Kathedrale von Sevilla und Museo Bellas Artes, Sevilla.

Weitere Hilfe

Dorling Kindersley bedankt sich bei den regionalen und lokalen Touristeninformationsbüros, *ayuntamientos* und *diputaciones* in Andalusien für ihre wertvolle Hilfe und speziell beim Oficina de Turismo de Sevilla de Junta de Andalucía und weiteren Abteilungen der Junta de Andalucía. Unser besonderer Dank gilt: Javier Morata, Jose Luis de Andrés de Colsa und Isidoro González-Adalid Cabezas vom Acanto Arquitectura y Urbanismo, Madrid; Juan Fernández in Aguilar für seine hilfreichen Beiträge; Robert op de Beek in Alvear, Montilla; Francisco Benavent von der Fundación Andaluza de Flamenco, Jerez de la Frontera; Mitarbeitern im Locutorio, Granada; Paul Montegrifo; Amanda Corbett von der Patronato Provincial de Turismo de Sevilla; José Pérez de Ayala vom Parque Nacional de Coto Doñana; Gabinete de Prensa, RENFE, Sevilla; Graham Hines und Rachel Taylor vom Sherry Institute of Spain, London; Dr. David Stone; Joaquín Sendra von Turismo Andaluz SA; *6 Toros 6*-Magazin, Madrid.

Genehmigungen für Fotografien

Dorling Kindersley bedankt sich für die freundlich gewährte Fotografiererlaubnis bei mehreren *ayuntamientos,* Kathedralen, Kirchen, Sammlungen, Hotels, Museen, Restaurants, Läden, Beförderungsunternehmen und anderen Institutionen, die zu zahlreich sind, um alle einzeln zu nennen.

Bildnachweis

o = oben; ol = oben links; om = oben Mitte; or = oben rechts; mlo = Mitte links oben; mo = Mitte oben; mro = Mitte rechts oben; ml = Mitte links; m = Mitte; mr = Mitte rechts; mlu = Mitte links unten; mu = Mitte unten; mru = Mitte rechts unten; ul = unten links; u = unten; um = unten Mitte; ur = unten rechts; (d) = Detail.

Wir haben uns bemüht, alle Urheber zu recherchieren und zu nennen. Sollte dies in einigen Fällen nicht gelungen sein, bitten wir, dies zu entschuldigen. In der nächsten Auflage werden wir es selbstverständlich nachholen.

Kunstwerke wurden mit freundlicher Genehmigung folgender Copyright-Inhaber reproduziert: © Erben Picasso/DACS, London 2006 52mlu; DACS, London 2006 53mu; © Patrimonio Nacional Madrid: 43ur, 46ml, 46mu, 47mo, 50ul.

Fotos entstanden unter Mithilfe von Al-Andalus, Iberrail SA, Madrid: 266u; Casa-Museo FG Lorca, Fuentevaqueros, Granada: 195u; Teatro De La Maestranza, Sevilla: 230o; Canal Sur, Sevilla: 245mr.

Dorling Kindersley bedankt sich bei den folgenden Personen, Firmen und Bildbibliotheken für die freundliche Genehmigung zur Reproduktion ihrer Fotografien:

Aisa Archivo Iconográfico, Barcelona: 4o, 23u, 23mr, *Juanita Cruz*, A. Beltrane (1934) 27ul (d); Biblioteca Nacional Madrid/Museo Universal, *La Spange de C. Davillier*, Gustave Doré 28ml (d); 41o, 42ol, 42m, 42ur, 43mr, 44mo; Kathedrale, Sevilla, *San Isidoro y San Leandro*, Ignacio de Ries (17. Jahrhundert) 45mru; Universidad de Barcelona, *La Corte de Abderramân*, Dionisio Baixeras (1885) 46mr–47ml; 47om, 47ul, 48ul, 48ur, 49ul, 50ul; Museo Naval Madrid, *Retrato de Magallanes*, 50ur; 52ml; Casón del Buen Retiro, *La Rendición de Bailén*, J. Casado del Alisal (1864) 53o; Greenwich Museum, *Battle of Trafalgar*, G. Chamberg 53mo (d); 52mr–53ml, 55ur, 121ul; Museo-Casa de los Tiros, *Gitanos Bailando el Vito*, Anonymous 193ur (d); Algar 44ul, 46mlu; Servicio Histórico Nacional, *Alfonso XII*, R. de Madrazo 53ur (d); 55mo; © DACS 1996 Museo Nacional del Teatro, Almagro, Ciudad Real, Plakat »Yerma« (F.G. Lorca) von José Caballero y Juan Antonio Morales (1934) 55mu; D. Baird 36u, 39m; Bevilacqua 45ul, 49m; J.D. Dallet 42mlu; Dulevant 50mlu; J. Lorman 33om;

M. Ángeles Sánchez 38o; Sevillano 39o; ALAMY IMAGES: Authors Image/Mickael David 11or; Bildarchiv Monheim GmbH/Markus Bassler 11ol; blickwinkel 249ur; Stuart Crump 266ur; Danita Delimont/Alan Klehr 171or; David Sanger Photography/Sam Bloomberg-Rissman 169ol; Susan E. Degginger 10om; Kathy deWitt 107mr; Mark Eveleigh 166or; Kevin George 106ol; Eric James 252–253; Jose Antonio Jimenez 169mru; Jon Arnold Images/Jon Arnold 106mlo; Chris Knapton 248ul; Lightworks Media 249or; Melvyn Longhurst 167om; Barry Mason 10mlo, 250ur; Geoffrey Morgan 246ur; Robert Harding Picture Library Ltd/Michael Jenner 223ml; Felipe Rodriguez 10ur; SAS 178om; Carmen Sedano 249ml; Alex Segre 225or; Gordon Sinclair 166ul; 166mlo; Nicholas Stubbs 11ur; Renaud Visage 222ml; Ben Welsh 248mr; Peter M. Wilson 167ur, 168ul.

ARENAS FOTOGRAFÍA ARTÍSTICA, Sevilla: 49mr, 116ml, Monasterio de la Rábida, Huelva, *Partida de Colón*, Manuel Cabral Bejarano 127u (d).

LA BELLE AURORE, Steve Davey & Juliet Coombe: 15m, 230mlu; BRIDGEMAN ART LIBRARY/INDEX: *El ingenioso hidalgo Don Quijote de la Mancha* (1608), Biblioteca Universidad Barcelona 51ul.

CEPHAS: Mick Rock 20or, 30or, 30ml, 31mr, 31ur, 159; Roy Stedall 27or; CNES, 1987 DISTRIBUTION SPOT IMAGE: 11o; BRUCE COLEMAN: Hans Reinhard 21mru; Konrad Wothe 149mru; DEE CONWAY: 25mo, 25mr; CORBIS: Owen Franken 223ol; Robbie Jack 29mo; GIANCARLO COSTA, MILAN: 27um (d), 41u; JD DALLET, MÁLAGA: 18ul, 32ol, 32mlu, 32ur, 35u, 36o, 122ol, 146mr, 158, 190o; AGENCIA EFE, MADRID: 52mlu, 56u, 57u, 57mru; EQUIPO 30, SEVILLA: 29ol; EUROPA PRESS REPORTAJES: 57ur; MARY EVANS PICTURE LIBRARY: 9 (Einklinker), 28ol, 59 (Einklinker), 70u, 92u, 111 (Einklinker), 177u (d), 253 (Einklinker); EL VAPOR DE EL PUERTO: 165ur.
FRS IBERIA S.L.L: 265mr.

GETTY IMAGES: AFP 27mr; GLOVENTO SUR S.L.: 248om; THE ROLAND GRANT ARCHIVE: *Für eine Handvoll Dollar mehr,* United Artists 202o; GIRAUDON, PARIS: 42mr; Flammarion-Giraudon 43m; JOSÉ M. GUTIERREZ GUILLÉN, SEVILLA: 84; ROBERT HARDING PICTURE LIBRARY: Sheila Terry 49ur, 58–59; HEMISPHERES IMAGES: Jean du Boisberranger 107ol; Patrick Frilet 250ol; Bertrand Gardel 107ul; Hervé Hughes 107mu; Stefano Torrione 168mro; HULTON DEUTSCH: 54mr–55ml, AM/Keystone 57ol, 171u.

IBERIA ARCHIVES: 264o; INCAFO ARCHIVO FOTOGRÁFICO, MADRID: 157o, 157mo; A. Camoyán 157mro, 157mu; J.L. Glez Grande 157mlo; Candy Lopesino/Juan Hidalgo 157mlu; J.L. Muñoz 157u; INDEX, BARCELONA: 43mu, 44ur, 46mlo, 46ul, 46ur, 47mu, 52ol, 52ur, 53mru, 53mlu (d), 53ul, 179mro; Image/Index 54ol, Privatsammlung, *Sucesos de Casaviejas*, Saenz Tejada 55ol, 205 (Einklinker); Iranzo 44mlu; THE IMAGE BANK: © Chasan 61u; Stockphotos inc © Terry Williams 184; IMAGES: 4u, 17, 20u, 21ol, 21ul, 32or, 34u; AGE Fotostock, 13u, 17o, 26or, 26mlu, 27m, 28ur, 31ml, 37o, 37u, 39u, 137o, 157m, 226or, 246o; Horizon/Michele Paggetta 27m–29m; mit freundlicher Genehmigung von ISLA MÁGICA: 104ol, 106u.

PABLO JULIÁ, SEVILLA: 245u.
ANTHONY KING: 21or.

LIFE FILE PHOTOGRAPHIC LIBRARY/Emma Lee 30ol, 148ul; JOSÉ LUCAS, SEVILLA: 244m, 246m; NEIL LUKAS: 130mu, 130u.
ARXIU MAS, BARCELONA: 26ur; Museo Taurino, Madrid, Stierkampfplakat mit Rodolfo Gaona, H. Colmenero 27ul; 45om, 46ol, 48ol, 48m, 48mr–50ml; Museo América, Madrid, *Ansicht von Sevilla*, Sánchez Coello 50mr–51ml; © Patrimonio Nacional Madrid 45ur, 48ml, 48mu, 49mo; MAGNUM/Jean Gaumy 57mu.
NHPA: Vicente Garcia Canseco 131mo; NATURPRESS, MADRID: Jose Luis G. Grande 131u; Francisco Márquez 21ur; NETWORK PHOTOGRAPHERS: 31ol; Rapho/Hans Silvester 34m.
ORONOZ ARCHIVO FOTOGRÁFICO, MADRID: Privatsammlung, *La Feria* (Sevilla), J. Domínguez Bécquer (1855) 8–9; 26mo, Privatsammlung *Reyes Presidiendo a una Corrida de Toros* (1862), Anonymous 27ur, Banco Urquijo *Cartel Anunciador Feria de Sevilla* (1903), J. Aranda 34o, 38m, 42u, 43ol, 43om, 43ml, 43mru, 43ur, 43ol, 45ol; Kirche María Novella, Florenz, *Detail aus Averroes*, Andrea Bonainti 47ol; 47mru, 47ur, 49ol, Diputación de Granada, *Salida de Boabdil de la Alhambra*, Manuel Gómez Moreno 49mlu; 50ol, 50mlo; Museo del Prado, *Cristo Crucificado*, Diego Velázquez 51m (d); Museo de Prado, *Expulsión de los Moriscos*, Vicent Carducho 51mu (d); Musée du Louvre, Paris, *Junger Bettler*, Bartolomé Murillo 51ur (d); © Patrimonio Nacional Madrid, Palacio Real, Riofrio, Segovia, *Carlos III Vestido de Cazador*, F. Liani 52ul; © DACS London 1996, Sternberg-Palais, Prag, *Selbstporträt*, Pablo Picasso 54mlu; Privatsammlung, Madrid, *Soldados del Ejército Español en la Guerra de Cuba* 54ur; 55mru, 55ul, 56ol, 57om, 72ul, 83u, 143o, 142m; 84o; Privatsammlung, Madrid, *Patio Andaluz*, Garcia Rodríguez 138ml; 156ol; Museo de Bellas Artes, Cádiz, *Apoteosis de San Bruno*, Zurbarán 193r; 193ul; 227ur.
EDUARDO PAEZ, GRANADA: *Porte de la Justice*, Baron de Taylor 40; PAISAJES ESPAÑOLES, MADRID: 89o; JOSE M. PEREZ DE AYALA, DOÑANA:129o, 129mo, 130or, 130ml; PICTURES: 39u; PRISMA, BARCELONA: 51ol, 135u; Museo Lázaro Galdiano, Madrid, *Lope de Vega*, F. Pacheco 136u; 139o; *Vista desde el Puerto* Nicolás Chapny (1884) 183o; 245o, 264u; Ferreras 256u, Hans Lohr 161u; Anna N. 174m; Sonsoles Prada 43ul.
JOSÉ LUCAS RUIZ: 82ur, 165om.
M ÁNGELES SÁNCHEZ, MADRID: 242or, 242om; TONY STONE IMAGES: Robert Everts 82mlo. VISIONS OF ANDALUCÍA SLIDE LIBRARY, MÁLAGA: M. Almarza 21mr; Michelle Chaplow 19ur; 28mr–29ml, 162u, 267u; A. Navarro 36ml; SOL.COM: 106ul.
PETER WILSON: 1, 2–3, 35o, 61mu, 144o, 174o, 174u, 179o.
UMSCHLAGINNENSEITEN:
Auftragsarbeiten, außer J.D. DALLET, MÁLAGA: um; THE IMAGE BANK: Stockphotos inc © Terry Williams ur; JOSE M. GUTIERREZ GUILLÉN, SEVILLA: om.

UMSCHLAG:
Vorne: DK IMAGES: Linda Whitwham mlu; SUPERSTOCK: Age fotostock Hauptmotiv.
Hinten: CEPHAS PICTURE LIBRARY: Mick Rock mlu; DK IMAGES: Neil Lukas ol, ul; ORONOZ ARCHIVO FOTOGRAPHICO: J. Aranda mlo.
Rücken: DK IMAGES u; SUPERSTOCK: age fotostock o.

Alle anderen Bilder © Dorling Kindersley
Weitere Informationen unter
www.dkimages.com

Sprachführer Spanisch

Notfälle

Hilfe!	**¡Socorro!**	[so'kɔrɔ]
Stopp!	**¡Pare!**	[pare]
Polizei!	**¡Policía!**	[poli'sia]
Rufen Sie einen Arzt!	**¡Llame a un médico!**	[ʒame a 'un 'međiko]
Rufen Sie einen Krankenwagen!	**¡Llame a una ambulancia!**	[ʒame a 'una ambu'lanθĭa]
Wo ist das nächste Krankenhaus?	**¿Dónde está el hospital más próximo?**	[dɔnde está ɛl ɔspi'tal mas 'prɔgsimo]
Können Sie mir helfen?	**¿Me puede ayudar?**	[me pŭeđe aʒu'đar]
Man hat mir mein ... gestohlen.	**Me robaron mi ...**	[me rro'baron mi ...]

Grundwortschatz

Ja	**Sí**	[si]
Nein	**No**	[no]
Bitte	**Por favor**	[pɔr fa'bɔr]
Danke	**Gracias**	['graθĭas]
Verzeihung	**Perdóne**	[pɛr'dɔne]
Entschuldigung	**Disculpe**	[dis'kulpe]
Tut mir leid	**Lo siento**	[lo 'sĭento]
Hallo	**¡Hola!**	['ola]
Guten Tag	**Buenos días**	['bŭenos 'dias]
Guten Tag (nachmittags)	**Buenas tardes**	['bŭenas 'tarđes]
Guten Abend	**Buenas noches**	['bŭenas notʃes]
Nacht	**noche**	[notʃe]
morgens (Tageszeit)	**mañana**	[ma'ɲana]
gestern	**ayer**	['a'jɛr]
hier	**aquí**	[a'ki]
Wie?	**¿Cómo?**	['komo]
Wann?	**¿Cuándo?**	['kŭando]
Warum?	**¿Por qué?**	[pɔr ke]
Wie geht's?	**¿Qué tal?**	[ke tal]
Sehr gut, danke.	**Muy bien, gracias.**	[mŭi bĭen, 'graθĭas]
angenehm	**encantado/a**	[eŋkan'tađo/a]
Sehr erfreut!	**¡Mucho gusto!**	[mutʃo 'gusto]

Nützliche Redewendungen

Das ist in Ordnung.	**Está bien.**	['esta bĭen]
Sprechen Sie ein bisschen Deutsch/ Englisch?	**¿Habla un poco de alemán/ inglés?**	['aƀla 'un 'poko de ale'man/ iŋ'gles]
Ich verstehe nicht.	**No entiendo.**	[no en'tienđo]
Könnten Sie etwas langsamer sprechen, bitte?	**¿Puede hablar más despacio, por favor?**	['pŭeđe a'ƀlar mas des'paθĭo, pɔr fa'bɔr]
In Ordnung/O.K.	**De acuerdo/ bueno**	[de a'kŭɛrđo/ 'bŭeno]
Alles klar!	**¡Claro que sí!**	['klaro ke si]
Wie kommt man nach ...?	**¿Cómo se llega a ...?**	['komo se ʎega a ...]
Wo finde ich ...?/ Wo ist ...?	**¿Donde está ...?**	['dɔnde es'ta ...]

Nützliche Wörter

groß	**grande**	['grande]
klein	**pequeño**	[pe'keɲo]
heiß	**caliente**	[ka'lĭente]
kalt	**frío**	['frio]
gut	**bueno**	['bŭeno]
gut (Adv.)	**bien**	[bĭen]
schlecht	**malo**	['malo]
genug	**suficiente**	[sufi'θĭente]
geöffnet	**abierto**	['a'bĭɛrto]
geschlossen	**cerrado**	[se'rrađo]
Eingang	**la entrada**	[en'trađa]
Ausgang	**la salida**	[sa'liđa]
voll	**lleno**	['ʎeno]
leer	**vacío**	[ba'θio]
rechts	**derecha**	[de'retʃa]
links	**izquierda**	[iθ'kĭɛrđa]
(immer) geradeaus	**(todo) recto**	['tođo 'rrekto]
unter, unten	**debajo**	[de'baxo]
oben, hinauf	**arriba**	[a'rriƀa]
bald	**pronto**	['prɔnto]
früh	**temprano**	[tem'prano]
spät	**tarde**	['tarđe]
jetzt	**ahora**	[a'ɔra]
mehr	**más**	[mas]
weniger	**menos**	['menos]
wenig	**poco**	['poko]
viel	**mucho**	[mutʃo]
sehr	**muy**	[mŭi]
erster Stock	**segundo piso**	[se'gundo 'piso]
Erdgeschoss	**primer piso**	[pri'mer 'piso]
Fahrstuhl	**ascensor**	['asθen'sɔr]
Bad	**baño**	['baɲo]
Frauen	**mujeres**	[mu'xeres]
Männer	**hombres**	['ɔmbres]
Toilettenpapier	**papel higiénico**	[pa'pɛl i'xĭeniko]
Kamera	**cámara**	[ka'mara]
Reisepass	**pasaporte**	[pasa'pɔrte]
Visum	**visa**	['bisa]

Gesundheit

Ich fühle mich schlecht.	**Me siento mal.**	[me 'sĭento mal]
Ich habe Bauch-/ Kopfschmerzen.	**Me duele el estómago/ la cabeza.**	[me 'dŭele ɛl es'tomago/ la ka'beθa]
Er/sie ist krank.	**Está enfermo/ enferma.**	[esta em'fɛrmo/ em'fɛrma]
Ich muss ausruhen.	**Necesito descansar.**	[neθe'sito deskan'sar]
Apotheke	**la farmacia**	[far'maθĭa]

Post/Bank

Bank	**el banco**	['baŋko]
Wechselstube	**la casa de cambio**	['kasa de 'kambĭo]
Postamt	**la oficina de correos**	[ofi'θina de kɔrrɛos]
Ich möchte einen Brief versenden.	**Quiero enviar una carta.**	['kĭero em'bĭar 'una 'karta]
Brief	**una carta**	['karta]
Postkarte	**la postal**	[pɔ'stal]
Briefmarke	**el sello**	['seʎo]
Geld abheben	**sacar dinero**	[sa'kar di'nero]

Shopping

Ich hätte gern ...	**Me gustaría/ quiero ...**	[me gus'taria/ 'kĭero ...]
Haben Sie ...?	**¿Tiene ...?**	['tĭene ...]
Wie viel kostet das?	**¿Cuanto questa?**	['kŭanto 'kŭesta]
Wann öffnen/ schließen Sie?	**¿A qué hora abre/cierra?**	[a 'ke 'ora aƀre/ θiɛrra]
Kann ich mit Kreditkarte zahlen?	**¿Puedo pagar con tarjeta de crédito?**	['pŭeđo pa'gar kɔn tar'xeta de 'kređito]

Sightseeing

Festung, Burg	**el castillo**	[kas'tiʎo]
Fremdenführer	**el guía**	['gia]
Landstraße	**la carretera**	[ka'rrɛtera]
Straße/Gasse	**la calle/ el callejón**	[ka'ʎe/ kaʎe'xɔn]
Garten	**jardín**	[xar'đin]
Kathedrale	**la catedral**	[kate'đral]
Kirche	**la iglesia**	[i'glesɪa]
Museum	**el museo**	['mu'seo]
Palast, Palais	**el palacio**	[pa'laθĭo]
Park	**el parque**	['parke]
Strand	**la playa**	['plaja]
Platz	**la plaza**	['plaθa]
Rathaus	**el ayuntamiento**	[ajunta'mĭento]
Fremdenverkehrsbüro	**la oficina de turismo**	[ofi'θina de tu'rismo]
Viertel	**el barrio**	['barrĭo]

Transport

Wann fährt der nächste Zug/Bus nach ...?	**¿A qué hora sale el próximo tren/bus a ...?**	[a 'ke 'ora sa'le ɛl 'prɔgsimo tren/bus a ...]
Könnten Sie mir ein Taxi rufen?	**¿Me puede llamar un taxi?**	[me 'pŭeđe ʎamar 'un tagsi]
Flughafen	**el aeropuerto**	[aero'pŭɛrto]
Bahnhof	**la estación de ferrocarriles**	[esta'θĭɔn de fɛrrɔka'rriles]
Busstation	**la terminal de buses**	[tɛrminal de buses]
Einschiffungshafen	**el puerto de embarque**	['pŭɛrto de em'barke]
Autovermietung	**alquiler de autos**	[alki'ler de aŭtos]

Fahrrad	**la bicicleta**	[biθi'kleta]
Fahrpreis	**la tarifa**	[ta'rifa]
Versicherung	**el seguro**	[se'guro]
Tankstelle	**la estación de gasolina**	[esta'θi̯ɔn de gaso'lina]
Ich habe eine Reifenpanne.	**Se me pinchó un neumático.**	[se me 'pintʃo 'un neŭ'matiko]

Im Hotel

Ich habe reserviert.	**Tengo una reserva.**	['teŋgo 'una rrɛ'sɛrƀa]
Haben Sie noch Zimmer frei?	**¿Tiene habitaciones disponibles?**	['ti̯ene aƀi'taθi̯ɔnes dispo'niƀles]
Einzel-/Doppelzimmer	**la habitación sencilla/ doble**	[aƀi'taθi̯ɔn sen'siʒa/ 'doƀle]
Dusche/Bad	**la ducha/ la bañera**	['dutʃa/ 'baɲ'era]
Ich möchte um … geweckt werden.	**Necesito que me despierten a las …**	[neθe'sito ke me des'pi̯erten a las …]
warmes/kaltes Wasser	**el agua caliente/ fría**	['agŭa ka'li̯ente/ 'fria]
Seife	**el jabón**	[xa'ƀɔn]
Handtuch	**la toalla**	[to'aʎa]
Schlüssel	**la llave**	['ʒaƀe]

Im Lokal

Ich bin Vegetarier.	**Soy vegetariano.**	[sɔi ƀɛxeta'ri̯ano]
Kann ich bitte die Speisekarte sehen?	**¿Me deja ver el menú, por favor?**	[me 'dɛxa ƀɛr ɛl me'nu, pɔr fa'ƀɔr]
Festpreis	**precio fijo**	['preθi̯o 'fixo]
Die Rechnung, bitte.	**La cuenta, por favor.**	[la 'kŭenta, pɔr fa'ƀɔr]
Ich hätte gern etwas Wasser.	**Quiero un poco de agua.**	['ki̯ero 'un 'poko de agŭa]
Wein	**el vino**	['bino]
Frühstück	**el desayuno**	[desa'juno]
Mittagessen	**el almuerzo**	[al'mŭɛrθo]
Abendessen	**la cena**	[ko'miđa]

Auf der Speisekarte *(siehe auch S. 222f und 224f)*

al horno	[al 'orno]	gebacken
asado	[a'sado]	geröstet/ gebraten
frito	['frito]	frittiert
seco	['seko]	trocken
el aceite	[a'θɛi̯te]	Öl
las aceitunas	[aθɛi̯'tunas]	Oliven
el agua mineral	['agŭa mine'ral]	Mineralwasser
sin gaz/ con gaz	[sin gas/ kɔn gas]	still/mit Kohlensäure
el ajo	['axo]	Knoblauch
el arroz	[a'rrɔθ]	Reis
el atún	[a'tun]	Thunfisch
el azúcar	[a'θukar]	Zucker
el bacalao	[baka'lao]	Kabeljau
los camarones	[kama'rɔnes]	Garnelen
la carne	['karne]	Fleisch
la cebolla	[θe'boʎa]	Zwiebel
el cerdo	[θɛrđo]	Schwein
la cerveza	[θɛrƀeθa]	Bier
el chocolate	[tʃoko'late]	Schokolade
el chorizo	[tʃo'riθo]	Wurst
el cordero	[kɔr'đero]	Lamm
el fiambre	['fi̯ambre]	kaltes Fleisch
la fruta	['fruta]	Früchte
los frutos secos	['frutos 'sekos]	Nüsse
las gambas	['gambas]	Garnelen
el helado	[e'lađo]	Speiseeis
el huevo	['ŭeƀo]	Ei
el jamón serrano	[xa'mɔn se'rrano]	Serrano-Schinken
el jerez	[xe'reθ]	Sherry
el jugo	['xugo]	Fruchtsaft
la langosta	[lan'gɔsta]	Languste
la leche	['letʃe]	Milch
el limón	[li'mɔn]	Zitrone
la limonada	[limo'nađa]	Limonade
la mantequilla	[mante'kiʎa]	Butter
la manzana	[man'θana]	Apfel
el marisco	[ma'risko]	Meeresfrucht
la naranja	[na'raŋxa]	Orange
el pan	[pan]	Brot
el panecillo	[pane'θiʎo]	Brötchen
el pastel	[pas'tɛl]	Kuchen
la patata	[pa'tata]	Kartoffel
el pescado	[pes'kađo]	Fisch
el pollo	['poʎo]	Hühnchen
el postre	['pɔstre]	Dessert
el potaje	[po'taxe]	Gemüsesuppe
la sal	[sal]	Salz
las salchichas	[sal'tʃitʃas]	Würste
la salsa	['salsa]	Sauce
el solomillo	[solo'miʎo]	Filet
la sopa	['sopa]	Suppe
el té	[te]	Tee
la ternera	[tɛr'nera]	Kalb
el vinagre	[bi'nagre]	Essig

Zeit

eine Minute	**un minuto**	['un mi'nuto]
eine Stunde	**una hora**	['una 'ora]
halbe Stunde	**una media hora**	['međi̯a 'ora]
Viertelstunde	**un cuarto de hora**	['un 'kŭarto de 'ora]
Woche	**la semana**	[se'mana]
Monat	**el mes**	[mes]
Montag	**lunes**	['lunes]
Dienstag	**martes**	['martes]
Mittwoch	**miércoles**	['miɛrkoles]
Donnerstag	**jueves**	['ʒueƀes]
Freitag	**viernes**	['bieɛrnes]
Samstag	**sábado**	['saƀađo]
Sonntag	**domingo**	[do'miŋgo]
Januar	**enero**	[e'nero]
Februar	**febrero**	[fe'ƀrero]
März	**marzo**	['marθo]
April	**abril**	[a'ƀril]
Mai	**mayo**	['majo]
Juni	**junio**	['xuni̯o]
Juli	**julio**	['xuli̯o]
August	**agosto**	[a'gɔsto]
September	**septiembre**	[se'ti̯embre]
Oktober	**octubre**	[ɔk'tuƀre]
November	**noviembre**	[no'ƀi̯embre]
Dezember	**diciembre**	[di'θi̯embre]

Zahlen

0	**zero**	['sero]
1	**un/uno**	['un/uno]
2	**dos**	['dos]
3	**tres**	['tres]
4	**cuatro**	['kŭatro]
5	**cinco**	['θiŋko]
6	**seis**	['sɛi̯s]
7	**siete**	['si̯ete]
8	**ocho**	['otʃo]
9	**nueve**	['nŭeƀe]
10	**diez**	['di̯eθ]
11	**once**	['onθe]
12	**doce**	['doθe]
13	**trece**	['treθe]
14	**catorce**	['katorθe]
15	**quince**	['kinθe]
16	**dieciséis**	['di̯eθi'sɛi̯s]
17	**diecisiete**	['di̯eθi'si̯ete]
18	**dieciocho**	['di̯eθi'otʃo]
19	**diecinueve**	['di̯eθi'nŭeƀe]
20	**veinte**	[ƀe'i̯nte]
30	**treinta**	['trɛi̯nta]
40	**cuarenta**	[kŭa'renta]
50	**cincuenta**	['θin'kŭɛnta]
60	**sesenta**	[se'senta]
70	**setenta**	[se'tenta]
80	**ochenta**	[o'tʃenta]
90	**noventa**	[no'ƀenta]
100	**cien/ciento**	['θi̯ɛn/ 'θi̯ɛnto]
500	**quinientos**	[ki'ni̯ɛntos]
1000	**mil**	['mil]
erste/r	**primera/o**	[pri'mera/o]
zweite/r	**segunda/o**	[se'gunda/o]
dritte/r	**tercera/o**	[tɛr'θera/o]
vierte/r	**cuarta/o**	['kŭarta/o]
fünfte/r	**quinta/o**	['kinta/o]
sechste/r	**sexta/o**	['sesta/o]
siebte/r	**sétima/o**	['sɛtima/o]
achte/r	**octava/o**	['oktaƀa/o]
neunte/r	**novena/o**	['novena/o]
zehnte/r	**décima/o**	['deθima/o]

HANS-ALBERS-PLATZ
FRIEDRICHSTRASSE

Straßenkarte Andalusien
A
B
C
1
2
3
4
5
EX112
N630
N432
N502
Pozoblanco
M O
S I E R R A
SIERRA NORTE
N433
Jabugo
Aracena
SIERRA DE ARACENA
Minas de Ríotinto
Cazalla de la Sierra
Constantina
A455
Medina Azahara
Almodóvar del Río
Córdoba
Guadalquivir
Palma del Río
C433
A431
N435
Écija
Mont
Aguila
El Condado
Sanlúcar la Mayor
Itálica
NIV
Carmona
A472
A49
Huelva
Castilleja de la Cuesta
Sevilla
Alcalá de Guadaira
A483
Ayamonte
Isla Cristina
Moguer
Palos de la Frontera
La Rábida
Punta Umbría
Mazagón
A494
El Rocío
A92
A364
Osuna
Estepa
Fuente de Piedra
Matalascañas
Guadalquivir
A4
PARQUE NACIONAL DE DONANA
Lebrija
A382
Costa de la Luz
Sanlúcar de Barrameda
Chipiona
Jerez de la Frontera
Prado del Rey
A376
Ronda la Vieja
Garganta del Chorro
Carratraca
Alora
Arcos de la Frontera
Grazalema
Benaoján
Ronda
Rota
El Puerto de Santa María
A381
A369
Mijas
Atlantischer Ozean
Cádiz
San Fernando
A375
Marbella
Fuengirola
Medina Sidonia
A390
Jimena de la Frontera
San Pedro de Alcántara
A7 AP7
Manilva
Estepona
Costa
Castellar de la Frontera
N340
Sotogrande
Vejer de la Frontera
San Roque
La Linea de la Concepción
Gibraltar (GB)
0 Kilometer 50
Barbate
Los Barrios
Algeciras
Baelo Claudia
Tarifa
Estrecho de Gibraltar
Ceuta (SPANIEN)
S704
Tanger
P28
P2
P38
Tétouan
P37
Asilah
P28
LEGENDE
Flughafen
Fährhafen
Bahnhof
AVE-Strecke
Eisenbahn
Autobahn
Autobahn (im Bau)
Hauptstraße
Nebenstraße
Larache
MAROKKO
Chefchaouen
P39